法治成为苏州核心竞争力重要标志研究

本书课题组 著

苏州大学出版社

图书在版编目(CIP)数据

　　法治成为苏州核心竞争力重要标志研究 /《法治成为苏州核心竞争力重要标志研究》课题组著. —苏州：苏州大学出版社,2018.10
　　ISBN 978-7-5672-2649-4

　　Ⅰ.①法… Ⅱ.①法… Ⅲ.①社会主义法制-建设-研究-苏州 Ⅳ.①D927.533

　　中国版本图书馆 CIP 数据核字(2018)第 235360 号

书　　名	法治成为苏州核心竞争力重要标志研究
著　　者	本书课题组
责任编辑	倪浩文
出版发行	苏州大学出版社(Soochow University Press)
社　　址	苏州市十梓街 1 号　邮编：215006
印　　刷	宜兴市盛世文化印刷有限公司
网　　址	www.sudapress.com
邮购热线	0512-67480030
销售热线	0512-67481020
开　　本	700 mm×1 000 mm　1/16
印　　张	24.25
字　　数	408 千
版　　次	2018 年 10 月第 1 版
印　　次	2018 年 10 月第 1 次印刷
书　　号	ISBN 978-7-5672-2649-4
定　　价	60.00 元

凡购本社图书发现印装错误，请与本社联系调换。服务热线：0512-67481020

编委会

编委会主任

俞杏楠

编委会副主任

朱耀明　胡玉鸿

编委会成员

彭文华　程雪阳　瞿郑龙　施立栋
石肖雪　吴　俊　胡玉鸿　杨　俊
赵　毅　冯　嘉　丁建安　李　杨
唐　旋　羊振志　潘　娟　李　琦

前　　言

习近平总书记在《党的十八届四中全会第二次全体会议上的讲话》中指出，治理一个国家、一个社会，关键是要立规矩、讲规矩、守规矩。法律是治国理政最大最重要的规矩。推进国家治理体系和治理能力现代化，必须坚持依法治国，为党和国家事业发展提供根本性、全局性、长期性的制度保障。在党的十九大报告中，习近平总书记进一步指出："全面依法治国是中国特色社会主义的本质要求和重要保障。"

在习近平新时代中国特色社会主义思想的指引下，苏州市委、市政府深刻认识到，随着改革开放和全面深化改革力度的不断加大，城市之间对于人才、资金和技术的竞争会更加激烈。然而，城市之间的竞争不仅是有形基础设施的竞争，更是软实力的竞争。而在诸多软实力要素中，规则制度、法治环境不可或缺，因为有规则的社会才会有合理的预期，讲法治的城市才能让人们信赖，而让人有合理预期和产生信赖的地方，才能建设成为安居乐业的美好家园。

为了将依法治国总体方略落实在区域法治建设中，苏州市委、市政府适时地提出了"让法治成为苏州核心竞争力的重要标志"的口号，并结合苏州本地的具体情况，提出了"以法治型党组织为引领，法治政府、法治市场、法治社会一体建设"的法治建设具体思路。

法治苏州的建设离不开法学理论的支撑。为了推动苏州法治建设水平不断提高，推进科学立法、严格执法、公正司法、全民守法，实现法治作为苏州的核心竞争力，2017年年初，苏州市委政法委与苏州大学王健法学院达成合作意向，就"让法治成为苏州核心竞争力的重要标志"开展专题研究。通过这一项研究，我们希望实现以下两个方面的目标，其一，总结改革开放四十年来苏州在法治建设方面所取得的成绩，并将之进行体系化和理论化；其二，梳理苏州在"让法治成为城市核心竞争力"方面的短板和不足，从而查缺补漏，推动法治苏州建设进一步发展，确保苏州在全国乃至全球的城市竞争中立于不败之地。

苏州大学王健法学院多年来高度重视服务地方的工作，并通过各种形式积极参与到苏州市的经济、社会和法律发展活动中。为了顺利完成这一委托课题，王健法学院迅速组建了以院长胡玉鸿教授为组长，以多位资深教授和优秀青年学者为成员的课题组，在一年半的时间内，对本课题进行了认真的研究和梳理，并于近日高质量地完成了这一研究任务，交由出版社付梓。

本项课题研究工作的顺利开展，离不开苏州市中级人民法院、市人民检察院、市人大法工委、市文明办、市公安局、市司法局、市人力资源与社会保障局、市住房与城乡建设局、市环境保护局、市工商行政管理局、市质量技术监督局、市食品药品监督管理局、市统计局、市物价局、市政府法制办公室等单位的大力支持，正是因为上述相关单位提供的宝贵资料，本项课题才能够保质保量地完成。另外还要感谢苏州大学出版社相关编辑，正是因为他们专业的编辑工作，本书才能高质量出版。

当然，由于课题组的能力有限，因此在项目研究和本书写作的过程中，难免会有所疏漏。对于本书中可能存在的问题，敬请各位专家不吝赐教，予以批评指正，从而帮助我们进一步深化对这一课题的认识，并助力"法治作为苏州核心竞争力"这一改革和发展目标的早日实现。

本书课题组
2018 年 8 月

目 录

第一篇 理论篇

第一章 法治作为核心竞争力的优势 … 003
第一节 法治的一般原理 … 003
一、法治的基本概念 … 003
二、法治国家及其标志 … 005
三、社会主义制度与法治国家 … 008
四、法治作为苏州核心竞争力的理论依据 … 009
第二节 法治是最为有效的国家治理方式 … 011
第三节 法治是讲求公正平等的国家治理方式 … 014
第四节 法治是人民最能接受的国家治理方式 … 018

第二章 法治作为核心竞争力的表现 … 022
第一节 经济发展井然有序 … 022
一、法治与经济发展概述 … 022
二、经济秩序严明有序 … 024
三、市场高度诚信化 … 027
四、非公有制经济发达 … 028
第二节 国家治理合法高效 … 029
一、法治与国家治理概述 … 029
二、国家治理法治化 … 030
三、国家政治文明化 … 032
四、公务高度职业化 … 034

第三节　社会活力日益增强 ··· 037
　　一、社会管理能力不断创新 ·· 037
　　二、社会组织活力日益增强 ·· 039
　　三、社会创造活力日益增强 ·· 041
　　四、社会自治活力日益增强 ·· 044
　　五、社会文化活力日益增强 ·· 047
第四节　城市形象不断提升 ··· 049
　　一、城市形象文明化 ··· 050
　　二、城市形象品牌化 ··· 053
　　三、城市形象人文化 ··· 055
　　四、城市形象生态化 ··· 058

第三章　法治作为核心竞争力的路径 ··· 063
第一节　坚持依规治党，建设法治型党组织 ································ 065
　　一、加强法治型党组织建设，核心在于依法依规治党 ············· 066
　　二、加强法治型党组织建设，关键在于提升法治思维 ············· 070
　　三、加强法治型党组织建设，重点在于法治方式运用 ············· 072
第二节　用好地方立法权，形成有特色的地方法规体系 ··············· 080
　　一、科学立法，提升立法质量 ·· 081
　　二、精准立法，顺应发展趋势 ·· 082
　　三、民主立法，增强公众参与 ·· 085
第三节　规范和监督行政权，公正文明人性执法 ························· 086
　　一、依法推进政府职能转变 ··· 086
　　二、健全政府依法决策机制 ··· 090
　　三、严格规范行政执法，公正文明人性执法 ·························· 092
第四节　增强司法能力和司法公信力，彰显法律的公平正义 ········ 099
　　一、提升司法人员的司法能力 ·· 099
　　二、强化司法解决纠纷的能力 ·· 103
　　三、加大司法判决的执行力度 ·· 104
第五节　加强法治宣传和普及力度，使法治成为民众的信仰 ········ 106
　　一、建立多元普法以及"谁执法谁普法"机制 ·························· 106
　　二、尊崇宪法和法律，繁荣发展法治文化 ····························· 107

第二篇　实　证　篇

第四章　依法执政，建设法治型党组织 ··············· 113
第一节　依法执政的历史进程、主要成就及新时代主张 ········· 113
第二节　法治型党组织对增强城市竞争力中的重要意义 ········· 116
　　一、法治型党组织促进经济转型升级 ················· 116
　　二、法治型党组织增强法治建设能力 ················· 119
　　三、法治型党组织增强城市竞争力 ·················· 120
第三节　法治型党组织建设战略的提出与基本举措 ············ 120
　　一、建设法治型党组织，依法执政的党规国法基础 ········· 121
　　二、建设法治型党组织，依法执政的方法路径 ············ 122
　　三、法治型党组织建设的经验与典型事例 ·············· 123

第五章　科学立法，用好地方立法权 ················· 125
第一节　地方立法对提升城市竞争力的引领与保障 ············ 125
　　一、地方立法在法治体系中的地位 ·················· 125
　　二、地方立法引领和保障城市竞争力的具体体现 ·········· 126
　　三、地方立法助推城市竞争力提升应具备的条件 ·········· 128
第二节　地方立法的基本状况及其实效 ················· 129
　　一、基本状况 ································ 129
　　二、特点与实效 ······························· 130
第三节　地方立法的主要经验与典型事例 ················ 132
　　一、主要经验 ································ 132
　　二、典型事例 ································ 138

第六章　严格执法，规范行政执法权 ················· 143
第一节　行政执法在增强城市竞争力上的基础地位 ············ 143
　　一、提升行政决策品质是增强城市竞争力的前提 ·········· 143
　　二、公正文明人性执法是增强城市竞争力的保障 ·········· 144
　　三、从"行政管理"到"良好治理"是核心目标 ··········· 145
第二节　行政执法的基本做法与创新举措 ················ 146
　　一、重大行政决策程序的规范化 ···················· 146
　　二、行政执法公开与全过程记录 ···················· 151

三、行政执法效果的制度化评价 ·· 154
　第三节　行政执法的主要经验与典型事例 ································ 156
　　一、行政处罚领域的主要经验与典型事例 ···························· 156
　　二、行政许可领域的主要经验与典型事例 ···························· 157
　　三、推进行政指导工作的主要经验 ······································ 158
　　四、基层治理的"政社互动"模式 ······································ 159

第七章　公正司法，提升司法公信力 ································ 164
　第一节　公正司法与城市竞争力之间的内在关联 ···················· 166
　　一、公正司法的基本内容 ·· 166
　　二、公正司法与城市竞争力的内在关联 ······························ 170
　第二节　现阶段司法状况的总体评估与主要成就 ···················· 173
　　一、法院司法状况及成就 ·· 173
　　二、检察机关司法状况及成就 ·· 176
　　三、公安机关刑事司法的状况及成就 ·································· 178
　　四、司法行政工作的状况及成就 ·· 179
　第三节　司法的主要经验与典型事例 ····································· 181
　　一、主要经验 ··· 181
　　二、典型事例 ··· 184

第八章　全民守法，加大法律普及度 ································ 196
　第一节　全民守法的基本要求与基本内容 ······························ 196
　　一、全民守法的制度前提：良法长存 ·································· 196
　　二、全民守法的现实基础：政府守法 ·································· 198
　　三、全民守法的利益诱导：奖惩并举 ·································· 200
　　四、全民守法的社会氛围：守法精神 ·································· 201
　　五、全民守法的知识背景：教育普及 ·································· 204
　　六、全民守法的榜样力量：干部守法 ·································· 205
　第二节　普法工作的主要状况与基本成就 ······························ 206
　　一、加强领导，健全机制 ·· 207
　　二、突出重点，注重实效 ·· 208
　　三、融合创新，打造品牌 ·· 209
　　四、服务大局，关注民生 ·· 211

第三节　普法工作中涌现的典型事例 …………………………… 213
　一、民主法治示范村建设 …………………………………… 213
　二、法治微电影大赛 ………………………………………… 216
　三、创新多元形式普法 ……………………………………… 217

第三篇　拓　展　篇

第九章　构建社会安全网络，实现社会治安的综合治理 ……………… 223
　第一节　社会治安综合治理对社会稳定的重要意义 …………………… 223
　　一、社会治安综合治理是解决社会治安问题的根本出路 ………… 224
　　二、社会治安综合治理是经济建设与社会稳定的重要保障 ……… 224
　　三、社会治安综合治理是精神文明建设的重要组成部分 ………… 225
　　四、社会治安综合治理是加强社会主义法治建设的重要措施…… 225
　第二节　社会治安综合治理的工作原则和工作目标 …………………… 226
　　一、工作原则 ………………………………………………… 226
　　二、工作目标 ………………………………………………… 228
　第三节　社会治安综合治理的基本路径与具体环节 …………………… 229
　　一、基本路径 ………………………………………………… 229
　　二、具体环节 ………………………………………………… 230
第十章　增强市民诚实信用度，提升法律信用机制建设水平 ………… 238
　第一节　法律信用机制建设是城市竞争力的力量源泉 ………………… 238
　　一、法律信用机制建设有利于提升城市治理能力 ………………… 238
　　二、法律信用机制建设有利于促进经济社会发展 ………………… 240
　　三、法律信用机制建设有利于营造诚信文化氛围 ………………… 241
　　四、法律信用机制建设有利于维护提升城市形象 ………………… 243
　第二节　诚实信用道德建设与法律信用机制建设同步进行 …………… 244
　　一、坚持法治和德治相结合 ………………………………… 245
　　二、诚实信用道德建设奠定法律信用机制建设的内在基础 ……… 246
　　三、法律信用机制建设为诚实信用道德建设提供外在保障 ……… 248
　第三节　提升法律信用机制建设的主要路径 …………………………… 250
　　一、建立政府主导的社会信用体系 ………………………… 250
　　二、健全和完善社会信用法治体系 ………………………… 255

三、强化社会信用体系建设的司法保障 ………………………… 258

第十一章　提升环境法治保护水平，让"东方威尼斯"再现荣光 ……… 261
　第一节　环境法治水平是衡量城市核心竞争力的重要指标…………… 261
　　一、社会经济发展的速度与质量取决于其所依托的生态环境………… 261
　　二、高质量生态环境是现代高品质城市生活的重要组成内容………… 262
　　三、城市环境质量取决于环境法治建设水平和力度…………………… 263
　第二节　提升环境法治保护水平的主要内容……………………………… 266
　　一、科学合理完善地方性环境法规规章体系…………………………… 266
　　二、切实保障公众参与环境公共事务的权利…………………………… 270
　　三、强化地方政府环境保护的主体责任………………………………… 272
　　四、强化生产经营者的环境法律责任意识……………………………… 273
　　五、加强环境法治意识及知识宣传与教育……………………………… 274
　第三节　经济转型升级与环境法治保护工作的新任务、新要求……… 275
　　一、积极开展对各级政府的环境质量考核……………………………… 275
　　二、妥善处理经济发展速度与质量的关系……………………………… 276

第十二章　构建和谐劳动关系，维护劳动者合法权益 …………………… 278
　第一节　和谐劳动关系在提升城市形象方面的重要作用………………… 278
　第二节　构建和谐劳动关系的基本举措与主要成效……………………… 281
　　一、工会建设………………………………………………………………… 281
　　二、劳动关系协调…………………………………………………………… 282
　　三、劳动基准与劳动监察…………………………………………………… 287
　　四、劳动争议调处…………………………………………………………… 292
　　五、社会保险………………………………………………………………… 294
　第三节　和谐劳动关系建设的进一步完善………………………………… 298
　　一、加强工会的代表性与能力建设………………………………………… 299
　　二、探索完善工资集体协商制度…………………………………………… 301
　　三、建立劳动群体性事件预防机制………………………………………… 304
　　四、创新劳动争议调解和仲裁机制………………………………………… 307

第十三章　营造法治化营商环境，促进经济可持续发展 ………………… 309
　第一节　法治化的营商环境建设的基本情况……………………………… 309
　　一、法治化营商环境的重要意义…………………………………………… 309
　　二、法治化营商环境建设现状……………………………………………… 312

三、法治化营商环境的探索成绩 ……………………………… 317
　第二节　建设法治化营商环境的基本路径 …………………………… 320
　　一、制定行动纲领，支撑营商环境法治化建设 ………………… 320
　　二、简政放权，提高市场活力 …………………………………… 321
　　三、深化改革，维护市场公平有序竞争 ………………………… 323
　　四、优化人文与自然环境，为营商环境法治化奠定基石 ……… 324
　第三节　"负面清单"管理模式的创设与深化 ………………………… 326
　　一、"负面清单"模式的发展历程 ………………………………… 326
　　二、"负面清单"模式的法治意义 ………………………………… 327
　　三、"负面清单"在苏州的落实 …………………………………… 329

第十四章　加大知识产权保护力度，全面推行知识产权强市战略 …… 336
　第一节　知识产权法治建设对城市核心竞争力至关重要 …………… 336
　　一、有利于构建公平公正的市场竞争环境 ……………………… 336
　　二、有利于发展模式创新和产业转型升级 ……………………… 339
　　三、有利于协调新形势下多元利益的冲突 ……………………… 342
　第二节　提升知识产权法治建设的重要举措 ………………………… 345
　　一、知识产权行政管理与执法 …………………………………… 345
　　二、知识产权的司法保护 ………………………………………… 347
　　三、知识产权法治的宣传与推广 ………………………………… 355
　　四、知识产权专业的人才队伍建设 ……………………………… 359
　第三节　破除知识产权保护领域的观念与制度障碍 ………………… 362
　　一、观念层面 ……………………………………………………… 363
　　二、制度层面 ……………………………………………………… 369

第一篇　理论篇

第一章 法治作为核心竞争力的优势

第一节 法治的一般原理

一、法治的基本概念

什么叫法治？简单地说，法治就是以保障人权为目的、以控制权力为核心的国家治理模式，标志着法律在社会中至高无上的地位的良好状态。理解这一概念，必须注意的问题主要包括：

第一，法治的目的是保障人权。在当代中国，之所以要施行法治这样一种治理方式，就是为了使人民的权利和利益受到法律周全的维护，任何侵犯人民权益的行为都必须受到法律上的追究。党的十九大报告明确指出："人民是历史的创造者，是决定党和国家前途命运的根本力量。必须坚持人民主体地位，坚持立党为公、执政为民，践行全心全意为人民服务的根本宗旨，把党的群众路线贯彻到治国理政全部活动之中，把人民对美好生活的向往作为奋斗目标，依靠人民创造历史伟业。"① 不仅如此，国家的一切权力属于人民，人民是国家权力的源泉和基础，人民建立国家的目的就是为了更好地使自由、权利得以实现。所以，确立法治这一目标，就是要使权力服务于权利，而不是相反："尽管法治概念内容常有所变化，但它仍然是对抗野蛮独裁的坚固盾牌。"② 因而，在法治的制度建构中，首先要注重的是对人民权利的保障，并且在权力滥用时，赋予人民控诉、抗议的权利。我国已故著名学者龚祥瑞也认为，法治就是经人们同意的统治，就是民主的政治，而不是个人专断。在法治之下，人们可以做立法机关所规定的事，也可以按照自己的意志做法律

---

① 习近平：《决胜全面建成小康社会　夺取新时代中国特色社会主义伟大胜利——在中国共产党第十九次全国代表大会上的报告》，人民出版社2017年版，第21页。
② ［美］埃尔曼：《比较法律文化》，贺卫方、高鸿钧译，生活·读书·新知三联书店1990年版，第95页。

未加规定的事。① 正是因为法治体现了对人权的护卫，因而它才具有强烈的道义基础，成为现代国家普遍采用的治理方式。

第二，法治的核心是控制权力。法治理念所强调的是，权力行使者必须根据法律规定行使权力，法律是最高的权威，统治者也在法律支配之下。可以说，正是对权力可能造成的危害的关注，才产生了法治的观念。正如美国学者埃尔曼所言："从古代起，'西方人'便激烈而无休止地讨论着法律与权力的关系，这种争论奠定了法治观念的基础。"② 由此而言，法治的源头在于对国家权力的正确定位及法律控制。当权力的负面作用危及人民的利益与安全时，通过法律措施来监控权力的实施，就成为民主社会的必然要求。对国家权力进行合理的分工，这是权力监控的基本前提；分工的实质即在于明确各自的权力限度，对权力进行一定程度的量化。权力僭越是分工要求所严格禁止的，越权无效因之成为法律的基本原则。不仅如此，权力运行对社会的破坏性，更主要的是权力滥用。权力具有扩张性、侵略性、腐蚀性的特点，任何一种不受制约的权力最终都会成为社会的毒瘤，形成权力异化现象。因此，在权力合理分工的基础上，必须加强对权力的控制、约束。不如此，建立法治社会、形成法治机制都只能是一句空话。

第三，法治是一种国家治理模式。就治国的方式而言，既有依照法律的治理，也有依靠道德的约束、执政者个人的贤明以及政策的调控等其他方式所进行的治理模式；然而，从人类历史而言，治国方略主要分为法治与人治两端：前者强调的是一种规则之治，后者则力求找到一个"尧舜"式的君主。自然，法治本身也是有着极大的代价的，它在一定程度上牺牲了人的主观能动性；然而，相对于人治而言，法治则因它的客观性、稳定性而能够给社会提供更为安全的机制。因而，自亚里士多德以来，法治即成为人们的一种价值追求③，它表明人类社会在经历了长时期的"试错"过程之后，终于为国家治理模式找到了一个相对理想的形态。英国学者欧克肖特就此指出："我们的经验向我们揭示了一种在使用权力上惊人经济的统治方法，因而特别适合

---

① 龚祥瑞：《西方国家司法制度》，北京大学出版社1993年版，第87页。
② [美] 埃尔曼：《比较法律文化》，贺卫方、高鸿钧译，生活·读书·新知三联书店1990年版，第92页。
③ 当然，如果从渊源上而言，亚里士多德的老师柏拉图可以说是主张法治的更早的思想家。柏拉图早年主张人治，强调"哲学王"在理想国家中的地位。然而，现实使其认识到，这样一种"哲学王"是不可能存在的，因而其晚年著作《法律篇》即转而寻求法治。

维护自由：它被称为法治。"① 不难发现，法治之所以在对国家权力严密监控的基础上仍然是一种极具活力的政治安排，不外乎这样几个原因：(1) 法治保证了政府活动的前后一致，防止了随意违反先例及背弃人民意志的可能；(2) 法治抑制了统治者改造世界、造福人类的无限冲动，使社会在和平与常态中得以持续发展，实际上，权力的折腾其危害更甚于权力的无能；(3) 法治在强调政府治理作用的同时，也为社会组织的自治和人民的首创精神留下了空间，从而有利于多元共治局面的形成。总之，法治保证了权力运行秩序的克制与稳定，从而能够给人们的行为提供合理的预期，节约了社会的行为成本。

第四，法治代表着一种社会理想。作为人类社会所追求的目标，法治代表着人们对社会未来发展的一种观念与期望。如果说，社会科学的研究不仅是关注人、社会这样两个基本范畴，那么，"社会理想"也可以恰当地归入人类学术所必须追问的终极问题。法治正是如此。一方面，法治的理论与制度建构代表着人们对自身"恶性"的一种审视，它承认人非完人，没有制度的约束，任何圣人也都会犯错；另一方面，它也体现了人们对社会问题解决的乐观态度，它表明，人类已经找到了一种解决自我局限的办法，那就是通过客观的规则来约束人们的主观意志，从而可以保证人的主观与客观的统一与协调，从而达到人和社会的平衡与和谐。当然，既然是一种理想，那也就意味着法治永远不会有个尽头：只要人类存在，法律问题就永远存在，因此，如何找出最好的办法来解决人与社会之间的矛盾与张力，就成为法治永恒的任务。这也同时说明，法治无论是在理论上还是在实践上，都是人们不断探索与实践的发展过程；人们总是在接近理想，使法律日益人性化、规范化，但人类社会不断呈现的新问题、新矛盾，又必然使法治的理想图景要随时加以修正，以契合人类社会生存的实际状况。

二、法治国家及其标志

法治的制度形态，即法治国家。关于法治国家的概念，在法理上有诸多定义②，其核心则包含这样几个基本要素：(1) 前提，即法律，这是实现法治的依据；(2) 内容，主要是涉及国家权力与个人权利两个方面；(3) 成效

---

① ［英］迈克尔·欧克肖特：《政治中的理性主义》，张汝伦译，上海译文出版社2003年版，第110页。

② 例见张文显：《法理学》，法律出版社1997年版，第240—241页；北岳：《论法治国的理论基础》，《依法治国建设社会主义法治国家》，中国法制出版社1996年版，第143页。

（或者说状态），则是指通过法律来调整国家权力与个人权利所达到的一种平衡与和谐的状态。大致说来，法治国家是指以良法为依据，强调法律至上、依法办事所形成的控制国家权力与保护个人权利的国家治理状态。

根据上述定义，作为法治国家需要具备的要素主要包括如下几项主要内容：

一是法律优良。简单地说，这即是"良法"的理念。也就是说，对于成为法治依据的法律规范而言，它必须是"品质优良"的法律。这一观念从亚里士多德开始即已存在。他所定位的法治，就是制定的法律是良好的法律，并且这种法律能够得到切实的执行。《中共中央关于全面推进依法治国若干重大问题的决定》中明确指出："法律是治国之重器，良法是善治之前提。"这既是对亚里士多德以来"法治乃良法之治"传统理念的回应与尊重，也可以视为是中国共产党人在新的历史时期对法治方略认识上的进一步深化。众所周知，自从党的十一届三中全会以来，法治建设的主要任务在于完备法律制度和法律体系，"有法可依"曾成为20世纪80、90年代的主旋律，但是，有了齐全的法律体系并不等于就有了法治建设的真正前提，因为只有"良法"才是法治国家得以型构的基础。良法从实体标准上来说，必须体现理性、自由和正义等为人类社会所珍视的价值。例如马克思就认为，"法典就是人民自由的圣经"①。可见，优良的法律必须体现自由、保障自由。法典是用来保卫、维护人民自由的，而不是用来限制、践踏人们的自由的；如果法律限制了自由，也就是对人性的一种践踏。从形式标准而言，法律规定必须明确而普遍。"明确"或称"确定"，从法理上而言，是指法律规范的表述应当清晰、明确，不能使人感觉模棱两可，无所适从："含糊和语无伦次的法律会使合法成为任何人都无法企及的目标。"② 法律的普遍性方面，主要是要求法律应当针对普遍的人、普遍的事作出规定，而不应当是就个别的人和个别的事进行调整。

二是法律至上。法治与人治之不同之处，就在于通过法律规定来施行国家治理，法律成为调整社会的最为权威的规则。可见，法治的要义，就是法律至上，它意味着法律高于一切规范，也高于一切组织和个人，当全社会普遍遵守法律的规定并以之作为行为的准则时，就可以说是达到了一种良好的

---

① 马克思：《第六届莱茵省议会的辩论（第一篇论文）》，《马克思恩格斯全集》第1卷，人民出版社1995年第2版，第176页。

② [美] 富勒：《法律的道德性》，郑戈译，商务印书馆2005年版，第76页。

法治状态。正因如此，早在古希腊，亚里士多德就将"已成立的法律获得普遍的服从"作为法治的标志。① 法律如不被施行，其后果比无法状态还要严重得多：在欠缺法律规定的情形下，人们还可以寄望于法律的出台来对社会生活加以调整，但制定的法律如果不能得以施行，就会从根本上动摇人们对法律的信念。必须强调的是，虽然说普遍守法也包含着对人民大众自觉遵守法律的要求，但更应该强调的是公共机构和公职人员对法律的尊重。正如拉兹所指出的那样："'法治'的字面意思是：法律的统治。从广义上看，它意味着人们应当遵守法律并受法律的统治。但是，政治和法律理论均在狭义上解读它，即政府受法律的统治并尊重它。"② 这不仅因为统治者不守法对法治的伤害更大，更因为上行下效，有权者不尊重法律必定会导致大众的普遍不守法。因此，习近平总书记一再告诫领导干部要牢固树立宪法法律至上的理念，"要做尊法的模范，带头崇尚法治、敬畏法律；做学法的模范，带头了解法律、掌握法律；做守法的模范，带头遵纪守法、捍卫法治；做用法的模范，带头厉行法治、依法办事"③。

三是控制权力。权力是一柄双刃剑，没有强大的国家权力，社会将陷入无政府状态之中，从而出现霍布斯所断言的那种人与人之间的战争状态；然而，权力本身又具有侵略性、扩张性、腐蚀性的能量，如不加以防范与控制，必将演变为压迫人们的暴力，正因如此，"把权力关在制度的笼子里"业已成为人们的共识。党的十九大报告明确指出："要加强对权力运行的制约和监督，让人民监督权力，让权力在阳光下运行，把权力关进制度的笼子。强化自上而下的组织监督，改进自下而上的民主监督，发挥同级相互监督作用，加强对党员领导干部的日常管理监督。"④ 怎样控制权力的负面影响呢？不外权力分工与权力制约两大路径。前者是对处于纵向（如中央与地方）与横向的权力（如立法、行政、司法、监察）进行清晰明确的职责划分，以使各种权力机构能独立决断自己管辖范围内的事务；后者则是建立以权力制约权力

---

① ［古希腊］亚里士多德：《政治学》，吴寿彭译，商务印书馆1965年版，第199页。
② ［英］约瑟夫·拉兹：《法律的权威——法律与道德论文集》，朱峰译，法律出版社2005年版，第185页。
③ 习近平：《领导干部要做尊法学法守法用法的模范》，《习近平谈治国理政》（第2卷），外文出版社2017年版，第127页。
④ 习近平：《决胜全面建成小康社会　夺取新时代中国特色社会主义伟大胜利——在中国共产党第十九次全国代表大会上的报告》，人民出版社2017年版，第67页。

的法律机制，使任何一种权力在逾越其职权范围时，都会招致来自其他部门的反制。总起来说，权力的驯化不是使权力无能，而是使权力温顺，即按照人民的意志来设定权力运行的目标，以宪法和法律来作为权力运作的依据。实际上，只有当权力能够被控制时，社会才可能有基本的安全，人权也才会有基本的保障。

三、社会主义制度与法治国家

1999年3月，第九届全国人民代表大会第二次会议通过宪法修正案，规定："中华人民共和国实行依法治国，建设社会主义法治国家。"由此将建立法治国家的目标正式纳入根本大法之中。实际上，这也是社会主义制度本身所要求的。从政治体制、法律制度上而言，社会主义制度本身要求最为完善、最为有效地保护人民的权利，体现"中华人民共和国的一切权力属于人民"的宪法规定，而这恰恰就是法治所追求的根本宗旨。独裁、专制不是社会主义，权力滥用、漠视人权也不是社会主义。加强民主与法治建设，建立完善的人权保障机制与权力制约制度，这是社会主义制度的客观要求。

对于社会主义制度与法治国家之间的关系，习近平总书记进行了明确而清晰的论述。在他看来，"依法治国是坚持和发展中国特色社会主义的本质要求和重要保障，是实现国家治理体系和治理能力现代化的必然要求"。一方面，"法律是治国之重器，法治是国家治理体系和治理能力的重要依托。全面推进依法治国，是解决党和国家事业发展面临的一系列重大问题，解放和增强社会活力、促进社会公平正义、维护社会和谐稳定，确保党和国家长治久安的根本要求"。简言之，法治作为国家治理的重器，必将在社会主义建设事业中发挥着不可替代的作用。另一方面，全面推进依法治国，也是深刻总结我国社会主义法治建设成功经验和深刻教训后作出的重大抉择。习近平指出，"我们党对依法治国问题的认识经历了一个不断深化的过程"：在中华人民共和国成立初期，在废除旧法统的同时，抓紧建设社会主义法治，初步奠定了社会主义法治的基础；但是在后来，"党在指导思想上发生'左'的错误，逐渐对法制不那么重视了，特别是'文化大革命'十年内乱使法制遭到严重破坏，付出了沉重代价，教训十分惨痛！"[①] 党的十一届三中全会吸取"文革"十年内乱的教训，提出"有法可依，有法必依，执法必严，违法必究"的法

---

① 中共中央文献研究室：《习近平关于社会主义政治建设论述摘编》，中央文献出版社2017年版，第80、82—83页。

制建设的"十六字"方针,法治建设才得以恢复。

1999年"依法治国,建设社会主义法治国家"正式写入宪法,标志着法治中国建设在中国的正式起步。而在2014年10月召开的中国共产党第十八届四中全会上,在党的历史上第一次以全会的方式专题讨论法治问题,并通过了意义至为深远的《中共中央关于全面推进依法治国若干重大问题的决定》,对如何全面推进依法治国,加快社会主义法治国家建设进行顶层设计和全面部署,使我国法治建设步入了新的历史阶段,站在了新的历史起点上,为社会主义法治国家建设进程制定了"路线图"。党的十九大又一次将依法治国提到了新的历史高度,大会重申:"全面依法治国是中国特色社会主义的本质要求和重要保障。必须把党的领导贯彻落实到依法治国全过程和各方面,坚定不移走中国特色社会主义法治道路,完善以宪法为核心的中国特色社会主义法律体系,建设中国特色社会主义法治体系,建设社会主义法治国家,发展中国特色社会主义法治理论,坚持依法治国、依法执政、依法行政共同推进,坚持法治国家、法治政府、法治社会一体建设,坚持依法治国和以德治国相结合,依法治国和依规治党有机统一,深化司法体制改革,提高全民族法治素养和道德素质。"①

四、法治作为苏州核心竞争力的理论依据

现代社会是一个竞争社会。一个城市是否拥有核心的竞争力,是决定该城市能否跻身国内乃至世界一流城市的重要因素。自然,这其中的"一流"不仅表现在经济发达水平、社会富裕程度之上,更为主要的是人的素质的提升和进步观念的养成。那么,靠什么来提升城市的竞争力呢?因应党的十八届四中全会关于推进依法治国的总体要求,苏州市委、市政府适时地提出了"让法治成为苏州核心竞争力的重要标志"的口号,这既是一个具有深远战略意义的发展纲领,也是将依法治国总体方略落实在区域法治建设中的重要步骤。

为什么法治能够成为一个城市的核心竞争力?在我们看来,这主要包含如下理由:第一,法治不是一个单一的制度设计,而是将立法、执法、司法、守法融合在一起的法治体系,并以此为基础,在经济发展、社会进步、日常生活和人的素质等各方面,深深地烙上法治的印迹。换句话说,法治水平与

---

① 习近平:《决胜全面建成小康社会 夺取新时代中国特色社会主义伟大胜利——在中国共产党第十九次全国代表大会上的报告》,人民出版社2017年版,第22—23页。

法治样态代表了一个城市的整体风貌，体现着一个城市的法律精神；第二，法治之所以成为现代社会必然选择的治理方式，是因为法治本身所发散的功能与作用。一个尊重法律、信守法治的城市，不仅是当地人民安居乐业、加快发展的制度保障，也是吸引高端人才、外来资金的优越条件，在此，法治所彰显的"稳定"与"安全"成为一种优质的软实力；第三，法治既需要国家的整体策划与推动，也依赖地方的自主创新和努力，就此而言，在符合法治基本原理以及国家整体部署的基础上，各个地方如果能够形成有特色且有功效的法治模式，势必会引领时代风骚，从而形成人才汇集、资本积聚、市场繁荣、社会进步的可喜局面。

当然，作为苏州核心竞争力的"法治"，首先指的是法治的制度环境。立法讲究科学，行政追求高效，司法确保公正，守法人人尽责，这就是一种良好的法治状态。在这样的环境中，制度提供了一种人们可以信赖的秩序框架，每个人都可以对自己的行动计划进行合理的预期，从而减少各种社会活动的成本，确保利益实现的最大化。其次指的是法治的文化氛围。法治追求的是人的尊严的实现，依赖的是人的理性的运用，讲求的是敬畏法律、按规矩办事，尊崇的是平等待人、公正无偏私，在此，尊严意识、理性意识、规则意识、公正意识等成为法治文化的基本内核。这样的一种文化氛围，不仅能够陶冶现代公民必需的德性情操，还能成为促成人性升华的精神动力。再次指的是法治的生活方式。法治的生活方式要求人人依循规则，个个讲究诚信，将法律标准内化为人们自觉的行为准则，在日常的生活中彰显一个守法者的可贵品格，从而形成善良的民风、民俗。

苏州不仅是文化底蕴深厚、经济指标领先的发达城市，更以法治建设的先导性、示范性而在全国负有盛名：地方立法量多质优，行政执法规范有效，司法经验层出不穷，法治文化有声有色，法学教育享誉海内。自然，要将苏州建设成为区域法治建设的样板，把法治作为苏州核心竞争力的重要标志，对照党的十八届四中全会公报的要求，还需要在以下几个方面加大建设力度：一是用好地方立法权，制定出更多具有地方性特色的地方性法规和地方性规章；二是推广太仓"政社互动"模式，发挥各级、各类社会组织在国家治理体系中的作用；三是进一步规范行政管理活动，完善重大决策的法律机制，加强行政治理的公开化与透明化；四是重塑司法的公信力，确保司法公正，使人民群众在每一个案件中都能够感受到公平正义；五是提高法治文化建设的规格与质量，使人民群众在喜闻乐见的文化形式中感受法治理念的真谛。

当然，法治能够成为苏州的核心竞争力，也与法治本身所具有的优势密不可分。这就是我们下文所要重点探讨的问题。

第二节　法治是最为有效的国家治理方式

在党的十九大报告中，习近平总书记指出："必须坚持和完善中国特色社会主义制度，不断推进国家治理体系和治理能力现代化，坚决破除一切不合时宜的思想观念和体制机制弊端，突破利益固化的藩篱，吸收人类文明有益成果，构建系统完备、科学规范、运行有效的制度体系，充分发挥我国社会主义制度优越性。"① 可以说，这既是对中国改革开放经验的深刻总结，也是回应世界范围内"善治"思潮的一种积极姿态。"自20世纪50年代以来，公共管理理论和实践都发生了重大的变化，从而使传统的国家治理方式成为过时的东西。"② 传统的国家治理方式，强调的是政府主导、权力至上，这在中国固然如此，西方也不例外。自福利国家形成以来，政府的权力大大扩张，原本属于私人自治的领域，也在一定程度上为国家所蚕食；科技与理性在国家管理中的重要性日益提高，人们的常识、经验以及努力程度变得无关紧要。特别严重的是，随着风险加大、环境恶化、恐怖活动等危及人们日常安全的事例的增多，个人愈来愈仰赖于国家的保护，而日益增强的社会控制却反而让人们可以理解和接受。正因如此，"善治"或曰"新公共管理"的理念脱颖而出并风靡世界，成为各国施政的新的指导方略。"从根本上说，治理途径集中体现在这样一个过程之中：通过共享经验和共担忧虑，参与治理活动的公民、群体、组织构建起一个主观间关系的现实。"③ 一句话，国家治理不同于国家管理，它不再以政府作为唯一的主体，而是强调社会各方的协调、参与、配合，从而保证用最少的社会成本达到最佳的治理状态。

那么，国家治理与法治之间存在着怎样的关系呢？我们的看法是，国家治理本为法治体系中的重要环节，国家治理的目标、方式、手段、过程，都

---

① 习近平：《决胜全面建成小康社会　夺取新时代中国特色社会主义伟大胜利——在中国共产党第十九次全国代表大会上的报告》，人民出版社2017年版，第21页。
② ［英］简·莱恩：《新公共管理》，赵成根等译，中国青年出版社2004年版，第3页。
③ ［美］金钟燮：《公共行政的社会建构：解释与批判》，孙伯瑛等译，北京大学出版社2008年版，第165页。

应当在法治的指导下运作。具体而言，法治与国家治理的结合，才能真正创造出现代化的国家治理体系与提升国家治理能力。

首先，法治本来就是一种政治性的国家治理的制度安排。对于人类社会而言，无论处在哪一个历史发展阶段，都首先要选择适宜的政治治理模式，即所谓的治国方略，而这又不外乎"人治"与"法治"两端。法治模式最终战胜了人治模式，成为"正当统治"的标准与模式。所以，现代社会的国家治理，也必定是依循法治的国家治理。习近平总书记曾专门指出："法律是治国之重器，法治是国家治理体系和治理能力的重要依托。全面推进依法治国，是解决党和国家事业发展面临的一系列重大问题，解决和增强社会活力、促进社会公平正义、维护社会和谐稳定、确保党和国家长治久安的根本要求。要推动我国经济社会持续健康发展，不断开拓中国特色社会主义事业更加广阔的发展前景，就必须全面推进社会主义法治国家建设，从法治上为解决这些问题提供制度化方案。"① 可见，不崇尚法治，不依赖法治，党和国家将难以应对新情况和新问题，社会公平、社会正义、社会和谐以及经济发展都无法实现。所以，在国家治理的过程中，必须摒弃权力主导的人治模式，借助于法律的客观性、权威性、稳定性来实现国家和社会的治理。自然，对于当代中国而言，根本的问题还是"法治要件有和无、健全和残缺的问题"②，要完成国家治理现代化的目标建设，就必须根据法治的基本理论，完善法律体系与法律制度，其中对国家权力的政治性管控又是不言而喻的重心。

其次，法治被历史经验所证明为是一种最为可靠的治理方式。习近平总书记对此有过深刻的阐述，他指出："人类社会发展的事实证明，依法治理是最可靠、最稳定的治理。要善于运用法治思维和法治方式进行治理，要强化法治意识。"③ 法治是一种成文的、客观的准则，它一旦制定出来，就以其明确的规范要求来约束所有社会成员，包括国家机关及其工作人员；在法律有效的范围内，任何人都不得违反法律的强制性规定，否则即会为此承担法律上的责任。不仅如此，法治所要求的"法律"还必须是优良的法律，它在内容上契合了人们对美好事物的期待，在形式上明确、具体地规定了人们的行

---

① 习近平：《关于中共中央关于全面推进依法治国若干重大问题的决定》，《习近平关于全面建成小康社会论述摘编》，中央文献出版社 2016 年版，第 94—95 页。
② 孙笑侠：《法治转型及其中国式任务》，《苏州大学学报（法学版）》2014 年第 1 期。
③ 习近平：《推进澳门"一国两制"成功实践走稳走实走远》，《习近平谈治国理政》（第二卷），外文出版社有限责任公司 2017 年版，第 424 页。

为方式与行为准则。可见，法治之所以是最可靠、最稳定的治理方式，是因为法治要求的是法律的优良与稳定，它不会违反人性、背弃民意，也不会朝令夕改、出尔反尔，因而人们可以在对自己的行为有合理的结果预期的前提下从事自己的行为，大胆追求自己的权利。同时，法治所要求的国家权力"法无授权不可为"准则，也为国家权力不得随意越界设置了制度的樊篱，使人们不至于担心国家权力会人为设限或轻易问责。即便法律也会进行修改修正，也必须遵循"不溯既往"与"信赖保护"的原则。前者要求法律的修改不能及于此前的事项和行为，除非修改后的法律对人们来说更为有利；后者则要求国家法律和政府政策加以变更而影响到当事人的合法权益时，必须为根据此前的法律与政策开展行为安排却遭受损失的当事人提供合理而充分的补偿。总之，法治提供了一个可以预见的个人行动框架以及国家行动范围，使人们可以在常态的法律运作中，获致行为的安全与利益的最大化。

　　再次，以法治来规范当代中国的政府行为，是实现国家治理目标的不二法门。对于当代中国来说，在国家治理方面所存在的问题，起码包括如下几项：一是权力无所不在，诸多人们可以自治的事项都包揽进国家权力的范围之中，窒息了社会组织的活力；二是权力腐败现象大量存在，权力运作很多时候异化成为官员寻租、谋求私利的工具；三是公务人员治理能力不足，不少官员要么只是玩弄权力的官僚，要么成为疲于奔命的小吏，难以担当治理国家的重任；四是公民个人责任感的缺失，人们更多是把自己视为权利的主张者、索取者和消费者，而很少想到自己的社会义务与社会责任；五是社会上弥漫着暴戾之气，极端手段屡见不鲜，诸多维权行动最终都以暴力方式呈现。面对这样一种状况，用法治来完善国家治理体系、提升国家治理能力就显得极为必要。从政府这一方面来说，必须划定权力运作的范围，并加强治理贪污腐败与提升治理能力的法律制度建设；从社会这一主体而言，必须通过社会组织来沟通国家与民众的关系，动员广大民众参与社会治理，发挥人民群众在国家事务上的主动性、积极性和创造性。只有在服务均等、社会合作、利益平衡的法律环境中，和谐社会的建构才有可能；从公民个人的角度来说，一方面要凸显权利本位的理论，保证他们充分而真实的权利与自由，使其能够积极参与国家治理；① 另一方面则是要通过法律来提升公民道德水

---

① 有关党的文件政策中权利本位的理念，参见张文显：《全面推进法制改革，加快法治中国建设——十八届三中全会精神的法学解读》，《法制与社会发展》2014年第1期。

平。诸如对国家的忠诚、对政治的参与、对法治的维护等等，都可以外化为公民的法律义务。当然，公民美德的倡导主要还是一个道德的问题，在将政治义务转化为法律义务时，还必须持慎之又慎的态度。①

总之，现代社会深刻而复杂的发展变化，已经迫使世界各国开始了治理目标、程序、方式的种种变革，在这样一种世界大潮中，当代中国如何通过法治来规划国家治理的目标，设定国家治理的重心，提升国家治理的能力，是一个刻不容缓需要加以探讨和研究的课题。但无论如何，法治应当在完善国家治理体系、提升国家治理能力上发挥主导作用，立法机关对社会需求的反应，行政机关对社会事务的调控，司法机关对纠纷案件的解决，社会组织对国家事务的参与，公民个人政治责任的履行，等等，都必须借助法治来加以推行。

第三节 法治是讲求公正平等的国家治理方式

《中共中央关于全面推进依法治国若干重大问题的决定》指出："平等是社会主义法律的基本属性。任何组织和个人都必须尊重宪法法律权威，都必须在宪法法律范围内活动，都必须依照宪法法律行使权力或权利、履行职责或义务，都不得有超越宪法法律的特权。必须维护国家法制统一、尊严、权威，切实保证宪法法律有效实施，绝不允许任何人以任何借口任何形式以言代法、以权压法、徇私枉法。必须以规范和约束公权力为重点，加大监督力度，做到有权必有责、用权受监督、违法必追究，坚决纠正有法不依、执法不严、违法不究行为。"可见，公平或曰平等体现为对所有社会成员权利赋予、义务设定、责任追究上的一视同仁。从法治所涵盖的范围而言，这大致可以包括三个方面的内容：一是立法上的平等。这主要是指在权利、义务、利益、资源的分配方面，法律应当对所有人一视同仁，不得在社会成员中确定不同的行为标准，从而导致一部分人的权利被歧视、限制乃至剥夺。事实上，立法平等是法律上平等的核心，正如马克思所作的经典表述那样："如果认为在立法者偏私的情况下可以有公正的法官，那简直是愚蠢而不切实际的

---

① 对政治要求的无限泛化现象的批判，参见李拥军：《当代中国法律中的"政治人"影像》，《华东政法大学学报》2011年第5期。

幻想！既然法律是自私自利的，那么大公无私的判决还有什么用处呢？法官只能一丝不苟地表达法律的自私自利，只能无所顾忌地运用它。在这种情况下，公正是判决的形式，但不是判决的内容。内容已被法律预先规定了。如果诉讼无非是一种毫无内容的形式，那么这种形式上的琐事就没有任何独立的价值了。"①立法平等是所有后续平等的起点，没有立法上的平等，其他形式的平等也就成了无源之水。二是执法上的平等。这里的"执法"既包括行政执法，也包括司法活动。行政机关和审判机关必须在法律执行中做到不偏不倚，任何对一方的优先或对他方的歧视，都是法律所不允许的。不仅如此，执法机关还必须平等地保护人们参与行政活动与诉讼活动上的平等，在法律上也称为"要求公正审理权"，又名程序参与权，是指那些权益可能会受到裁判或诉讼结局直接影响的主体应当有充分的机会富有意义地参与裁判的制作过程，并对裁判结果的形成发挥其有效的影响和作用。②这既是法院存立的正当基础，也是司法保障人权的具体体现。三是守法上的平等。任何个人都是平等的主体，都拥有遵守法律的义务，不得使一部分人可以享有法律上的特权。同时，在追究法律时，也应当对当事人平等对待，不得因身份、地位、阶级、民族、种族、教育程度等作出厚此薄彼的裁决。

在法学上，平等以其强烈的伦理色彩而被推崇为法律的根本准则之一。"现在的社会，无论从哪一方面看，除了平等的信条外，再没有别的基础。"因而，平等"是一种神圣的法律，一种先于所有法律的法律，一种派生出各种法律的法律"③。按照这一原则要求，国家必须把每个人都视为是理性、尊严的主体，不得因人的各种外在条件（如种族、肤色）和主观能力（如贤愚之分与良莠之别）的不同而实行差别待遇；所有的法律规定，如无正当理由证明某种差别对待是合理的（例如对弱者的特殊保护），即可判定为是违反正义的"恶法"。不仅如此，平等也是人们追求美好生活方式的重要内容。习近平总书记指出："经过改革开放近40年的发展，我国社会生产力水平明显提高，人民生活显著改善，对美好生活的向往更加强烈，人民群众的需要呈现多样化多层次多方面的特点，期盼有更好的教育、更稳定的工作、更满意的收入、更可靠的社会保障、更高水平的医疗卫生服务、更舒适的居住条件、

---

① 马克思：《第六届莱茵省议会的辩论（第三篇论文）》，《马克思恩格斯全集》第1卷，人民出版社1995年第2版，第287页。
② 陈瑞华：《刑事审判原理论》，北京大学出版社1997年版，第61页。
③ [法]皮埃尔·勒鲁：《论平等》，王允道译，商务印书馆1988年版，第1页。

更优美的环境、更丰富的精神文化生活。"① 据此，党的十九大报告将中国特色社会主义新时代的社会主要矛盾概括为"人民日益增长的美好生活需要和不平衡不充分的发展之间的矛盾"，而从法理上说，深刻认识这一社会矛盾的变化，无论对于法的本质还是法的功能的认识，都有着重要的现实意义。正如张文显教授所言："新时代社会主要矛盾的变化，凸显出人民日益增长的对民主法治的需求、对法治品质的要求、对公平正义的期待、对安全保障的法律依赖与法律优质产品供给不足、立法不优、执法不严、司法不公、监督不力、权力制约失衡、权利保护缺位、法治发展不平衡之间的矛盾。"② 那么，人民对美好生活的需要包含哪些内容呢？习近平总书记指出，新时代下"人民美好生活需要日益广泛，不仅对物质文化生活提出了更高要求，而且在民主、法治、公平、正义、安全、环境等方面的要求日益增长"③。由此可见，所谓美好生活不仅是物质上的，也是精神上的，特别是在人民的温饱问题已经基本得以解决的前提之下，精神上的需求相对而言就更为迫切，而这也正是人区别于动物的标志。作为万物之灵的人类，不是仅仅追求肉体上丰衣足食的行尸走肉，更是在精神上向往真善美更高境界的高级生灵。只有在人们感觉到生活的舒适和惬意时，他们才会有心灵的安宁与平静，也才会有发自内心的愉悦和充实。

特别需要指出的是，在现代社会，美好生活恰恰是法律规制与保障下的生活。法律通过维系人的尊严、确立人的自主性地位，保障了每个人对自己生活的设计、创造和占有，也为美好生活的实现奠定了可行的制度基础：从"设计"的角度来说，它意味着人们必须理性地对待自己的人生目标，要根据自己的条件、能力、兴趣来合理规划人生。当一个人业已成年、参与社会活动时，他就应当权衡，进行比较，从而确定自己的人生方向。这种设计是一种规划，更是一种体现着行为人意愿和情感的规划。所谓"创造"，则意味着我们面对生活的态度必须是积极的。生活中可能没有快乐，但我们可以创造

---

① 习近平：《高举中国特色社会主义伟大旗帜，为决胜全面小康社会实现中国梦而奋斗》（2017年7月26日），《习近平谈治国理政》（第二卷），外文出版社有限责任公司2017年版，第61页。
② 张文显："新思想引领法治新征程——习近平新时代中国特色社会主义思想对依法治国和法治建设的指导意义"，《法学研究》2017年第6期。
③ 习近平：《决胜全面建成小康社会 夺取新时代中国特色社会主义伟大胜利——在中国共产党第十九次全国代表大会上的报告》，人民出版社2017年版，第11页。

出快乐；生活中可能人情关系冷淡，但我们可以在他人的配合之下，求得一种社会交往的乐趣。可以说，一个人过什么样的生活，不仅在于他如何设计，更为重要的是他如何去体悟生活、创造生活。"我们的生活就是我们所创造的。通过改变普通人看待他们自己和他们的世界的方式，并且通过改变我们生活于其中的政治和经济安排，我们可以使得日常生活天堂一般。"① 当然"创造"不一定成功，但是，对于有尊严的人来说，我们只有通过自身的参与，才能真正体会生活的乐趣。从"占有"的角度来说，由于生活是我们自主设计与创造的，因而生活就如同私有财产一样，是我们可以占有和享用的对象。在这样一种私域的氛围与环境中，人成为他自己生活的主人，是自身生活的拥有者和享受者。可见，当一种生活能够真正地为人所支配时，人们就能从中感受到生活的乐趣，因而也可以更好地成就人的尊严。

那么，对公平、平等的追求（或者说平等感的存在）与美好生活是一种怎样的内在关联呢？众所周知，公平、平等既是一种制度安排，也是一种心理认知。就前者而言，没有公平、平等的社会法律制度，就不会有真正意义上的美好生活。恰如曾有学者指出的那样："社会公平原则包括两个方面。第一，在人类美好生活所必需的物质条件方面，它要求实现人类状况的平等，并且在个人能力允许的前提下实现工作和娱乐机会上的平等；第二，它要求采取一视同仁的普遍原则，以保证分配标的不会在第一方面的要求实现以后又被一部分人攫走。"② 就后者而言，当人们感觉社会上人与人之间被同等对待、社会资源在社会成员中被公平地分配时，他们就会产生一种公平正义的心理认同。反之，当人们感觉受到歧视、遭遇排斥时，就会产生发自内心的愤懑与痛苦。因为在不平等的对待中，人们感受到低人一等的屈辱以及被人歧视的伤害，而这种痛苦远比缺吃少穿带给人们的伤害为烈："对所有人的心理健康造成最大影响的因素是不平等程度，而不是家庭、宗教、价值观、教育程度等其他因素。"③ 实际上，从人的心理常态而言，"使我们狂怒的不是不幸，而是非正义。基于同样的理由，使我们满足的也不只是快乐，而是可

---

① [英]唐·库比特：《生活，生活——一种正在来临的生活宗教》，王志成、朱彩虹译，宗教文化出版社 2004 年版，第 7 页。
② [英]彼得·斯坦、约翰·香德：《西方社会的法律价值》，王献平译，中国人民公安大学出版社 1990 年版，第 85 页。
③ [英]理查德·威尔金森、凯特·皮克特：《不平等的痛苦：收入差距如何导致社会问题》，安鹏译，新华出版社 2010 年版，第 5 页。

以称之为'应得的美好生活'的东西"①。可见，感受到公平、平等既是美好生活的基本内容，也是获得美好的生活的基本条件。

第四节 法治是人民最能接受的国家治理方式

习近平总书记指出："法律要发挥作用，首先全社会要信仰法律；道德要得到遵守，必须提高全体人民道德素质。要加强法治宣传教育，引导全社会树立法治意识，使人们发自内心偏低和崇敬宪法法律；同时要加强道德建设，弘扬中华民族传统美德，提升全社会思想道德素质。要坚持把全民普法和全民守法作为依法治国的基础性工作，使全体人民成为社会主义法治的忠实崇尚者、自觉遵守者、坚定捍卫者。要深入实施全民道德建设工程，深化群众性精神文明创建活动，引导广大人民群众自觉践行社会主义核心价值观，树立良好道德风尚，争做社会主义道德的示范者、良好风尚的维护者。"② 总体上说，法治之所以能够发挥国家治理核心体系的作用，就是因为法治能够引领人民的道德风尚和生活方式，因之成为人们愿意接受并加以信仰的规则体系。

要使法治真正成为人民最能接受的国家治理方式，就必须在以下方面开展工作：

第一，在全社会树立法治理念是推行法治社会建设的群众基础。法治的事业是人民的事业，民众的法律意识体现着一个国家法治状况的整体水平。在人们普遍拥有较强的法治观念时，立法、执法、司法活动就可以顺利地得以展开；反之，法律则可能在人们的漠视与规避之下，失去其应有的效用。对于增强法治理念的路径，党的十八届四中全会决定一方面重申普及法律知识、教育全民守法的重要性，特别强调了领导干部与国家工作人员带头学法、守法；另一方面提出要将法治教育纳入国民教育体系，实行国家机关"谁执法谁普法"的普法责任制，建立法官、检察官、行政执法人员、律师等为主体的"以案释法制度"。一句话，通过多种途径，来提高人民群众正确理解法

---

① ［英］阿兰·赖恩：《财产》，顾蓓晔译，桂冠图书股份有限公司1991年版，第95页。
② 习近平：《坚持依法治国和以德治国相结合》（2016年12月9日），《习近平谈治国理政》（第二卷），外文出版社有限责任公司2017年版，第135页。

律条文、明确法律目的所在的知法、用法、守法能力。

第二，多层次多领域依法治理是提高法治治理水平的必然要求。从法律所涵盖的社会生活的复杂与广泛程度而言，必须坚持系统治理、依法治理、综合治理、源头治理。为此，要建立健全社会自治体系，使人民团体、社会组织、行业协会等在提高自我约束、自我管理的能力的同时，积极参与法治事业的进程。市民公约等是与人民日常生活更为密切的"活法"，要充分发挥它们在国家治理体系中的规范作用。同时，人民团体和社会组织可以在与民众切身利益的事务上以及帮助特殊人群、预防违法犯罪方面有更多的作为。之所以要强调多层次多领域的依法治理，而不是如以往那样单纯强调国家管理，原因即在于国家在面对日益复杂的社会问题时显得捉襟见肘，社会治理必须围绕多方主体的伙伴合作关系来建构新型的治理模式。

第三，建设完备的法律服务体系是让人民群众感知"法律在我身边"的基本保障。一定程度上说，人们更多时候是在需要了解法律规定来合理规范自己的生产、生活计划，以及因为自己的权利遭受来自他方的损害时会求助于法律，在此时，是否拥有完善的法律服务体系就显得极为必要。必须建立覆盖城乡居民的公共法律服务体系，通过便捷、有效的法律服务体系，使需要咨询的当事人可以及时得到法律人士的帮助、指导。同时，在具体案件中，如果仅因经济条件而无法聘请律师，就有可能在诉讼中处于不利地位，因此，完善法律援助制度，健全司法救助体系，保证人民群众在权利受到侵害时获得及时有效的法律帮助就极为必要。从法治推进的效果上来说，只有使人民群众感知"法律在我身边"，方能提高民众用法、懂法的积极性，从而提升法治的效益。

第四，健全依法维权和化解纠纷机制是回归法治理性的重要举措。任何一个社会都存在纠纷，在法治的社会里人们也都积极主张权利，但是，任何法律诉求都必须求助于理性的表达，包括：从法律规则的视角审视案件而不是以主观判断来进行言说；对于尚未审结的案件，公民或新闻界不得进行带有偏见性的评论，以免形成舆论对于审判的压力；当事人必须服从生效的法律裁判，不得无理缠讼。就具体机制而言，社会矛盾预警机制等必须建立健全，以畅通群众利益协调、权益保障法律渠道；调解、仲裁、行政裁决、行政复议、诉讼等解纷渠道必须有机衔接、相互协调；要深入推进社会治安综合治理，有效防范化解管控影响社会安定的问题。特别是对暴力恐怖等恶性犯罪的打击以及食品药品等安全问题的关注，必须重拳出击，重点治理。

苏州发展的经验同样证明着法治在推进社会进步与经济发展的重要作用。纵观苏州改革发展的历程，突出法律的作用与功能，是苏州不断提升经济地位、彰显社会建设成就的重要保障。苏州不仅是文化底蕴深厚、经济指标领先的发达城市，更以法治建设的先导性、示范性而在全国负有盛名，主要表现在：第一，用好地方立法权，加强地方法制建设。苏州是较早拥有地方立法权的城市之一，立法机关积极行使地方立法权能，制定了一批有质量、有创新、有特色的地方性法规和地方性规章。而这些地方规范的主要成绩，又表现在注重民生、规范管理以及体现特色三个方面。注重对关系国计民生、弱者权益法律规范的制定，加强对行政权力的监督，规范各项行政行为；强化对弱者的保护救助，体现法律的人道关怀。第二，规范行政管理活动，依法行政卓有成效。法治的重心在于控制国家权力，而控权的核心又在于对行政权的规范与制约。在苏州法治建设的过程中，注重强化对行政权的监督，实现行政权的高效、便民，取得了令人瞩目的成绩。行政管理人员执法相对文明，办事效率较高，不少地方还结合自身特色，探索行政服务、行政便民的新路子。如太仓市的"政社互动"实践，将政府管理与基层自治密切结合起来，既减轻了政府的工作负担，又激活了自治组织的活力，体现了国家治理多元共治的基本理念。第三，凸显司法公开，维护司法公正。在司法的民主化方面，审判、检察部门都注重了司法的公开化，如法院裁判文书的公开、检察机关讯问犯罪嫌疑人的同步录音录像等，都起到了较好的效果。苏州也是涌现较多司法经验的地区，最高人民法院发布的指导性案例和司法解释，很多都出自苏州法院系统的办案实践。

在全面推进依法治国的新形势下，苏州又提出了"一个引领、三位一体"的法治建设总思路。"一个引领"就是把建设法治型党组织作为核心和关键因素，充分发挥各级党组织在法治苏州建设中的引领作用；"三位一体"建设，即把法治政府、法治市场、法治社会作为法治苏州建设三个基本要素，在共同推进上着力，在一体建设上用劲，充分发挥各级政府组织、各类市场主体、各类社会组织和广大人民群众的协同参与作用。我们相信，有市委、市政府的坚强领导，有多年来法治文化的积淀，苏州的法治建设必定会在苏州"两聚一高"的建设进程中闪烁着耀眼的光芒。苏州法治社会建设的全面推进、先进经验及实践效果，无疑对内地依法治国事业的推进会有很好的示范意义。一方面，它说明了"事在人为"的重要性。很多地方的所谓法治建设是被上面的要求、政策推着走，但苏州不同，由于主要领导具有很好的法律素养和法治理念，因而能"敢为天下先"，全方位地推行法治社会的建设。诸如法治型党组织建设、政社互动、立案登记这些制度，都是苏州结合自身实际积极探索、锐意进取的结果，自然也就在整体的社会层面上普及了法律知识，倡导了法治思维。另一方面，苏州的法治社会建设实践昭示了法治的有效性。通过法治社会建设，既可以使党和政府能够集中精力管好大事，抓住宏观，又可以使各种社会主体能够发挥主观能动性，在提高自我约束、自我管理的能力的同时，积极参与法治事业的进程。实际上，法治本身就是被历史经验所证明的一种最为经济的治理方式。法治保证了政府活动的前后一致，防止了随意违反先例及背弃人民意志的可能；法治抑制了统治者改造世界、造福人类的无限冲动，使社会在和平与常态中得以持续发展；法治在强调政府治理作用的同时，也为社会组织的自治和人民的首创精神留下了空间，从而有利于多元共治局面的形成。正因如此，苏州全方位的法治社会建设，为区域法治建设提供了一个很好的样本，诸多经验也可以复制、推广。

第二章　法治作为核心竞争力的表现

第一节　经济发展井然有序

一、法治与经济发展概述

我国正处于社会主义初级阶段，全面建成小康社会进入决定性阶段，国际形势复杂多变，我国面对的改革发展稳定任务之重前所未有，矛盾风险挑战之多前所未有。无论国际国内情形多么复杂多变，发展仍然是当下中国的第一要务。以经济建设为中心，深化经济体制改革，实现经济和社会平稳有序地发展，仍然是全面深化改革的重中之重。不过，无论经济如何发展，法治始终都是为之保驾护航的重器。只有依靠法治，经济发展才能井然有序。

从世界发达国家的发展过程来看，经济发展与法治有着密不可分的关系，法治往往会是经济发展的基石。众所周知，第二次世界大战后德国作为战败国，几乎是在一片废墟上重新建设的。时至今日，德国业已成为欧洲最富有的国家之一，其2016年国内生产总值约为3.36万亿美元，是世界上仅次于美、中、日的第四大经济体。在欧债危机以及英国脱欧的双重冲击下，欧洲的经济发展状况一直表现得有点萎靡不振，但德国经济依然让国人充满信心，似乎一切都在往利好的方向发展。而且，德国经济还备受国外人士的瞩目，很多外籍投资人士将德国作为移民首选国家。可以说，德国作为带动欧洲经济发展的火车头，一直以来在经济发展方面都显得非常强势。那么，是什么原因使德国经济出现了快速增长和发展呢？重要原因之一便是重视法治。战后，德国依靠依法促教、依法行政、依法调控市场经济以及依法实行社会保障等举措，使德国经济能够很快从经济废墟上站立起来，其中，"关键在于运用法治，促进教育发展，提高人的素质；严格依法行政，保障人的权利；依法调控市场经济，使其稳定增长；依法实行社会保障，减少社会风险，缩小贫富分化差距"①。

《中共中央关于全面推进依法治国若干重大问题的决定》指出："面对新形势新任务，我们党要更好统筹国内国际两个大局，更好维护和运用我国发展的重要战略机遇期，更好统筹社会力量、平衡社会利益、调节社会关系、规范社会行为，使我国社会在深刻变革中既生机勃勃又井然有序，实现经济发展、政治清明、文化昌盛、社会公正、生态良好，必须更好发挥法治的引领和规范作用。"当前，以经济改革为核心的各项改革进入攻坚期和深水区，出现了很多前所未有的困难和挑战，这些问题要依靠法治来妥善解决。"我国改革已经进入攻坚期和深水区，必须通过法治形成更加规范有序推进改革的方式；同时我们依旧处于剧烈的社会转型关键时期，国际国内形势错综复杂，各种矛盾风险挑战前所未有，尤其是经济发展中的一些深层次矛盾，都触及体制性、结构性问题，而这些问题的解决，都必须在发展经济的同时全面推进依法治国、大力加强法治建设。"②

习近平总书记在党的十九大报告中指出："面对世界经济复苏乏力、局部冲突和动荡频发、全球性问题加剧的外部环境，面对我国经济发展进入新常态等一系列深刻变化，我们坚持稳中求进工作总基调，迎难而上，开拓进取，取得了改革开放和社会主义现代化建设的历史性成就。"客观地说，经济新常态下的问题，既是历史发展的必然，在一定程度上也是过去问题的积累。而过去之所以问题不少，法治保障不力无疑是主要原因之一。党的十八大之前，经济领域发展就积累了不少问题，潜规则盛行，实体经济发展进入瓶颈期。党的十八大之后，国家厉行反腐倡廉，全面推行依法治国举措，可谓对妨碍经济发展的系列问题下了一剂猛药，大大提振了国人对经济良性发展的信心，在国际上也赢得了良好声誉。

国内外的经验表明，市场经济就是法治经济。在经济新常态的大背景下，法治是维系经济发展的新的、持久的动力。"在经济新常态的大背景下，法治不仅是经济发展的重要条件，也是经济发展的新的、持久的动力，经济新常态需要强有力的法律实施。"③ 同时，法治也是经济发展的核心竞争力。坚持法治，能够促使建立良好的经济秩序，使经济保持质与量的平稳、良性增长，

---

① 崔红星：《二战后的德国法治与经济腾飞》，《法学》1998年第4期。
② 周佑勇：《抓法治，就是抓经济发展》，《新华日报》2015年6月26日，第14版。
③ 庄永廉：《法治是经济发展新的持久的动力》，《检察日报》2015年7月16日，第03版。

促使市场摒弃坑蒙拐骗等潜规则而崇尚诚信,为非公有制经济的发展提供原动力。总之,法治能促使经济井然有序地协调发展。

多年来,苏州市正因为重视法治对经济的保障与推进作用,得以持续稳定地助推苏州经济增长,不断提升经济发展的质量和效益。虽然目前处于改革的深水区与攻坚区,但根据2018年苏州市政府工作报告,过去的一年全市预计完成地区生产总值1.7万亿元,同比增长7%;实现一般公共预算收入1 908.1亿元,同比增长10.3%。不得不说,这与苏州尤为重视法治政府建设密切相关。2016年,为贯彻党中央关于全面推进依法治国的新思想与落实党中央、国务院《法治政府建设实施纲要(2015—2020年)》,苏州市政府于2016年发布《苏州市法治政府建设2016—2020年规划》,旨在全面推进政府工作规范化、程序化、法治化,打造与苏州作为历史文化名城、特大城市相匹配的法治环境,使法治成为苏州核心竞争力的重要标志。同年,苏州市政府在全省法治政府建设考评中获得了优秀等次,在13个设区市政府中排名第一。不过,仍应当看到,苏州市的经济社会发展和政府工作仍然存在不少问题与薄弱环节,包括:经济发展质量不够高,新旧动能转换和产业升级步伐不够快;政府作风效能建设有待加强,工作人员特别是领导干部在法治领域的能力水平需要进一步提高。① 因此,在未来的社会主义市场经济改革、解放和发展社会生产力的进程中,苏州市政府应当对症下药,加大力度,弘扬法治,推动经济发展与社会稳定走上新的台阶。

二、经济秩序严明有序

市场经济秩序是对市场经济活动进行规范的全体,所借助的主要是有关市场的法律、法规、政策、计划、经济伦理道德等。因此,市场经济秩序的主要特征便是其法治性。改革开放40多年来,我国基本构建了社会主义市场经济体制框架,且逐步完善了社会主义法治体系,但是与建设法治的市场经济还有一定差距。而且因有法不依、执法不严、违法不究、诚信缺失、产权不明晰等问题的存在,市场经济秩序存在一定程度的紊乱。② 因此,构建市场经济秩序,必须加强法治,确保有法必依、执法必严、违法必究。从这一角度来看,法治无疑是市场经济建设的核心竞争力。就经济秩序而言,以法治

---

① 李亚平:《2018年政府工作报告》,http://www.suzhou.gov.cn/xxgk/zdgcjsxmssjz/sbj_11124/201801/t20180116_947421.shtml,最后访问时间:2018年5月28日。
② 张美云:《法治、非正式制度与市场经济秩序》,《改革与战略》2016年第11期。

作为核心竞争力,主要表现在市场准入与退出秩序严明、市场行为秩序规范以及其他市场秩序得以维护、保障。

(一)市场准入秩序严明

以法治作为核心竞争力,需要建立严谨、规范的市场准入秩序。在现实生活中,我们不难发现许多市场主体只讲权利而不履行义务,如毫无资质的人在自己并不熟悉的行业从事生产、销售,或者有的组织、个人超越自己的经营权限生产、销售商品,等等。"现实中,一些市场主体轻视法律甚至对抗法律,经常出现不履行法定义务的问题。"[①] 其所带来的是产品质量不可靠、食品不安全、低劣商品充斥市场等。这些问题无疑与市场准入秩序缺乏有力的法律规制,如有法不依、执法不严等有关。事实上,在经济生活中,任何组织或个人进入市场从事经营的权利,以及进入市场后所具有的权利都应当受到监管。这样,市场主体在取得进入市场的法律资格和经营权力的秩序内容后,其权利能力与行为能力就获得法律保障,也必将在法律的规范下行使。同时,在法律的规范下,作为市场客体的商品进入市场时也会有安全和品质保障,其种类、数量等也会在市场的调节下自然得到有序规制。如果不厉行法治,有法不依或者执法不严,那么一切市场准入秩序将无从谈起。以法治作为核心竞争力,就必须建立严谨、规范的市场准入秩序,严格执法。

(二)市场行为秩序规范

市场交易秩序的实质是交易者的行为秩序。市场行为秩序主要包括反不正当竞争秩序、合同行为秩序、知识产权行为秩序、商标行为秩序、定价行为秩序、计量行为秩序、股票证券交易秩序等。长期以来,富有人情化的中国社会,在很多的市场行为中都是以人情为纽带展开的,在某种程度上可以说市场行为秩序就是市场人情秩序。市场秩序人情化,不但会妨碍交易的公正、公平,也会造成市场交易的群体垄断,不利于培育市场中的有序竞争。因此,适当淡化市场交易行为的人情化,建立公平有序的交易秩序,是极为重要的。

近些年里,随着社会的不断进步与经济的快速发展,人口流动与迁徙变得越来越频繁,市场秩序中人情味道有所淡化。不过,中国社会并未发生从熟悉社会向陌生社会的根本转变,应当在陌生关系和熟悉关系并存,并且熟悉关系具有更稳定和普遍作用的社会基础上,分析市场交易中的问题,并以

[①] 刘学智:《关于如何营造良好市场经济秩序的法律思考》,《山东审判》2005 年第 5 期。

这种社会基础为根据作出优化市场交易秩序的本土化选择。① 这就决定了必须进一步改良市场交易的人情化倾向。

对于如何改良市场交易的人情化倾向，学界存在不同见解。比较一致的观点是，相对有效、可行的方式是通过制度安排和法治建设给予规范。"针对市场交易中出现的各种问题，国内学术界发表了很多优化市场交易秩序的研究成果，虽然有许多不同观点，但主要倾向是主张通过制度安排和法治建设，提高市场交易行为的理性化程度，进而促进市场形成稳定协调的交易秩序。"② 这就意味着，以法治作为核心竞争力，必然要求建立规范的市场行为秩序。具体表现为不正当竞争减少乃至消失，知识产权得到良好保护，商标使用、转让严明有序，股票证券交易公平、公正，市场交易井然有序。

（三）市场退出秩序严明

市场主体退出市场秩序包括企业歇业秩序、企业破产秩序、企业产权转让秩序等。严明市场主体准入秩序，能够促进各类市场主体平等参与市场竞争，为经济发展创造简捷、宽松有序的市场环境。但是，如果市场退出机制紊乱的话，同样会造成市场秩序的混乱。目前，就我国的市场准入与退出机制而言，后者无疑更为薄弱。如登记机关对市场主体退出的监管在思想上不够重视，监管不严，措施不力，登记机关未将形式审查与实质审查相结合等。③ 而目前我国法律法规对企业退出市场的规制相对欠缺，影响了市场经济秩序的正常运行。以法治作为核心竞争力，则市场主体退出机制必然是规范的，对企业终止行为的监管也较为完善。例如，法律对企业歇业秩序、企业破产秩序以及企业产权转让秩序作出明确、具体的规制，简洁便利，可操作性强，处罚规定强而有力；监管机制明确、健全，并且能够充分保障得到及时施行；等等。在法治的规束下，市场主体退出秩序严明有序。

苏州市历来重视法治在经济秩序构建过程中发挥的作用，从坚持党领导科学民主立法，到严格规范公正文明执法，再到提升公正司法水平，全方位地为经济秩序的建设提供核心的助力。如市场准入制度方面，"放管服"改革不断深化，下放行政审批事项89项；在外商投资准入领域，依照赋权程序积

---

① 刘少杰：《陌生关系熟悉化：优化市场交易秩序的本土化选择》，《福建论坛·人文社会科学版》2014年第4期。
② 刘少杰：《陌生关系熟悉化：优化市场交易秩序的本土化选择》，《福建论坛·人文社会科学版》2014年第4期。
③ 吴怀福、张士茂：《论规范市场主体退出秩序》，《中国工商管理研究》2003年第7期。

极探索实施"准入前国民待遇+负面清单";在商事登记制度领域,深化"先照后证""三证合一""一照一码"等改革,2018年在全市范围全面推行;同时,对照国际贸易规则和市场公平原则,依法对各类政府补贴、资助、奖励等事项进行全面清理,2016年底前完成清理工作。① 在市场行为秩序规范方面,苏州市始终重视社会主义核心价值观的贯彻,注重加大法治市场建设力度,以健全完善社会信用体系建设,构筑覆盖全社会的守信激励和失信惩戒机制。2017年,全市基本建成覆盖全社会的信用信息系统。同时,苏州市重视司法对法治的保障作用。因近年来苏州科技创新成效明显,产业转型步伐加快,苏州市因此获批设立中国苏州国际人力资源服务产业园与苏州知识产权法庭,投入运营江苏国际知识产权运营交易中心,苏州市成为国家知识产权运营服务体系建设重点城市。2017年,检察机关积极投身平安苏州建设,突出司法办案社会效果,充分履行刑事检察职能,首设检察与经济发展苏州中心。在市场退出制度方面,为推进破产审判工作,苏州市中级人民法院与政府有关部门建立沟通协调机制,推动设立破产管理补助专项资金,完善破产管理人考核管理制度。可以说,没有法治全方位的服务与维护,市场经济秩序难以得到确立,市场经济发展也难以获得预期的效果。

三、市场高度诚信化

从资本、商品以及人力资源等各种市场的法律关系来看,无论是商品交易模式和交易机制,还是服务提供模式和运作,都需要建立在相互信赖、委任等法律关系之上,这就要求参与商品交换与服务的各方之间必须有较高的诚信水平。否则,必然会破坏市场运行的基础、动摇市场的信心,市场主体以及参与者就不愿意参与到商品交换与提供或者接受服务的市场活动中来,市场就失去了赖以存续的根基。而诚信建设首要仰赖的便是法治。"法治是诚信的重要保障,是维护诚信的重要手段。诚信作为一种道德要求和法律准则,其能否得到普遍遵循取决于社会的制度化程度。健全的信用法律体系既能够有效地打击和惩治背信、失信行为,也能够最大限度地维护守信者的利益,因此强化制度建设和法律约束尤为重要,而这恰恰是法治的根本。"② "诚信与法治是一个问题的两个方面,法治是对诚信的保障,诚信是法治的最终目

---

① 《〈苏州市法治政府建设2016—2020年规划〉发布》,http://sz.xinhuanet.com/2016-05/20/c_1118901420.htm,最后访问时间:2018年5月29日。

② 高姗姗、张倩:《论自由、平等、公正、法治与市场诚信的关系》,《管理观察》2014年第2期(上)。

标。现实生活中，只有充分地把握二者的因循关系，实现二者的良性互动，才能实现社会的和谐有序发展。"①

法治作为核心竞争力，首先需要将诚信要求上升为法律规范，把诚信建设纳入法治化轨道，这是诚信建设的长久之计、治本之策。② 如果树立法治权威，将使法治作为核心竞争力的作用充分显现出来，这在某种程度上意味着社会成员以及市场主体之间，业已建立起高度诚信的互动与行为范式，市场主体参与者之间以蒙骗和欺诈为耻，人们相互之间诚实不欺，恪守信用。如此，市场上进行的商品交易或者服务提供将是一片祥和、友善的气氛，人们不用再担心食品不安全、产品不合格，这必将大大促进经济发展与增长。

四、非公有制经济发达

非公有制经济是相对于公有制经济而言的，是我国现阶段除了公有制经济形式以外的所有经济结构形式，也是社会主义市场经济的重要组成部分。非公有制经济主要包括个体经济、私营经济、外资经济等。党的十九大工作报告指出："必须坚持和完善我国社会主义基本经济制度和分配制度，毫不动摇巩固和发展公有制经济，毫不动摇鼓励、支持、引导非公有制经济发展，使市场在资源配置中起决定性作用，更好发挥政府作用，推动新型工业化、信息化、城镇化、农业现代化同步发展，主动参与和推动经济全球化进程，发展更高层次的开放型经济，不断壮大我国经济实力和综合国力。"

当前，我国非公有制经济虽然取得了一定发展，但依旧存在不少问题，需要法律进一步给予保障。特别是应当在以下几个方面着力：（1）重点清理法规中存在的明显不适应市场经济协同发展需要、与上位法规定相抵触的规定；（2）基于国务院取消和下放行政审批、政府职能转变和机构改革需要，对地方性法规进行相应的修改；（3）应增强相关政策法规的科学性、专业性，积极引导非公有制经济人士参与立法协商，并且根据经济社会发展的新情况，及时调整相关法规，对非公有制企业的权益予以平等保护。③

以法治作为核心竞争力，在保护非公有制经济上主要表现为强化法治、政策环境，完善政务环境，加大财政投入。同时，非公有制企业经济外向性高，特别是乡镇企业的外向度很高，信息、技术发达。从最初的"三来一补"

---

① 刘跃君：《论市场诚信法治建设途径》，《现代商贸工业》2012 年第 23 期。
② 庄心一：《建设高度诚信的资本市场》，《中国金融》2012 年第 24 期。
③ 张雯宁：《非公经济需要"法治蓝天"》，《团结报》2017 年 1 月 3 日，第 06 版。

企业到大规模利用外资建立"三资"企业,乡镇非公有制企业在引进外部资本的同时,也引进了国外先进的管理制度和经营方式,企业管理日益完善、成熟。另外非公有制企业还通过大量吸收国内外资金、技术、人才,组建企业集团进行运营,走上规模经济的道路。

第二节 国家治理合法高效

一、法治与国家治理概述

《中共中央关于全面深化改革若干重大问题的决定》提出:"全面深化改革的总目标是完善和发展中国特色社会主义制度,推进国家治理体系和治理能力现代化。"在这里,推进国家治理体系和治理能力现代化成为全面深化改革的总目标。然而,我国面临的实际情况是,尽管近些年来国家治理取得长足进展,但依旧存在不少问题。与党和国家事业发展要求相比,同人民群众期待相比,国家治理体系和治理能力远没有达公平与高效的地步,还需要进一步完善和提高。为此,《中共中央关于全面推进依法治国若干重大问题的决定》明确指出:"依法治国,是坚持和发展中国特色社会主义的本质要求和重要保障,是实现国家治理体系和治理能力现代化的必然要求,事关我们党执政兴国,事关人民幸福安康,事关党和国家长治久安。"正是基于法治对于国家治理具有特殊的意义,故而将依法治国、实现法治作为实现国家治理体系和治理能力现代化必然要求,是理所当然的。

那么,实现国家治理合法高效,为什么法治不可或缺呢?这是因为,法治建设能够促使国家治理合法进行,并使国家治理能力得到不断提升,使国家治理有序进行、高效运作。如果法治建设存在问题,必将影响国家治理体系的完善和治理能力的提高。可以说,国家治理的核心就在于依法治理,即法治。党的十八大报告明确提出:"更加注重发挥法治在国家治理和社会管理中的重要作用,维护国家法制统一、尊严、权威,保证人民依法享有广泛权利和自由";"提高领导干部运用法治思维和法治方式深化改革、推动发展、化解矛盾、维护稳定能力";"党领导人民制定宪法和法律,党必须在宪法和法律范围内活动。任何组织或者个人都不得有超越宪法和法律的特权,绝不允许以言代法、以权压法、徇私枉法"。党的十八大报告的这些阐述,实质上要求包括国家治理在内的国家一切活动,都必须在宪法和法律范围内活动,这也就是要实行法治，建设法治体系。

不过，实现法治与国家治理的合法高效，并非一蹴而就。毕竟，无论是法治还是国家治理体系与能力，均存在不少问题。正如党的十九大报告所指出的那样："社会矛盾和问题交织叠加，全面依法治国任务依然繁重，国家治理体系和治理能力有待加强……"不过，这些问题的存在丝毫不影响法治对国家治理的重要意义，甚至可以说，正是因为法治上不够完善，才使得国家治理体系与能力存在不少问题。从这个角度来看，法治作为核心竞争力，最主要的表现之一便是国家治理的高效合法。

国家治理的法治化并非只是中央机关等部分部门机关的法治化，治理法治化道路还有赖于各省市县（区）治理法治化的同步运行。因为，国家治理体系法治化意味着处理人民与公权力之间的关系应当在法治的轨道运行，地方政府部门与机构作为公权力在地方的代表，理应注重公权力在治理层面从思维到行动的全面法治化。正因为重视法治在国家治理的核心作用，随着国务院《法治政府建设实施纲要（2015—2020年）》的发布，苏州市也于2016年发布了《苏州市法治政府建设2016—2020年规划》，以实现法治作为苏州核心竞争力的重要推手。自规划出台以来，苏州市深入贯彻依法治国方略，认真学习贯彻党的十九大精神和习近平新时代中国特色社会主义思想，扎实推进科学立法、严格执法、公正司法和全民守法，为苏州推进"两聚一高"，在更高的坐标系中勇当"两个标杆"、落实"四个突出"、全力以赴建设"四个名城"营造良好的法治环境，持续努力让法治成为苏州核心竞争力的重要标志，为实现国家治理体系和治理能力现代化作出积极贡献。

二、国家治理法治化

谈到国家治理法治化，有必要先说说国家治理现代化。习近平总书记在党的十九大报告明确指出："必须坚持和完善中国特色社会主义制度，不断推进国家治理体系和治理能力现代化，坚决破除一切不合时宜的思想观念和体制机制弊端，突破利益固化的藩篱，吸收人类文明有益成果，构建系统完备、科学规范、运行有效的制度体系，充分发挥我国社会主义制度优越性。"不难看出，国家治理现代化实质上包括国家治理体系现代化和国家治理能力现代化。所谓国家治理体系，是指在党的领导下管理国家的制度体系，包括经济、政治、文化、社会、生态文明和党的建设等各领域体制机制、法律法规安排，也就是一整套紧密相连、相互协调的国家制度。所谓国家治理能力，则是指运用国家制度管理社会各方面事务的能力，包括改革发展稳定、内政外交国防、治党治国治军等各个方面。

那么，依法治国或者说法治究竟与国家治理现代化之间属于何种关系呢？这里有必要先了解国家治理现代化的基本要素。一般认为，国家治理现代化有五个基本要素。一是制度化，即公共权力运行的制度化和规范化；二是民主化，即公共治理和制度安排必须要保障主权在民或者人民当家做主；三是法治，即要让宪法和法律成为公共治理的最高权威；四是效率，即国家治理体系应当有效维护社会稳定和社会秩序；五是协调。① 不难看出，法治只不过是国家治理现代化的要素之一。然而，法治并非国家治理现代化中的普通要素，而是最重要、最本质的要素。"国家治理法治化构成国家治理现代化的核心指标和主要标志，国家治理现代化则引领和驱动法治现代化。"② 从某种程度上讲，法治是国家治理现代化的关键，决定国家治理现代化的成败，没有法治就没有国家治理的现代化。"国家治理法治化的载体是一国法治体系，建设中国特色社会主义法治体系是我国实现国家治理现代化的关键所在。"③ 因为只有通过健全和完善国家治理法律规范、法律制度、法律程序和法律实施机制，才能形成科学完备、法治为基的国家治理体系，使中国特色社会主义制度更加成熟、更加定型、更加管用，并不断提高运用社会主义法治体系有效治理国家的能力和水平。④

在国家治理层面上坚持法治，意味着国家治理必须法治化。国家治理法治化具体包括国家治理体系法治化与国家治理能力法治化。时下，推进国家治理法治化也是国际社会的潮流。鉴于法治对于国家治理现代化的重要意义，不难推知国家治理法治化对实现国家治理现代化同样至关重要，实现国家治理法治化也就基本意味着实现国家治理现代化。如果说没有国家治理现代化就没有国家治理法治化，那么也完全可以说没有国家治理法治化也就没有国家治理现代化。

如前所述，以法治为核心竞争力，会有效促使国家治理合法高效。反过来，国家治理合法高效又会进一步促进国家治理法治化。由此可见，以法治为核心竞争力，在国家治理层面上主要表现为国家治理法治化。立足于现实

---

① 俞可平：《没有法治就没有善治——浅谈法治与国家治理现代化》，《马克思主义与现实》2014年第6期。
② 张文显：《法治与国家治理现代化》，《中国法学》2014年第4期。
③ 吴琼华：《法治与国家治理现代化的路径关系探析》，《新疆社科论坛》2005年第1期。
④ 张文显：《法治与国家治理现代化》，《中国法学》2014年第4期。

并结合我国国情，国家治理法治化的具体表现形式主要有：法律法规基本上能全面反映客观规律和人民意愿，针对性、可操作性强，立法工作中不再出现部门化倾向，争权诿责现象也基本消失；能够做到有法可依、执法必严、违法必究，执法体制权责合一，协调执法、公平执法成为常态，执法司法规范、严格、透明、文明，群众对执法司法和廉洁奉公交口称赞；社会成员尊法信法守法用法、依法维权意识强，国家工作人员特别是领导干部依法办事观念强、能力足，知法犯法、以言代法、以权压法、徇私枉法现象基本不存在。

三、国家政治文明化

政治文明作为人类政治智慧和社会理性的结晶，是人类社会进步的重要标志。传统政治理论中，国家往往被视为统治阶级为了实现自身利益，对被统治者进行有效统治的工具。根据这样的理论，如果在一个国家中统治阶级针对被统治阶级实行强制、凌辱、压迫等，也应当被认为是情理之中的，遵循的是"胜者王侯败者寇"的逻辑。在这样的逻辑下，国家统治者以国家暴力机器为依托，借助强权随意使用武装、暴力对待触犯统治阶级利益的人，无疑是理所当然的。在这种情况下，不可能形成国家政治文明状态。因为"政治文明是人类政治生活的进步状态，野蛮、落后的政治生活和政治现象不是政治文明"①。"政治文明的价值就是通过秩序的建构把混乱的欲望和社会生活带进一种秩序，达到协调一致，从而实现人的'诗意'的、美的存在。"②

政治文明的核心是民主政治和法治，而政治民主又需要文化民主、经济民主和社会法治相配合。其中，关键的又是法治：依法保障公民的政治权利、经济权利、文化权利和其他社会权利；依法约束、监督公共权力；在法治的框架下发展政治民主，并以法治来保障和巩固政治民主。③ 这是因为，民主制度也需要法治来奠定基础，提供强有力的保障。缺乏法治的民主是不可靠的，也是不真实、不现实的。因此，只有实现法治才谈得上民主，从这一点来看法治与政治文明的价值与理念具有一致性。"法治追求政治民主、社会正义、保障人民权利，把有法可依、有法必依、执法必严、违法必究的原则尊崇为

---

① 虞崇胜：《政治文明概念辨析》，《理论前沿》2002年第4期。
② 徐化影：《中国政治文明现代演进的基本思考》，中共中央党校博士学位论文2010年4月，第78页。
③ 王宝明：《依法治国是国家政治文明的重要保障》，《国家行政学院学报》2002年专刊。

治国方略，其与社会主义政治文明的价值理念是一致的，都以正义为宗旨，以民主为核心，以公平为原则，以理性为根本。"①

以法治为核心竞争力，表现在政治领域就是政治法治化。政治法治化是现代国家管理社会的基本范式和方略，也是社会进步与经济发展到一定阶段的必然产物。政治法治化要求政治主体必须树立宪法和法律的权威地位，以法律意识约束自己的政治意识，以事实为依据、以法律为准绳规范自己的政治行为，在法律的范围内决定自己的政治运行方式。政治法治化意味着崇尚法治精神和遵守法治原则，尊重公民的个体人格与尊严，追求自由、秩序、民主、进取精神，将法律作为规范各种政治关系和政治行为的依据。法治对政治文明的具体要求，只有两点："首先，在国家政治领域不得随意使用武力、暴力，包括不得使用武力、阴谋、政变、暴动等方式夺取国家权力，而是要根据事先约定的法律规则、法律程序来决定国家权力行使权的归属；其次，在国家权力行使权的归属已经确定的情况下，掌握国家权力行使权者不得随意、任意使用国家权力来对付普通社会民众及其中的每一个成员，而是同样要根据事先由社会成员同意的法律规则来行使这种权力。"②

以法治作为核心竞争力，推动政治文明化，具体表现在以下五个方面：一是政治主体文明化。法治要求政党及党员自觉规制自己的行动或行为，在宪法和法律的范围内行使权力，因而能推进政治主体文明。二是政治意识文明化。法治能促进国家公务人员增强服务意识，唤醒公民的权利意识，因而能推动政治意识文明化。三是政治行为文明化。法律能够规范、指引政治行为，遏制肆意擅断的政治行为，使政治行为有序化，避免政治行为被滥用，因而法治有利于政治行为文明。四是政治制度文明化。法治可以推进和保障民主制度，进而推动和强化政治制度文明，避免政治上的专制与独裁，有助于强化政治制度文明。五是政治生态文明化。"法治维护社会稳定，增进民族之间、公民之间和谐相处，保障正常的社会秩序，通过打击各种违法犯罪行为，维护稳定和谐的国内环境"③，故而能为政治生态文明提高保障。无怪乎有学者提出"依法治国，让人民享有充分的民主是社会主义政治文明建设的本质，是中国共产党人的理想追求，是基于对社会发展规律的正确把握而总

---

① 姜伟：《法治与社会主义政治文明建设》，《中共中央党校学报》第3期。
② 张恒山：《法治与国家政治文明》，《理论视野》2014年第9期。
③ 陈仲：《法治与政治文明关系论纲》，《四川文理学院学报（社会科学版）》2006年第6期。

结出的治国、执政之策"①。

四、公务高度职业化

关于职业化，目前学界并未形成绝对权威的定义。例如，有学者认为："职业化是指以某种特定的、专门的知识或技能而形成的特定的职业领域，并以此形成的专门的知识权威和相关的职业操守状态。"② 通常，站在社会职业化分工的角度，职业化往往是指对社会职业分工、分化出来的群体的职业规范或水准的一种要求，职业技术技能与标准、职业教育和培训、一定的职业群体以及明确的职业分工，一般是职业化的基本内涵。在内容上，职业化一般包括职业准入、职业训练、职业认同、职业道德和职业文化等内容。

职业准入是职业化的前提和基础。它要求职业化主体必须具备从事该职业所需的专业素养，包括基本知识、技能技巧和职业能力等。职业训练是对职业化主体所应该掌握的专业知识、技能技巧、业务能力进行培训和锻炼，使职业主体能够保持知识技能的不断更新换代，以适应职业发展和进步的需要，不断提高职业水平和效率。职业认同是个人、群体、社会乃至国家对特定职业的职业水平、职业道德、职业效率、职业效果以及社会价值等的看法、期许以及认可等，直接关系到人们对该职业活动的理解、认识与赞同。职业道德是对特定的职业主体从事该特定职业活动的行为所作的道义要求与品德保障，是一种对社会的道德责任与义务。职业文化是职业个人与群体形成的内化、共同的职业情感、情绪与心理结构，是由职业人员经由相互影响、相互作用而形成的、该职业群体所具有的独特职业文化。

那么，职业化与法治之间存在何种关系呢？众所周知，法治的基本内涵是贯彻法律至上、严格依法办事的治国原则和方式，它要求作为反映社会主体共同意志和根本利益的法律具有至高无上的权威，并在全社会得到普遍、有效地施行，获得普遍遵守和贯彻。法治作为一种先进的治国方式，要求整个国家以及社会生活均依法而治，即管理国家、治理社会，是凭靠法律这种普遍、稳定、明确的社会规范。法治必然要求恪守职业规则与职业操守，履行职业义务与享受职业红利，由此可见职业化是实现法治的必经之途。由于法治的核心在于国家管理与社会治理的规范化，因而公务职业化无疑是实现

---

① 岑文忠、王兵：《民主法治与社会主义政治文明：一种关系视角》，《黑河学刊》2004年第5期。

② 孙柏瑛：《公共部门人力资源开发与管理》，中国人民大学出版社2004年版，第43页。

法治的核心要素。"法官职业化成为现代法治国家的一个基本特征，是司法文明发展的重要标志和必然结果。"① 相应地，如果法治作为核心竞争力，也就意味着必然要求公务高度职业化。可以说，法治作为核心竞争力在国家治理上的主要表现之一，便是公务高度职业化。

国家公务的核心主要包括立法、司法、行政、军事等，公务职业化始终是现代文明法治国家的基本诉求。以法治作为核心竞争力，必将表现为更为专业、更高程度的公务职业化要求，这便是立法高度职业化、司法高度职业化、行政高度职业化以及军事高度职业化。而公务高度职业化，在内容上必然要求在职业准入、职业训练、职业认同、职业道德和职业文化等方面有更高的要求。这种更高的要求具体表现为高标准的职业准入、高强度的职业训练、高度的职业认同、高尚的职业道德和丰富的职业文化。以下分别以公务员（狭义，指从事国家行政管理职务的工作人员）高度职业化及司法高度职业化为例加以简要说明。

就公务员高度职业化来看，我国目前已经形成了高标准的公务员职业准入机制与高强度的公务员职业训练制度。以前，我国公务员准入的总体情况是"进口不严，出口不畅"，"能上不能下，能进不能出"，"铁饭碗"现象相当明显。《公务员法》的颁布与多年的坚定施行，基本上严格贯彻了"公开、平等、竞争、择优"录用原则，极大地提高了公务员队伍整体素质，基本上做到了唯才是举，促进公务员队伍的职业化。因此，要继续完善考录制，优化考录程序，拓展考录范围。而"公开选拔""竞争上岗"的规定，笔试和面试的有机结合，也很好地提升了考录的标准与层次。至于"能上不能下，能进不能出"的陋习，在党的十八大以后也得到了很好的矫正。许多高级别的公务员在级别上的断崖式下降，以及不少公务员被及时清除出公务员队伍，打破了"能上不能下，能进不能出"的传统流弊，进一步贯彻了高标准的公务员准入制度。当然，应当看到这些规定及其落实，主要还是在中央层面，未来在省、市一级以及基层国家行政机关有必要进一步加大贯彻力度。

当前，我国公务员高度职业化的主要问题在于职业认同、职业道德和职业文化等方面存在缺憾。应当看到，当前我国公务员中"官本位"思想并未得到彻底改变，"公务员"的服务意识与责任感仍然不够强，"干好干坏一个样，干与不干一个样"的观念依旧普遍存在。种种原因，使得公务员在从事

---

① 万鄂湘：《法官职业化建设是通往法治的必经途径》，《法律适用》2002年第12期。

公务时并未实现身心的全面满足，也没有获得工作满足感和职业幸福感，并未形成自觉的爱岗敬业精神与职业成就感。这表明公务员本身的自我认同感就不是很强。同时，由于少数党员干部品行不端、大搞腐败交易，严重影响公务员队伍的纯洁性，乃至于使得社会上对公务员职业操守持负面看法居多，对公务员的职业认同感与尊敬感不强。

同时，公务员思想道德素质建设也有待于进一步提高。思想与道德操守始终是一个人行动的指南，思想不纯、道德败坏必然会促生违法乱纪、贪污腐化的犯罪行为，因此以高标准强化公务员队伍的职业道德建设具有重要的现实意义。"在社会主义现代化建设中，国家对公务员思想道德素质的要求越来越高，公务员思想道德素质如何，将直接影响到国家行政法治建设的进程和实现。因而在行政道德建设发展中，能否让行政活动具有新时代行政法的人文精神和社会精神，公务员能否将行政活动的服务理念落实到具体的实践中去，能否真正自觉自愿地遵纪守法、全心全意为人民服务，关键就是要大力提高公务员思想道德素质建设……"① 这就需要公务员不断提高思想觉悟、道德水准、文明素养，提高自己的文明程度，树立正确的历史观、民族观、国家观、文化观，向上向善、孝老爱亲，忠于祖国、忠于人民，抵制腐朽落后文化侵蚀，强化社会责任意识、规则意识、奉献意识。

总之，以法治作为核心竞争力，表现在国家治理的现实语境中，必然要求公务的高度职业化，具体包括立法高度职业化、司法高度职业化、行政高度职业化与军事高度职业化等。应当说，自20世纪90年代末推行依法治国以及党的十八大以后加强依法治国以来，公务高度职业化在我国取得了明显的进步和长足的进展。虽然如此，公务高度职业化仍然存在一些不足，很多方面需要加强和改进。相信随着法治作为核心竞争力的进一步深化，公务高度职业化必将在我国扎根并盛行。

应当说，国家治理法治化、国家政治文明化与公务高度职业化是国家治理体系与治理能力现代化中法治化的三个面向，需要齐头并进，缺一不可。不论是中央国家机关，还是地方机关机构，都应当注重三个面向的全面发展。长期以来，在治理现代化的道路上，苏州市多次在法治政府建设考评中获得优秀名次，这与苏州始终围绕深化改革，持续重视法治在国家治理的重要性有关。根据多年的法治政府建设的实践经验，未来苏州市将继续加强法治政

---

① 雷洁：《行政法治与国家公务员道德素质建设》，《求实》2004年第6期。

府建设的组织部署与保障，重视法治建设的考核机制与宣传力度；继续深入法治政府建设进程，推动依法全面履行政府职能；完善制度建设，保障重大改革于法有据；围绕提高决策质量，推进重大行政决策规范化建设；强化执法监督，全力保障严格规范公正文明执法；突出权力监督，提升法治政府建设的公信力。

第三节 社会活力日益增强

一、社会管理能力不断创新

社会管理创新，是指在现有社会管理条件下，运用现有的资源和经验，依据政治、经济和社会的发展态势，尤其是依据社会自身运行规律乃至社会管理的相关理念和规范，研究并运用新的社会管理理念、知识、技术、方法和机制等，对传统管理模式及相应的管理方式和方法进行改造、改进和改革，建构新的社会管理机制和制度，以实现社会管理新目标的活动或者这些活动的过程。社会管理创新的目的，在于使社会能够形成更为良好的秩序，产生更为理想的政治、经济和社会效益。以往，我们在社会管理上过于强调主体意识，事无巨细都要管控、治理，热衷于通过监控、管制来治理社会，体现的是典型的管理、控制理念，只要天下太平、不出乱子就万事大吉。然而，随着社会的进步与经济的发展，这种管理思维显然难以适应现实需要。"传统的社会管理有一个约定俗成的观念，就是把社会管住就可以了，社会不发生乱子就可以了。但是，随着现代社会的发展，社会管理不是把社会管住、管死，而是着眼于增加社会活力，营造和谐有序的社会环境。"①

党的十八大报告对社会管理创新进行了新的阐释和界定，即"加快形成党委领导、政府负责、社会协同、公众参与、法治保障的社会管理体制"。显然，这里特别强调了"法治保障"的重要性。将"法治保障"作为社会管理体制的重要组成部分，意味着需要将社会管理纳入法治化的轨道，在社会管理中充分发挥法治的重要作用，将法治作为社会管理创新的核心竞争力。换句话说，法治是社会管理创新的前提和保障，是社会稳定的安全阀，是民生建设的助推器，是调整各社会主体协同治理的稳定器。用法律界定社会主体

---

① 李抒望：《浅议当前我国社会管理创新》，《中国青年报》2012年2月20日，第2版。

的权力与利权边界，规范各社会主体的行为，形成多元治理的格局，依法调整社会主体的关系，保障各社会主体循法而为、依法而治。法治保障成为社会管理的重要元素，标志着社会管理目标更加明晰，即善治社会、法治社会。①

相应地，法治也会为社会管理提供源源不断的动力，进一步促进社会管理创新。"通过对法治与社会治理的互动机理的考察不难发现，作为制度、理念和机制三位一体的法治能为社会管理创新提供动力源泉，进而积极推进社会管理创新。"② 这是因为，社会管理创新需要用法律开辟道路，需要用法律的形式肯定和巩固创新的成果，保证社会管理创新可持续发展，而法律保障能使其具有合法性、权威性、可预期性、可操作性。③ 坚持以法治作为核心竞争力，能够使社会管理创新具有明显的优越性，"这种优越性表现为，它可使社会管理创新具有合法性、权威性、操作性和反复适用性等"④。可见，对于社会管理而言，法治既是手段又是目标。一方面，这是由法治本身的性质决定的。"从法治的历史考察，人们对法治的理解经历了'良法之治'到'良法善治'再到'法治国家'的历程，从对形式意义的法治的追求到对实质意义的法治的延展，不但充实了法治的内涵，也反映了人们对法治理解的升华。法治不仅是依法为治，而且包含着公平、正义、自由、人的尊严、秩序等多重价值，法治不但是一种治理方式，也是一种生活方式。"⑤ 另一方面，社会管理创新要纳入法治的轨道上来，这就要求社会管理必须严格遵守既定规则，努力寻找合法依据。当缺乏法律依据时，要积极寻找替代方法，不可逾越法律界限以求创新。同时，要适时修法和立法，将成熟的创新经验以法律的形式固定下来，不断适应社会管理实践的发展。⑥

由上可知，作为手段法治能为社会管理创新提供法律保障，使之具有正当性与优越性；作为目的法治能为社会管理创新提供具体的目标和方向，是社会管理充分实现从管理到服务、从控制到协商的转变，由此激发社会管理

---

① 严励：《法治是社会管理创新的根本保障》，《学术交流》2012年第12期。
② 刘爱龙：《法治推进社会管理创新基于动力源泉的探析》，《学习与探索》2014年第5期。
③ 严励：《法治是社会管理创新的根本保障》，《学术交流》2012年第12期。
④ 王立民：《法治与社会管理创新》，《企业经济》2010年第7期。
⑤ 李保平：《法治与社会管理创新关系论析》，《宁夏社会科学》2013年第2期。
⑥ 江必新：《社会管理创新与法治化关系的协调》，《中国浦东干部学院学报》2012年第5期。

的高效与创新。故此,以法治作为核心竞争力,能激发社会管理不断创新,使社会管理能够跟上时代的步伐和社会的发展。

法治与社会管理创新之间的相互促进关系在苏州得到了较为充分的体现。早在 2013 年,苏州就建构了以党组织为核心、政府为主导、民众为主人、村(居)委会与社区为主力、协会为主角、企业为主体,相互之间密切配合、互动协同的管理机制。① 此后,基于贯彻党的十八大报告对社会管理创新的需要,苏州市自 2015 年开始确立法治苏州建设的规划,充分夯实了社会管理创新与法治的衔接与互动。根据《苏州市人民政府关于 2017 年法治政府建设情况的报告》,苏州已经在全国率先出台《政府主要负责人履行推进法治政府建设第一责任人职责实施意见》,明确各级政府主要负责人推进法治政府建设的"职责清单"。2017 年 9 月份,在省内首家开展法治政府建设目标管理责任书签订工作。截至 2017 年 9 月底,苏州市 10 个县市区政府(管委会)、44 个市政府部门已全面签署目标管理责任书。同时,在健全完善立法工作的规划与机制、深化行政审批改革、推进行政管理体制改革与推进政务信息公开等都有了进一步的相应举措,充分体现了从管理到服务、从控制到协商的转变,激活社会管理创新的动力与活力。

二、社会组织活力日益增强

社会组织是社会的基本构成单位,社会组织的普遍存在提高了人们的社会活动效率,延伸和扩展了人类自身的能力。然而,长期以来我国对社会组织存在"重审批,轻管理"现象,使得大量的社会组织游离于政府监管之外,放任自由发展。既然游离于监管之外,那么社会组织整体的依法管理就更无从谈起。一些社会组织在利益的驱动下,有的违规违法运作,欺骗公众,攫取不义之财,造成了社会组织信誉的大面积塌陷。相当部分社会组织还没有做到"制度化、规范化"运作,导致原本应该充满活力的社会组织的凝聚力弱、社会公信力弱、影响力弱。② 这些问题的存在严重影响社会组织的正常运作和效率的发挥,也使得我国的社会组织总让人感觉缺乏活力。有学者归纳了当前我国社会组织活力不足的四个突出表现:社会组织的公信力不足,社

---

① 沈荣华:《以法治为保障建构社会管理创新机制——苏州市社会管理创新的探索与思考》,《中国行政管理》2013 年第 5 期。

② 张斌:《激活社会组织活力——发挥法治社会建设传导作用》,《深圳特区报》2017 年 2 月 21 日,第 C2 版。

会组织资金动员能力不强，社会组织国际参与度不高，社会组织专业人才不足。①

鉴于社会组织活力的不足，我国对激发社会组织活力进行了顶层设计，即将之作为我国全面深化改革的一项重要任务之一。《中共中央关于全面深化改革若干重大问题的决定》对激发社会组织活力作了专门规定，并明确要求"正确处理政府和社会关系，加快实施政社分开，推进社会组织明确权责、依法自治、发挥作用。适合由社会组织提供的公共服务和解决的事项，交由社会组织承担。支持和发展志愿服务组织。限期实现行业协会商会与行政机关真正脱钩，重点培育和优先发展行业协会商会类、科技类、公益慈善类、城乡社区服务类社会组织，成立时直接依法申请登记。加强对社会组织和在华境外非政府组织的管理，引导它们依法开展活动"。显然，要做到这些离不开法律规制。因此，《中共中央关于全面推进依法治国若干重大问题的决定》明确要求"加强社会组织立法，规范和引导各类社会组织健康发展"。

对于提高社会组织活力的具体措施，学者们有诸多建言。有学者认为："首先要切实修订完善有关社会组织的法律法规，从国家法律层面解决好社会组织的合法性问题。这是激发社会组织活力的关键一步。"② 有学者提出："需要完善社会组织的相关法规条例，在初步开放社会组织登记的大门之后，还需要探索如何在制度上保障社会组织的独立运作和自主管理的权利，减少各级政府的行政化干预。"③ 有学者主张，应当在《宪法》中增加对社会组织地位和基本制度的原则性规定，从法律上明确社会组织与政府组织、经济组织的平等地位。同时，还需要制定、出台社会组织的基本法，对社会组织的地位、功能、权利、义务等明确规范，确立社会组织设立、运行的基本规则。④ 客观地说，尽管我国社会组织在发展过程中面临这样或者那样的问题，但可以肯定的是，关键症结还是在于缺乏法治方面的顶层设计。"中国社会组织发展也面临着在依法治国的进程当中、在依法治国的大的背景下顶层制度

---

① 罗华丽：《我国社会组织活力不足的突出表现及应对策略》，《理论研究》2017年第3期。
② 罗华丽：《我国社会组织活力不足的突出表现及应对策略》，《理论研究》2017年第3期。
③ 蔡禾：《激发社会组织活力：观念、制度和能力建设》，《社会工作与管理》2014年第5期。
④ 陈成文、黄诚：《论优化制度环境与激发社会组织活力》，《贵州师范大学学报·社会科学版》2016年第1期。

设计的问题，换句话来说，依然面临立法的问题。"①

由上可知，法治无疑能为社会组织设立、运作提供最强有力的保障。如果树立法治作为核心竞争力的标志地位，那么社会组织活力日益增强必将是理所当然的事情。毕竟，社会组织在法治社会中，既可以主张社会主体的利益，又可以制约公权力的任性，还能构筑社会秩序的自我调控机制，同时还可以发挥法治传导功能。② 在这方面，有的地方还是有一定的经验体会的。例如，广州作为中国最早改革开放的地区之一，就非常注意发挥法治作为核心竞争力的优势和作用，在激发社会组织活力方面取得了很好的实践效果。2014年10月30日，广州市以政府令的方式公布了《广州市社会组织管理办法》（以下简称《办法》），并于2015年1月1日起施行。《办法》共7章56条，从登记、培育和监督社会组织的角度做出了较为完善的规定，推进社会组织管理法治化、激发社会组织活力。《办法》对加快广州市社会组织健康发展，规范社会组织的行为，维护社会组织的合法权益，发挥社会组织在社会管理服务中的积极作用，具有重要意义。③

苏州市民政局在2015、2016年度相继发布了一系列规范性文件，旨在对激发社会组织活力在法治层面予以保障。在2015年印发了《苏州市社会组织行为规范》，从登记、自治、收费、诚信、活动五个方面进一步规范行为、激发活力、增强公信，充分发挥社会组织在创新社会治理中的积极作用，引导和促进社会组织健康有序发展。2016年起草了《苏州市社会组织监督管理暂行办法》，并列入了2016年立法计划，为今后建立社会监督投诉举报受理机制、组建联合执法队伍提供了基础的制度保障。同年，发布了《关于切实加强社会组织规范管理有关事项的通知》，就加强社会组织建设、激发社会组织活力、规范社会组织管理作了进一步明确。

三、社会创造活力日益增强

当今世界，科技竞争在综合国力竞争中的地位更加突出，创新驱动发展已成为各国的战略选择。世界主要国家纷纷调整科技部署，把科技创新上升为国家发展战略，加大创新投入，努力保持科技前沿领先地位，抢占未来发

---

① 佟丽华：《激发社会组织活力夯实依法治国基础》，《理论视野》2015年第1期。
② 张斌：《激活社会组织活力——发挥法治社会建设传导作用》，《深圳特区报》2017年2月21日，第C2版。
③ 王福军：《在社会治理法治化进程中激发社会组织活力——〈广州市社会组织管理办法〉解读》，《中国社会组织》2014年第24期。

展制高点。而目前中国正处于全面建成小康社会的关键时期,深化改革开放、加快转变经济发展方式的攻坚时期。虽然我们已经构建了比较完整的学科体系,拥有丰富的科技人力资源,科技发展具有良好基础,但自主创新能力还不够强,科技体制机制与经济社会发展和国际竞争的要求还不相适应,发展中不平衡、不协调、不可持续的问题依然突出。① 要解决这些严重制约我国经济社会进一步发展的瓶颈问题,必须抓住历史机遇、赢得发展先机,最根本的是靠科技的力量,最关键的是大幅提高自主创新能力,最迫切的是大力激发全民族的创新精神、充分释放全社会的创造活力。② 习近平总书记特别强调,加强产权保护制度建设,保护企业家精神,支持企业家专心创新创业。③ 可见,激发全社会创造活力、加快创新型国家建设,是应对新形势、完成新任务的必然要求。

  对于如何增强社会创造活力,学者们存在不同的看法。其中,许多学者将社会创新活力不足归之于文化因素,并认为应当立足于文化并采取相应举措途径来激发社会创造活力。有学者认为,文化软实力是国家软实力的核心因素,是一个国家或地区文化的影响力、凝聚力和感召力、意识形态影响力、制度影响力和国际影响力等。表面上看文化确乎很"软",但却是一种不可忽视的伟力,对于激发社会创造活力至关重要。④ 有学者认为,增强社会创造活力需要精神文化方面的支持。有四种有利于增强社会创造活力的文化理念在我们的社会上是比较稀缺的,因此需要加以倡导:一是超越功利的文化理念,二是宽容文化理念,三是合作的文化理念,四是平等的文化理念。⑤ 论者还进一步指出,创造活力的激发需要有力的文化支持,这种文化支持包括:营造宽容的文化氛围,对于受挫和失败的创造者给予足够的宽容和鼓励;摒弃急功近利的心态,使创造者的潜能得到充分释放;克服狭隘的小生产文化心理,提倡真诚有效的团队合作;呼唤平等的文化精神,让更多的社会成员成为创造主体。⑥

  也有不少学者从制度保障与维系社会公平正义的角度来诠释如何增强社

---

① 《激发全社会创造活力加快建设创新型国家》,《求是》2012 年第 14 期。
② 《〈人民日报〉:让全社会创造活力竞相迸发》,《科技传播》2011 年第 12 期。
③ 周斌:《激发社会创造活力营造良好法治环境》,《法制日报》2017 年 1 月 19 日,第 1 版。
④ 郑明珍:《文化软实力与激发社会创造活力》,《理论建设》2015 第 5 期。
⑤ 陈宁:《增强社会创造活力呼唤四种文化理念》,《中共杭州市委党校学报》2004 年第 6 期。
⑥ 陈宁:《关于增强社会创造活力的文化解析》,《社会科学》2005 年第 11 期。

会创造活力。如有学者认为，一个社会的创造活力源于社会当中每个人的创造活力。每个人的创造活力源于他的动机，而动机又产生于他的某种需要，所以，人的需要是人创造活力的动力源泉。人的需要是人的一种不可或缺的主观心理状态，是人从事一切实践活动的内驱力，贯穿于人的生命活动的始终，发挥着永恒动力作用。只有解放思想、更新观念，同时维护和实现社会公平正义、实现科学有序的社会流动和完善激励机制，才能充分调动人们的积极性、主动性和创造性，发挥其创造活力，从而加快社会主义和谐社会的构建。① 有学者指出，"社会公正和正义是产生创造的必要社会环境，是保证创造主体平等地位的前提。一个充满创造活力的和谐社会，必然是一个尽可能让所有创造主体享有机会平等的社会。我们要给予最大多数人平等的机会，使他们能共享当前社会的资源，如果我们仅仅将机会给少数人，只把激发创造活力寄托在精英身上，那就违背了社会公正和社会正义的原则，就会窒息全社会的创造活力。因此，在全社会营造一种公平正义的良好社会环境，是创造活力得以激发的重要条件之一。"② 也有人认为，增强社会创造活力需要调动五个方面的积极因素：坚持以人为本，提高创造主体的素质；从政策上促进，从制度上保证整个社会的创造能力；全面贯彻"三个尊重"的方针；积极营造"四个氛围"；大力推进三个方面的创新力。③

客观地说，尽管影响社会创新活力的因素很多，但制度和法治建设无疑是其中最为重要的一环。所谓好的制度使坏人变好，坏的制度使好人变坏，就是这个道理。例如，如果作为创造性的智力成果得不到应有的保护，很容易被别人窃取或者剥夺，而依靠坑蒙拐骗就可以轻而易举地截取他人的智力成果，当然会培育不劳而获、慵懒、不思进取的文化氛围。又如，如果缺乏公平正义，是非不分、权责不明，恐怕创造者也难以享有其应得的权利，也就没有积极性去进一步发挥创造活力。可见，只有加快制度建设，充分发挥法治的积极作用，实现科学有序的社会流动和完善激励机制，才能充分调动人们的积极性、主动性和创造性，才能更有效地发挥其创造活力。

由上可知，法治无疑是激发社会创造活力的核心因素。以法治作为核心竞争力，表现在社会创造活动中便是能够充分调动创造者的主动性和能动性，

---

① 霍孟林：《社会主义和谐社会创造活力探析》，《广西社会科学》2007年第11期。
② 刘胜康：《对和谐社会与全社会创造活力的哲学思考》，《云南民族大学学报（哲学社会科学版）》2008年第5期。
③ 罗荣莉：《着力增强全社会创造活力的思考》，《当代广西》2006年第5期。

使社会创造活力日益增强。如果说创新是引领发展的第一动力,那么法治则是撬动创新的制度杠杆,通过努力营造公平、公正、透明、稳定的法治环境,可以促进创新创业的星星之火汇成燎原之势。近年来,我国政法机关积极、主动地适应经济发展新常态需要,充分发挥职能作用,全力维护社会安定有序,激发社会创造活力,为经济持续健康发展营造良好法治环境。不仅是政法机关,事实上各级国家机关甚至全社会都应当充分发挥法治在激励社会创造活力的重要作用,为创造者提供充分的制度保障,只有这样才能使社会创造不断迸发出新的活力。

苏州在利用法治培育社会创造活力方面有着丰富的经验。作为国家知识产权运营服务体系建设重点城市,苏州每万人有效发明专利拥有量增加7.2件,总量达到45.5件。此外,在研发人才的引入与试验开发的投入比重逐年增加,各项研究成果与科技政策正呈现蓬勃发展的趋势。为有效保障创造力主体的科研成果,苏州市从理念上重视科技主体的创造力,不仅频繁出台与之相关的利好政策,并且在司法实践中充分践行,如在法院增设专业的知识产权庭等,在保护知识产权上不遗余力地出台配套制度,以法治思维和制度建设为社会创新与创造保驾护航。

四、社会自治活力日益增强

社会自治是人民群众对基层公共事务的自我管理,其管理主体是社会组织或民间组织,它是一种非政府行为,是基层民主的重要实现形式。① 社会管理与社会自治是社会治理的两种基本形式,如果说社会管理是依靠特定力量对社会加以管束、治理的话,那么社会自治则是社会组织和公民个人的自我管束、治理,两者相辅相成,缺一不可,都是国家长治久安的基础和保障。社会自治对于监督与制约政府的权力、社会自身的治理以及公民权利的保障和维护具有极其重要的价值。实际上,社会自治的程度反映着一个国家政治的文明程度,社会自治越发展,民主政治就越发达,社会生活就越有活力,而公民的政治素质和参政能力直接决定着一个国家的社会自治水平。②

长期以来,我国的社会治理主要是以"大政府、小社会"为特色,在这种情况下,有学者建议应当对社会自治加以有效规制和良性引导,使之在现代社会中充分发挥应有的作用。"我国的社会自治程度较低,社会自治保障不

---

① 俞可平:《更加重视社会自治》,《人民论坛》2011年第2期(下)。
② 周庆智:《社会自治:一个政治文化的讨论》,《政治学研究》2013年第4期。

够，需要得到充分的法律保障和司法救济，当然社会自治组织毕竟只代表和维护特殊群体之利益，接近联合行为，蕴含不正当竞争、垄断等风险，对社会稳定具有潜在的风险，对此，政府作为社会公共利益的主要代表应作必要的法律规制，确保社会自治的规范化、法治化。"① 还有学者建议，应当建立国家法治和社会自治有效的互动、对话渠道。"国家在法治建设中没有必要充当全知全能的上帝角色，将精力继续完全集中在大规模、频繁的立法以及声势浩大的普法运动上，而应伴随着经济改革和政治体制改革向纵深推进步伐，从法律的高度对社会蓬勃发展所形成的自治秩序予以制度性的安排，并建立国家法治和社会自治有效的互动、对话渠道。"②

的确，社会自治并非完全不接受任何规制而放任社会组织或者个人自我治理。如果任由社会组织或者个人自我治理，弄不好就会形成"群氓乱舞"的现象，不但谈不上有效治理，甚至还会徒添社会负担，造成恶性循环。在现实生活中，社会群体或者组织不当干涉政府或者其他社会组织的正常活动的现象并非鲜见，在社会往往会造成恶劣影响。因此，通过法治来指导、保障社会自治是非常必要的。有学者就指出，对社会自治组织不当干涉政府事务行为、营利性行为、社会自治组织成员利益的不当保护行为，需要进行法律规制，不仅要完善相关立法，还应完善执法机制。③ 在我国，有的地方也尝试通过立法等来规制社会组织和个人的自治活动。"在立法过程中发挥人大代表的主体作用，是听取人民群众意见建议的重要渠道。立法条例修正案草案中增设了一些新的制度和程序，比如对立法论证、听证提出具体要求：法规案有关问题专业性较强，需要进行可行性评价的，应当召开论证会；法规案有关问题存在重大意见分歧或者涉及利益关系重大调整的，应当召开听证会；论证、听证情况应当向常委会报告。"④ 从社会反响来看，这些尝试取得了良好的效果。

由上可知，社会自治需要法律规范和制度来指引、提供保障，而良好的法律规范与制度保障又能为社会自理提供坚实的依靠。以法治作为核心竞争

---

① 涂强：《论转型时期社会自治的法治保障》，《理论界》2011年第10期。
② 赵菊敏：《国家法治与社会自治互动关系初探》，《甘肃政法成人教育学院学报》2004年第1期。
③ 凌照：《对社会自治组织行为的法律规制》，《新东方》2005年第6期。
④ 许丹婷：《以法治建设激发经济社会发展强大活力》，《广西日报》2016年1月28日，第4版。

力,充分发挥法治在社会治理的作用,必然会更为有效地促进社会管理与社会自治的良性互动。从这个角度来看,以法治作为核心竞争力必然促进社会自治活力日益增强。"法治社会中要尊重社会自治,预留社会自治的充分空间。其原因主要体现在:一方面,社会自治事务涉及自治主体的私人领域,而每个人都是自己事务的最佳判断者,也应当对其自主判断自我负责。另一方面,国家法律不能包办一切,法律不是万能的,无法涉及社会生活的方方面面。"①

如前所述,根据苏州市的经验,社会管理创新的有效进行有赖于政府从控制到协商的转变,而协商的进行,则以相对于政府而言社会各主体的地位与话语权提升为基础。一方面,需要协调公权力管控强度与增强社会组织自治力之间的关系。从苏州市民政局出台的《苏州市社会组织行为规范》与《苏州市人民政府2017年法治政府建设报告》等相关规范性文件来看,社会组织的发展目标是"形成政社分开、权责明确、依法自治的现代社会组织体制",这就要求政府在管理社会组织层面上,应当采取消极负面清单的法治模式,让社会组织能在自治的范围充分发挥社会组织的活力。借此,苏州市不仅出台《关于加强城乡社区协商的实施意见》,全面推进城乡社区协商制度化、规范化和程序化,同时为加快完善基层民主政策体系,配套制定《苏州市居务公开目录》、修订《苏州市村务公开目录》,进一步增强"目录"的针对性和可操作性。另一方面,需要重视增强社会组织自治力与法治之间的关系。在增加社会组织参与社会治理的机会同时,还应当确立相应的行为规范以保证社会组织的参与是在法治框架内,这也是《苏州市社会组织行为规范》的核心要义所在,因为没有法治,社会组织与政府、社会组织之间、社会组织与个人之间的关系将无法得到妥善的安排,也将无法有效配合使社会治理效益最大化。正因此,苏州开展新一轮法治建设先进镇(街道)、诚信守法先进企业申报及复核工作,新增法治建设先进镇(街道)11个,新增诚信守法先进企业122家,夯实法治基层基础。同时制定《苏州市民主法治示范村(社区)动态管理规范》,进一步提升基层民主法治建设质量和水平。组织指导各村(社区)修订村(居)民自治章程和村规民约、居民公约,全面推进专项公约制定工作。

---

① 王利明:《法治与社会自治》,《当代贵州》2015年第5期。

五、社会文化活力日益增强

文化是民族的精髓和灵魂，也是维系国家统一和民族团结的精神纽带。民族的生存和发展，离不开文化的传承与发扬光大，国家的兴旺发达，不能缺少文化的指引和激励。文化活力是社会活力的重要组成部分和现代社会的重要标志。社会文化活力是内在于社会整体活动之中的深层的、机理性的力量，它深刻影响着特定社会整体活动的演进历程，并且最能体现社会活动主体超越性和创造性的本质特征。①

党的十八大以来，以习近平同志为核心的党中央高度重视文化建设，对文化改革发展作出一系列极为重要的阐述，针对文化建设提出许多新思想、新观点、新要求。《中共中央关于全面推进依法治国若干重大问题的决定》特别强调："建立健全坚持社会主义先进文化前进方向、遵循文化发展规律、有利于激发文化创造活力、保障人民基本文化权益的文化法律制度。制定公共文化服务保障法，促进基本公共文化服务标准化、均等化。制定文化产业促进法，把行之有效的文化经济政策法定化，健全促进社会效益和经济效益有机统一的制度规范。"习近平总书记在党的十九大报告中明确提出，要使"主旋律更加响亮，正能量更加强劲，文化自信得到彰显，国家文化软实力和中华文化影响力大幅提升，全党全社会思想上的团结统一更加巩固"。随着国家对文化建设的重视，建设文化强国上升到国家战略高度，文化在国家经济社会发展中的地位愈加突出。

党的十八大以来，虽然说我国社会文化环境得到一定的改善而大为改观，但也要清醒地看到，净化社会文化环境工作任务依然十分艰巨（比如，网络淫秽色情等违法有害信息以及少数文化产品低俗媚俗的倾向仍然存在）。同时，社会生活中形形色色的潜规则也极大地腐蚀着人们的心灵，在社会上造成极其恶劣的影响，对建设良好的社会文化造成直接冲击。"潜规则的盛行，是当前文化建设面临的一个十分突出的问题。时间长了，它会动摇社会主义核心价值体系，决不能掉以轻心。如果潜规则成为常态，成为人们比较普遍的行为方式和生活哲学，这个社会的文化将是危险的。"② 此外，诸如腐败这样严重危害国家和社会生活的现象，也与文化有着极为密切的联系。越来越

---

① 何如洋：《试探西北民族地区社会文化活力机制建设》，《淮阳职业技术学院学报》2011年第1期。

② 《潜规则盛行将危害社会文化》，《领导科学》2009年第2期（上）。

多的证据表明，腐败现象是深刻潜入在社会文化的背景当中的。在中国打击腐败的难度非常大，很大程度上是因为腐败中的个人不是孤立的，而是处在网络状的利益链条中。①

要想充分发挥文化在社会进步、经济发展方面的积极作用，不断提升文化品质，就需要激发社会文化活力，消除不良文化对社会造成的冲击，排除潜规则对社会形成的恶劣影响，遏制层出不穷、形形色色的腐败。显然，仅仅任由不良文化自生自灭是不可能实现的，而单纯的说教似乎作用也极其有限。这就需要采取更为强有力的手段和措施去引导和保障，法治无疑是其中最有效、最彻底的方法。

之所以说法治是社会文化活力的强大保障，主要原因有二：一是法律本身就是一种特殊的社会文化事实。"作为社会治理的主要方式之法律，是指国家权威机关制定或认可、社会所认同的，作用于社会中的个人和群体，以丰富繁杂的社会现实和社会语境为主要内容，反映社会文化事实，以保护公民的社会权利和促进自由的优化，实现社会和谐为目的，以维护和实现社会正义为价值取向，体现社会内在规定性的不可或缺的治理范式。"② 二是社会文化活力本身也离不开相应的制度保障。"社会文化活力不是社会固有的状态，它涉及文化创造活动主体的动机，社会整体的调控整合等一系列复杂问题。解决这些问题需要一种手段或工具，它能够提供社会文化活力产生发展的条件，规范主体行为，协调各方关系，这种具有环境意蕴、规范功能和协调效应的手段或工具就是制度（包括具体制度，即体制）。"③ 由此可见，以法治作为核心竞争力，意味着能为社会文化建设提供最有力的依托和保障，必将使社会文化活力日益增强。

既然法律本身就是一种特殊的社会文化事实，那么普法宣传将是激发社会文化活力的第一步。据此，苏州一方面加大法治政府建设宣传培训力度，以提升法治在国家工作人员心中的地位。例如，为着力强化法治政府建设工作的宣传工作，出台了《关于进一步加强法治政府建设宣传工作的通知》，同时在全市建立法治政府建设信息网络联络员制度，广泛宣传法治政府建设成

---

① 王程桦：《腐败的社会文化根源：基于模糊集的定性比较分析》，《社会科学》2013 年第 10 期。
② 青维富：《变革社会中的法律：以社会文化事实为分析点》，《政法论坛》2011 年第 3 期。
③ 洪晓楠、王国生：《激发社会文化活力探析》，《大连理工大学学报（社会科学版）》第 2 期。

效和经验做法；制定下发《关于加强国家工作人员学法用法工作的实施意见》，推进国家工作人员学法用法工作持续深入开展，切实提高了领导干部依法决策、依法行政和依法管理水平。另一方面，创办了全国第一家的"法治文化网"，利用网络弘扬法治文化，培育广大市民的法治理念。同时，采取精准普法、多形式普法，在全市部署开展"美好生活 德法相伴"12项行动，打响苏州"德法相伴"品牌。例如市司法局注重运用门户网站、户外显示屏、气象屏、公交TV、轨交视频、手机终端等多类载体开展法治文化宣传，强化互联网+法治文化传播模式，综合运用苏州法治文化网、"苏州普法"微信、"e同说法"手机普法APP，根据三类平台不同的传播和阅读特点，精心设计内容推送，协同推进法治文化传播。①

除此之外，为了保护苏州历史文化的传承与推广，苏州运用法治手段推进苏州古城保护，通过了《苏州国家历史文化名城保护条例》，明确了古城保护重点和保护对象，并针对苏州古城内"穷、老、外"现象等广大人民群众反映强烈的突出问题，作出有针对性、指导性的相应规定。为有效对接、加快推进苏州国家历史文化名城保护，围绕古城保护进行单项立法，制定通过了《苏州市古城墙保护条例》。

第四节 城市形象不断提升

据国家统计局网站公布的数据显示，截至2016年末，我国城市数量达到657个，常住人口城市化率已经达到57.4%，比2012年末提高4.8个百分点。这表明我国的城市化率业已达到前所未有的高度，伴随而来的是不可或缺的城市化质量与城市形象的提高与提升。否则，城市将成为脏乱差的代名词，这显然不是城市化的初衷。然而，高城市化率的背后，却隐藏了日益加深的隐忧。有学者通过分析北京、上海和天津的城市化特征发现，这几个城市在城市化过程中均存在城乡收入差距拉大的现象，这说明城市化背后存在着并不乐观的质量问题。其中，北京、上海的城市化质量表现出缓慢提高的态势，

---

① 邹强：《苏州："三大创新"推进法治文化惠民》，http：//www.subaonet.com/2016/1107/1864292.shtml，最后访问时间：2018年5月29日。

而天津则呈恶化状态。①

就苏州而言，截止到 2016 年末，苏州市常住人口达到 1064.74 万，并仍以年平均 1% 的增长率继续增长。与此同时苏州城镇化率已达到 75.5%，并预计在 2020 年突破 85% 的大关，远超我国城镇化的平均水平。城镇化率提升的同时，伴随着的是苏州的第一结构产业比重的下降以及第二第三产业的比重上升，② 这样的产业格局的发展令苏州整体情况相对良好，这一方面得益于苏州健全城乡融合发展体制机制和政策体系，提升城乡一体化水平；另一方面得益于苏州按照产业兴旺、生态宜居、乡风文明、治理有效、生活富裕的总要求，加快乡村振兴，推动农业全面升级、农村全面进步、农民全面发展，以缓解并改善城市化带来的问题。应当说，这种城市化进程中的二元制现象，是不利于提高城市化质量和水平的。而如果要破除这种二元体制桎梏，最有效的措施无疑是制度建设，厉行法治。其中，重点是构建合理的户籍管理制度、社会保障制度、土地管理和教育管理制度，加快农民进城并迅速融入城市的步伐。③ 换句话说，依靠法治提高城市化水平和质量，提升城市形象，是我国城市化进程中必经之路。以法治为核心竞争力，能够确保城市化的水平和质量，会促使城市形象文明化、城市形象品牌化、城市形象人文化和城市形象生态化。

一、城市形象文明化

城市形象是指人们在一定条件下对某一城市由其内在精神和外在实存引起的人们对它的实力、活力、特色、前景的总体印象或综合评价。④ 城市形象在内涵上包括外在形象与内在形象，城市文明则是包括城市的外在形象与内在形象在内的总体形象。客观地说，城市文明形象通常包含其他城市形象，而其他城市形象的总体构成一个城市的文明形象。这里所讲的城市文明，是指整体、综合的城市面貌与印象，是城市形象总体化的宏观表现。

城市文明的兴起，是与工业文明相辅相成的，是城市工业化水平的不断提升的必然结果。"城市文明伴随工业文明而兴起，亦带来现代科技文明的兴

---

① 马林靖、周立群：《快速城市化时期的城市化质量研究——浅谈高城市化率背后的质量危机》，《云南财经大学学报》2011 年第 6 期。
② 《2017 年苏州统计年鉴》。
③ 张广威：《我国城市化与经济增长关系实证分析——基于 1978—2014 年城市化率》，《山东工商学院学报》2017 年第 2 期。
④ 王莉：《论城市形象的内涵及构成》，《长沙大学学报》2011 年第 6 期。

盛，已经并将继续带来人类生存方式的巨变和生存质量的提升。"① 工业化带动人口的大迁徙、大转移，越来越多的人口涌入城市，给城市形象带来挑战。不同的个人、族众以及群体，均有不同的行为举止、风俗习性、兴趣爱好等，它们交织在一起会令人眼花缭乱。这种复杂的人口构成，谓之鱼目混珠也不为过，给人以乱糟糟、闹哄哄的繁杂感。在这样的境况下，急需要良性引导、有序规范，才能避免交叉感染陷入恶性循环，故而制度建设显然是十分必要的。"城市社会是一个由制度构建的复杂系统，纷繁复杂的城市生活、城市发展是由各种各样的组织、体制和机制等制度规范来调节和维系的。由此，城市文明建立在制度文明基础之上，没有制度体系的保障，城市将陷入一片混乱，根本无文明可言。"② 可以说，城市管理法治化是改进城市管理的出发点和归宿。提高城市文明程度的有效办法，就是实现以行政管理手段为主向以法治为主的转化，切实做到有法可依、执法必严、违法必究。可以说，法治是健全城市管理法规体系的中心环节。

另外，商品的最大化与市场经济活动中自由有序的竞争，也需要"法律至上"，以法律保障商品流通和市场经济良性运作，使商品交换行为与市场主体的权益得到安全保障。早在中世纪，欧洲城市就盛行以法令、条例、判例和习惯为其表现形式，依靠法律和制度建设，保证城市的自治独立和权威，尤其是保证了市民人身自由、享有土地自由、经济活动的公平自由和法律面前的平等以及私法上的权利，乃至于当时有句名言："若不是法律许可，国王一无所能。"③ 中世纪城市法的形成和发展，极大地指引、规范了不同人群的行为举止、交易习惯和行动准则，增强了城市市民的公民意识、法治意识，为近代社会法秩序奠定了基础。事实上，建立在商品交换和市场经济之上的法治，其文化理论基础是对人性趋利本能的认定：一方面是肯定人性自我实现对社会发展的积极作用；另一方面是消弭有碍社会全面进步的个性满足的不利倾向。法治强调人性个体利益满足，兼顾社会全面进步的社会整合机制，其作为理性文化的特征，决定了其是与商品经济、民主政治和科学技术相适应的真、善、美的社会文化系统，是传统人治社会向近代法制社会转型的重

---

① 章仁彪：《城市文明、城市功能与城市精神》，《同济大学学报（社会科学版）》2005年第2期。

② 金家厚：《城市文明的衡量维度与发展取向——以上海市为例》，《城市问题》2010年第10期。

③ 恩斯特·卡西尔：《国家的神话》，华夏出版社1990年版，第124页。

要思想文化基础。①

　　作为制度建设的核心，法治能够提升城市文明的品质，增强城市文明的安全感、现实感，使城市文明保持可持续性。"'制度'的文明是一种'关系'的文明，它让城市社会'和谐'地联结起来，从而显示出文明的统领性、整体性和发展性。通过对制度'文明'的检验，我们可以看出城市社会的文明进步程度。因此，'制度'的文明在文明秩序形成中始终处于核心地位，成为城市文明系统有序运行的'枢纽'。"② 千百年来的经验表明，人所具有的可变性与可塑性使得其行为举止与社会活动具有不确定性，即可能向好的方面良性转化，也可能向坏的方面恶性沦陷，所谓"近朱者赤，近墨者黑"，就是这个道理。如果一个城市没有制度保障，缺乏法律规制，虽然说有可能向友好、文明的方向转化，但向坏与恶的方面沦陷同样是可能的。可见，缺乏法治很难说城市的文明秩序会得到保持。"没有相应的法制保障，就没有城市社会经济生活、社会生活、政治生活的必要秩序，也就谈不上城市文明的发展。城市文明的发展，必然带来法制建设的要求，同时也为法制建设创造必要的条件。在一定历史阶段上，城市文明程度愈高，法制的完善程度也就愈高。用法制管理城市，是社会进步、城市文明度提高的标志，也是社会进步、城市文明提高的必然结果。"③

　　由上可知，法治是维系城市文明的永动机，坚持依法治市是实现城市文明的长久动力和可靠保障。以法治作为核心竞争力，充分发挥法治在城市文明建设中的核心作用，是培育城市文明最为坚实的基础。"用法律法规来规范和约束市民职业行为、社会行为，并让遵法守制的信念灌输于学校，流行于社会，渗透于家庭，深入于人心，形成知法、懂法、用法、守法、护法的社会风气，实现市民职业行为、社会行为的规范化。"④ 可以说，只要以法治作为核心竞争力，就必然会构建并切实实现文明化的城市形象。

　　因此，将城市形象文明化依据行政区划进行划分，城市形象的文明化需要各行政城市之间文明的碰撞与磨合，也需要各行政城市文明的自我建设。

---

　　① 何平立、沈瑞英：《城市文明：中西社会法治走势解析》，《上海大学学报（社会科学版）》2001年第5期。
　　② 金家厚、鲍宗豪：《论城市文明的秩序意蕴》，《天津社会科学》2011年第2期。
　　③ 田保传、李明灿、山佳明：《城市文明与法制建设》，《党政论坛》1995年第8期。
　　④ 干观德、李明灿、田保传：《上海城市文明发展格局与法制建设目标》，《党政论坛》1995年第11期。

在苏州市的文明建设进程中，如上述所言，法治是维系城市文明的永动机，亦对于苏州制度建设的进程具有重要地位。自 2015 年以来，让法治成为苏州建设的核心竞争力的口号就被视为苏州的名牌。2017 年由苏州市法治办发布的法治苏州建设工作情况的报告就指出：要按照全面推进依法治国总要求，认真落实苏州市委《全面推进法治苏州建设的实施意见》，以建设法治型党组织为引领，深入推进法治苏州各项重点工作，着力构建法治政府、法治市场、法治社会"三位一体"的法治建设先导区。可见，法治在苏州建设的进程中不仅处于核心地位，同时也是苏州文明赖以存在和传播的保障。

二、城市形象品牌化

一般来说，品牌是人们对一个企业及其产品、售后服务、文化价值的一种评价和认知，是一种信任。品牌已是一种商品综合品质的体现和代表，当人们想到某一品牌的同时总会和时尚、文化、价值联想到一起。所谓城市品牌，是指人们对城市整体的一种感知，是城市本质的某种表现，是对城市的一种识别，是城市特有优势的一种体现。[①] 城市品牌是城市的灵魂，是城市无形资产的积累，能为城市带来巨大的向心力、凝聚力、辐射力，给城市创造巨大经济价值。[②] 加强城市品牌塑造将有助于展现城市特点，增强城市魅力；有助于增强城市居民的凝聚力；有助于推动城市精神文明建设；有助于吸引优秀人才，如创业者、定居者、求学者等；有助于招商引资；有助于带动旅游产业发展；有助于增强公众对政府的信任感；有助于获取外部支持，如资源计划、财政投入重大主题活动等；有助于支持本市组织和个人开拓市场等。[③]

顾名思义，城市形象品牌化就是指一个城市的内在精神和外在成为一种文化价值符号的代名词，是人们对包括时尚、文化、价值等在内的城市形象的一种整体感知与信任。品牌化的城市形象是一种实质彰显与独特优势，使城市生成独特的概括识别优势。城市形象品牌化超越通过城市品牌树立城市形象的一般套路，而是将整体城市形象作为一种特色和品牌来塑造，因而更能够说明一个城市的整体风貌和发展状况，代表城市的协调与可持续发展的趋势和水平，具有重要的现实意义。

[①] 陈建新、姜海：《试论城市品牌》，《宁波大学学报（人文科学版）》2004 年第 2 期。
[②] 黄蔚：《论城市品牌》，《城市发展研究》2005 年 3 期。
[③] 张燚、张锐：《城市品牌论》，《管理学报》2006 年第 4 期。

以法治作为核心竞争力，在提升城市形象上的主要表现是有利于城市形象品牌化。首先，法治能够有效地呵护城市品牌形成的要素，为城市形象的硬件要素与软件要素提高保障，促使城市形象品牌化。一般来说，城市品牌形成的要素包括历史角色、文化底蕴、人文风情、地理特征、产业优势、经济实力和发展前景。① 而城市形象的硬件因素主要包括城市的自然人文景观、城市的建筑规划、城市的服务设施和城市环保。城市形象的软件因素主要包括市民形象（窗口服务形象）和政府形象。② 经验表明，以法治作为核心竞争力，意味着能够有效理顺城管执法体制，不断强化城市管理综合执法机构建设，使执法和服务水平得到显著提高，这无疑有助于保护城市品牌形成的各种要素，为城市形象的硬件要素与软件要素提供强有力的保障。

其次，以法治作为核心竞争力，能够使管理者和公民的素质得以全面发展和不断提高，进而促进城市形象品牌化。众所周知，城市形象品牌化的核心与灵魂，在于管理者和公民素质的全面发展与提高，管理者和公民素质直接影响城市形象的树立、城市特色的形成与城市品牌的彰显。"城市要打出自己的品牌、自己的特色，形成自己的竞争优势，提高城市竞争力，最根本的一条在于管理者素质和人的素质的全面发展与提高。只有这样，才能搞好城市管理，协调好人与自然、人与人之间错综复杂的关系。"③ 法律作为指导、评价人们行为的强制规范，能够直接影响管理者和公民的品行和素养，促使管理者和公民遵纪守法，不断提高自身的素质。如前所述，管理者和公民素质的全面发展和不断提高，对于城市形象品牌化至关重要。这样看来，以法治作为核心竞争力，无疑有助于城市形象品牌化。

再次，法治能加强城市内部协调与沟通，促进城市形象品牌化。长期以来，我国不少城市在树立城市品牌、提升城市形象时，明显重外轻内，政府在塑造城市形象的过程中常常过度重视向外的推广，却缺乏对内部协商、交流、沟通的机制。这种忽视与城市内部受众的交流、沟通的做法，无疑会严重影响城市形象品牌化构建。"城市形象品牌化过程大多是政府绝对主导，社会和民间参与不足，这不仅降低了城市品牌形象推广的广度和深度，更削弱了城市品牌形象的感召力和凝聚力。忽视与内部受众的沟通，城市品牌形象

---

① 李成勋：《城市品牌定位研究》，《市场经济研究》2003年第6期。
② 赵敏：《城市品牌与城市形象》，《中国质量与品牌》2005年第7期。
③ 尹启华等：《城市品牌研究》，《湖南工程学院学报》2003年第4期。

最终将会失去依托和支持，沦为一个徒有其表的空壳。"① 这是因为，城市品牌形成于市民和观者的心中，就是要把城市个性鲜明的核心价值刻在市民和观者内心，让市民和观者去真切地体验和感悟，这个过程涉及市民和观者的需要、期望、注意、感知、记忆等心理活动。② 无论是城市品牌还是城市形象，都扎根于城市的性格、魅力、风韵、生命等"土壤"之中，城市品牌与城市形象不仅依附于具有自然属性的某些现实存在，更仰赖于城市的精神存在。而政府与市民和观者交流和沟通，无疑是构筑城市精神存在的关键。显然，法治是政府与市民和观者维系交流和沟通的最重要的依托。"将城市品牌形象以法律法规的形式明确下来，依靠制度力量，保证城市品牌内涵的连续、合力的形成、打造的有序，才是城市品牌形象维护的应有之道。"③

综上，城市形象品牌化与法治是一对双向互动的范畴，集中表现在法治打造、呵护城市形象品牌化，与城市形象品牌化反向促进法治的推行过程。以苏州"精致"的城市形象品牌为例，唐代诗人杜荀鹤一首《送人游吴》就足以道出苏州小桥流水人家的市井风情与闲适生活的文化格调；环绕苏州古城区，也足以体会水城文化的环境氛围、园林文化的人居品位与建筑文化的城市风格。闲适的生活风情、粉墙黛瓦的建筑风格和精致优美的山水园林延续千年至今，正如冯骥才所说，苏州很精巧，苏州人很精致，"精致"的苏州给游历苏州的人带来了有滋味的生活。"精致"已然是外界对苏州最为经典的印象。身处瞬息万变、情势复杂的后工业时代，想要继续维持精致的品牌形象又不落后于时代的发展，就需要对运用法治在城市内部进行协商，用法治巩固和维护已有的形象品牌，如深化苏州国家历史文化名城保护管理体制和机制改革，在姑苏区推进古城保护和行政综合执法管理体制改革。

三、城市形象人文化

城市是人类历史进入文明社会后，随着社会进步和经济发展而出现的人口相对集中的地域空间，是人类政治、经济、文化、教育等的集结地。城市是开放系统，在城市集聚的文化有来自不同时代的文化（古代文化与当代文化）和来自不同方向的文化（民族文化和外来文化）。这些文化不仅在城市积留，而且在城市交叉、渗透、创新。城市总是把各路文化熔为一炉，形成各

---

① 郝羽昂：《打造城市品牌树立城市形象》，《国际公关》2016 年第 2 期。
② 姜海等：《论城市品牌生成机制》，《华南理工大学学报（社会科学版）》第 2 期。
③ 郝羽昂：《打造城市品牌树立城市形象》，《国际公关》2016 年第 2 期。

具特色的城市人文环境。可以说，城市是人类文化的凝聚点和闪光点，城市较之农村，具有更丰富多彩的人文环境。① 城市人文环境是指以城市文化为背景，以物质设施为载体，以人际交往、人际关系为核心的城市社会环境。② 城市人文环境是包含城市归属感、城市认同感、城市文化感、城市人情感的环境，体现城市灵魂与城市特色，它并非一日之功可以建成。③ 城市人文精神是在城市长期历史发展中逐渐形成的，并且是得到市民集体认同和自觉追求的价值取向。它自然地融会在市民的实践中，深深地渗透到群众的意识里，广泛体现在市民群体的价值追求、精神风貌、道德规范、社会风尚、行为方式、风俗习惯、社会心态等各个方面和各个层次。④ 因此，培育城市的人文精神对提升城市形象、提高城市品位，无疑具有重要的现实意义。

　　城市的人文环境并非一成不变，而是经历了一个不断发展、演变的过程。自公元前6世纪希腊城邦出现开始，城市人文主义开始兴起和发展。19世纪，在"霍华德理想"的影响下，人们也曾有过充满理想色彩和现实意义的田园城市的构想。资产阶级工业革命以后，城市的急速扩张与发展带来的是城市功能主义的局限与功利主义的恶果，城市人文主义随之逐步衰落。1980年，联合国提出"可持续发展"理念，表明人类社会对自身的存在与发展造成的流弊产生了深刻认识，在一定程度上体现了人类对以往以城市为中心，破坏人文和生态环境的发展的警觉与反思。十多年后，人类在此基础上又有更进一步的认识，1996年联合国教科文组织两大重点科研项目——社会转型管理（MOST）、人和生物圈（MAB），表明人类拉开了社会发展与管理模式转向人文时代的序幕。⑤

　　《国家新型城镇化规划（2014—2020年）》指出，我国在城镇化快速发展过程中，存在一些必须高度重视并着力解决的突出矛盾和问题：大量农业转移人口难以融入城市社会，市民化进程滞后；"土地城镇化"快于人口城镇化，建设用地粗放低效；城镇空间分布和规模结构不合理，与资源环境承载能力不匹配；城市管理服务水平不高；"城市病"问题日益突出；自然历史文

---

① 梅保华：《论城市人文环境建设》，《城市问题》1994年第3期。
② 高志强、赵运林：《城市人文环境建设的理念创新》，《湖南城市学院学报》2005年第1期。
③ 阮平南、宋怡：《城市人文对城市竞争力的影响》，《学术论坛》2006年第9期。
④ 彭立勋：《社会主义核心价值体系与城市人文精神建设》，《特区实践与理论》2012年第3期。
⑤ 曲凌雁：《城市人文主义的兴起、发展、衰落和复兴》，《城市问题》2002年第4期。

化遗产保护不力，城乡建设缺乏特色；体制机制不健全，阻碍了城镇化健康发展。为此，该规划明确提出要"注重人文城市建设"，"把城市建设成为历史底蕴深厚、时代特色鲜明的人文魅力空间"。那么，在建设人文城市的过程中，究竟有哪些因素制约人文城市建设呢？对此，有学者认为主要有以下四个方面的倾向：一是政府主导有余，市民参与不足；二是经济驱动有余，人文关怀不足；三是人为打造有余，尊重规律不足；四是趋同有余，个性不足。① 应当说，这种观点并无不妥之处。但是，这四个方面的问题，归根结底还是与缺乏规范、法治不力有着直接关系。

城市之人文精神，核心要素在于"人"与"文"，也就是说人始终是建设人文城市的出发点和归宿。只要把"人"建设好，城市的人文精神自然就能得到充分体现。而把"人"建设好的关键，毫无异议应当是法治。法律制度的颁布，主要是针对规制与适用对象而言的。相对而言，农民群体受封建自给自足经济的影响，所处环境相对封闭、保守，对外交往和沟通总体来说不多，加之他们的分布状况比较分散，以法律强制约束效果相对要弱些。相反，城市市民由于文化水平和认知能力相对较高，所处环境相对开放，对外交往和沟通也很多，加之他们的分布状况比较集中，法律约束的效果大大增强。通常，市民阶层主要由商人、城市无产者、小手工业者等组成，他们均希望一种强有力的制度手段来维系他们业已建立起来的贸易惯例和契约关系，希冀强力手段保障稳定安逸的生活氛围，法律很好地充当了这样的角色。由于市民与市民之间不存在人身依附关系，所以建立在契约基础上的法律制度，一定程度上赋予了市民阶层之间的平等地位。因此，市民阶层普遍流行的遵从法律倾向，甚至会在特定时期内不断沿革、壮大。

法治是市民管理和城市建设的一项基础内容，提升市民的法律素质，是建设法治城市的内在要求，也是我国目前占主导地位的社会治理模式。城市构建需要法治的保障，民主需要以制度为基础，城市领导者的行为也要依靠法治的规范，各种利益的诉求更加需要通过法治进行整合，这样才能实现城市的繁荣昌盛与和谐发展。② 从世界发达国家和现代著名城市的发展进程来看，无不注重城市管理法治化。制定严格的城市管理措施，有序规范城市民

---

① 陈宁：《城市人文精神培育中需要避免的几种倾向》，《毛泽东邓小平理论研究》2005年第2期。

② 霍科、李春花：《提升城市人文法律素养打造"冬奥名城"》，《法制博览》2017年第6期（下）。

众的言行举止，对历史文化遗迹以及自然风貌进行倾心保护，均需要依靠法治来达成。"如法国早在几百年前就已在城市规划中实行法治化管理，当时规定巴黎的城市建筑不得高于埃菲尔铁塔，并为城市建设定下中轴线。英法两国在治理伦敦泰晤士河、巴黎塞纳河时，致力沿岸文化景观保护，制定了严格的法规。"① 可见，充分发挥法治在城市人文建设中的引领和先锋作用，对于加强城市人文精神建设，提升城市形象具有立竿见影的作用。从这一点来看，以法治作为核心竞争力，充分发挥法治在规范"人"的行为、活动与倡导、保护"文"方面的作用，必将会大大提升城市形象，真正使城市形象人文化。

近几年中科院对外发布的《中国宜居城市研究报告》中均显示，苏州多次位居国内最宜居城市之前列，居民的幸福感也相应地排在前列，而这样一种幸福感实际上源于市民集体认同和自觉追求的价值取向，也即所谓的城市人文精神。就报告采取的评价标准而言，评价指标共包括城市安全性、公共服务设施方便性、自然环境宜人性、社会人文环境舒适性、交通便捷性和环境健康性等 6 大维度和 29 个具体评价指标。应当看到，诸如安全性、公共服务提供与环境健康性等均需要相应的法律制度作为保障，发挥法治在型塑与加强城市人文精神领域的作用有利于市民群体的价值趋同。苏州市通过全方位的法治苏州工程建设，包括以保护历史文化遗迹而出台审议的《苏州市古城墙保护条例》与《苏州国家历史文化名城保护条例》，为保护环境而出台《苏州市禁止燃放烟花爆竹条例》，为普法惠民而落实 9 项省法治惠民实事与推进 10 项市级关爱民生项目，等等，体现了苏州以人为本，以法治为保障，注重构建苏州城市独特人文化的品质。

四、城市形象生态化

"生态城市"这一概念是 1996 年联合国教科文组织发起的"人与生物圈"计划研究过程中提出的。生态城市是一个经济高度发达、社会繁荣昌盛、人民安居乐业、生态良性循环四者保持高度和谐，城市环境及人居环境清洁、优美、舒适、安全，失业率低、社会保障体系完善，高新技术占主导地位，技术与自然达到充分融合，最大限度地发挥人的创造力和生产力，有利于提高城市文明程度的稳定、协调、持续发展的人工复合生态系统。生态城市是

---

① 蔡代平：《世界著名城市人文建设的一些启示》，《中小企业管理与科技旬刊》2014 年第 1 期。

人与自然高度和谐统一的城市发展模式，是实施城市可持续发展的理想人类聚居形式，其提出是基于人类生态文明理念的建立和对传统工业城市的反思。① 众所周知，传统工业化城市侧重城市的快速扩张，崇尚经济至上、物质至上和人类中心主义，忽略人与自然和谐，往往采用掠夺式开发促进城市发展。生态城市注重城市发展过程中人与自然的和谐与协调发展，以建立可持续发展的新型结构和运行机制为目标，实现物质生产和社会生活的"生态化"。

城市生态化是社会和谐、经济高效、生态良性循环的人类住区形式，自然、城、人融为有机整体，形成互惠共生结构。其发展目标是实现人与自然的和谐（包含人与人和谐、人与自然和谐、自然系统和谐三方面内容），其中追求自然系统和谐、人与自然和谐，是基础、条件，实现人与人和谐才是生态城市的目的和根本所在，即生态城市不仅能"供养"自然，而且满足人类自身进化、发展的需求，达到"人和"。②"城市走生态化发展之路，标志着城市由传统的唯经济模式向复合生态模式转变，这意味着一场破旧立新的社会革命，因为它不仅涉及城市物质环境的生态建设、生态恢复，还涉及政策体制、价值观念、生活方式等方面的根本性变革。"③

城市形象生态化，意味着城市（或特定的区域）给人的印象和感受呈现出生态化特征。无论是城市的建筑物、道路、交通、店面、旅游景点、生活设施等，还是市民行为、职务作风、文化氛围、风土人情等，无不体现出绿色先行的生态化特征。甚至，即使是一种方言、一份小吃、一套服饰，也能充分体现出人与自然和谐的生态理念。从这个意义上说，城市形象生态化所涉及的是与我们当前的城市规划、城市管理、包括市容建设既相互联系又相对独立的一个全新的领域。城市形象生态化，既不是生态发展处于初级阶段的"初绿型城市"所能呈现的，也不是生态发展处于中级阶段的"中绿型城市"所能体现的，只有生态发展达到成熟阶段的"深绿型城市"才能彰显。城市形象生态化，意味着城市生态发展不能存在短板，不能顾此失彼。

当前，我国多数城市在生态化发展过程中，或多或少存在一些短板。例如，中国社科院社会发展研究中心、甘肃省城市发展研究院等单位联合发布

---

① 吴红、苗建萍：《论哲学视野中的城市生态化战略》，《重庆邮电学院学报（社会科学版）》2005年第2期。
② 黄光宇等：《论城市生态化与生态城市》，《城市环境与城市生态》1999年第6期。
③ 陈勇：《城市生态化发展与生态城市建设》，《华中建筑》1999年第2期。

的《生态城市绿皮书：中国生态城市建设发展报告（2014）》指出，深圳市综合排名、生态环境排名和生态经济排名均位居前列，但是生态社会排名第99位；北京绿化覆盖率排名第2，但因为雾霾频发，空气质量排名倒数第2。无锡、珠海、厦门、杭州也存在类似的问题。这表明，各城市在发展城市生态过程中并未充分做到统筹兼顾，仍然需要在巩固突出优势的同时，进一步提升综合水平，完善生态建设制度，探索构建生态城市治理体系，不断提升生态城市治理能力，提升生态城市建设的质量，只有这样才能最终使城市形象生态化。这就需要加强生态的法治化程度，把生态保护全部纳入法治轨道。同时，必须充分认识到生态文明与法治文明之间的内在关联。"纵观生态文明与法治文明在基本含义、历史发展、理论研究以及实践建设中的内在关联，生态文明与法治文明的融合必将成为生态文明建设的内在需要和法治文明发展的积极回应。生态文明与法治文明在历史发展中的有机统一、理论研究中的暗相契合和实践建设中的内在祸合，充分证明了两者的内在关联，为其融合奠定了历史基础、理论基础和实践基础。基于生态文明与法治文明的基本内涵及其内在关联，生态文明与法治文明的融合具有必要性和可行性。生态文明与法治文明融合的范式可以概括为生态法治文明。"①

在我国，加强生态文明法治建设业已上升到国家大政方针的地位。党的十八大报告提出，要把生态文明建设放在突出地位，融入经济建设、政治建设、文化建设、社会建设各方面和全过程。这要求法治系统必须体现生态文明和生态伦理的价值诉求，要对工业文明时期的法律进行生态化改革，最重要的是将生态理念纳入法治系统，以可持续发展为核心，形成良性运行的生态法治秩序。②《中共中央关于全面深化改革若干重大问题的决定》指出："建设生态文明，必须建立系统完整的生态文明制度体系，实行最严格的源头保护制度、损害赔偿制度、责任追究制度，完善环境治理和生态修复制度，用制度保护生态环境。"这里明确将制度建设与法律保障作为建设生态文明的必要条件，从而在国家层面上确立了法治作为生态文明建设的核心要素。建设生态文明表现为一整套社会的再造和重塑工程，法治作为系统性保障生态建设的可靠途径，在回应文明转型诉求的同时，其自身也演进到相应的新形

---

① 徐忠麟：《生态文明与法治文明的融合：前提、基础和范式》，《法学评论》2013年第6期。

② 吕忠梅：《中国生态法治建设的路线图》，《中国社会科学》2013年第5期。

态"生态法治"由此展开。① 习近平总书记在党的十九大报告中再次强调："建设生态文明是中华民族永续发展的千年大计。必须树立和践行绿水青山就是金山银山的理念，坚持节约资源和保护环境的基本国策，像对待生命一样对待生态环境，统筹山水林田湖草系统治理，实行最严格的生态环境保护制度，形成绿色发展方式和生活方式，坚定走生产发展、生活富裕、生态良好的文明发展道路，建设美丽中国，为人民创造良好生产生活环境，为全球生态安全作出贡献。"

提升生态文明法治建设的地位，表明国家党和国家已经充分认识到滋生生态问题的关键原由。事实上，一个国家或者说一座城市的生态问题，究其根源还是在于法治意识不强，没有充分发挥法治作为核心竞争力的优势。从法治的角度看，出现这些问题的根源在于市场"无形之手"与政府"有形之手"的错位，加之缺乏有效的权力制约机制，一些地方政府超越资源环境承载能力的决策行为无法得到有效遏制；与此同时，企业的污染和破坏环境的行为也没有得到有力惩处。② 尽管国家不断加强环境与资源保护立法，制定了《环境保护法》《环境影响评价法》以及水、大气、固体废物、环境噪声、放射性等污染防治法，还制定了《节约能源法》《可再生能源法》《清洁生产促进法》《循环经济促进法》等。环境与资源保护法律也基本上形成了一个比较完备的法律部门。但是，依然存在无法可依的遗漏，存在有法不依的流弊，存在执法不严的潜规则，存在违法不究的歪风邪气。因此，现阶段的以法治治理生态环境，不是需不需要的问题，而是如何确定法治地位的问题。

只有将法治作为核心竞争力，树立法治在生态治理中的优先和权威地位，才能根治生态文明建设中出现的种种不良现象。"在生态文明建设的过程中，我们必须始终坚持法治原则，大力推进生态文明法治和制度建设。"③ 同时，要充分意识到，"不是要彻底废除过去已有的法律观念、法律制度和法律实践，而是要将'生态文明'的观念纳入其中，以人与自然和谐、人的自身发展和谐为宗旨，对于现行的法律进行重新评估，废除那些根本背离'生态文明'的法律制度，补充完善有利于'生态文明'的法律制度，制定新的实现

---

① 江必新：《生态法治元论》，《现代法学》2013 年第 2 期。
② 吕忠梅：《生态文明建设的法治思考》，《法学杂志》2014 年第 5 期。
③ 孙佑海：《生态文明建设需要法治的推进》，《中国地质大学学报（社会科学版）》2013 年第 1 期。

"生态文明"的法律制度"。①

在生态文明法治和制度建设领域，苏州早年即以系统化设计、目标化管理、项目化的思维，在全市范围内组织实施生态文明建设"十大工程"。如今，为认真贯彻党的十八大、十九大和全国"两会"期间习总书记在参加江苏代表团审议时的重要讲话精神，全面落实"五位一体"总体布局，紧紧围绕科学发展主题和加快转变经济发展方式主线，根据苏州市 2017 年政府报告，苏州以贯彻节约优先、保护优先、自然恢复为主的方针，扎实开展了"两减六治三提升"专项行动，持续提高生态环境质量。其中，法治发挥了不可磨灭的作用。如为落实"减煤""减化"任务，需要健全耗煤项目准入和淘汰机制；为倒逼行政机关对生态文明的重视，落实河（湖）长制和路长制；为严格生态环境监管，需要落实生态环境保护工作责任和生态文明建设领域失职追责、审计等相关制度。同时，为更及时有效事前、事中、事后监督企业污染现象，苏州建立了以排污许可证为核心的环境监管新模式，完善环保失信企业联合惩戒机制；深入开展企业环境安全隐患排查治理，继续整治"散乱污"企业，坚决打击环境违法行为；完成环保机构监测监察执法垂直管理制度改革等多项举措。②

总之，推进生态文明建设，作为一项全民族乃至全人类的事业，不仅需要动员全社会力量的参与，更需要法治的保驾和护航，从而实现生态文明建设的法治化。③ 一座城市要发展，首先必须保护好自己的生态，这是一项利在当代、功在千秋的伟业。只有以法治作为核心竞争力，发挥法治在解决城市发展中的生态保护问题决定性作用，以法治确保城市形象生态化，才能完全树立生态优先的城市发展理念，使城市在发展、进步中立于不败之地。

---

① 吕忠梅：《生态文明建设的法治思考》，《法学杂志》2014 年第 5 期。
② 李亚平：《2018 年政府工作报告》，http：//www.suzhou.gov.cn/xxgk/zdgcjsxmssjz/sb j_11124/201801/t20180116_ 947421.shtml，最后访问时间：2018 年 5 月 28 日。
③ 孙佑海：《推进生态文明建设的法治思维和法治方式研究》，《重庆大学学报（社会科学版）》2013 年第 5 期。

第三章 法治作为核心竞争力的路径

党的十九大报告提出,在当前的工作中,我们要统筹推进"五位一体"总体布局,协调推进"四个全面"战略布局。作为"四个全面"的重要组成部分,全面依法治国是中国特色社会主义的本质要求和重要保障,关系我们党执政兴国、关系人民幸福安康、关系党和国家长治久安。而要坚持全面依法治国,就需要发展完善中国特色社会主义法治理论,坚持依法治国、依法执政、依法行政共同推进,坚持法治国家、法治政府、法治社会一体建设,深入推进科学立法、严格执法、公正司法、全民守法。

伴随着全球化和市场化不断地发展,法治对于国家综合实力的影响不断加大,法治发展状况逐渐成为考量其核心竞争力的重要因素。所谓核心竞争力(又称"核心能力")指的是一个组织具备应对变革与激烈外部竞争并取胜对手的能力集合。核心竞争力是所有竞争力中最为关键、最重要的一种竞争力,它是决定一个国家或区域能否长久稳定发展的一个至关重要的因素,它是将法治实施到具体发展中的能力,它是内部策略与外部战略相互作用、相互依靠、相互补充的能力。现在的国家或区域的核心竞争力是以经济为基础、以科技为手段,以法治为引领、规制和保障的一种发展动力大小的衡量标准。对于地方而言,核心竞争力主要分解为几个要素:经济竞争力、自然环境竞争力、人文竞争力、社会竞争力、法治竞争力,诸要素之间相互影响、相互关联。

苏州是我国东部沿海地区经济发展最快、环境优美的城市之一,在中国城市经济排名中仅次于北京、上海、广州、深圳等城市,在华东地区排名第二,中国地级市中排名第一。不过,在经济总量不断增长的同时,苏州经济的增长率却在不断下降(见表1)。而导致经济增长率下降最为重要的因素之一,就是苏州乃至整个中国都处在"增长速度换档期""结构调整阵痛期""前期刺激政策消化期"三期叠加的状态。其中,增长速度换档是由经济发展的客观规律所决定的,消化前期刺激政策,是化解多年来积累的深层次矛盾

表1　2012年—2017年苏州市地区生产总值统计表

年份	2012年	2013年	2014年	2015年	2016年	2017年
GDP（元）	1.2万亿	1.3万亿	1.35万亿	1.45万亿	1.54万亿	1.7万亿
同比上年度增长	10%	9.8%	8%	7.5%	7.5%	7%

的必经阶段。结构调整阵痛期的出现，则是我国加快经济发展方式转变的主动选择。

在这个"结构调整阵痛期"，我们需要推动产业优化升级，优化经济结构、鼓励"大众创业、万众创新"。对于苏州来说，所谓"产业优化升级"主要是指，应当将原来主要依赖土地、低价劳动力为要素的劳动密集型产业升级为依赖科技创新、高度制造为要素的质量型产业。而要实现这些目标，就需要实施"大众创业、万众创新"战略，并在此基础上充分发挥市场的效能、激发市场的活力，吸引高质量人才落户苏州、投资苏州，从而激发人民群众的创造力。

然而，无论是"产业提档升级，优化经济结构"抑或是"大众创业、万众创新"都需要法治的引领和保障。法治首先可以为经济结构的升级提供规范作用，从而引领经济结构朝着更为优化和合理的方向上发展；其次可以改变传统不稳定的人治思维，提供相对较为稳定的现代法治思维，避免规制政策的朝令夕改，给人们不安定感；再次可以营造公平、有序的竞争格局和社会环境，有助于社会良性发展。

法治的核心在于规范公权力，保障公民的基本权利。就规范公权力而言，主要应当从规范党组织、立法、行政、监察和司法等五个方面具体着手。党的领导是法治的前提，因此坚持依规治党、建设法治型党组织在法治建设方面居于全局性和首要的地位，党通过党规制定与实施、法治党组织的建设、党员干部的法治教育与学习对于规范公权力实现至关重要；立法是法治的重点，通过立法确立公权力界限和规范公权力的行使方式，从而为法治的实现提供规范基础；行政是法治的生命力的体现，规范行政方式、优化行政执法方法，确立"放管服"行政理念；司法以及最近成立的监察机关是法治的保障，通过加强对所有行使公权力的公职人员进行监察，增强司法机关对司法能力和司法公信力，可以促进公平有序的市场的建立，规制行政对市场的不当干预，从而能够彰显法治的公平正义，充分发挥司法职能，为经济社会持续健康发展营造良好法治环境。另外，在法治建设的过程中，普法工作也是极为重要的，普法是让法治成为民众信仰的途径，有助于引导民众树立正确的法治观，让法治成为民众的一种生活方式。

改革开放以来，苏州市一直高度重视法治建设工作。2014年10月，为了贯彻学习党的十八届四中全会精神，江苏省率先提出了把法治作为核心竞争力的主张和举措，这次会议并且具体提出了江苏依法治省的四点举措。① 随后，为了学习党的十八届四中全会精神、贯彻落实江苏省把法治作为核心竞争力的主张和举措，苏州市委在深入贯彻落实党中央全会决议和省委意见中，首次提出要把"法治"作为苏州的核心竞争力。② 在此之后，苏州市及各区县展开了如何具体落实把法治作为苏州核心竞争力的实践路径探索。在过去的四年间，苏州根据自己的发展状况确立了自己的法治建设路径，法治苏州建设正在沿着"一个引领，三位一体"的法治建设总路径不断前行，"一个引领"就是把建设法治型党组织作为核心和关键因素，充分发挥各级党组织在法治苏州的建设中的引领作用；"三位一体"建设，把法治政府、法治市场、法治社会作为法治苏州建设三个基本要素，重在共同发挥各级政府组织、各类市场主体、各类社会组织和广大人民群众的协同参与作用。

第一节 坚持依规治党，建设法治型党组织

党的十八大以来，以习近平为核心的党中央从坚持和发展中国特色社会主义全局出发，从实现国家治理体系和治理能力现代化的高度提出了全面依法治国这一重大战略部署。党的十八届四中全会专题研究依法治国问题，并作出我们党历史上第一个关于加强法治建设的专门决定，开启了中国法治新时代。法治是治国之重器，法治是国家治理体系和治理能力的重要依托。要推动我国经济社会持续健康发展，不断开拓中国特色社会主义事业更加广阔

---

① 《江苏：让法治成为核心竞争力》，《光明日报》2014年10月28日，第8版。
② 《苏州：让法治成为新的核心竞争力》，《新华日报》2014年12月11日，第1版。

的发展。党的领导是中国特色社会主义最本质的特征,是社会主义法治最根本的保证。全面依法治国,要有利于加强和改善党的领导,有利于巩固党的执政地位、完成党领导立法、保证执法、支持司法、带头守法,把依法治国基本方略同依法执政基本方式统一起来,把党总揽全局、协调各方同人大、政府、政协、审判机关、检察机关、监察机关依法依规履行职能、开展工作统一起来,把党领导人民制定和实施宪法法律同党坚持在宪法法律范围内活动统一起来,善于使党的主张通过法定程序成为国家意志,善于使党组织推荐的人选通过法定程序成为国家政权机关的领导人员,善于通过国家政权机关实施党对国家和社会的领导,善于运用民主集中制原则维护中央权威、维护全党全国团结统一。

法治型党组建设在实现法治苏州的目标中具有核心和引领作用。党的十八届四中全会强调:"依法执政是依法治国的关键,完善党委依法决策机制,发挥政策和法律的各自优势,促进党的政策和国家法律互联互动。"这深刻表明:建设法治型政党对于实现法治国家目标的重要意义。2014年12月,苏州市委首次较为完整地提出了建设法治型党组织的构想。2015年3月,苏州市出台《苏州市委关于建设法治型党组织的意见》,着重突出依法治国与依规治党一体推进。2015年6月,苏州市委办公室下发贯彻落实市委《关于建设法治型党组织的意见》重点任务分工方案,明确法治型党组织建设的主要目标是:按照法治苏州建设总体部署,积极推进中国特色社会主义法治体系建设和社会主义法治国家建设在苏州的实践探索,经过三至五年,努力实现"五个进一步"目标:党组织法治意识进一步增强,法治理念和法治精神深入人心,法治文化大力弘扬;党组织依法执政、依法办事能力进一步提高,法治成为党组织推进工作的基本方式;党内制度体系进一步完善,管党治党有章可循、有规可依,各项制度严格落实;基层治理法治化水平进一步提升,党员和群众合法权益得到依法保障,基层党组织在全面推进法治苏州建设中的战斗堡垒作用有效发挥;党组织引领保障作用进一步增强,法治政府、法治市场、法治社会建设协调推进。这些文件的出台标志着苏州正积极建设法治型党组。

一、加强法治型党组织建设,核心在于依法依规治党

2016年12月,习近平总书记对全国党内法规工作会议作出重要指示时强

调:"我们党要履行好执政兴国的重大历史使命、赢得具有许多新的历史特点的伟大斗争胜利,实现党和国家的长治久安,必须坚持依法治国与制度治党、依规治党统筹推进,一体建设。"依规治党,顾名思义,就是指执政的中国共产党着力推进社会主义国家治理体系和治理能力现代化,在依法治国的基础上,制定、完善党内各项规章制度,使全党各级组织和全体党员自觉执行相关制度,促进执政领导体制的科学化。党内法规既是管党治党的重要依据,也是建设社会主义法治国家的有力保障。

在党发展的不同阶段,党内法规规定的内容和承担的角色不尽相同,是一个顺应不同历史环境不断发展的过程。从建党到新中国成立这一阶段,党内的一切规章制度都是服从和服务于革命战争,党章规定的内容更加突出政治性和时效性,但是缺乏规范性和稳定性。规章制度较为单一,尚未形成体系。这一时期,就公民个人行为而言,长官意志、权力至上观念根深蒂固。① 新中国成立以后到改革开放这一阶段,党内规章制度逐渐向完善党组织的建构和党员行为规范方向上发展。改革开放以后到党的十八大之前,党内规章制度由分散的、单一的制度规范逐渐向体系化发展。党的十八大以来,特别是党的十八届四中全会后,党内规章制度的发展由体系化向法治化方向发展。这一历史演变的过程体现出党的存在形态的变化,根据这一历史演变,今天的党主要是以系统的党内规范形式存在并发挥作用的,并不是某个人或某些人临时意志的体现。

"党内法规"这个概念,最早由毛泽东主席提出,之后为历届党的领导人沿用。② 1990 年,中共中央发布《中国共产党党内法规制定程序暂行条例》,将省级党委以上党的领导机关制定的规章制度统称为"党内法规"。③ 此后,这一概念经过多年的发展和演变,虽然外延以及性质、功能、作用并不完全

---

① 万高隆:《依法治国与依规治党一体建设的历史演变和法理基础》,《四川行政学院学报》2017 年第 5 期。
② 1938 年,毛泽东同志在党的第六届中央委员会第六次全体会议上的报告《中国共产党在民族战争中的地位》中讲到党的纪律时说:"为使党内关系走上正轨,除了上述四项最重要的纪律外,还须制定一种较详细的党内法规,以同一各级领导机关的行动。"《毛泽东选集》第二卷,人民出版社 1991 年版,第 528 页。
③ 《中国共产党党内法规制定程序暂行条例》第 2 条规定:"党内法规是党的中央组织、中央各部门、中央军委总政治部和各省、自治区、直辖市党委制定的用以规范党组织的工作、活动和党员行为的党员各类规章制度的总称。"

相同，但基本指向和基本含义大致是相同的。①

有学者认为，"党内法规"的法律性质属于"社会法"而非是国家法。这种说法有一定的道理，但是"中国共产党党内法规"因为中国共产党所具有的长期执政地位而具有其特殊性，与一般的社会法还是有区别的。这种特殊性表现在三个方面：首先，我国现行宪法序言自 1982 年起就确认了"中国新民主主义革命的胜利和社会主义事业的成就，是中国共产党领导中国各族人民，在马克思列宁主义、毛泽东思想的指引下，坚持真理，修正错误，战胜许多艰难险阻而取得的。"其次，自 2018 年 3 月宪法修改之后，我国宪法序言规定，中国各族人民将继续在中国共产党领导下，在马克思列宁主义、毛泽东思想、邓小平理论和"三个代表"重要思想、科学发展观、习近平新时代中国特色社会主义思想指引下，坚持人民民主专政，坚持社会主义道路，坚持改革开放，不断完善社会主义的各项制度，发展社会主义市场经济，发展社会主义民主，健全社会主义法治，自力更生，艰苦奋斗，逐步实现工业、农业、国防和科学技术的现代化，推动物质文明、政治文明、精神文明和生态文明协调发展，把我国建设成为富强、民主、文明的社会主义国家。再次，2018 年 3 月宪法修改后，我国现行宪法第 36 条修正案更是明确指出"社会主义制度是中华人民共和国的根本制度。中国共产党领导是中国特色社会主义最本质的特征"。依照上述宪法规定，中国共产党的组织可以根据宪法和法律直接行使某些国家公权力，如党对军队的绝对领导、党管干部（包括党的干部，也包括国家的干部）、党对经济、社会中的事务的决策等。当然，中国共产党对国家的领导和对公权力的行使必须依法进行。因为现行宪法除了上述规定之外，还明确规定"中华人民共和国实行依法治国，建设社会主义法治国家"，并要求"一切国家机关和武装力量、各政党和各社会团体、各企业事业组织都必须遵守宪法和法律"。

不过，中国共产党依法领导国家，依法执政所依的"法"，不仅包括国家的宪法和法律，而且还包括党内法规。党内法规是规范中国共产党党内事务的制度体系。这种制度体系涉及党组织的工作、活动和广大党员的行为，② 是

---

① 姜明安：《论中国共产党党内法规的性质与作用》，《法学研究》2012 年第 3 期。
② 方世南：《推进法治型党组织建设》，《中国特色社会主义研究》2016 年第 2 期。

党依法执政的重要依托。

依规治党有利于保障和规范各级党委和党组织在宪法和法律范围内领导公共治理和社会管理创新。党的十九大新修订的《党章》明确规定："党必须在宪法和法律的范围内活动。党必须保证国家的立法、司法、行政、监察机关，经济、文化组织和人民团体积极主动地、独立负责地、协调一致地工作。"党对公共治理和社会管理创新的领导以及党的整个领导都必须在宪法法律的范围进行，要保证党的领导依宪、依法进行，必须通过党内法规将宪法和法律的规定具体化，使各级党委和党组织的活动有法可依。实践中，有的党组织活动中还得不到有效执行，已经建立的监督和问责机制尚未有效运作，从而使得一些地方和部门的公共治理和社会管理创新脱离了法的规范和制约，变成了恣意和滥用权力。因此，有必要加强这方面的党内法规建设，并健全完善相关的执行、监督、问责机制，以保障其有效运作和真正发挥作用。苏州在完善党内法规的执行、监督和问责方面不断努力，2016年10月，苏州市委出台《苏州市贯彻〈中国共产党问责条例〉的办法》，明确了问责范围、问责权限、问责建议、问责调查、问责决定、问责执行、问责协作机制、问责结果运用和问责工作监督等九个方面的内容。还明确了对党组织和党的领导干部的问责结果，要形成"问责留痕"，作为对干部业绩评定的重要依据，并按照有关规定运用到评优评先、选拔任用等工作中。

依规治党需要从制度体系完善、依法决策、履职和服务、提升监督效果以及强化依法依规问责四个方面着手。

制度体系的完善是依规治党的前提，《中央党内法规制定工作五年规划纲要》规定在对现有党内法规进行全面清理的基础上，抓紧制定和修订一批重要党内法规，力争经过5年努力，基本形成涵盖党的建设和党的工作主要领域、适应管党治党需要的党内法规制度体系框架，使党内生活更加规范化、程序化，使党内民主制度体系更加完善，使权力运行受到更加有效地制约和监督，使党执政的制度基础更加巩固，为到建党100周年时全面建成内容科学、程序严密、配套完备、运行有效的党内法规制度体系打下坚实基础。《规划纲要》要求着重从党的领导和党的工作方面、党的思想建设方面、党的组织建设方面、党的作风建设方面、党的反腐倡廉建设方面、党的民主集中制建设方面等六个方面对党内法规进行完善和修订。因此依规治党的前提是完善党内法规，使其更加规范化、程序化，从而能够和宪法法律相适应。

依法决策、履职和服务是依规治党的表现方式，主要表现在健全党委（党组）议事规则和决策程序，落实党内重大决策论证评估和征求意见制度；建立完善上级组织在作出同下级组织有关重要决策前征求下级组织意见制度；完善党委（党组）法律顾问制度；严格落实《领导干部干预司法活动、插手具体案件处理的记录、通报和责任追究规定》；探索建立有效防止立法中的部门利益办法和程序，推进政治协商制度化建设；健全党组织领导的充满活力的基层群众自治机制，积极开展村规民约、居民公约修订工作，推动专项公约制定工作。

提升监督效果是依规治党的保障，主要的监督方式分为"巡视监督"和"日常监督"，运用好中央、省委、市委等不同级别的巡视组，真正发挥巡视的作用，提升日常监督效果主要表现在全面落实《领导干部报告个人有关事项规定》和《领导干部个人有关事项报告查核结果处理办法》。坚持抓早抓小，经常性开展批评与自我批评，防止小毛病演变成大问题。完善党员领导干部年度述职述廉机制，强化评议结果运用。

强化依规依法问责主要分为两类：其一是认真贯彻《中国共产党问责条例》，实现全面从严治党，做到有权必有责、有责要担当、失责必追究，落实党组织管党治党政治责任，督促党的领导干部践行忠诚干净担当问责效果；其二是涉及行政问责方面，也要依据各地区《行政问责办法》进行问责，构建完善的党政问责体系。

二、加强法治型党组织建设，关键在于提升法治思维

党的十八大报告中提出，法治是治国理政的基本方式，因而要用"法治思维和法治方式"推进改革、化解社会矛盾。党的十八届四中全会从两个方面对依法治国进行了全面的部署，一是从制度建设的角度出发，解决法治体系现代化的问题；二是从人的法治化出发，解决依法治国的能力问题。其中，提出了"提高党员干部法治思维和依法办事能力"的历史命题。党的十九大强调："增强政治领导本领，坚持战略思维、创新思维、辩证思维、法治思维、底线思维，科学制定和坚决执行党的路线方针政策，把党总揽全局、协调各方落到实处。"法治思维就是指以合法性为起点，以公平正义为中心的思维范式，在法治观念的指引下，运用法律规则、法律原则和法律逻辑，对所遇到的问题进行综合分析、推理判断和权衡适用的思维方式。法治思维的基本特征就是规则作用优于道德教化作用；程序正义优于实体正义；普遍性、原则性优于个别性、特殊性；稳定性、可预期性优于变动性、灵活性。其实质就是各级领导干部必须时刻牢记权力来自人民，必须遵循职权法定原则，必须严格遵循法律权限和法定程序，必须尊重和保障人权，切实保护人民权利，必须始终坚持法律面前人人平等，必须自觉接受监督和承担法律责任。①

与法治思维相对立的是人治思维，人治思维的本质是人高于法或权大于法，它主张凭借个人尤其是掌权者、领导人的个人魅力、德性和才智来治国平天下。如古希腊柏拉图提出的"哲学王"之治，我国古代推崇的"圣君""贤人"之治以及后世的"英雄""强人""能人"之治等，主要强调的都是依靠个人的能力和德行治国理政；人治思维漠视规则的普遍适用性，按照个人意志和感情进行治理，治人者以言代法、言出法随、朝令夕改，具有极大的任意性和非理性，当法律的权威与个人的权威发生矛盾时，强调服从个人而非服从法律的权威。

提升干部法治思维首先要求干部带头遵守法律，营造良好的法治氛围，通过干部遵法带动人民群众遵法，从而形成良性的守法氛围。法治氛围是法治活动的表征，是法治行为的外化。② 党员干部特别是领导干部带头依法办事，形成与普通群众的良性互动。党员干部要对法律怀有敬畏之心，牢记法律红线不可逾越、法律底线不可触碰，带头遵守法律，带头依法办事，不得违法行使权力，以言代法、以权压法、徇私枉法。提升干部的法治思维还需要强化组织监督，真正实现有权必有责、违法必追究，坚决纠正有法不依、执法不严、违法不究行为。

《苏州市法治型党组织建设三年行动计划（2017—2019年）》明确提出，力争到2019年，在党员干部法治思维、党内政治生活质量、党规党纪执行水准、依法决策办事能力、党内监督工作成效、法治引领保障水平等六个方面实现显著提升，让法治型党组织成为苏州党建的响亮品牌，使法治逐渐成为苏州的核心竞争力。举例而言，苏州张家港市明确建设法治型党组织的主要

---

① 吴传毅：《地方法治的现实意义、立法路径及推进模式——以湖南省为例》，《行政论坛》2013年第6期。

② 朱新现：《提升党员干部运用法治思维和法治方式的能力》，《长白学刊》2015年第1期。

任务，即着力增强党员干部法治思维，推进依法执政，强化依规管党治党，推进基层治理法治化，着力提升法治型党组织引领水平。该市要求各级党组织全面提升五大能力，即依法执政能力、执政为民的公信能力、对法律制度的执行能力、权力的规范运行能力和勤政廉政的责任能力。要求各级基层党组织树立法治思维，凡遇问题都要找法律依据。对党员干部，要求考学和考纪相结合，即既要努力学习法律知识，以法治思维和法治方式办事；又要严守党政合理分工的界限，不越权、不诿责，尊重立法权威，敢于依法行政、支持司法中立；又要自觉用党规党纪规范自己的一言一行，由此，更好地发挥党组织的战斗堡垒作用和广大党员的先锋模范作用。

三、加强法治型党组织建设，重点在于法治方式运用

随着法治方式在党的十八届四中全会提出，法治逐渐作为执政党治国理政和管党治党的基本方式。其内在依据在于：法治方式是执政党推进国家治理能力现代化的基本手段，是党转变执政方式的内在要求。无论是法治政府、法治社会和法治国家都离不开三者共享的法治方式，它为法治国家、法治社会和法治政府一体发展或者说"法治中国"建设提供了思想基础。运用法治方式提升基层治理能力，必须提高基层党组织的依法办事能力。依法办事是法治社会的应有之义，是推进基层治理法治化的重要内容。运用法治方式办事要求党组织在办事中坚持法治思维和法治底线，依法、依章程正确行使权力。把法治方式作为提升各级党组织领导干部的治理能力的核心要求，引导党员干部办事找法、遇事找法、解决问题用法、化解矛盾靠法，不断提高科学执政、民主执政、依法执政水平，提高党员干部履职能力，提升人民群众依法管理国家事务、经济社会文化事务和自身事务的能力。运用法治方式需要从以下几个方面着力进行落实：

（一）党组织遵守宪法是法治方式运用的首要体现

习近平总书记指出："依法治国，首先要依宪治国；依法执政，首先要依宪执政。"依宪执政是党的领导的基本方式，依宪执政的内涵是各级党组织必须在宪法范围内活动，在各级各类国家机构中设立的党组织必须支持和监督国家权力依宪运行，担任各级国家机构领导成员的党员必须在依宪办事上发挥先锋模范作用。我国宪法是党和人民意志的集中体现，是通过科学民主程序形成的根本法。我国宪法第5条第3款规定："一切国家机关和武装力量、

各政党和各社会团体、各企业事业组织都必须遵守宪法和法律。一切违反宪法和法律的行为，必须予以追究。"因此，各级法治型党组的建设要求党组织活动以宪法为根本活动准则，并且具有维护宪法尊严、保证宪法实施的职责。一切违反宪法的行为都必须予以追究和纠正。

党的十九大报告指出，人民代表大会制度是坚持党的领导、人民当家做主、依法治国有机统一的根本政治制度安排，必须长期坚持、不断完善。根据这一论述，党组织在选人用人和推荐领导干部作为国家工作人员候选人时，就需要经过人大或其常委会的民主选举或法律程序予以确认；党的一切活动必须要在宪法和法律的范围内活动，任何人不享有超越宪法的特权，任何权力的行使不得逾越宪法的范围，坚持宪法法律至上，维护宪法的权威。党的领导与遵守宪法实质上是一致的，因为党的宗旨是："全心全意为人民服务。"而宪法的核心是尊重和保障人权，二者无论从内涵和实质，抑或是价值和目标都是相同的。党组织遵守宪法就是要求党组织自觉接受宪法的监督，党组织应当自觉地接受宪法、法律和人大的监督，这样才能实现党的领导与依法治国的统一。

（二）建立法治方式的评估机制是法治方式运用的关键

建立法治方式评估机制，将"法治方式"引入选人用人的考核标准之中。在我国的实践中，很多地方都启动了法治量化评估项目，开展领导干部法治方式评价机制的研究工作。法治方式评估不仅考察领导干部对法治思维和法治方式的贯彻落实，也是对当前各地法治建设状况的展现并关注公民现实法治需要，是全面推进依法治国、依法执政的创新举措。① 党的十八届三中全会首次提出要"建立科学的法治建设指标体系和考核标准"。党的十八届四中全会明确"把法治建设成效作为衡量各级领导干部实绩重要内容，纳入政绩考核指标体系"。苏州市也积极地推动指标体系建设，苏州市委于2017年出台的《全面推进法治苏州建设实施意见》要求"制定出台法治苏州建设、法治城市创新指标体系，分解任务，充分发挥指标体系的引导、激励和规范作用"。《法治苏州指标体系》（见表2）由8类、34项单项考核指标和1项综合评判指标共35项

---

① 李梅、张红扬：《论领导干部法治思维和法治方式的养成》，《毛泽东思想研究》2013年10月第6期。

指标构成,对《法治苏州指标体系》(下文称《指标体系》)的实现程度采取设置权重的办法进行综合测评,总分为100分。主要内容是:

1. 法治型党组织建设方面。该指标在《指标体系》中所占的比重为10%,主要包含由党委领导方式健全改善、党委依法决策机制健全、党内制度完善落实、基层党组织作用有效发挥4个二级指标构成。主要以依法执政和依规治党为核心任务,以党员干部带头厉行法治为重要内容,引领和保障法治政府、法治市场和法治社会"三位一体"建设,促进党委依法执政、领导立法、支持司法、保证执法、带头守法。

2. 科学民主立法方面。这一指标在《指标体系》中所占的比重为9%,由地方立法体制完善、科学民主立法深入推进、重要领域立法不断加强3个二级指标构成。

3. 法治政府和法治市场建设方面。这一指标设置了18%的权重,由政府职能转变依法推进、政府依法决策机制健全、行政执法严格规范公正文明、行政权力监督制约有效、政务公开全面推进、行政争议依法解决、法治市场建设不断加强7个二级指标构成,旨在推进法治政府建设,把政府职能更多地转到创造良好发展环境、提供优质公共服务、维护社会公平正义。

4. 公正廉洁司法方面。该指标在体系中设置15%的权重,由司法权力依法独立公正行使、司法职权优化配置、严格司法客观公正、人民群众参与司法得到保障、人权司法保障制度有效落实、司法活动监督到位等6个二级指标构成。这些二级指标分别从实体、程序、效果等方面上全面保障司法的公平正义目标的实现。

5. 法治宣传教育方面。这个一级指标设置10%的比重,由领导干部尊法学法守法用法、诚信守法形成氛围、法治文化繁荣发展等3个二级指标构成。旨在切实提高法治宣传教育的针对性和实效性,不断提高领导干部运用法治思维、法治方式、法治手段深化改革、推动发展、化解矛盾、加强管理、维护稳定的能力和水平。

6. 社会治理法治化方面。因为社会的自身广泛性,对于公民的影响更为重要,因此本项比重在总体系中占12%的比重。主要由依法治理大力推进、依法维权和化解纠纷机制健全、法律服务便捷有效、社会综合治理绩效提高等4个二级指标构成。这些子指标的设置充分应对苏州社会治理中所遇到的问题。

7. 法治工作队伍建设。这一指标设置了6%的比重，由法治专门队伍素质过硬、法律服务队伍规范敬业、人才培养机制创新等3个二级指标构成。法治人才的建设有利于保障法治党组织建设、立法、执法、司法以及普法等各个法治领域的发展。

8. 法治建设组织领导方面。法治建设是全社会共同参与的系统工程，加强组织领导是全面推进法治建设的关键环节。这一指标共设置了12%的比重，由齐抓共管机制健全落实、人大监督不断加强、政协职能有效发挥、法治建设目标任务有效落实等4个二级指标构成。在苏州的法治实践中，逐渐形成了"党委领导、各方分工协作、社会广泛参与"的机制。

表2 法治苏州指标体系表

一级指标	二级指标	指标内容	权重
法治型党组织建设 10%	1 党委领导方式健全改善	各级党委（党组）主要负责同志带头尊崇法律、敬畏法律、了解法律、掌握法律、遵纪守法、捍卫法治、厉行法治、依法办事	3
		健全党委（党组）工作制度和议事规则，规范党委（党组）主要负责同志职责权限	
		建立和推行党委依法执政报告制度，探索建立党委（党组）抓党建工作责任清单制度	
	2 党委依法决策机制健全	完善党组织重大决策规则，落实党委（党组）重大决策法律咨询制度，推行党委（党组）法律顾问制度	3
		健全党组织决策信息反馈机制、决策后评估机制和纠错改正机制	
	3 党内制度完善落实	加大党内规范性文件备案审查、清理力度。党内法规的执行力提高，党内规范性文件报备率、及时率、合法合规率达到规定要求	2
		党风廉政建设责任制及其"党委主体责任、纪委监督责任"有效落实	
	4 基层党组织作用有效发挥	基层党组织发挥全面推进法治苏州建设战斗堡垒作用，基层干部法治观念和依法办事能力明显增强	2
		基层党组织领导基层自治、推进基层民主政治建设能力进一步提高	

续表

一级指标	二级指标		指标内容	权重
科学民主立法 9%	5	地方立法体制完善	加强党对地方立法工作的领导，完善市委对立法工作中重大问题决策的程序，人大及其常委会主导立法工作的体制机制有效运行	3
			地方立法规划报批制度、涉及重大体制和重大政策调整报经决定制度、重大问题报告制度健全落实	
			各级人大及其常委会对法律、法规实施的监督加强，备案审查制度健全落实和能力建设加强，违法的规范性文件依法撤销和纠正，带有立法性质的文件禁止制发	
	6	科学民主立法深入推进	建立健全法规审议制度、立法听证制度、立法专家顾问制度、公民旁听制度，探索重要条款单独表决等制度	3
			人大常委会委员中具有法治实践经验的专职委员比例合理，人大代表列席人大常委会会议制度完善	
			开展立法协商，充分发挥政协委员、民主党派、工商联、无党派人士、人民团体、社会组织在立法协商中的作用。建立基层立法联系点制度	
	7	重要领域立法不断加强	科学编制立法计划、规划，加强城乡建设与管理、环境保护、历史文化保护等方面的立法	3
			坚持立改废释并举，加强立法后评估工作，重大改革于法有据	
			加大执法检查力度，提高地方性法规执行力	
法治政府和法治市场建设 18%	8	政府职能转变依法推进	严格执行行政组织和行政程序法律制度，深化行政管理体制改革，形成精干高效的政府组织体系	3
			依法梳理政府各部门现有职责和权力事项，制定政府及部门权力清单和责任清单	
			行政审批制度完善，不违法违规设定许可、收费、罚款项目	
			法治政府建设满意率达90%	
	9	政府依法决策机制健全	重大行政决策法定程序、重大决策终身责任追究制及责任倒查机制建立健全，重大决策实施后评估制度全面落实	3
			政府及政府各部门、各派出机构法律顾问制度全面实行	
			政府规章及规范性文件编制计划、制定程序和公众参与机制完善	
			政府规章、规范性文件定期清理并及时公布，规范性文件报备率、及时率、规范率达到规定要求	

续表

一级指标		二级指标	指标内容	权重
法治政府和法治市场建设 18%	10	行政执法严格规范公正文明	行政执法体制改革各项任务落实，行政执法与刑事司法衔接机制健全、平台完善、运转有效、落实到位	3
			重点领域综合执法改革目标任务按期完成	
			关系群众切身利益的重点领域执法力度不断加大，违法行为及时查处	
			完善执法程序，明确操作流程，规范行政行为，行政执法责任制全面落实，重大执法决定法制审核制度严格执行	
			探索重大行政执法公众评议制度，完善行政执法案卷评查制度，全面加强执法监督工作	
	11	行政权力监督制约有效	权力运行制约和监督体系科学有效，政府内部权力制约有力，政府内部层级监督强化、专门监督到位	2
			建立健全行政权力公开接受监督的方式方法，纠错问责机制落实	
	12	政务公开全面推进	政府信息依法依规及时公开，依申请公开制度严格落实	2
			行政权力网上公开透明运行，实现所有行政执法部门全覆盖，行政执法案件运行全上网	
			加强互联网政务信息数据服务平台和便民服务平台建设，完善市县镇村四级政务服务体系	
	13	行政争议依法解决	行政复议委员会工作机制建立健全，行政机关负责人重大行政复议案件出席率达95%以上	2
			行政机关参与支持行政诉讼机制健全，行政机关负责人行政诉讼出庭率达90%以上	
			行政机关依法及时全面履行人民法院生效裁判	
	14	法治市场建设不断加强	厘清政府与市场的边界，理顺政府与市场、政府与企业关系，使法治成为市场公平竞争的制度保障	3
			健全归属清晰、权责明确、保护严格、流转顺畅的现代产权制度，更加突出知识产权保护，打造法治化的营商环境	
			构建行政监管、信用管理、行业自律、社会监督、公众参与的综合监管体系，运用法治化、信息化手段提升市场服务、监管、治理水平	

续表

一级指标		二级指标	指标内容	权重
公正廉洁司法 15%	15	司法权力依法独立公正行使	确保依法独立公正行使审判权、检察权的制度完善	2
			领导干部干预司法活动、插手具体案件处理的记录、通报和责任追究制度建立和落实	
			司法人员履行法定职责监督和保护机制建立健全	
	16	司法职权优化配置	司法改革重点任务按期完成，司法权力运行机制健全	2
			立案登记制度、刑事诉讼中认罪认罚从宽制度、公益诉讼制度、查办职务犯罪案件协作配合机制建立健全	
			主审法官和合议庭、主任检察官、主办侦查员办案责任制有效落实	
	17	严格司法客观公正	诉讼制度改革、量刑规范化改革稳步推进	2
			办案质量终身负责制和错案责任倒查问责制建立健全	
	18	人民群众参与司法得到保障	司法调解、司法听证、涉诉信访等司法活动中保障群众参与的制度建立健全	3
			人民陪审员制度完善，公众有序参与旁听庭审	
			审务、检务、警务公开全面落实，阳光司法机制健全	
	19	人权司法保障制度有效落实	诉讼过程中各项权利的制度保障得到强化，罪刑法定、疑罪从无原则和非法证据排除规则全面落实，冤假错案防范纠正机制健全，不发生有重大影响的冤假错案	3
			刑讯逼供和非法取证源头预防机制健全，对限制人身自由司法措施和侦查手段的司法监督完善	
			查封、扣押、冻结、处理涉案财物的司法程序规范，失信被执行人信用监督、威慑和惩戒制度有效落实，胜诉当事人权益得到保障	
			终审和诉讼终结制度落实，诉访分离机制健全，涉法涉诉信访依法处理	
			司法救助制度全面落实，国家赔偿及时兑现	
	20	司法活动监督到位	检察机关法律监督制度落实，人民监督员制度完善	3
			司法机关内部各层级监督制约机制健全，司法机关内部人员过问案件的记录制度和责任追究制度落实，规范司法人员与诉讼参与人的接触、交往行为的制度健全	
			执法检查、执法巡视、案件评查扎实有效，办案质量不断提升	

续表

一级指标		二级指标	指标内容	权重
法治宣传教育 10%	21	领导干部遵法学法守法用法	领导干部遵法、学法、用法、述法、考法制度落实，遵守法律、依法办事作为考察干部的重要内容	3
			依纪依法严肃查处领导干部违纪违法犯罪案件	
	22	诚信守法形成氛围	国家机关"谁执法谁普法"的普法责任制落实，普法讲师团和普法志愿者队伍作用有效发挥，以案释法制度、媒体公益普法制度逐步建立	5
			法治教育纳入国民教育体系、纳入精神文明创建内容、纳入党委（党组）中心组学习内容	
			建成覆盖全社会的信用信息系统，健全社会法人和自然人信用信息数据库，完善守法诚信褒奖机制和失信惩戒机制	
			政府公信力逐步提高，依法依规查处公职人员违反公序良俗、职业道德等行为	
	23	法治文化繁荣发展	推进法治文化与历史文化的融合发展，着力建设富有特色的法治文化体系	2
			推动法治文化产品创作，建立起技术新、传播快、覆盖广、渗透力强的法治文化传播体系	
社会治理法治化 12%	24	依法治理大力推进	"政社互动"全面推行，基层组织、部门行业依法治理和依法自治体系完善，加强"政社互动"理念、方法在社会治理各领域的运用	4
			村（居）民委员会依法自治达标率分别达97%、92%，省级民主法治示范村（社区）创建达到省定要求	
			社会组织发展达到省定标准，管理规范有序，有效承接政府部分转移职能，纳入政府购买服务内容	
			企业依法经营管理，社会责任积极履行	
			市民公约、乡规民约、行业规章、团体章程等社会规范在社会治理中的作用有效发挥	
	25	依法维权和化解纠纷机制健全	人民调解组织健全，民转刑案件比例逐步下降，依法维权和矛盾纠纷多元化解决机制有效发挥作用	2
			信访秩序规范，群众信访依法及时受理办理，非正常上访比例逐步下降	
			不发生重大群体性事件	

续表

一级指标		二级指标	指标内容	权重
社会治理法治化 12%	26	法律服务便捷有效	公共法律服务体系覆盖城乡，公共法律服务纳入地方经济发展规划和政府公共服务范围，推进公共法律服务窗口建设，推动一村（社区）一法律顾问制度作用有效发挥	2
			法律服务业健康发展，法律援助质量不断提升，司法鉴定管理体制完善	
	27	社会治安综合治理绩效提高	社会治安综合治理深入推进，立体化、现代化社会治安防控体系健全完善	4
			八类严重刑事案件发案比例逐步下降	
			流动人口、特殊人群服务管理制度健全落实，刑释人员、社区服刑人员重新犯罪率不超过控制指标	
			安全生产事故和公共安全事故有效压降	
			公众安全感达90%以上	
法治工作队伍建设 6%	28	法治专门队伍素质过硬	立法、行政执法、司法队伍正规化、专业化、职业化建设全面加强，职业准入制度、职业保障体系、法治专门队伍管理制度完善	2
			依法查处法治专门队伍中的违法犯罪案件	
	29	法律服务队伍规范敬业	公证员、基层法律服务工作者、人民调解员、司法鉴定人队伍健康发展，社会律师、公职律师、公司律师优势互补、结构合理，职业保障机制完善	2

第二节 用好地方立法权，形成有特色的地方法规体系

全面依法治国，总目标是建设中国特色社会主义法治体系，建设社会主义法治国家。习近平总书记强调，总目标"既明确了全面推进依法治国的性质和方向，又突出了全面推进依法治国的性质和方向，对全面推进依法治国具有纲举目张的意义"。法治体系作为法治建设的"纲"，是国家治理体系的骨干工程。全面依法治国，就要加快形成完备的法律规范体系、高效的法治实施体系、严密的法治监督体系、有力的法治保障体系，形成完善的法规体系。地方立法是国家立法的重要补充，地方法规体系是中国特色社会主义法

治体系的重要组成部分，因此，用好地方立法权，形成有特色的地方法规体系有利于不断完善和丰富中国特色社会主义体系。苏州市是较早拥有地方立法权的城市之一，立法机关积极行使地方立法权能，制定了一批有质量、有创新、有特色的地方性法规和地方性规章。而这些地方规章的主要成绩，又表现在注重民生、规范管理以及体现特色三个方面。苏州市自1993年取得地方法律的制定权到2017年7月共制定规章154件，其中现行有效的规章为84件，已废止51件，平均每年制定7件，其中城乡建设与管理类规章占比60.7%，环境保护类规章占比14.2%，历史文化类规章占比5.9%，机关工作综合规定类规章占比4.7%，规章制定评估清理类占比11.9%。

一、科学立法，提升立法质量

立法的质量直接关系到法治的质量，完善法律体系必须抓住提高立法质量这个关键。科学立法的核心，在于立法要尊重客观规律。党的十八届四中全会要求，建设中国特色社会主义法治体系，首要的是完善以宪法为核心的中国特色社会主义法律体系，维护宪法尊严、权威，健全宪法实施和监督制度。坚持立法先行，坚持立改废并举，加快完善法律、行政法规、地方性法规体系，完善包括市民公约、乡规民约、行业规章、团体章程在内的社会规范体系，为全面依法治国提供基本遵循。深入推进科学立法、民主立法，加强人大对立法工作的组织协调，健全立法起草、论证、协调、审议机制，健全向下级人大征询立法意见机制，建立基层立法联系点制度，推进立法精细化。①

按照《立法法》规定，科学立法是指立法应当从实际出发，科学合理地规定公民、法人和其他组织的权利义务、国家机关的权力和责任。科学不仅体现在立法结果的科学性，也包含立法过程的科学合理性，同时还应当符合成本效益评价的要求。科学立法应当有三个方面的要求，其一坚持科学规划，将立法计划和规划提前向社会公告，征求各方面意见，对未纳入立法计划的项目要谨慎实施；其二要求建立和完善立法论证制度，通过对必要性和可行性进行论证，确认立法需求的真实性和轻重缓急程度；其三要求加强对立法

---

① 《中共中央关于全面推进依法治国若干重大问题的决定》中对于科学立法作了详细的规定。

规划项目的动态管理，根据实际需要，适时调整立法项目。

在地方性法律规范上，科学立法可以理解为用好地方立法权，《苏州市制定地方性法规条例》和《苏州市人民政府规章制定规定》，规定了统一审议、听证、专家论证、公开征求意见等一系列地方立法制度。在立法实践中，苏州市人大坚持每届编制立法规划，每年制订立法计划，增强立法的计划性、科学性、合理性。有关工作委员会提前介入法规的起草、修改，充分发挥沟通、指导、协调作用。严格按照地方立法技术规范，重点把握行政处罚。苏州市人大常委会在坚持二次审议制度的基础上，对于一些重要的立法项目，尝试了实行隔次审议，实行常委会会前视察制度，实施法规、规章草案转委托起草制度，引入常委会会议审议过程中的辩论制度和表决环节上的个别条款单独表决制度，对于提升立法的质量有积极的作用。

二、精准立法，顺应发展趋势

党的十八届四中全会决定的第二部分中着重提及加强重点领域立法，新时期我国立法的重点领域应当围绕中国特色社会主义事业五位一体总体布局。

在市场经济建设方面，以保护产权、维护契约、统一市场、平等交换、公平竞争、有效监管为基本方向，完善社会主义市场经济法律制度，促进资源在市场配置中起决定性作用和更好地发挥政府作用。编纂民法典，制定和完善发展规划、投资管理、土地管理、能源和矿产资源、农业、财政税收、金融等方面法律法规，加强企业社会责任立法，完善激励创新的产权制度、知识产权保护制度和促进科技成果转化的体制机制，中华人民共和国第十二届全国人民代表大会第五次会议2017年3月15日表决通过了《中华人民共和国民法总则》。《中华人民共和国民法总则》是民法典的总则编，规定了民事活动的基本原则和一般规定，在民法典中起统领性作用。共分基本规定、自然人、法人、非法人组织、民事权利、民事法律行为、代理、民事责任、诉讼时效、期间计算和附则11章、206条，《中华人民共和国民法总则》的通过并实施是我国在经济建设领域重点立法的实践，其并将促进市场法治化和市场经济的平稳运行。

在民主建设方面，坚持以保障人民当家做主为核心的原则，坚持和完善人民代表大会制度，坚持和完善基本政治制度，推进社会主义民主政治法治化。加强社会主义协商民主制度建设，完善和发展基层民主。完善国家机构组织法，完善选举制度和工作机制，加强反腐败国家立法，完善惩治贪污贿赂犯罪法律制度。2018年3月20日，全国人大通过的《监察法》是我国加强反腐败国家立法的重要探索，也是创新和完善国家机构的重要实践。

加快保障和改善民生、推进社会治理体制创新法律制度建设。完善教育、就业、收入分配、社会分配、社会保障、医疗卫生、食品安全、扶贫、慈善、社会救助和妇女儿童、老人、残疾人合法权益保护等方面的法律法规。加强社会组织立法。

地方立法要着眼于社会发展的大方向，符合地方发展的需要，保障和促进地方的经济社会全面发展，把本地群众最为关心的事情作为立法的重点，用活地方立法权。2015年新修改的《立法法》第72条第2款规定："设区市的人民代表大会及其常务委员会根据本市的具体情况和实际需要，在不同宪法、法律、行政法规和本省、自治区的地方性法规相抵触的前提下，可以对城乡建设与管理、环境保护、历史文化保护等方面的事项制定地方性法规。"

全国人大常委会法工委主任李适时在第二十一次全国立法研讨会上提出："该条文中的'等'字，从立法原意来说，应该是等内等，不宜再作更加宽泛的理解。"① 立法法的修改为地方立法提供较大的自主性，虽然对立法范围有所限制，但是仍然可以有较大的解释空间。对于该条文中的"等"字的理解，不同学者有不同的解释，理论的纷争点在于该条文的"等"字应当理解为等内等还是等外等，这一问题涉及地方立法权的范围，这一问题从2015年新《立法法》颁布以来都有争论，争论点大多都是在对于"等"字的不同理解，我们更倾向于对"等"字作"等内等"理解，我们认为："立法法对于地方立法的范围的规定就是为了规制立法的立法权，规范地方的立法范围，因此应当尊重立法原意，而且《立法法》所规定的三方面立法事项本身就有解释空间，比如城乡建设与管理，可以通过扩大解释，扩展其范围。"

截至2017年11月，苏州市城乡建设与管理类现行有效的地方性法规为29件，占苏州市现行有效地方性法规50%；环境保护类现行地方性法规为9件，占苏州市现行有效的地方性法规15.2%；历史文化保护类现行地方性法

---

① 李适时：《全面贯彻实施修改后的立法法——在二十一次全国地方立法研讨会上的总结》，《中国人大》2015年第21期。

规为7件，占苏州市现行有效地方性法规12.07%；涉及公民人身安全、教育督导、体育综合规定、科技专利发展、法制工作规定等方面的其他类型地方性法规为13件，占苏州市现行有效地方性法规22.41%。（见表3）而苏州市现行有效的84件地方政府规章则可以分为城乡建设与管理、环境保护、历史文化保护、机关工作综合规定类、规章制定评估清理类五种分类，其中城乡建设与管理类规章为51件，占苏州现行有效的地方性规章60.71%；环境保护类规章为12件，占苏州现行有效的地方性规章14.29%；历史文化保护类规章为5件，占苏州现行有效的地方性规章6%；机关工作综合规定类规章为4件，占苏州市现行有效的地方性规章的比重为4.8%；机关工作综合类规章为10件，占苏州市现行有效的地方性规章的比重为12%。（见表4）苏州市制定了轨道交通、阳澄湖大闸蟹地理标志产品保护、金鸡湖保护和城市管理相对集中行政处罚权实施等行政规章来加强城市的管理和建设；制定了《苏州市统计管理规定》《苏州市集体资产管理办法》《苏州市市级财政国库管理办法》来保障和促进地方经济全面发展；制定了《苏州市防雷减灾管理办法》《苏州市扬尘污染管理办法》《苏州市建筑施工噪声污染防治管理规定》等规章，积极回应百姓较为关心的环境问题。

表3　苏州市现行地方性法规分类统计表

立法种类	数量（件）	所占比例（%）
城乡建设与管理	29	50%
环境保护	9	15.2%
历史文化保护	7	12.07%
其他	13	22.41%

表4　苏州市现行地方性规章分类统计表

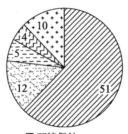

☑城乡建设与管理　　▦环境保护　　▨历史文化保护
▨机关工作综合规定类　▨规章制定评估清理类

三、民主立法，增强公众参与

民主立法要求法要通过民主的程序产生，应当反映和代表民意，而非立法机关强加于社会的一种与法治精神相悖的异物。民主立法一个最为显著的方式就是公众参与地方立法。所谓公众参与立法是指社会公众在地方立法机关的指引下，直接或间接地，主动或被动地参与立法的制定过程，表达意见和利益诉求，从而对立法产生实质影响的活动。

公众参与地方立法主要有五种途径：

其一是公告征求意见。公告征求意见，是指地方立法机关就立法工作中某一事项通过报纸、网络等方式向社会发布公告，征求不特定公众的意见和建议。苏州市自创建"中国苏州"政府门户网站后，就立法项目草案、立法中的重要事项，通过公告公示专栏广泛征求民意。公告征求意见主要针对两类立法事项，一是征集立法项目建议，每年7月前后，苏州市都会发布公告向社会征集立法项目。2010年—2012年，社会公众提出的立法项目建议数量分别为：6件、32件、36件。二是就某一立法项目草案征求意见。目前，苏州市所有的法规、规章都通过中国苏州门户网站、苏州政府法制网站公布征求意见。2010年以来，苏州市为使公众了解立法本意，能更好地参与立法，在公布法规、规章草案的同时，公布法规、规章草案的起草说明，这种做法受到多方认可。

其二是新闻媒体宣传和征求意见，主要指地方立法机关通过与报纸、电视台、电台等新闻媒体合作，发布立法信息，引起社会公众关注，从而调动其参与立法提出意见和建议的积极性。近年来，苏州市为扩大公众参与立法的广度与深度，除每年通过苏州日报发布公告征集立法项目建议外，还就社会关注高、与广大群众关系密切的法规、规章项目通过与新闻媒体合作，扩大公众参与面，更为广泛地听取意见。

其三是召开立法座谈会。立法座谈会是各级地方立法机关普遍采用的公众参与路径，具体是指由地方立法机关就某一立法项目草案或专题问题，组织特定群众代表参加的座谈会，直接听取意见的公众参与形式。苏州市立法机关为提高公众代表参加立法座谈会效果，倾向采取专题座谈会的形式，扩大公众参与，先后就房屋安全与使用条例、道路交通安全条例、民办养老机构办法、警务辅助人员管理办法、市场价格行为监督管理办法等法规、规章草案组织专门公众代表座谈会，直接听取意见。

其四是立法听证会。《立法法》《行政法规制定程序条例》《规章制定程序条例》都明确提出了立法听证会这一公众参与的途径，这种途径，因其程序性要求较高，听取意见直接、社会知晓度高等特点，受到社会各界的认同和欢迎。

其五是立法辩论会。立法辩论会，是近年来各级地方机关新的路径，主要是指地方立法机关组织法律专家学者和政府部门的负责人就立法项目中的重要问题进行立法辩论，以便更好地进行立法决策，最大限度地反映和维护各级人民群众的切身利益。苏州市选择前三种途径的实践较多，对于后两种路径，由于其本身有程序较复杂、成本高的特点，实践过程中鲜有实施，随着苏州地方立法的不断发展，为了增强立法的民主化，应当积极探索后两种途径。

第三节 规范和监督行政权，公正文明人性执法

一、依法推进政府职能转变

（一）深化行政管理体制改革，形成精干高效的政府组织体系

推进行政管理体制改革是全面深化改革的重要任务，也是加强政府自身建设的关键举措。党的十八大以来，我国政府采取了一系列重大举措推进行政管理体制改革、转变职能、提高效能。新形势下，我国各级地方政府正加快探索行政管理体制改革的路径，积极建立行政管理体制改革新机制。作为全国率先推行新一轮行政管理体制改革的地区，苏州市做出了有益的尝试，从不同角度开展工作并取得了一定的成效。

2017年苏州市行政审批局挂牌成立，首批13个部门的51个审批事项，将稳步划转至市行政审批局，统一行使审批职能，实行"一枚印章管审批"，实现了真正意义上的"审、管分离"，彻底改变了过去政府职能部门既当"运动员"又当"裁判员"，重审批轻管理，重审批轻服务，以审代管的现象。首批划转的审批事项都可以在行政审批局办结，在保证权力公开透明运行的同时，有力促进了行政审批效率的提高。根据计划，市行政审批局将按照市场

准入类、项目建设类、社会事务类等分类进行审批，通过内部的流程优化再造，给企业和群众提供套餐式服务，实现"一窗办理"。①

(二) 梳理职责和权力，制定权力清单和责任清单

在地方政府的行政执法过程中，应当运用法治思维和法治方式，而行政法治一个重要的思维和方式，便是"底线思维"。约束"闲不住的手"，放开"决定性之手"，培育"受约束中之手"，从而使得执法能力不断提升，让市场发展且有序。

政府权力清单制度就是指各级政府按照法定职责，梳理、界定权力边界，根据所行使的各项职权，以清单的形式，列出行使依据、行使主体、运行流程以及对应的责任，并接受社会监督。② 李克强总理多次在"两会"答记者问时提到："政府权力做减法，市场活力做加法。"通过推进政府权力清单制度可以通过法治来约束行政权力，做到法定职责必须为、法无授权不可为。2013年中共中央在《关于全面深化改革若干重大问题的决定》中明确提出"推行地方各级政府及其工作部门权力清单制度，依法公开权力运行流程"，为权力清单的推广奠定了政治基础。2015年，中共中央办公厅发布《关于推行地方各级政府工作部门权力清单制度的指导意见》（中办发〔2015〕21号）明确提出了"全面梳理现行有效的行政职权、大力清理调整行政职权、依法律法规审核确认"等八项任务。③

在全面梳理、清理调整、审核确认、优化流程的基础上，将政府职能、法律依据、实施主体、职责权限、管理流程、监督方式等事项以权力清单的形式向社会公开，逐一厘清与行政权力相对应的责任事项、责任主体、责任方式。明确政府和市场的边界，明确政府和市场的职能和范围，减少政府对市场的直接干预，减少并优化行政审批。确立负面清单，将政府定位于"有限政府"，从而促进资源在市场配置中起到决定性作用。例如，苏州市太仓地区

---

① 钱怡：《苏州行政管理体制改革："不推一扇门"办成所有事》，http://news.2500sz.com/doc，最后访问时间：2018年3月20日。
② 蔡滟：《法治市场建设的策略研究》，《中国市场》2017年第14期。
③ "八项任务"是指《关于推行地方各级政府工作部门权力清单制度的指导意见》（中办发〔2015〕21号）提出的"全面梳理现有行政职权、大力清理调整行政职权、依法律法规审核确认、优化权力运行流程、公布权力清单、建立健全权力清单动态管理机制、积极推进责任清单工作、强化权力监督和问责"。

率先建立"政府行政管理与基层群众自治有效衔接和良性互动"机制,把明晰政府和自治组织权责边界作为关键,列出"两份清单",明确规定凡是村居自治事务放手自主管理,政府部门行政事务不得随意下派,防止政府的"越位"和"缺位"。①

权力清单的核心在于行政审批改革,减少行政审批事项。改革许可制度,对于特定事项,变事前许可为事中、事后监督。制定权力清单需要满足合法性、合理性、实用性三项基本原则。② 其一遵循合法性原则,权力清单的推行要有法律依据,其编制主体要法定授权,权力事项、公布程序也要依法确定;其二是合理性原则,合理性原则主要体现在考评机制的设计、考评内容两个方面;其三是实用性原则,权力清单在考评机制上的设计应当更具有操作性,考评的方法、步骤和等级的划分等要方便适用。

(三)完善行政审批制度,不违法违规设定许可、收费、罚款项目

2018年3月28日,新成立的中共中央全面深化改革委员会第一次会议指出,深入推进审批服务便民化,要把推广典型经验同推动面上改革结合起来,围绕直接面向企业群众、依申请办理的行政审批和公共服务事项,推动审批服务理念、制度、作风全方位深层次变革,不断优化办事创业和营商环境,切实解决企业群众办事难、办事慢、多头跑、来回跑等问题。

《法治政府实施纲要(2015—2020)》提出,要深化行政审批制度改革,全面清理行政审批事项,全部取消非行政许可审批事项。最大程度减少对生产经营活动的许可,最大限度缩小投资项目审批、核准的范围,最大幅度减少对各类机构及其活动的认定。取消不符合行政许可法规定的资质资格准入许可,研究建立国家职业资格目录清单管理制度。直接面向基层、量大面广、由地方实施更方便有效的行政审批事项,一律下放地方和基层管理。加大取消和下放束缚企业生产经营、影响群众就业创业行政许可事项的力度,做好已取消和下放行政审批事项的落实和衔接,鼓励大众创业、万众创新。严格控制新设行政许可,加强合法性、必要性、合理性审查论证。对增加企业和公民负担的证照进行清理规范。对保留的行政审批事项,探索目录化、编码

---

① 群众期刊调研组:《法治再铸苏州核心竞争力》,《群众》2015年第10期。
② 吴家文:《权力清单:地方法治政府建设路径的抉择》,《法治社会》2017年第2期。

化管理，全面推行一个窗口办理、并联办理、限时办理、规范办理、透明办理、网上办理，提高行政效能，激发社会活力。加快投资项目在线审批监管平台建设，实施在线监测并向社会公开，2015年实现部门间的横向联通及中央和地方的纵向贯通。加快推进相对集中行政许可权工作，支持地方开展相对集中行政许可权改革试点。全面清理规范行政审批中介服务，对保留的行政审批中介服务实行清单管理并向社会公布，坚决整治"红顶中介"，切断行政机关与中介服务机构之间的利益链，推进中介服务行业公平竞争。

  行政审批改革是我国法治建设的重大实践之一，它是行政改革最为显性的部分，因为行政审批改革不仅直接决定着政府与市场、政府与社会关系的调整和重塑，也是行政改革中最有影响、最受关注的部分。我国现有的行政审判制度来源于计划经济体制，随着经济体制的转型，这种原本作为资源配置手段、以消灭市场、竞争和自由为目的的审批制度，与新经济体制发生了激烈的冲突与碰撞。需要改革和完善行政审批制度，从而适应市场经济的发展。完善行政审批制度，需要保障行政许可法的实施，① 没有《行政许可法》授权的行政机关不得设定新的行政许可、收费和罚款项目；完善行政审批改革还需要对政府规章以及规范性文件进行依法清理、修订和废止，清理政府规章和其他规范性文件，明确行政机关的审批权限，以清单的形式，主动公开；修订与市场发展不相适应的规章和其他规范性文件；对于那些违反上位法设定的许可、收费和罚款等项目，及时清理。

  苏州市目前已经推出了"政府行政权力清单""市级行政审批事项目录清单""行政事业性收费目录清单""政府专项资金管理清单和市级政府性基金管理清单""内资领域禁止投资项目目录清单"等多份清单。② 作为江苏省四个集中审批制改革试点之一，苏州工业园区将分散在各个职能部门的市场准入类、投资建设类、重要民生类的审批和服务事项划转到审批局，探索集中审批、一门受理。随后，16个部门共计114项审批事项被分批划转至审批局。这些事项原先涉及近30个处室、90多名审批人员、16枚印章，现在精简为3

---

① 王克稳：《我国行政审批制度的改革及其法律规制》，《法学研究》2014年第2期。
② 蔡滢：《法治市场建设的策略研究》，《中国市场》2017年第14期。

个业务处室、30多名审批人员、1枚审批印章。"一枚公章管审批",折射出苏州以集中审批试点为抓手,推进简政放权的强大力度。① 苏州市通过推行"在线咨询、网上申请、网上审批、网端推送、快递送达"的办事模式,建立代办制,促使"不见面审批(服务)"事项占比大幅度提高。2017年5月,苏州市率先在全省公布首批"不见面审批(服务)"事项清单,"不见面审批(服务)"事项2 330项,其中市本级141项,各市、区2 189项。2017年11月,公布第二批苏州市"不见面审批"事项清单,其中不见面事项524项,见一次面事项8项。全力建设运行政务服务"一张网"。苏州市行政审批局在全省率先发布政务服务事项清单,各类政务服务事项均在"一张网"上开通网上办理渠道,"应上尽上"事项占比100%,单点登录占比98.16%;市本级共梳理出"不见面审批(服务)"业务1 355项,占比83.85%;开设苏州政务服务旗舰店,推出首批套餐式服务,药品经营企业注册等4类套餐上线运行。

二、健全政府依法决策机制

行政决策是行政权力运行的起点,规范行政决策行为特别是重大行政决策行为,是规范行政权力的重点。近年来,我国各级行政机关科学民主依法决策机制不断完善,各级领导干部决策能力和水平不断提高。与此同时,实践中也存在一些突出问题:一些地方政府作出行政决策不尊重客观规律,漠视群众意见、违法决策、专断决策、任性决策现象比较严重,重大项目决策群众参与不够,对于国民经济造成重大损失,也严重影响到政府的公信力和执行力。行政决策机制不健全、程序不够完善,不能做到依法决策。因此,应当保障重大行政决策公众参与力度,全面落实重大行政决策法定程序、重大决策终身责任追究制,完善政府法律制度。

(一)全面落实重大行政决策法定程序、重大决策终身责任追究制

行政决策是行政行为的开端,所谓"重大行政决策"是指"政府依法履行行政职能,对涉及社会公共利益的重大事项作出决定的活动"。重大行政决策法定程序要求重大行政决策事项全部纳入目录化管理,未经公众参与、专

---

① 李仲勋、高坡:《苏州深化行政审批制度改革激发创新创业活力》,《新华日报》2016年11月14日。

家论证、风险评估、合法性审查、廉洁性审查和集体讨论决定等环节不得作出重大行政决策。重大行政决策目录化管理是苏州市在重大行政决策程序规范领域的一次重要探索,确定重大行政决策范围是重大行政决策程序运行的前提。

《苏州市重大行政决策程序规定》第七条明确,"重大行政决策实行目录管理。市政府办公室应当会同市发改、监察、财政、法制、风险评估管理等部门每年制定年度重大行政决策事项目录,报市政府批准后公布实施。目录包括项目名称、承办单位、完成时间等内容。目录有调整的,应当及时公布。"凡是列入决策事项目录的,都要按照本规定程序进行。拟走外部论证程序的决策事项实行目录管理,通过决策机关预先确定年度重大行政决策事项,一方面可以促进决策机关做好决策计划,同时,也增强各级领导对决策的责任意识和风险意识,促进重大行政决策制度的逐步落实。《苏州市国资委重大决策程序规定》第二条第二款规定:"以上重大决策事项属苏州市重大行政决策内容的,应从其程序规定"。

党的十八届四中全会指出,建立重大决策终身责任追究制度,对决策严重失误或者依法应该及时作出决策但久拖不决造成重大损失、恶劣影响的,严格追究行政首长、负有责任的其他领导人员和相关责任人员的法律责任。作出决策的行政首长、参与决策的领导人员及相关责任人员,无论被调离、辞职、辞退或者退休,都要终身追究责任。重大决策追究是指一个重大决策作出后,如果存在实体上和程序上的瑕疵,那么决策者就应当对该决策永久性负责,该责任不因为主体身份关系的变化而变化。建构重大决策终身责任制必须从总体上建构和完善行政决策程序,将这一制度框定在行政决策程序之中。将责任的情形、承担事由细化到行政决策程序之中,可以通过制定法规或规章对于重大决策终身追究制度进行规定。《苏州市重大行政决策程序规定》通过规章的形式对未履行决策程序导致决策失误并造成不利后果的进行行政处分,但是并没有有关终身追究的规定,今后的修改中应当有相关规定。

(二)全面实行政府及政府各部门、各派出机构法律顾问制度

建立政府法律顾问制度是建设法治政府的迫切要求,是促进政府及其部门依法履职重要途径之一。党的十八届四中全会提出积极推行政府法律顾问制度,保证法律顾问在制定重大行政决策、推进依法行政中发挥积极作用。

党的十八大强调法治是治国理政的基本方式，到 2020 年实现"法治政府基本建成"的目标。党的十八届三中全会提出，切实转变政府职能，深化行政体制改革，创新行政管理方式，增强政府公信力和执行力，建设法治政府和服务型政府。无论是转变政府职能，还是创新社会管理方式，都要求各级政府更加自觉地运用法治思维和法治方式来实现。政府法律顾问可以为政府提供法律咨询、代理行政诉讼，还可以为政府重大行政决策、出台规范性文件等行为进行法律论证和风险评估。积极推进并加快完善政府法律顾问制度，使其工作覆盖政府的主要行政行为，有利于规范政府行为，不断提升依法行政水平。

行政决策效果直接影响着法治政府的实现，法治政府的实现要求各级政府应当依法、科学、民主决策，即行政决策应当符合合法原则、合理原则。当前的行政决策实践中，往往出现许多违法决策和违反法定程序的行政决策，因此需要充分运用法律专家学者和律师参与法律顾问工作，政府法律顾问可以为各级政府决策提供专业的法律意见和建议，有效降低决策风险和成本，提高决策的合法性和可行性。苏州市政府法律顾问制度于 2009 年 7 月正式建立，截至 2014 年底，苏州市县两级政府已实现政府法律顾问全覆盖，但各级政府部门对该制度的落实仍有较大差异，有许多政府部门还没有专门的法律顾问。实践中政府及政府各部门、各派出机构应当做到三个注重：一是注重发挥法律顾问的专业优势，法律顾问需要兼备理论功底与实务经验；二是注重保障法律顾问的合法权益，聘用合同应当保障法律顾问享有的独立发表意见、资料查阅、获取报酬等权利；三是注重法律顾问作用最大化，聘用合同对法律顾问在法律审查、项目谈判、文书起草、事务代理、理论研究、教育培训等方面的法律服务作了规定，实现法律顾问作用最大化。

三、严格规范行政执法，公正文明人性执法

坚持严格规范公正文明人性执法，确保宪法法律全面准确实施，是行政权设置的目的。按照《中共中央关于全面推进依法治国若干重大问题的决定》的要求，从创新执法理念、完善执法制度、改进执法方式、提高执法素养等方面入手。在执法理念方面，引导广大执法人员牢固树立社会主义核心价值观，着力弘扬社会主义法治精神，教育引导广大执法人员牢固树立社会主义法治理念，进一步增强严格依法履行职责的观念、法律面前人人平等的观念、

尊重和保障人权的观念，进一步强化证据意识、程序意识、权限意识和自觉接受监督意识，严格依照法定的权限、时限和程序履行职责、行使权力，始终做到严格规范公正文明人性执法，努力让人民群众从每一项执法活动中感受到公平正义。

在完善执法制度方面，苏州积极构建系统完备、科学规范、运行有效的执法制度体系，坚持用制度规范权力、依靠制度约束行政实施主体的行为，确保执法工作始终在法治轨道和制度框架内运行。加强对与执法工作有关的法律、法规、规章和规范性文件的清理，对制度缺失、规范冲突、要求不当的，要及时推进"立改废"，进一步完善执法工作实体和程序的规范，确保各项执法工作有法可依、有程序可遵循。努力从源头解决随意执法、粗放执法、执法不公等突出问题。在执法方式方面，坚持把追求效率与实现公正、执法形式与执法目的的有机结合起来。要正确处理严格规范文明执法的关系，既要坚持以事实为依据、以法律为准绳，严格执法、不枉不纵，坚决维护法律的权威和尊严，又要准确把握社会心态和群众情绪，改进执法方式，人性文明执法，强化实体规范、程序规范，注重语言规范、行为规范。在执法素养方面，健全行政执法人员岗位培训制度，定期组织开展行政执法人员通用法律知识、专门法律知识培训和新法专题培训，使执法人员熟练掌握执法依据、执法流程，不断提升执法素养和执法水平。

（一）深化行政执法体制改革，健全行政执法与刑事司法衔接机制

行政执法体制涉及行政机关的设立、职责的界定以及行政执法权的取得、分配和运作，主要指行政机关为了执行法律、法规、规章和其他具有普遍约束力的决定、命令，直接对特定的相对人和行政事务采取措施影响相对人的权利义务，实现行政管理职能的体制。

在我国的行政执法的实践中，存在两个方面的主要问题。一方面，纵向上多层重复设置队伍比较普遍。不同层级政府之间行政执法之间行政执法职责界限不清，省、市、县三级重复设置执法队伍，一些设区市在市、区、街道三级均设有执法队伍，有的乡镇也设立了专门执法队伍，造成多层执法、重复执法。

另一方面，横向上一些领域执法队伍设置过多过细。一是同一领域多头执法。在大部分未能实现行业明确区分的领域，各部门单设执法队伍现象普

遍，如在食品安全监督领域，工商、质检、农业、食品药品监管等部门执法队伍并存，职责交叉。二是同一部门多机构执法。一部法律往往衍生出一个甚至多个执法队伍类型，如承担交通运输职责的部门，除公路运输管理所外，还有轨道交通管理所、交通设施管理部门、客运管理所、交通执法大队、货物运输管理所、出租车管理所等多类执法队伍。三是同一事项多机构执法。如有些省份除文化市场稽查总队外，又设置了广播电视稽查队和城管综合执法监察大队；有的市同时设置了城管行政执法大队和城管综合执法大队；有的县分别设置了粮食监督检查中心和粮食流通管理稽查队等等。四是专司行政执法的机构也下设执法队伍，如安监部门的主要职责是安全生产监督管理，又下设执法机构，造成机构重叠。

深化行政执法体制改革，首先要求大幅减少市县执法队伍种类。根据统计，我国目前市县行政执法机构已经超过 8 万个，用于执法的编制达到 135 万多名，其中行政编制超过 18 万名，事业编制 117 万多名。地方行政执法队伍主要分布在文化市场、国土资源、环境保护、城市建设、劳动保障、农业、交通运输、食品药品监管、水政水资源、安全生产、海事航道等领域，其中队伍门类较多的是交通、城建、农业、环保等领域。从不同层级队伍数量看，除称局、站、所、中心的以外，市级平均有 16 支队伍，县级平均有 9 支队伍。因此，纵向上要解决好多层重复设置队伍比较普遍的问题，必须按照减少层次、整合队伍、便民高效的原则，重点推进市县两级的综合执法，推动不同层次政府执法力量的合理配置。

对于这些问题，江苏省委办公厅、江苏省政府办公厅在 2018 年 6 月 17 日下发的《关于深化综合行政执法体制改革的指导意见》中明确指出，政府职能的转变要以"集中高效审批、分类监管服务、综合行政执法为目标"，具体来说，一要在与群众生产生活密切相关、执法频率高、多头执法扰民问题突出、专业技术要求适宜的领域实行综合执法。二要按照大部门制改革方向，对执法职能相近、执法对象相同、执法方式相似的执法部门进行机构和职能整合，归并执法队伍，大幅减少市县执法队伍种类。坚持重心下移，将更多的执法资源调整充实到基层一线。三要结合各地区、各层次、各领域的特点，因地制宜，分类推进。并将综合行政执法体制改革与加强事中事后监管、政府机构改革、事业单位分类改革、公务员分类改革等工作有机结合，统筹实施。四要在城市综合执法领域，按照简政放权、放管结合、优化服务、属地管理、权责一致的要求，加快推进设区市市级市场监管、交通运输、城市建设管理等领域的综合执法工作。五要在县域综合执法领域，对市场监管、交通运输、城市建设管理等领域整合组建5到7支综合行政执法队伍，保留必要的专业技术性强的执法队伍，实现"一个部门一支队伍""一个领域一支队伍"的基本框架。①

在综合行政执法方面，苏州市一直在国家法律允许的范围内按照江苏省的要求进行探索。例如，2017年苏州市探索以片区为单位建立综合行政执法部门，实现管理执法中心向基层下沉，以往的执法中，单个条线的执法人员发现多方面问题，受制于执法权限，只能处罚其中一类问题，其他问题"看得见"却"管不着"。这种分工过细的"专业执法"引发了多头执法、相互扯皮等问题。市场监管局白洋湾分局整建制与金阊新城城市管理办、综合行政执法大队实行合署办公，区安监局、区环保局和辖区派出所、交警分别向新城管委会派驻若干名执法人员。新城综合行政执法大队综合公安、城管、环卫、环保、工商、食药监等领域职能，彻底实现从条线"专业执法"模式向"条块结合、以块为主""综合执法"模式的转变。②

党的十八届四中全会提出"健全行政执法和刑事司法衔接机制"，这是健康有序的社会主义市场经济的内在要求，也是维护社会主义法律体系一、实现社会主义公正的必然要求。健全行政执法和刑事司法衔接机制需要从完善案件移送标准和程序、建立相应机关的共享机制以及对于衔接工作的监督多方面入手。

其一，完善案件移送标准和程序。现行有关法律法规对涉嫌犯罪案件移送工作作出了相关规定，但仍然存在一些问题。一是移送标准需要进一步完善。近年来，最高人民法院、最高人民检察院、公安部陆续出台了相关刑事案件的立案追诉标准，但随着我国社会的不断发展，犯罪形势有了新的变化，全国人大常委会通过出台刑法修正案，陆续对一些犯罪的规定进行了调整，

---

① 江苏省委办公厅、江苏省政府办公厅：《关于深化综合行政执法体制改革的指导意见》（2018年6月17日，苏办发〔2018〕26号），第1—4页。
② 《综合行政执法体制改革解决基层"看得见、管不着"的问题》，http：//news.2500sz.com/news/szxw/wybb/2017/7/20/3148185.shtml，最后访问时间：2018年7月1日。

增加了一些新罪名，这些罪名还没有相应的立案追诉标准。同时，原有一些立案追诉标准也需要随着形势的发展变化进行相应的调整。二是缺乏有关案件的证据要求。目前只有关于行政机关必须向公安机关移送涉嫌犯罪案件的原则规定，缺乏相应的证据要求，造成行政机关与公安机关、检察机关对一些案件认识不一致，影响案件的顺利移送和处理。三是案件移送程序需要进一步完善。《行政执法机关移送涉嫌犯罪案件的规定》虽然对于案件移送程序有明确规定，但是由于行政机关执法中发现的涉嫌犯罪案件涉及面广、种类繁多，上述规定显得较为原则，导致实践中案件移送的随意性较大。因此，应当针对实践中存在的问题，抓紧完善有关规定。一是对有关刑事案件的立案追诉标准进行补充、修改和完善，做到协调一致、具体明确。二是针对各类案件的不同特征，进一步明确行政执法部门移送涉嫌犯罪案件的证据要求，最大限度减少分歧，提高案件移送工作效率。三是进一步完善移送程序，规范移送工作。

其二，建立行政执法机关、公安机关、检察机关、审判机关、监察机关信息共享、案情通报、案件移送制度。信息传递不畅是制约行政执法和刑事司法衔接机制良性运行的主要原因。因此要加快建立行政执法机关、公安机关、检察机关、审判机关以及监察机关信息共享、案情通报、案件移送制度。一是要建立衔接工作信息共享平台。充分利用已有电子政务网络和信息共享公共基础设施等资源，将行政执法和刑事司法衔接工作信息共享平台纳入电子政务建设规划，实现行政执法机关、公安机关、检察机关、审判机关以及监察机关之间执法、司法信息互联互通。各有关单位应当在规定时间内，将移送案件、办理移送案件的相关信息录入共享平台。二是建立案情通报制度。在行政执法机关、公安机关、检察机关、审判机关以及监察机关之间建立案情通报制度，定期通报。行政执法部门之间也要建立健全信息联络机制，为行政执法特别是后续追究刑事责任奠定基础。三是要建立案件移送制度。上述机关应当建立健全案件移送的工作衔接机制，依法移送、接受涉嫌犯罪案件，及时作出处理决定。四是建立行政执法和刑事司法衔接工作联席会议制度。由有关单位相互通报查处违法活动以及衔接工作的情况，研究解决衔接工作中存在的问题。

（二）按期完成重点领域综合执法改革目标任务

《中共中央、国务院关于深入推进城市执法体制改革改进城市管理工作的指导意见》着重强调推进综合执法。重点在与群众生产生活密切相关、执法频率高、多头执法扰民问题突出、专业技术要求适宜、与城市管理密切相关且需要集中行使行政处罚权的领域推行综合执法。[①] 根据《中共苏州市委、苏州市人民政府关于印发〈苏州市姑苏区、苏州国家历史文化名城保护区完善古城保护体制、加强基层组织建设、推进城市管理综合执法改革实施方案〉的通知》（苏委发〔2017〕4号）、《市政府办公室印发关于开展部分领域综合行政执法体制改革试点工作的实施意见的通知》（苏府办〔2016〕8号）综合行政执法主要内容为五个方面的职权：行政处罚权、安全生产监督管理权、环境保护管理处罚权、市场监督管理处罚权、城乡规划处罚权。[②] 积极稳妥推进环境保护、城市管理、综合执法等体制机制改革创新，进一步推动执法重心下移，强化基层执法监管，加快建立权责统一、权威高效的综合行政执法体系。

（三）构建多元市场监管体系

新型多元化市场监管是对于传统的行政监管的一种有效的补充，是弥补行政监管的漏洞，发挥企（行）业、社会以及大数据的作用，从而形成以行政监管为主导，自律监管、社会监管、智能监管为补充的新型多元监管体系。

当前，随着简政放权改革不断推进，政府更多应承担着事中、事后监管。行政监管主要是指行政主体依据法律和法规，保护市场主体的合法权益、规范交易行为，对市场主体的诚信、履约等行为进行监督检查。苏州市出台了《苏州市社会法人失信惩戒办法（试行）》《苏州市自然人失信惩戒办法（试

---

① 具体范围是：住房城乡建设领域法律法规规章规定的全部行政处罚权；环境保护管理方面社会生活噪声污染、建筑施工噪声污染、建筑施工扬尘污染、餐饮服务业油烟污染、露天烧烤污染、城市焚烧沥青塑料垃圾等烟尘和恶臭污染、露天焚烧秸秆落叶等烟尘污染、燃放烟花爆竹污染等的行政处罚权；工商管理方面户外公共场所无照经营、违规设置户外广告的行政处罚权；交通管理方面侵占城市道路、违法停放车辆等的行政处罚权；水务管理方面向城市河道倾倒废弃物和垃圾及违法取土、城市河道违法建筑物拆除等的行政处罚权；食品药品监管方面户外公共场所食品销售和餐饮摊点无证经营，以及违法回收贩卖药品等的行政处罚权。

② 根据两个方案的规定，重点领域综合改革内容为：（一）行使城市管理相对集中的行政处罚权。（二）行使安全生产监督管理方面法律、法规、规章规定的相关职责。（三）行使环境保护管理方面法律、法规、规章规定的部分行政处罚权。（四）行使市场监督管理方面法律、法规、规章规定的部分行政处罚（强制）权。（五）行使城乡管理规划方面法律、法规、规章规定的部分行政处罚权。（六）履行省、市、区人民政府规定的其他职责。

行)》和《苏州市行政管理中使用信用实施办法(试行)》等多项规定,较好地维护了市场竞争秩序,创造了安全公平的市场环境。

自律监管主要是指企(行)业在市场监管中发挥其自身的优势,通过自律来实施信用监管制度。企业在自身的发展过程中通过信用的维护,规范自身的交易行为,履行信息公示的主体责任,并对公示信息的真实性、及时性负责,从而实现企业依法登记、主动自律。行业监管主要是指行业协会通过规范标准,制定规范,从而促进行业良性发展。例如苏州市太仓地区的"政社互动"实践,将政府管理与基层自治密切结合起来,既减轻了政府的工作负担,又激活了自治组织的活力,体现了国家治理多元共治的基本理念。

社会监督主要由两个部分构成:其一,通过公开听证、民意调查、消费投诉、经济违法行为举报和行政效能投诉等方式进行公开监督,稳定市场秩序。其二,发挥社会组织的作用,形成政府—社会—民众良性互动。

智能监管的实质是共享监管,即通过数据的共享实现证照联动监管,完善市场协同监管。移动执法平台、消费维权平台的开发,实现多部门信息互联互通,平台也成为智能监管的重要组成部分。苏州市建立了"苏州市市场监管信息平台""苏州工商大数据中心"都是通过共享大数据的综合性信息化监管平台,实现信息和数据的共享。另外,在苏州法治建设的过程中,注重强化对行政权的监督,实现行政权的高效、便民,取得了令人瞩目的成绩。行政管理人员执法相对文明,办事效率较高,不少地方还结合自身特色,探索行政服务、行政便民的新路径。苏州依托"互联网+"提升审批效率和政务效能。"苏州市投资项目在线审批数据共享平台"将现有审批系统资源横向连通到项目审批部门,纵向贯通到省级监管平台和各市、区共享平台,实现网上受理、办理、监督"一条龙"服务。目前市本级已与张家港、太仓、昆山、吴江、吴中、相城等地完成连接。"互联网+政务服务"平台的推出,大大节约了企业办事的时间成本,政府的政务效能也成倍提升。①

---

① 李仲勋、高坡:《苏州深化行政审批制度改革激发创新创业活力》,《新华日报》2016年11月14日。

第四节　增强司法能力和司法公信力，彰显法律的公平正义

一、提升司法人员的司法能力

司法能力是推进严格司法的关键。司法能力建设是司法体制改革的核心内容，司法能力是指司法主体通过司法权的运行，依法履行宪法和法律赋予的司法职责，进而实现司法功能的本领和水平。① 在司法实践中，存在法律得不到贯彻、贯彻不到位等现象，办理案件效率不高、质量低下现象，这些现象往往是由于司法人员的司法能力不足、不强造成的。因此，推进严格司法，当务之急和立足之本就是要尽快采取有力措施，及时提高司法能力。要提高正确理解和解释法律的能力，深刻把握法律精神和价值的能力，准确运用法律惩罚犯罪、保障人权、解决纠纷与化解矛盾的能力，依据法律立足本职。提升法官的司法能力，应当侧重于"三个注重"，即注重理论与实践的学习与交流、注重了解基层民意、注重人才引进与交流。

（一）注重"学习型"司法建设

具备扎实的法学理论素养和理性的法律思维，运用自己对法律的理解和人类的良知对案件作出公正的裁判，这是司法人员的本职工作，而实现这样的目标前提是不断培养司法人员的专业基础能力。苏州法院将培养法官解决疑难复杂案件的能力作为工作重点，通过营造学习氛围、争取理论支持、注重实践历练等多种途径，为法官提高专业水平奠定基础。苏州市检察院注重业务素能培养，提高业务履职能力。

1. 营造主动学习的氛围

随着社会的日新月异的变化，法律也在不断变化，因此主动学习显得非常必要。苏州法院健全管理制度，不断完善日常学习、脱产学习等学习方式，为法官提升专业基础能力提供保障。目前，苏州市法院法官本科以上占90%，具有硕士、博士学历的占20%。搭建学习平台，通过老法官传帮带等多种方式，引导年轻法官将理论知识与司法实践相结合。加强教育培训工作，采取

---

① 尹忠显：《司法能力研究》，人民法院出版社2006年版，第19页。

观摩开庭、庭审评查等灵活多样的培训方式,增强培训的实效性。苏州市检察院实施"青年检察精英人才"培育计划,做好35岁以下优秀业务骨干的选拔、培训和岗位交流工作。

2. 增进理论与实践的"互动"

随着案件数量不断增多,各类新型案件层出不穷,没有足够的理论支撑,很难达到案件的公正审判。苏州市中级人民法院与中国人民大学法学院签署全面合作框架协议,依托法学院理论优势开展法官培训、法官进修、专家讲座等活动,同时选派优秀法官担任人大法学院法律硕士兼职导师,促进理论和实践的互动。设立专家咨询委员会,聘请中国人民大学、南京大学等高校的法学教授担任委员,就疑难问题的解决提供理论支撑。与苏州大学法学院定期开展学术交流学习,并就个案的疑难问题进行讨论。苏州市人民检察院立足检察工作的专业性,聚焦战斗力标准,紧紧围绕《检察机关岗位素能基本标准》,以司法办案为中心、实务技能为重点、本职岗位为平台,加大专业人才教育培训力度,全面规范、提升检察干警司法素能。在2017年省法学会刑法学年会上,苏州检察机关报送的15篇论文有13篇入选,占全省检察系统入选数的近四分之一;全省作主题发言的6名检察人员中,苏州占了4人。

3. 积极搭建历练平台

苏州法院系统重视将疑难复杂案件交给一线法官甚至是年轻法官办理,锻炼提高法官应对复杂问题的能力,多篇案例分别入选最高人民法院指导性案例和《最高人民法院公报》,多个案件被评为全国、全省法院系统典型案例。苏州市检察院推行"网上电子卷宗审查办理为常态,纸质卷宗适用为特例"的刑事案件网上办案单轨制,并纳入员额检察官考核管理,促使检察人员尽快适应信息化办案要求,苏州市人民检察院广泛开展岗位练兵竞赛,组织"十大保障民生典型案件"和"十大公诉精品案件"评选活动,夯实业务功底,提升办案效果。2017年全年,按照"一次培训研究解决一个问题"的思路,大力推行"小课堂"培训方式,以精品案例传授办案经验,带动队伍业务能力整体提升,共举办"小课堂"126期。

(二) 注重了解基层民意

司法权在本质上是一种基于专业知识谨慎而为的判断权,因此司法必须在很大程度上与民意保持距离,但是司法并不能脱离民意,民意须透过正当的途径方可对司法施加有限的影响。实现司法的定纷止争功效，很大程度上需要法官在一定程度上对于民意的了解，这也是对法官司法能力和司法水平的一种提升。

1. 畅通了解民意渠道

法官了解民意，需要有许多不同的渠道，法院应当组织多种形式活动，为法官了解民意提供平台。2008年，苏州法院在全省率先发起"和谐乡镇、和谐社区"共建活动，由法院与乡镇、社区等基层组织确立共建关系，发挥双方优势，形成工作合力，预防化解纠纷。法官通过不同的渠道了解民意，有利于提升自己的司法能力。苏州市人民检察院认真落实市人大常委会、市人大常委会主任会议对全市检察机关反渎职侵权工作、司法责任制改革的专题审议意见，促进相关工作深入开展。对代表委员提出的建议、提案进行专门研究、专人办理，共办理人大代表建议5件、政协委员提案1件，受到代表委员的好评。加强与人大代表、政协委员的联络工作，邀请各级人大代表、政协委员视察检察工作76次，通报检察工作65次，召开企业界代表委员座谈会11次，开展"加强侦查监督、维护司法公正"等主题开放日活动，真诚听取代表委员的意见建议，有力促进了全市检察工作健康发展。①

2. 增进与民众的互动

增进与民众的互动方式有多种，主要包括：司法公开、旁听、设置人民陪审员制度等方式。苏州市中级人民法院在其网站上专门设置民意互动板块，增进对民意的了解，苏州法院贯彻初任法官到基层法院、人民法庭任职或到信访一线锻炼等制度，增强对社情民意的了解。完善司法公开、公民旁听庭审、诉讼档案和案件信息查询制度，增进对民意的了解。组织法院开放日活动，邀请群众走进法院，进一步促进司法民主化。苏州市检察院依托人民检察院信息公开网、检察门户网站、新媒体集群等平台，截至2017年公开法律文书11 183份、案件程序性信息43 570条，发布重要案件信息408条。深化社会评议员参与案件公开审查、公开约见检察官等制度，共有250件案件进入公开审查程序，社会评议员对2起案件提出了不同意见，均予以采纳。深入推

---

① 《苏州市人民检察院2017年工作报告》：http：//sz.jsjc.gov.cn/jianwu/baogao/201701/t20170122_126757.shtml，最后访问时间：2018年5月7日。

进人民监督员制度改革,协助市司法局选任 70 名新一届人民监督员,邀请他们对 139 名职务犯罪嫌疑人进行了权利义务告知,对 4 件拟不起诉的案件进行监督评议。①

3. 主动接受外部监督,促进司法公开透明

习近平总书记说:"阳光是最好的防腐剂。"接受监督是促进司法公开透明的重要途径。苏州市检察院自觉接受人大监督和政协民主监督,2017 年全年两级检察院主动向同级人大报告工作 25 次,向同级政协报告工作 11 次。邀请代表、委员视察工作 35 次,召开通报会座谈会 55 次,对人大代表议案、建议和政协委员提案,逐件落实和回复。积极开展人民监督员工作,在全国首创"人民评议员"制度,对普通刑事案件进行监督和评议,共有 196 件案件进入公开评议或公开听证程序。

(三)注重人才的引进与交流

"致天下之治者在人才。"注重优秀人才的培养和引进是提升司法能力的基础。当前,各级法院特别是基层法院案多人少,相应保障机制也不够完善,导致许多法官离职。"法官离职潮"的现象不利于司法能力的培养。

经过长期不懈努力,全国法院高层次人才培养工作力度不断加大,保障高层次人才脱颖而出、各尽其才的制度机制不断完善,以全国审判业务专家为龙头,以省级审判业务专家为主体、以高学历优秀中青年法官为后备梯队的高层次人才队伍格局初步形成。高层次人才在审判工作中"领军"作用、在法院工作中的"智库"作用充分发挥,为推进人民法院改革发展作出了突出贡献。对于审判业务专家的标准,《全国审判业务专家管理办法》规定了以下标准:政治坚定,作风优良,品德高尚,清正廉洁;精通审判业务,工作业绩突出,具有承办重大疑难复杂案件的能力和水平,是各地法院审判领域的业务带头人;法学专业理论造诣深厚,对审判实务和法律问题有深入研究,有一定数量和较高质量的研究成果;任命法官后从事审判执行工作满十二年,或者在其他单位从事法律工作五年以上,且任命法官后从事审判执行工作满八年。

---

① 《苏州市人民检察院 2017 年工作报告》,http://sz.jsjc.gov.cn/jianwu/baogao/201701/t20170122_126757.shtml,最后访问时间:2018 年 5 月 7 日。

注重人才的引进与交流，一方面需要完善引进机制，不断优化人才引进方式，营造"公开、平等、竞争、择优"的人才选拔氛围。苏州每年都通过招录公务员和选调优秀人才的方式引进优秀人才，法官队伍的年龄结构和知识结构得到进一步改善。法院将青年人才发展纳入苏州"姑苏人才发展计划"，有力促进了拔尖人才的培养。另一方面建立人才交流机制，加强司法机关和高校交流，不断提升司法人员的专业素养，从而促进法律职业共同体建设。

二、强化司法解决纠纷的能力

提高司法公信力是新一轮司法改革的目标，而实现这一目标有多种途径。通过优化司法方式，使得民众能够更多地参与司法，满足民众日益多元的司法需求。

（一）依法防范化解金融风险

加强金融审判工作，维护金融市场秩序。维护中小投资者合法权益。完善融资租赁案件法律适用规则，支持和保障金融服务实体经济。规范民间融资行为。促进互联网金融健康发展。严惩非法集资、内幕交易等金融犯罪，切实维护金融安全。

（二）促进司法对产权的保护

产权是社会主义市场经济的基石。加强产权司法保护，依法审理各类涉产权案件，从严惩治损害企业家、创业者合法权益和强买强卖、敲诈勒索等违法犯罪行为，坚决纠正涉产权冤错案件，平等保护各类市场主体合法权益，依法保护企业家人身自由和财产权利，着力营造保护企业家干事创业的法治环境。充分发挥司法保护知识产权作用，促进大众创业、万众创新。探索在知识产权审判中适用惩罚性赔偿措施，着力解决侵权成本低、维权成本高等问题，维护公平竞争的市场环境。2017年，苏州市检察院加大对知识产权的保护力度，健全案件集中办理、执法司法联动等工作机制，依法惩治各类侵犯市场经济秩序和财产权益的犯罪，严肃查处科技创新领域的职务犯罪，全力护航创新发展。

（三）方便群众诉讼

2018年4月27日，全国法院第五次网络安全和信息化工作会议强调，要深入推进智慧法院建设。要深入贯彻以人民为中心的发展思想，加大司法公开平台建设和整合力度,通过信息化手段不断提高诉讼服务水平,切实满足人民群众多元司法需求,让人民群众在人民法院信息化发展中有更多获得感。要深入推进现代科技与司法规律深度融合,大力推进电子卷宗随案同步生成和深度应用等,构建智慧法院审判运行新模式,努力探索具有中国特色、引领时代潮流的审判运行新模式。

随着自媒体时代的到来,各级法院都应该运用现代科技,优化司法方式,提升司法公信力。苏州法院开创的"智慧苏州"平台便是法院运用新兴科技的一个缩影。通过搭建智慧审判系统,为当事人提供网上立案、远程阅卷等诉讼服务,让数据多跑路,让群众少跑腿;通过电子卷宗随案同步生成及依法公开,实现案件信息的透明化、办案流程的公开化,方便当事人和群众对法院工作的监督,有助于提升司法公信力。将"智慧模式"运用到诉讼的各个流程,有利于节约当事人和法官的时间,提高司法效率。在立案阶段,通过 OCR 文字识别系统对案件的各种信息进行回填;联合技术公司研发了全国法院首个"纸质文档智能管理云平台——云柜系统",利用物联互通技术,无缝连接线下实体柜和线上虚拟柜,构建起一个数字化、便捷化的纸质文档智能电子管理平台;将语音识别技术的应用范围逐步拓展至庭审、合议庭评议、审委会讨论、文书制作、日常办公等场景;通过语音唤醒方式,首创"随讲随翻"电子质证系统,革新传统庭审举证、质证方式,逐步实现庭审活动无纸化。①

苏州检察院通过司法体制改革,努力完善司法管理体制和检察权运行机制;通过推进"智慧检察"建设,努力缓解案多人少矛盾,提升司法办案、检务管理规范化水平;通过工作方式方法创新,提升检察职能履行效果,促进检察工作持续健康发展。深度建设和应用苏州市政法信息统合管理,启动平台三期工程,实现政法数据交换和电子卷宗共享,强化大数据分析功能;将智能语音转换系统、智能辅助办案软件等运用到办案实践,提升了工作效率。

三、加大司法判决的执行力度

长期以来,"执行难"都是影响我国司法进程绊脚石,如何解决"执行

---

① 徐清宇:《智慧审判苏州模式的实践探索》,《人民法院报》2017 年 9 月 13 日。

难"成为各级法院需要面对的课题,执行难原因有三。一是法院内部,传统执行模式下现代科技运用不够、信息匮乏、力量不足、措施不到位,也存在消极执行、选择性执行甚至乱执行等。二是法院外部,被执行人以各种手段逃避、规避、抗拒执行,有协助义务单位不配合、消极配合甚至向被执行人通风报信等。三是执行不能,被执行人确无财产可供执行,企业资不抵债,但又没有转破产清偿程序等。历次清理执行积案,无财产可供执行案始终居多数。最高人民法院党组坚决贯彻落实党中央决策部署,周强院长庄严承诺"用两到三年时间基本解决执行难"。经过一段时间的努力,目前已经形成了一个"党委领导、人大监督、政府支持、政法委协调、法院主办、部门配合、社会各界参与"的执行工作大格局。

加大司法判决的执行力度,需要从以下五个方向着手,一是要强化执行规范化建设,加强制度建设,强化依法依规执行、公正执行、善意执行、文明执行理念,加强执行作风和廉政建设,对执行领域违纪违法行为发现一起、查处一起、追责一起,绝不姑息。二是要进一步提高执行信息化水平,继续拓展完善网络执行查控系统,加强与监管部门和金融机构的合作,扎紧"制度铁笼"和"数据铁笼",不断提高查人找物能力。三是要继续推广应用网络司法拍卖系统,切实推进执行指挥中心实体化运行,各级法院领导干部特别是"一把手"要经常坐镇执行指挥中心,运用指挥系统加强执行管理。四是要切实解决人民群众反映强烈的突出问题,规范失信被执行人名单的纳入操作,继续开展好涉党政机关案件专项清理活动和涉民生案件专项活动,加大执行信访化解力度。五是要积极创新工作方法,尊重基层首创精神,鼓励探索创新,完善机制方法,不断为推动解决执行难提供新思路、积累新经验。强化执行工作保障,高度重视人员调配和装备升级问题,加大资金、装备、人才投入,根据工作推进情况,及时通过遴选、调配、交流等方式将精兵强将补充到执行队伍中来。要强化资金、设备、技术保障,根据工作需要为执行机构配备执法车辆、通信系统、单兵执法仪以及其他必要的物质装备,为"基本解决执行难"提供坚强有力的保障。

第五节　加强法治宣传和普及力度，使法治成为民众的信仰

《中央宣传部、司法部关于在公民中开展法治宣传教育的第七个五年规划（2016—2020年）》（简称"七五"普法）明确了新一轮普法的工作原则、主要任务、对象要求、工作措施、组织领导，作为新时期的普法指南，为新一轮普法运动吹响号角，普法的核心在于弘扬法治精神、繁荣法治文化、形成法治信仰。地方开展普法活动既奠定了地方法治建设的思想基础，也成为地方法治建设中的主要标志。① 法治的基础源于民众内心的信仰，公众自觉接受法治理念和法治精神，并将其落实于行动中，让公民崇尚法治成为一种常态、一种信仰，在全社会真正树立法治权威。

一、建立多元普法以及"谁执法谁普法"机制

（一）确立多元主体的普法责任

党的十八届四中全会首次提出实行国家机关"谁执法谁普法"的普法责任制，《"七五"普法规划》提出建立普法责任清单制度，建立法官、检察官、行政执法人员、律师等以案释法制度，在执法司法实践中广泛开展以案释法和警示教育，使案件审判、行政执法、纠纷调解和法律服务的过程成为向群众弘扬法治精神的过程。加强司法、行政执法案例整理编辑工作，推动相关部门面向社会公众建立司法、行政执法典型案例发布制度。健全媒体公益普法制度，广播电视、报纸期刊、互联网和手机媒体等大众传媒要自觉履行普法责任，在重要版面、重要时段制作刊播普法公益广告，开设法治讲堂，针对社会热点和典型案（事）例开展及时权威的法律解读，积极引导社会法治风尚。

2015年，经过苏州市互联网协会协调，联合13家新闻媒体和26家法治宣传领导小组成员单位，成立苏州市新媒体普法联盟，放大新媒体普法的集群效应和品牌效应，确保了普法信息的有效传播。2017年11月27日，苏州

---

① 胡海：《地方法治建设的价值要素与推进路径》，《湖南财政经济学院学报》2016年第163期。

市出台《苏州市国家机关"谁执法谁普法"普法责任制实施意见》（下文称《意见》），《意见》主要从组织领导、学法制度、法治宣传教育、以案释法制度、创新方式等方面，引领苏州市普法工作的方向。《意见》明确规定，国家机关"谁执法谁普法"工作责任主体包括：依法行使行政执法权的行政机关，法律法规授予执法权的具有管理公共事务职能的组织，依法受行政机关委托执法的组织，司法机关。

（二）积极整合社会力量，开展普法志愿活动

积极动员社会力量开展法治宣传教育，加强各级普法讲师团建设，选聘优秀法律和党内法规人才充实普法讲师团队伍，组织开展专题法治宣讲活动，充分发挥讲师团在普法工作中的重要作用。鼓励引导司法和行政执法人员、法律服务人员、大专院校法律专业师生加入普法志愿者队伍，畅通志愿者服务渠道，健全完善管理制度，培育一批普法志愿者优秀团队和品牌活动，提高志愿者普法宣传水平。2012年，苏州聘请6位专家学者担任市法治文化建设顾问，发挥顾问在法治文化建设中的参谋、智囊作用；组建市、区志愿者、普法成员单位、教育系统、法学专家等在内的13个普法志愿者大队，提升普法工作社会化水平。① 2017年，苏州成立"普法讲师团"，深入机关、学校、企业、社区、农村，通过报告会、讲座、研讨会等多种形式，开展"学宪法，学党章"主题宣讲。

二、尊崇宪法和法律，繁荣发展法治文化

法治文化是一种包含民主、人权、平等、自由、正义、公平等价值在内的人类优秀法律类型的文化。法治文化主要具有崇尚法治的公众心理、追求正义的法治思想、依法治国的治国理念、权利本位的法律制度等基本特征。在法治意识和理念层面上，最重要的是要确立公民规则意识；在法治制度层面上应是良法善治；在法治思维层面上，充分体现整体性思维，是一种国家治理的理念、视角和思路。② 培育和发展法治文化需要从两个方面着手，一方面建设富有地方特色的法治文化体系，另一方面建立多元的法治文化传播体系。

---

① 《聚力普法惠民，打造"法治苏州"》，http://jsnews2.jschina.com.cn/system/2016/08/26/029488620.shtml，最后访问时间：2017年11月3日。

② 张明：《走出苏州特色法治文化建设路径》，《苏州日报》2017年8月21日。

（一）融合法治文化与历史文化

法治文化与历史文化是不可分割的，因为每个地方的历史、习俗各不相同，所以法治文化具有一定的地域性特点，因此应当积极推进法治文化与历史文化相融合，建设富有地方特色的法治文化。《意见》强调："将法治宣传教育与苏州优秀传统文化宣传、社会主义核心价值观宣传、精神文化建设有机结合融合，弘扬崇德尚法的社会风气，打造'美好生活，德法相伴'的苏州品牌。"苏州法治文化主题公园将法治与文化有机融合，注重对中国传统历史文化和苏州区域文化中的优秀法治基因进行发掘、整理和诠释，并最大限度加以继承、发扬和呈现，让市民在游园中感受到法治文化。

另外，2018年4月，全国首个全部以宪法为布展内容的宣传教育场馆——苏州市宪法宣传教育馆（相城区法治宣传教育中心），在相城区市民服务中心二期4层开馆，该馆由苏州市、相城区两级共建，占地面积约1300平方米，是一个集场景复原、雕塑、平面展示、原创视频和互动等多形式的宣传教育场馆。在展馆总体设计上具有苏州特色，突出"宣教性强""宪法主题专业性高""科技功能体验性好"三大特点。

该馆的定位是宪法宣传教育的综合性阵地，旨在让市民群众更大深入地了解宪法知识、领会宪法精神。馆内布展内容充分体现苏州地域特色，突出了宪法诞生、宪法演进历史与苏州的关系，以苏州人的视角展现了宪法诞生的国家记忆，回顾了苏州近四十年发展中展现的宪法精神和实践，集中反映了法治苏州建设的实践成果。该馆采取了以来宾体验为中心的展现形式，馆内既有图解宪法规定的公民基本权利和义务、详细介绍人的一生与宪法法律关系等的内容展示，又设置了宪法宣誓专区、青少年成人礼空间、影像馆等功能区域；既配备有互动法律知识桌、体感互动法律知识墙、智慧影院等各类多媒体软件设施，又提供了"法治词汇连连看""拼出一个宪法"等趣味游戏及"宪法知识问答"互动小课程，打造了一个集教育性、互动性、趣味性于一体的宪法宣传教育参观体验场所。①

---

① 《全国首个宪法主题宣传教育场馆在苏州相城开馆》，http://www.suzhou.gov.cn/news/sx-qdt/201804/t20180418_975016.shtml，最后访问时间：2018年5月1日。

（二）建立多重法治文化传播体系

法治文化的传播需要特定的媒介，而选择不同的媒介传播所达到的效果也不尽相同。在宣传渠道和手段上，要高度重视和充分发挥微博、微信、微视频、手机客户端等新媒体应用的传播优势，采用以案说法、以戏演法、图文解法等方法，推动法治宣传由静态向动态转变，打造见声见色、可移动的普法平台。苏州市利用"12·4国家宪法日"宣传宪法，各类文化节开展法治讲座、广场宣传、送法上门等各类形式的法治宣传活动近千场。在深入开展宣传教育的基础上，苏州市运用门户网站、户外显示屏、公交TV、轨交视频、手机终端等载体开展普法宣传和法治文化传播，逐步开展了具有苏州特色的"互联网+普法"品牌。推出一款名为"e同说法"的手机APP，不仅可以查询全市的所有法律服务机构，还可以实现与律师即时在线互动。

2017年12月4日宪法日期间，苏州市出台了《关于在全市开展2017年国家宪法日暨全国法治宣传日系列宣传活动的通知》，通过多种形式开展法治文化传播活动，① 具体包括：（1）举行领导干部、公务员宪法宣誓活动，强化国家工作人员的宪法意识、法治意识，激化自觉运用法治思维和法治方式深化改革、化解矛盾、促进民生、维护稳定的内在动力。（2）举办"弘扬宪法精神"优秀摄影作品展，苏州市在12·4活动期间，举办"弘扬宪法精神"优秀摄影作品展，并将优秀摄影作品在各市、区巡回展览，让更多群众了解宪法规定的基本权利义务在基层生动实践的缩影。（3）举办第三届法治微电影颁奖仪式。（4）举办百万党员学宪法学党章活动。（5）组织全市领导干部公务员法治论坛，探讨德法融合共治，推进法治苏州建设的对策。（6）组织中小学"宪法晨读"活动，提高青少年的宪法意识，明晰公民的基本权利义务。（7）组织"学宪法、学党章"主题宣讲活动，开展宪法宣传活动，把宪法送到基层，走进千家万户。（8）开展宪法法律知识宣传和法律咨询等法治惠民活动。

---

① 《关于在全市开展2017年国家宪法日暨全国法治宣传日系列宣传活动的通知》。

第二篇 实证篇

第四章　依法执政，建设法治型党组织

中华人民共和国成立以来，我国民主政治发展、宪法法治建设最为关键的环节和最为重要的任务，就是实现作为我国执政党和领导党的中国共产党的依法执政，建设法治型政党。经过建国初期的尝试探索、"运动年代"的困顿挫折以及改革开放新时期以来的复兴发展，我国依法执政领域和环节的法治建设取得了若干重要经验成就。党的十八大尤其是十八届三中全会、四中全会、党的十九大以来，我国在推进全面依法治国的大背景之下、大布局之中，提出了若干重大涉及依法执政的战略举措，提出了新时期我国依法执政的若干重要任务。

为此，我们必须在认真理解党的十八大以来有关依法执政的新要求、新布局、新任务的前提之下，充分领会依法执政对于治国理政的重大关键意义，在结合江苏省苏州市具体市情市况的同时，统一认识全市党政干部有关依法执政对于苏州市城市竞争力提升的重要意义，深入领会苏州市依法执政、建设法治型党组织提出的战略意义，进而在此基础之上设计构建依法执政、建设法治型党组织的具体制度举措，总结提炼苏州市依法执政、建设法治型党组织的成功有益经验，树立标榜苏州市依法执政、建设法治型党组织的典型事例。

第一节　依法执政的历史进程、主要成就及新时代主张

中华人民共和国成立以来，我国政治发展、法治建设最为重要的一个内容和成就，就是中国共产党的执政方式从新中国成立之初的革命式执政、政策式领导，在经历了过渡时期、"文革"时期的经验教训之后，作为执政党和领导党的中国共产党在改革开放新时期，逐步转向了并且实现了依法执政，

执政党的执政活动与国家立法、国家行政、国家司法活动，逐步迈向了法治化的规范性轨道。① 作为我国政党发展和法治建设核心环节和关键内容的依法执政，在党的十八大以后尤其是党的十八届三中全会、四中全会以来，更是获得了进一步的稳固、发展和完善，迈向了一个新的依法执政的新时期。

党的十八大以来，我国的法治建设取得了若干重大的实质性进展。党的十八大报告的重大亮点之一就是更加突出了我国的民主法治建设在中国特色社会主义事业总体布局之中的重要地位，报告特别强调，要更加注重发挥法治在国家治理和社会治理中的重要作用，对于新的历史条件下推进政治体制改革和民主法治建设提出了一系列紧密相关、互相融贯的新观点、新主张、新论断、新命题和新思想。在这之中，明确提出一个先进的执政党必须重视党和国家的制度建设，致力于完善党和国家的制度安排。有关党的制度建设方面，则是明确提出完善党内民主，通过党内民主带动人民民主的民主化措施，提出了党务公开等党的权力行使规范化的制度建议，总体上提出了有关党的制度建设方面二十多项具体的任务。②

党的十八届三中全会深刻剖析了我国改革发展稳定面临的重大理论和实践问题，阐明了全面深化改革的重大意义和未来走向，其中有关法治建设的部分内容，十八届三中全会《决定》则是在之前党代会报告决议的基础之上，把法治建设从民主政治中相对独立出来，在党代会决议中首次利用专章（第八章）"加强社会主义民主政治制度建设"作为专题阐述和部署民主政治建设，第九章"推进法治中国建设"则对法治建设和法制改革进行专题论述和部署，这样前所未有的结构安排释放出了党中央更加重视法治建设的信号。《决定》在党和国家的重要文献中首次正式使用了"法治中国"的概念，提出了"建设法治中国"的政治主张，并且把"坚持依法治国、依法执政、依法行政共同推进"作为法治中国建设的主要内容予以战略部署，指明了社会主义法治建设的方向道路，从而使得依法执政成为新时期法治中国建设的关键环节，依法执政水平成为国家治理体系和国家治理现代化的重要体现，成为

---

① 封丽霞：《政党、国家与法治——改革开放三十年中国法治发展透视》，人民出版社 2008 年版；张恒山等：《依法执政——中国共产党执政方式研究》，法律出版社 2012 年版。

② 黄文艺：《民主法治建设的新纲领——对十八大报告政治法律思想的解读》，《法制与社会发展》2013 年第 1 期。

国家治理现代化和法治中国建设的核心内容和根本保障。《决定》并且提出了要把党建设成为依法执政、善于运用法治思维和法治方式处理改革发展稳定以及国际关系等等执政事务的政党，要把党建设成为带头守法、在宪法法律范围内活动的政党，坚守宪法至上、维护宪法权威和法律尊严的政党，实现党的执政活动和领导工作的法治化。①

党的十八届四中全会报告使得中国的法治建设迈入了新的历史阶段，站在了新的、更高的历史起点之上。全会报告全篇都是围绕全面推进依法治国、建设法治中国展开，提出了全面依法治国的总目标是建设社会主义法治体系、建设社会主义法治国家。制定了全面依法治国的总路线，也就是坚定不移地走中国特色社会主义法治道路，拟定了全面依法治国的具体方针举措。在有关中国共产党依法执政的问题上，提出了"党的领导和社会主义法治是一致的，社会主义法治必须坚持党的领导，党的领导必须依靠社会主义法治"的鲜明观点，提出了形成完善的党内法规体系的任务，认为要实现依法执政、依法治国，不仅要有完善的国家法律体系，而且必须要有健全的党内法规体系，特别是中央层面的党内法规体系，坚持以"宪法为上、党章为本"的基本原则，全面建成内容科学、程序严密、配套完备、运行有效的党内法规秩序体系。这对于实现党内的民主化、规范化以及党与立法机关、政法机关以及人民团体的法治化关系，进而实现依法执政具有至关重要的作用。并从党领导立法、带头守法、依法支持督促国家机关依法行使国家权力、加强人权保障等诸多方面，提出了落实和实现依法执政、建设法治型政党的具体要求和步骤举措。②

党的十九大《决胜全面建成小康社会　夺取新时代中国特色社会主义伟大胜利》的报告确定了中国新时代法治建设的历史方位、思想理论基础、战略构思、实践策略、制度完善和文化支撑，强调了新时代法治建设的社会基础，指明了法治建设的发展方向，展现了法治建设的全球视野，成了中国特色社会主义新时代法治建设的实践行动纲领。报告中有关依法执政、建设法

---

① 张文显：《全面推进法制改革，加快法治中国建设——十八届三中全会精神的法学解读》，《法制与社会发展》2014 年第 1 期。
② 张文显：《全面推进依法治国的伟大纲领——对党的十八届四中全会精神的认知与解读》，《法制与社会发展》2015 年第 1 期。

治型政党组织的部分，重点突出了"坚持全面从严治党"，强调了"依法治国、依法执政、依法行政共同推进"的战略布局，重申了"依法治国与依规治党的有机统一"，并且把中国特色社会主义新时代法治建设的根本保障归结为中国共产党的领导和执政，党的领导能力和执政水平的提升因而直接关系到新时代法治建设的最终成败，依法执政、建设法治型政党组织则是改善党的领导能力、提高党的执政水平的重要方式。①

第二节　法治型党组织对增强城市竞争力中的重要意义

党的十八大以来尤其是十八届三中全会、四中全会以及十九大报告的决定、决议，实际上都是把依法执政、建设法治型政党置于全面依法治国的大背景以及全面深化改革的总目标之下予以看待、讨论，因而依法执政、建设法治型政党组织是改革中的依法执政，建设法治型政党终极目标也是为了全面深化改革，因而我们应当从法治中国建设与促进改革发展二者相互紧密关联、相辅相成的根本关系之中，看待法治与改革的关系问题。

从这样一个角度和思路来理解江苏省苏州市依法执政、建设法治型党组织对于苏州市城市转型改革、升级发展的意义，我们也需要参照党和国家对于法治与改革关系问题的整体定位和战略布局。为此，对于法治体系与法治型党组织在增强城市竞争力中重要意义的认识和阐释，主要需要从紧密相关、层层推进的三个方面予以展开：首先是总体上认识把握法治之于改革以及具体地看法治之于增强城市竞争力必不可少的作用；其次是建设法治型党组织、实现依法执政对于法治建设的根本保障作用和关键促进意义；再次则是建设法治型党组织、促进依法执政对于增强苏州这座城市的核心竞争力至关重要的意义。

一、法治型党组织促进经济转型升级

从总体上来看，我国全面推进依法治国、建设法治中国的新时代法治建

---

① 姚建宗：《中国特色社会主义新时代法治建设的实践行动纲领——中国共产党十九大报告的法学解读》，《法制与社会发展》2017年第6期。

设任务是在全面深化改革的总体战略布局中展开。2014年10月,市委对法治苏州建设工作进行专题调研并召开座谈会,强调要充分认识法治建设对于苏州转型发展的极端重要性,切实运用法治思维和法治方式全面深化改革、推动科学发展、化解社会矛盾,让法治成为苏州核心竞争力的重要内容和标志;要把法治融入民生工程建设,让法治成为每一个苏州人的生活方式和生活内容。会议指出,从全面小康到率先基本实现现代化,不是简单的经济总量扩张和技术提档升级,必须把法治建设放在重要位置上来推进,现代化是包括社会现代化、人的现代化在内的系统工程,一个法治建设不健全的地方不能称为真正意义上的现代化。党的十八届四中全会召开以后,在全面推进依法治国的大背景下,法治建设对于苏州这样的率先发展地区显得尤为迫切,要切实运用法治思维和法治方式来深化改革,划清政府和市场边界;要运用法治思维和法治方式来推动科学发展,尊重规律;要运用法治思维和法治方式来化解矛盾,维护可持续的稳定。在此之后,苏州市及其区县展开了如何具体落实把法治作为苏州核心竞争力的实践路径探索。例如昆山市提出,要"推进依法治国方略在昆山落地生根,建设法治政府和法治市场是昆山提升综合竞争力、抢占未来制高点的必然选择。"昆山市以推进平安法治系列创建为抓手,以解决人民群众所需、所盼、所求为方向,加大基层治理法治化探索力度,不断提升平安法治建设对经济社会发展的保障度、与现代化建设的融合度以及人民群众的满意度。①

  在此之后,江苏省明确提出了必须以"法治第一保障"来服务"发展第一要务"的方针,法治作为现代社会治理的重要方式,是城市治理能力现代化的重要途径和根本保障,建设法治苏州,就是要坚定不移贯彻依法治国基本方略和依法执政基本方式,强化法治观念和治治思维,以建设法治型党组织为引领,全力推进法治政府、法治市场、法治社会一体建设,让法治精神融入政治经济社会生活的各个方面,使法治成为苏州治理创新的重要依托、苏州人生活方式的重要内容、苏州文化精神的重要特色、苏州核心竞争力的重要标志。某些国家和地区虽然也一度实现快速发展,但并没有实现长期健康可持续的发展,而是陷入这样或那样的"陷阱",出现经济社会发展停滞甚

---

① 《法治成为昆山竞争力》,《法制日报》2014年12月25日。

至倒退的局面，这种情况很大程度上与法治不彰有关。苏州是一个经济大市，改革开放以来，苏州在经济社会建设方面取得了不俗的成绩。在新的历史时期，苏州的发展步入了新常态，面临经济增速放缓、环境要素瓶颈制约、社会治理难度加大等新情况和新问题。以往依靠土地、劳动力等资源要素作为支撑的粗放型发展方式已经难以为继。苏州要在转型升级、创新发展过程中抢抓新的机遇、增创新的优势，必须依靠法治。法治才能建立公平公正市场环境，苏州要推进科技创新，撬动转型升级，靠的是以良好的法治实现规则平等、公平竞争和知识产权保护，最终市场发挥真正的资源配置决定性作用。①

2016年3月，《江苏省国民经济和社会发展第十三个五年规划纲要》编制出台，把全面贯彻党的十八大和十八届三中、四中、五中全会精神，紧紧围绕全面建成小康社会、全面深化改革、全面依法治国、全面从严治党的战略布局，全面推进依法治省提升社会治理水平，作为践行发展新理念、坚持发展这个第一要务的关键抓手，通过法治江苏的建设，加强结构性改革，促进形成引领经济发展新常态的体制机制和发展方式，统筹推进经济建设、政治建设、文化建设、社会建设、生态文明建设和党的建设，这就把法治置于了促进江苏省改革发展关键动力的重要位置。②

2016年3月，《苏州市国民经济和社会发展第十三个五年规划纲要》（以下简称《纲要》）经苏州市十五届人大五次会议审议通过，《纲要》提出了争当建设"经济强、百姓富、环境美、社会文明程度高的新江苏"先行军排头兵，率先全面建成小康社会，积极探索开启基本实现现代化建设新征程的任务目标。十三五期间是苏州市战略转型的历史时期，面对未来苏州发展面临的较为复杂的世界经济环境，《纲要》提出了"努力打造法治苏州"的战略方针，强调着力构建法治政府、法治市场、法治社会"三位一体"的法治建设先导区，努力实现全市经济、社会、政治、文化和生态文明建设的法治化，让法治成为每一个苏州人的生活方式和生活内容，让法治成为苏州核心竞争力的重要内容和标志。《纲要》还具体地从推进法治政府建设、完善法治市场环境以及加强法治社会建设三个主要方面，着力设计了建设"法治苏州"的

---

① 《全社会尚法就是核心竞争力——石泰峰访谈录》，《江苏法制报》2015年12月1日，第1版。

② 《江苏省国民经济和社会发展第十三个五年规划纲要》。

具体方略。①

二、法治型党组织增强法治建设能力

中华人民共和国成立以后,中国共产党既是中国的领导党,也是中国的执政党,中国共产党的领导能力和执政水平直接关系到我国的稳定、改革和发展的大政全局,根本影响到我国治理能力和治理体系的整体水平。

首先,建设法治型党组织、推进依法执政,首要是处理好党与人大及其常委会之间的关系。人民代表大会制度是我国的根本政治制度,人民代表大会及其常务委员会作为国家权力机关和专门立法机关,既是执政党联系民众的重要场所,也是执政党通向国家政权的必经途径。中国共产党作为执掌国家政权和领导整个国家和社会的核心政治力量,依法执政的基本内涵和要求就是执政党要通过人民代表大会制度进行执政,要在人民代表大会制度的框架之内依法执掌政权。② 党要通过使得党员进入人大及其常委会机构担任相关职务进行执政,党要加强对人大及其常委会的领导和建设,充分支持发挥人大及其常委会在立法过程中的主导作用,加强对人大及其常委会立法工作的指导,使得人民的意志与党的意志转变成为国家法律,所谓"立善法于天下,则天下治;立善法于一国,则一国治",立善法于一城,则一城治。党要通过人大及其常委会,广立善法,实现良治。

其次,建设法治型党组织、推进依法执政也需要处理好党与政府之间的关系。中华人民共和国成立以后,我国的党政关系经历了曲折、反复、困顿的历史发展过程,改革开放新时期,面对建设社会主义市场经济的新形势、新任务,中国共产党主动进行了党政关系的改革,探索了一条通过实行党政分开加强新形势下党的领导的有益道路,完善了党领导政府的途径和方式。从机构设置、干部管理、政策制定等方面规范化、法律化了党政的具体关系及其展开方式,确立了坚持党的领导、依法治国、政府自主、程序公正、组织效率等处理党政关系的重要原则,使得政府运作更加自主、高效,并且使得党的领导得到了改善加强,从两个方面把党政关系纳入了法治化、理性化的轨道。③

---

① 《苏州市国民经济和社会发展第十三个五年规划纲要》。
② 张恒山等:《依法执政——中国共产党执政方式研究》,法律出版社 2012 年版,第 181 页。
③ 张恒山等:《依法执政——中国共产党执政方式研究》,法律出版社 2012 年版,第八章。

再次，建设法治型党组织、推进依法执政还要更加处理好党与司法机关之间的关系。中国共产党对司法活动和司法工作的领导，是中国共产党执政活动的重要内容，也是推进依法执政、建设法治中国的重要环节。党委政法委是党领导司法活动的制度组织载体和渠道，中国共产党在通过政法委确保执政、加强党对司法工作领导的同时，更加需要注重领导方式的法治化，注重保证司法机关依法独立行使职权。党的领导主要是大政方针的领导，党的领导的目的是为了保证公正、高效、权威地进行司法活动，实现司法为民的终极目标。

最后，建设法治型党组织、推进依法执政关键是处理好党组内部依法依规治权、理事、管人，加强党组内部党规国法监督、追责的问题。坚持党的领导，认真落实全面从严治党、依规治党要求，要求我们加强反腐倡廉建设，落实"三严三实"要求，严明党的纪律和规矩，落实党风廉政建设主体责任和监督责任。健全改进作风长效机制，强化权力运行制约和监督，坚持用制度管权管事管人，让人民监督权力，努力实现干部清正、政府清廉、政治清明。

三、法治型党组织增强城市竞争力

正是基于法治建设之于苏州转型升级、改革发展的重要战略意义以及党在法治建设中的根本保障作用，建设法治型党组织、依法执政对于增强苏州整个城市的竞争力必然具有至为关键的重要意义。法治苏州的建设对于促进苏州的改革发展、升级转型、提升软实力的重要作用，能够为苏州的转型升级提供制度保障，建立良好的市场经济环境，保证良好安全的社会秩序，而法治苏州建设的根本政治保障就是建设法治型党组织、实现依法执政。

第三节 法治型党组织建设战略的提出与基本举措

党的十八大以来，尤其是2015年苏州市委根据党的十八届四中全会关于全面推进依法治国的重大战略部署和全面从严治党战略布局，结合党建工作实际，创设了法治型党组织建设这一重大课题，在全国具有首创意义，经过两年多的探索实践，取得了初步成效。

一、建设法治型党组织，依法执政的党规国法基础

建设法治型党组织、实现依法执政，最为基础的前提就是衔接、协调作为党内治理主要依据的党规与作为国家治理主要依据的国法，通过二者的相互对接，在依规治党前提之下，实现依法执政与依法治国的政治目标，为建设法治型党组织、实现依法执政奠定党规国法的根本制度保障。目前，党已经制定了一套与中国特色社会主义法律体系相互衔接、配套的完善的党内法规体系，中央层面的党内法规和规范性文件更加完善，① 中国共产党纪律审查工作方面的法规规范性文件同样更加严密、得到优化。② 这为苏州市建设法治型党组织、推进依法执政奠定了坚实的党规国法基础。

在上述中央党规体系和国家法律体系的基础之上，2015 年，中共苏州市公安局机关委员会制定下达了《关于进一步落实公安日常党建工作制度的通知》，市局党委严格落实《中共苏州市公安局委员会议事规则》，推进党委科学民主决策，建立了党委中心组理论学习制度、党章学习日制度、党性定期研判分析制度、民主生活会、组织生活会制度、民主评议党员制度、联系群众制度以及党建工作考评制度，使得苏州市公安局的党政工作更加规范化。③

2017 年 1 月，苏州市人大常委会党组会议为了进一步落实全面从严治党的要求，加强党对人大工作的领导，规范中共苏州市人大常委会党组工作，提高党组议事决策水平，更好地发挥党组在市人大常委会中的领导核心作用，根据《中国共产党章程》《中国共产党党组工作条例（试行）》《关于新形势下党内政治生活的若干准则》等党内法规规定，通过了《中共苏州市人大常委会党组工作规则》，要求党组应当切实履行政治领导责任，应当坚持党的领导、人民当家做主、依法治国有机统一，模范遵守宪法法律，在宪法法律的范围内开展工作，保证市人大常委会切实履行宪法法律赋予的职责。并且提出了人大党组依法执政的组织原则、学习制度、议事决策、决策执行以及廉

---

① 中共中央办公厅法规局：《中央党内法规和规范性文件汇编》，法律出版社 2017 年版。
② 本书编委会：《中国共产党纪律审查工作现行法规范性文件汇编》，法律出版社 2016 年版。
③ 《关于进一步落实公安日常党建工作制度的通知》。

洁自律方面的详细规则制度。①

2017年2月,为了进一步落实全面从严治党的要求,加强党对人大机关工作的领导,规范中共苏州市人大常委会机关党组工作,提高机关党组议事和决策水平,根据《中国共产党章程》《中国共产党党组工作条例(试行)》《党政领导干部选拔任用工作条例》《中共苏州市人大常委会党组工作规则》等有关规定,中共苏州市人大常委会机关党组会议又制定通过了《中共苏州市人大常委会机关党组议事规则》,进一步明确了机关党组的议事规则。

2017年4月,中共苏州市委印发《苏州市法治型党组织建设三年行动计划(2017—2019年)》,行动计划锚定了我市法治型党组织建设的目标任务,明确力争到2019年,在党员干部法治思维、党内政治生活质量、党规党纪执行水准、依法决策办事能力、党内监督工作成效、法治引领保障水平等六个方面实现显著提升,让法治型党组织成为苏州党的建设的响亮品牌,使法治真正成为苏州核心竞争力的重要标志。

二、建设法治型党组织,依法执政的方法路径

第一,加强党政干部、党员法律学习,强化法治思维,全面提高依法执政的能力。为了使得各级领导干部形成知法、守法、信法,提高依法执政的自觉性,在宪法和法律的框架内管理政治、经济、文化和社会事务,市司法局与市委组织部、市委宣传部、人社局等5部门联合制定下发《关于加强国家工作人员学法用法工作的实施意见》,以法治型党组织建设为引领,推进国家工作人员学法用法工作持续深入开展,带动全社会形成尊法学法守法用法的良好风尚。党委中心组集体学法、领导干部任前法律知识考试等制度全面落实。

第二,明确依法执政、依规治党的权责边界。贯彻落实中共中央办公厅、国务院办公厅《党政主要负责人推进法治建设第一责任人职责规定》和省委、省政府两办《实施办法》,推动党政主要负责人切实履行推进法治建设第一责任人职责。完善党组织重大决策规则,修订《苏州市市级机关部门党委(党组)议事规则》《苏州市镇党委议事规则(试行)》,党委(党组)重大决策法律咨询制度全面落实。强化对党组织依法履职情况监督,落实常委会向全

---

① 《中共苏州市人大常委会党组工作规则》。

委会负责、报告工作、接受监督制度，坚持和完善党员旁听基层党委会议、党代表列席同级党委有关会议等做法，全面实行党委依法执政报告制度。依法依规严格新形势下党内政治生活，通过"三会一课"、领导干部参加双重组织生活、民主评议党员等党内组织生活制度形式，加强党员领导干部学法用法自觉性主动性。

第三，提升执政水平和党的领导能力，坚持推进依法执政和治理法治化。坚持将基层法治型党组织建设与服务型党组织建设统筹兼顾，着力推动基层党组织依法服务，不断提升基层治理法治化水平。全面推进村（社区）法律顾问工作，推动村、社区党组织依法依规开展活动，提高社会治理的法治化水平，全面建设法治社会。

三、法治型党组织建设的经验与典型事例

党的十八大以来，苏州市委、各政法机关党组、各个部门党组，以及各区县相关部门党组以及企事业单位党组，围绕建设法治苏州的战略目标，积极开展了建设法治型党组织、推进依法执政的法治建设事业，涌现了诸多建设法治型党组织的典型事例，形成了依法执政的诸多初步有益经验，探索了一种逐渐具有苏州特点的建设法治型党组织的苏州道路。

着眼于经济社会转型发展对党组织依法执政、依规管党的长远要求，苏州深入研究探索建设法治型党组织的理论架构和实践路径。在广泛调研论证的基础上，2015年3月，苏州市委出台《关于建设法治型党组织的意见》，明确以依法执政和依规管党为核心任务，以党员干部带头厉行法治为重要内容，提出了增强党组织法治意识、提高依法执政依法办事能力、完善党内制度体系、提升基层治理法治化水平、增强法治型党组织引领保障作用等五方面目标体系，建立了3大原则、5大任务、15条主要措施构成的整体工作格局，细化分解为70项具体任务逐一推进落实。①

为了让法治型党组织建设取得实实在在成效，苏州市委党建领导小组办公室于6月15日下发了《苏州市建设法治型党组织试点工作方案》，确定了张家港市、吴中区、市委市级机关工委、市教育局、市公安局、苏州供电公司作为试点单位，通过试点工作，进一步厘清不同层级、不同领域法治型党

---

① 《苏州积极推进法治型党组织建设》，《法制日报》2015年8月15日。

组织建设的目标任务、方式方法、评价标准、科学机制。特别是对着力推进基层治理法治化、提升法治型党组织引领水平、加强党组织依法执政和依法办事能力建设提出了诸多切实举措。

市委常委会专门确定了每年7月1日为全市"党章学习日",市委和各县级市、区委年底前将全面建立党委法律顾问团等。还明确建立完善党员领导干部述职述廉述法制度,把遵守法律、依法办事作为考察、提拔干部重要内容。此外,还涵盖了建立法治主导型社会管理模式、建立党委依法执政报告制度、营造法治化经商环境、强化党组织对"政社互动"引领保障等具有苏州特色的具体要求。2016年12月,苏州市"全面推进法治型党组织建设"入选江苏省"十大法治事件"。①

苏州市公安局党委组织汇编了《公安机关日常党建工作制度规范》,确保管党治党有章可循,有规可依。苏州供电公司党委则以"依法治企、依规治党"为重要抓手,出台建设法治企业实施意见,提出将公司建设成为法治思维引领、以法治方式运作的现代公司。

张家港市大新镇新东社区以法治型、服务型党组织建设为"两翼",梳理了社区党组织、自治组织和其他社会组织工作责权清单,民主管理、民主决策有章可循,为民服务更为优质高效。昆山市委还具体实施法治意识提升工程、规范管理提质工程、党内制度生根工程、基层治理引领工程、法治建设强基工程等五大工程,分解了42项任务,逐条明确了分工负责单位和任务完成时限。

---

① 《江苏法制报》2016年3月22日;《苏州日报》2016年12月5日。

第五章　科学立法，用好地方立法权

第一节　地方立法对提升城市竞争力的引领与保障

一、地方立法在法治体系中的地位

法治是由立法、执法、司法和守法等诸环节组成的综合系统。在这一系统中，立法环节居于至关重要的地位。因为法治是一种规则之治，在执法、司法和守法环节中需要加以遵循的规则，在很大程度上仰赖于立法机关的供给。虽然从国际经验来看，法治秩序的建立与维持，未必需要借助于立法机关制定完备的立法才能加以实现。例如在英美法系国家中，通过建立严格的司法审查制度，发挥法官的造法功能以及对违宪立法的审查机能，同样能够对公权力施加有力的约束以及对公民的行为进行有效的指引，从而实现法治。但在我国的现实权力配置格局之下，司法的能动性和权威性普遍不足，无法走英美式的以司法权为支点的法治发展道路。在此背景下，我国法治秩序得以建立的关键要素之一，在于立法机关在前端输出立法规则，如此方能对行政机关和司法机关行使职权提供清晰的规则指引，也能为公民守法提供明确的规范准据。正因为如此，2014年10月23日，党的十八届四中全会在《关于全面推进依法治国若干重大问题的决定》中指出："建设中国特色社会主义法治体系，必须坚持立法先行，发挥立法的引领和推动作用。"

就立法体制而言，我国实行的是"一元、两级、多层次"的结构体系。其中，中央立法与地方立法构成了我国《宪法》和《立法法》所明确规定的两个立法等级。然而，受制于中央立法机关的议程设定以及立法能力、信息、资源等多方面因素的限制，中央立法无法为地方层面提供事无巨细的规则。事实上，由中央立法机关提供统一的立法规则并施行于各个地方，会导致各个城市间缺乏应有的制度差异，这对于推动各个城市间的良性竞争格局并无益处。而赋予地方立法权，使其能在中央立法的空隙之处行使规则创制的权力，这不仅是能让各个城市出台符合自身实际情况的规则，也是提升城市竞争力的重要途径。

二、地方立法引领和保障城市竞争力的具体体现

具体而言，地方立法对于城市竞争力的引领与保障，主要体现在如下四个方面。

首先，地方立法能为市场主体提供稳定化的规则预期，助推城市经济发展。衡量一个城市竞争力的大小，最直观也是最重要的一个指标是看各个城市的经济发展状况。① 在我国，"实行社会主义市场经济"已被写入宪法，而市场经济在本质上是一种法治经济。因为市场经济是建立在市场主体对交易活动的稳定化预期的基础之上的，而立法机关制定的法律正是提供此种稳定化预期的重要媒介。对于这一点，德国著名的社会学家马克斯·韦伯（Max Weber）深有体会，他在《经济与社会》一书中指出："一般的法的理性化和系统化以及……个别案件中法律程序运作的日益增长的可算度性，构成了资本主义事业存在的最重要的条件之一。如没有这样的法律保障，资本主义的事业是不可能进行的。"② 另一位当代德国著名的社会学家尼克拉斯·卢曼（Niklas Luhmann）甚至认为，预期的稳定化是法律的唯一功能。③ 在当代经济

---

① 在目前各类国际或国内的竞争力排行榜中，经济表现一直以来都是一个重要的衡量因素。例如，瑞士洛桑管理学院（IMD）每年发布世界竞争力年报，其具体包括经济运行、政府效率、商务效率和基础设施4个经济要素。肖红叶、郑华章：《IMD国际竞争力评价技术及其应用——以中国区域国际竞争力评价为例》，《统计与信息论坛》2006年第5期。又如，世界经济论坛自2005年推出全球竞争力指数（GCI），该指数具体下设12项指标范畴，包括制度、基础设施、宏观经济环境、健康和基础教育、高等教育和培训、金融市场、商品和劳工市场效率、技术水平、商业成熟度、市场体量、创新等评价指标，可以看出，其中包含了大量的经济表现指标。《世界经济论坛发布全球竞争力报告，中国升至第27位》，http://www.mofcom.gov.cn/article/i/jyjl/m/201709/20170902652716.shtml，最后访问时间：2017年12月7日。在中国，也有针对各个城市的竞争力排名指数，例如中国社会科学院和光明日报共同发布的"2016年度中国城市竞争力指数"中，分设了"综合经济竞争力""宜居竞争力"和"可持续竞争力"三大竞争力指标体系。倪鹏飞：《中国城市竞争力报告NO.15（简版）》，中国社科院城市与竞争力研究中心，2017年6月，第34—35页。

② 苏力：《法治及其本土资源》（修订版），中国政法大学出版社2004年版，第82页。

③ 罗文波：《预期的稳定化——卢曼的法律功能思想探析》，《环球法律评论》2007年第4期。

活动中，单纯依靠市场的自发行动来形成和维护交易秩序已难以为继，交易规则的形成以及对交易活动外部性的克服，需要借助国家权力的介入与干预，在这其中，立法就成为一个非常重要的环节。但在我国现行的立法体制下，中央立法机关所制定的立法往往呈现出原则、简约、粗疏的状况，而地方立法正可以克服中央立法的此种缺陷，它能够为市场主体提供精细化、可操作性的规范指引，弥补市场活动的规则之失，助推本地经济的发展。

其次，地方立法能压缩公权力的自由裁量空间，强化对公权力的监督和制约。法治的要义在于对公权力施加严格的制度约束，使公权力在行使过程中的自由裁量权压缩至最低限度，避免其利用宽泛的自由裁量权去干预私人的行动自由。对此，英国著名的政治哲学家哈耶克（F. A. Hayek）有深刻的论述，他指出："撇开所有技术细节不论，法治的意思就是指政府在一切行动中都受到事前规定并宣布的规则的约束——这种规则使得一个人有可能十分肯定地预见到当局在某一情况中会怎样使用它的强制权力，并根据对此的了解计划他自己的个人事务。……法治的基本点是很清楚的：即留给执掌强制权力的执行机构的行动自由，应当减少到最低限度。虽则每一条法律，通过变动人们可能用以追求其目的的手段而在一定程度上限制了个人自由，但是在法治之下，却防止了政府采取特别的行动来破坏个人的努力。"① 可见，对公权力加以约束，一条非常重要的途径是制定法律，而地方立法的颁布，无疑能够进一步筑牢制约公权力的制度牢笼，抑制权力寻租，优化本地市场和营商环境。

再次，地方立法机关能因地制宜地创设规则，回应地方治理的实际需要。由于所处的经济发展阶段、历史文化、乡土人情等方面情况各有不同，每个城市在发展过程中都会面临自身所独有的问题，而这些特殊的问题是难以通过中央立法作出一体化的解决的。在中国的国家治理中，存在着中央的一统体制与地方的有效治理之间的深刻矛盾，② 而赋予地方立法权，可在一定程度上破解上述矛盾，它可以在坚持一元立法体制的前提下，充分发挥地方立法

---

① ［英］冯·哈耶克：《通往奴役之路》，王明毅等译，中国社会科学出版社 1997 年版，第 73—74 页。
② 周雪光：《中国国家治理的制度逻辑：一个组织学研究》，生活·读书·新知三联书店 2017 年版，第 12 页以下。

机关因地制宜地创设合乎本地实际需要的制度之优势。另外，我国现行的《行政处罚法》《行政许可法》《行政强制法》等立法中对于行政处罚、行政许可、行政强制等行政权力的设定作出了严格的限定，在欠缺上位法依据的情况下，不少地方在管理具体地方事务尤其是新生事务之时，往往会面临欠缺实效性的管理手段之困境。而由地方立法机关出台地方性法规或者规章，可在一定程度上缓解上述困境，回应管理机关对于实效性的管理手段的实际需要，实现对地方事务的有效治理，这对于维护城市的良好秩序、改善城市的自然和人文环境具有重要的意义。

最后，从更为宏观的角度来讲，地方立法的实践有助于推动各个城市间的制度竞争。在制度经济学上，存在着一个称之为"制度竞争"的概念，它是指国家之间或者国内各地区之间的规则体系的相互竞争。制度竞争的展开有助于激发各个竞争单位在促进技术和组织变革、培育企业家精神等方面的创造性，推动制度的演进与变革。① 正因为如此，前述世界经济论坛推出的全球竞争力指数（GCI）中，就将制度本身作为衡量各经济体的竞争力的重要指标。在国内法意义上，地方立法的实践也为城市间的制度竞争提供了契机。因为随着地方立法的不断出台，各地之间的制度将呈现出一定的差异性，从而形成制度上的"差序格局"。在市场经济环境下，资本、劳动力、信息等要素会自动朝向拥有优势制度的地区流动，而这种流动本身又会对劣势制度地区形成一种反馈，激励其不断改进和优化制度，从而在各地之间形成制度上的"你追我赶"态势。在这样的竞争格局下，能够提升整个区域的总体竞争力。

三、地方立法助推城市竞争力提升应具备的条件

需要指出的是，并不是只要制定出台了地方立法，就必定能助推城市竞争力的提升。事实上，在我国，地方立法是城市竞争力提升的必要而非充分条件。我们认为，地方立法要发挥出对城市竞争力的引领和保障功能，还必须具备如下条件。

第一，地方立法机关所制定的立法必须是良法。如果所制定的立法是恶

---

① ［德］柯武刚、史漫飞：《制度经济学：社会秩序与公共政策》，韩朝华译，商务印书馆2000年版，第485—496页。

法，非但无助于提升城市的竞争力，反而可能会削弱城市竞争力。在这方面，古希腊思想家亚里士多德已有相关的论述，他指出："法治应包含两重意义：已成立的法律获得普遍的服从，而大家所服从的法律又应该本身是制订得良好的法律。"① 事实上，我国的顶层决策者也已经充分意识到了这一点。相比于党的十一届三中全会中提出的法制"旧16字方针"（有法可依、有法必依、执法必严、违法必究），党的十八大报告中提出的法治"新16字方针"（科学立法、严格执法、公正司法、全民守法）中，对立法部分的表述由原先的"有法可依"调整为"科学立法"，这其实就体现出了顶层决策者对于立法本身的内在品质的关注与重视。具体就地方立法而言，这种对立法内在品质的要求就体现为：地方立法项目的设立必须反映本地实际需求，做到有的放矢，并体现地方特色；立法的内容必须有助于推动本地经济社会发展，如不能适应本地实际情况，应及时进行修改和废止；立法的程序必须科学，在制定过程中应当进行公众参与和专家论证，并履行批准程序；在制定立法之后，还应当及时开展立法后评估，对立法的合法性、合理性、可操作性、实施绩效等问题开展评估。

第二，在制定出良法之后，还必须要有执法、司法等环节的切实施行加以配合。正如《孟子·离娄上》所云："徒法不足以自行。"制定得再好的立法，如果缺乏良好的实施机制，其效果也只能是如橱窗里的花瓶那般供人观赏而已。只有建立起具有实效性的立法实施机制，方能发挥出其对社会事务的调控与规制能力。

第二节 地方立法的基本状况及其实效

一、基本状况

1993年4月20日，国务院作出批复，同意将苏州市列为"较大的市"。② 苏州市由此正式获得了地方立法权。20多年来，苏州市人大及其常委会和苏

---

① ［古希腊］亚里士多德：《政治学》，吴寿彭译，商务印书馆1983年版，第199页。
② 《国务院关于同意苏州市和徐州市为"较大的市"的批复》（国函〔1993〕52号）。

州市人民政府积极行使地方立法权，制定了一系列地方性法规和地方政府规章，有力地推动了本地经济社会发展。

据苏州市人大常委会的统计，从1993年获得地方性法规立法权到2013年的20年间，苏州市人大及其常委会共制定了67项地方性法规和2项有关法规问题的决定，修改法规45项，废止法规15项，现行有效法规52项。在现行有效的法规中，有关政治建设的占7.7%，经济建设的占21.2%，文化建设的占15.4%。社会建设的占26.9%，生态文明建设的占28.8%。① 在2013年至2017年的5年间，苏州市人大及其常委会又制定了9项地方性法规，新修改法规20项，新废止法规2项，现行有效的法规达59件。②

另外，根据苏州市人民政府的统计，从1993年获得地方政府规章立法权到2013年的20年间，苏州市人民政府提请市人大常委会审议地方性法规草案61件，制定政府规章144件，其中废止46件，修改28件，现行有效70件，这些规章涵盖了经济建设、社会建设、文化建设、生态文明建设等多个领域。③

二、特点与实效

苏州市地方立法的20年的实践具有如下特点。

一是立法数量多。在获得地方立法权后，苏州市就积极行使了此项权力，制定了一大批重要的法规，其立法数量在同类拥有地方立法权的城市中居于前列。根据有的学者统计，从1993年获得立法权到2015年7月底，苏州市人大及其常委会共颁布了各种地方性法规123件，其立法数量高于同年获得地方立法权的徐州市（115件）。相比于1984年第一批获得地方立法权的无锡市，苏州市的立法数量也仅仅少了3件。此外，苏州市人大及其常委会制定的地方性法规的数量均远远高于比苏州早九年获得地方立法权的唐山市（103

---

① 苏州市人大常委会：《我市人大地方立法工作二十周年回顾与展望》，载苏州市人大常委会法制工作委员会、苏州市人民政府法制办公室：《地方立法二十周年论文选编》，2013年4月22日，第9页。

② 薛卿：《苏州地方立法二十五年亲历者说》，http：//www.subaonet.com/2018/0705/2258882.shtml，最后访问时间：2018年7月10日。

③ 苏州市人民政府：《我市政府立法工作二十周年回顾与展望》，载苏州市人大常委会法制工作委员会、苏州市人民政府法制办公室：《地方立法二十周年论文选编》，2013年4月22日，第17页。

件）和齐齐哈尔市（68 件）。①

二是立法辐射面广。从 20 余年来苏州地方立法的实践来看，已出台的立法涉及的领域十分广泛。苏州市人大及其常委会所制定的地方性法规涵盖了政治建设、经济建设、文化建设、社会建设和生态文明建设等领域，苏州市人民政府制定的规章也涵盖了经济建设、社会建设、文化建设、生态文明建设等领域。② 从中可见苏州市地方立法的辐射面十分广泛，涵盖了社会方方面面的事务。而且，苏州市的地方立法还注重回应本地经济和社会阶段性的发展需要。在 20 世纪 90 年代大力发展经济的背景下，《苏州国家高新技术产业开发区条例》（1994）、《苏州市外商投资企业管理条例》（1995）、《苏州市经济开发区管理条例》（1996）、《苏州市旅游管理条例》（1999）等一大批经济立法先后颁布；而在步入 20 世纪之后，随着社会民生问题和环境问题日益突出，立法机关及时调整立法的重点领域，《苏州市危险废物污染环境防治条例》（2003）、《苏州市城镇职工基本医疗保险管理办法》（2004）、《苏州市食用农产品安全监督管理条例》（2005）、《苏州市生态补偿条例》（2014）等一大批社会和环境立法相继颁布，有力地回应了本地经济和社会发展的实际需求。

三是在立法后及时对立法进行修改和废止。苏州获得地方立法权的 20 余年间，也是中国经济社会发展与变迁最迅速的一个时期。在地方立法颁布后，常常会面临社会现实情况发生改变，或者上位法已经作出调整等变动情况。为了使所制定的地方立法能契合这种迅速变化的经济社会条件，防止过时的立法对本地经济社会发展产生负面作用，苏州市地方立法机关及时地对有关立法进行修改和废止。根据前述苏州市人大常委会所披露的地方立法 20 年的数据可以发现，在这 20 年间，有 67.2% 的地方性法规在制定后作了修改，另有 22.4% 的地方性法规被废止了。有一些地方性法规在制定之后还经历了多

---

① 上官丕亮：《立法法修改后地方立法的检讨与完善建议——以苏州市为例》，《"区域立法与区域治理现代化"学术研讨会论文集》，2015 年 11 月，第 69—70 页。

② 需要说明的是，2015 年全国人大常委会修订后的《立法法》第 72 条和第 82 条规定，设区的市立法机关只能针对城乡建设与管理、环境保护、历史文化保护等方面的事项制定地方性法规和地方政府规章。这意味着在此之后苏州市人大及其常委会和苏州市人民政府的立法权的行使范围被大大地限缩了。但 2015 年修订后的《立法法》同时规定，在此之前已经制定的涉及上述事项范围以外的较大的市的地方性法规和政府规章继续有效。

次修改，例如1994年制定的《苏州市渔业管理条例》，分别在1997年、2000年、2004年和2011年进行了4次修订。另根据前述苏州市人民政府所披露的数据，在这20年间，有19.4%的地方政府规章在制定后被修改，有31.9%的地方政府规章被废止。

四是地方立法有力地推动了本地经济社会发展。诚如苏力教授所指出的，法治尤其是立法对于区域和城市竞争力的提升，最主要的还是体现在推动经济发展方面。① 苏州地方立法的实践印证了这一点。在中国城市GDP排行榜中，苏州长期位居全国前十行列，不仅长期位居全国各个地级市之首，也超过大部分省会城市，甚至还一度超过了一些直辖市、经济特区。这种成绩的取得，与地方立法对于本地经济发展的引领与保障是分不开的。因为市场经济的发展迫切需要稳定、可预期的规则的提供，而苏州市的地方立法能够回应此种规则需求，这成为苏州在推动本地经济发展过程中的一种重要制度优势（尤其是相对于2015年《立法法》修改之前不属于"较大的市"的普通地级市而言）。一个典型的例子是，在20世纪90年代，面对辖区内各级各类开发区不断涌现、外商投资企业不断增多，而这方面的中央立法相对滞后的情况，苏州市地方立法机关及时出台了国家高新技术产业开发区、经济开发区管理和外商投资企业管理等法规，将在对外开放和发展外向型经济方面的有益做法与成功经验用立法的形式固定下来，有序规范了开发区的建设与管理，依法落实了外商投资企业的优惠政策，改善了投资环境，促进了苏州外向型经济的快速发展，也由此奠定了苏州在全国开放性经济发展中的领先地位。② 这充分体现了地方立法对于本地经济社会发展的引领和推动作用。

第三节　地方立法的主要经验与典型事例

一、主要经验

在20多年来的地方立法实践中，苏州在立法领域积累了不少经验和有益

---

① 於海梅：《"让法治成为江苏发展核心竞争力的重要标志"智库研讨会会议综述》，《法治决策咨询》2017年第1期。

② 苏州市人大常委会：《发挥立法引领推动作用，促进地方经济社会发展》。

的做法，具体体现为如下几个方面。

一是始终坚持正确的政治方向。苏州市在开展地方立法过程中，始终坚持党对立法工作的领导，自觉把立法工作与市委的中心工作和重大决策结合起来，善于把党的决策和市委的部署通过法定程序转化成立法，使其规范化、制度化，积极服务于地方改革、发展、稳定的大局。市人大常委会在出台五年立法规划和年度立法计划后，及时报送市委审核。在立法过程中，坚持重大事项的请示报告制度，对所有地方性法规和规章草案均征求市委的意见，对涉及全局的重大问题，及时向市委报告。与此同时，苏州市委也非常重视地方立法工作，将地方立法工作纳入总体布局、摆上重要议事日程，积极支持市人大常委会和市政府依法行使地方立法权。每年年初，市委都会转发市人大常委会的年度工作要点，对立法工作提出明确要求。

二是找准立法的理念与定位。理念是行动的先导。苏州市在开展地方立法工作的过程中，始终强调立法理念对地方立法工作的引领和指导作用，并注重在实践中不断创新和丰富立法理念。① 在20世纪90年代，苏州在总结地方立法的经验时，率先提出了"不抵触、有特色、可操作"的立法原则，即地方立法应当以不抵触上位法为前提，确保国家法制的统一；地方立法的内容应当体现本地特色，以解决本地实际问题为导向，在体例上追求"小而精"，避免"大而全"，贯彻需要几条就规定几条、重在管用的思路；地方立法应当力求细化，具有可操作性。这一原则是对地方立法的本质属性的总结与归纳，在提出之后，被立法界和学术界广泛认可。步入21世纪之后，针对新时期立法工作呈现的新特点，苏州市又率先提出了"以人为本、急需为先、特色为重、质量至上"的立法工作思路，更加注重立法的人文关怀和质量追求。在最近几年，苏州市立法机关认真贯彻实施《法治江苏建设纲要》中有关"以人为本"和"法治惠民"的要求，又提出了"为民、靠民、惠民"的立法理念，把维护广大人民群众的根本利益作为立法工作的出发点和落脚点，这进一步丰富和完善了地方立法的理念与定位。

三是积极探索建立科学的立法机制。科学的立法机制是立法质量的有效

---

① 本部分有关立法理念的变迁情况，出自苏州市人大常委会：《我市人大地方立法工作二十周年回顾与展望》，苏州市人大常委会法制工作委员会、苏州市人民政府法制办公室：《地方立法二十周年论文选编》，2013年4月22日，第12—13页。

保证。苏州市在开展地方立法的过程中，注重探索建立科学合理的立法机制。首先，注重立法领域的建章立制与规则引领。在获得地方立法权后，苏州市人大常委会制定的第一个地方性法规是《苏州市人民代表大会常务委员会关于制定地方性法规的规定》，之后又陆续出台了《苏州市制定地方性法规条例》（2001 制定，2017 年修订）、《苏州市人民代表大会代表议案工作条例》（2001）、《苏州市人大常委会讨论、决定重大事项的规定》（2002）、《苏州市人大常委会关于推进民主立法的规定》（2010）、《苏州市制定地方性法规常规工作程序规范》（2017）等规范。同样地，苏州市人民政府在获得立法权后制定的第一个地方政府规章也是《苏州市人民政府制定规章的规定》，之后又陆续颁布了《苏州市人民政府规章制定规定》（2003）、《苏州市人民政府立法咨询员管理办法》（2013）等规定。可见，苏州市地方立法机关十分注重立法工作的制度化，以确保地方立法工作在科学化、法制化、规范化的轨道上运行。其次，苏州市地方立法机关还十分注重在实践中不断完善立法工作机制。例如，为确保立法具有充分的民意基础，同时也是为了便于立法颁布之后的顺利实施，在制定《苏州市养犬管理条例》（2006）的过程中，苏州市人大常委会通过报纸、官方网站等渠道发布立法草案，向社会广泛征求意见，共有 378 人次提出了意见，收到意见达 570 条，对于这些意见，苏州市人大常委会给予了认真对待，最后在正式通过的立法文本中得到采纳的意见达 440 条之多。① 又如，为了克服长期以来部门立法的缺陷，苏州市人大常委会在制定《苏州市居家养老服务条例》（2015）等立法的过程中，打破以往由相关政府职能部门负责起草法规草案，再由市人民政府向市人大常委会提交法案的常规立法模式，变人大"等米下锅"为"点菜上桌"，由人大组织起草政府管理职能的法规草案，发挥其在立法方面的主导作用。再如，在审议《苏州市禁止燃放烟花爆竹条例》（2017）时，考虑到这部立法与广大市民生活息息相关，为了使立法规则切实反映民意以及具备可操作性，苏州市人大常委会引入了逐条统一审议的制度，并对重点条款和争议较大的条款进行了重点审议，确保了立法的质量。

---

① 周文生：《正确处理立法中的社会意见——以苏州市制定〈养犬管理条例〉为例》，《中国人大》2006 年第 23 期。

四是着重突出地方立法的特色。"地方立法，贵在有地方特色，地方立法的生命力全在于此。"① 所谓"有特色"，应当包含纵横两个维度：一方面，相对于中央立法而言，地方立法应根据本地区实际情况来解决自己的特殊问题；另一方面，相对于其他地区的立法而言，地方立法应充分把握本地区的特点和规律，使地方立法真正符合本地区实际情况。② 苏州的地方立法，就充分体现了本地特色。③

众所周知，苏州是一座拥有2500多年悠久历史的历史文化名城和风景园林城市，加强古城与历史文化区域保护，是摆在立法机关面前的一项重要任务。早在1995年，苏州市人大常委会就制定了《苏州市城市规划条例》，其中专设"历史文化名城（镇）保护"一章，从城市规划的角度对苏州古城率先提供了立法保护。2010年，苏州市人大常委会重新制定了《苏州市城乡规划条例》，进一步完善了古城保护的机制和措施。2017年，苏州市人大常委会又相继通过了《苏州国家历史文化名城保护条例》和《苏州市古城墙保护条例》。这些立法为苏州"东园西区、古城居中"之城市格局的形成以及"粉墙黛瓦"的古城风貌之维护提供了重要的立法保障。苏州园林是苏州古城的精华和代表，为保护好这一城市瑰宝，苏州市人大常委会于1996年制定了《苏州园林保护和管理条例》，这不仅为保护苏州园林提供了制度支撑，也为苏州园林申报世界文化遗产起到了积极推动作用。苏州素有"东方威尼斯"的美誉，为维护城市优良的水环境，苏州市人大常委会在1997年制定了《苏州市市区河道保护条例》，并在2014年重新制定了《苏州市河道保护条例》，将保护范围从市区扩大到整个苏州市。此外，《苏州市阳澄湖水源水质保护条例》（1996年制定，并经2007年和2012年修订）、《苏州市金鸡湖保护管理办法》（2008）等立法也发挥了保护水环境的积极作用。昆曲是我国传统戏曲艺术的典范，被誉为"百戏之祖"，为切实保护这一人类非物质文化遗产的代表作，

---

① 全国人大常委会法制工作委员会国家法室：《中华人民共和国立法法释义》，法律出版社2015年版，第227页。
② 李协高：《再议地方立法的不抵触、有特色、可操作原则》，《人大研究》2015年第9期。
③ 根据苏州市人大常委会在2011年的一项统计，苏州针对城市的性质和特点，积极挖掘本地特色的"土特产项目"，在古城保护、生态环境和生态保护方面共先后制定了25项法规，这占到当时全市地方性法规总量的40%之多。苏州市人大常委会：《注重从本地实际需求出发，坚持走有苏州特色的地方立法之路》。

苏州市人大常委会在2006年制定了《苏州市昆曲保护条例》，为继承和弘扬苏州优秀文化传统起到了积极推动作用。

五是敢于进行立法的先行先试。苏州地处经济发达的长三角地区，在改革和发展过程中，在传统文化保护、环境保护、社会保障等领域一些社会矛盾率先暴露出来。苏州市的立法机关善于直面此类矛盾，积极地在立法领域开展先行先试，率先制定出台了一大批在全国领先的地方立法，为其他地区制定类似立法起到了良好的示范作用。2004年苏州市人民政府制定的《苏州市民族民间传统文化保护办法》是国内首个非物质文化遗产方面的政府规章，其创立的非物质文化遗产普查登记、专家评审、传承人等制度被后来制定的江苏省和国家立法所吸收。2007年苏州市人民政府制定的《苏州市社会基本医疗保险管理办法》是全国首部社会基本医疗保险的政府规章，该规章从立法上实现了全社会成员参加基本医疗保险之目标，体现了福利国家时代地方政府在履行对民众生存照顾义务方面的积极态度和积极作为。2012年苏州市人民政府出台的《苏州市警务辅助人员管理办法》，是我国首部有关警务辅助人员管理的政府规章，该规章制定后，解决了警务辅助人员定位不明确、职责不清晰、保障不力等问题。2014年苏州市人大常委会制定的《苏州市生态补偿条例》，是我国首部生态补偿的地方性法规，填补了我国有关生态补偿立法的空白，积极推动了生态补偿机制的制度化、规范化。

六是坚持立改废并举，使立法适应经济社会发展。2011年3月10日，时任全国人大常委会委员长的吴邦国在十一届全国人民代表大会四次会议上作全国人大常委会工做报告时宣布"中国特色社会主义法律体系已经形成"。在"后立法中心时代"，苏州市地方立法机关清醒地意识到，地方立法应当顺应形势的发展，及时调整工作重心，"从注重法规、规章制定逐步转向制定和修改并重，甚至更加注重修改完善"。① 事实上，在20多年的立法实践中，苏州市地方立法机关始终坚持立改废并举，总计进行了6次大规模的法规、规章清理工作，及时对与新出台的上位法相抵触、不适应本地发展需要的立法作了修改或废止。

---

① 杜国玲：《加强地方立法工作，为建设美丽苏州夯实法治基础》，《地方立法二十周年论文选编》，2013年4月22日，第2页。

以苏州市人民政府为例，为贯彻实施《行政处罚法》，市政府 1996 年对 206 件包括规章在内的文件进行了清理。2002 年，为适应加入世贸组织的需要，清理了 36 件市政府规章。之后，为保障《行政许可法》的实施，对涉及行政许可的规定进行了大规模的清理，废止市政府规章 3 件，修改规章 23 件。为了适应 2010 年建成社会主义法律体系以及 2011 年贯彻《行政强制法》的需要，又先后组织对 69 件政府规章进行了清理，废止了 8 件规章。① 此外，苏州市地方立法机关还高度重视立法后评估工作，将立法后评估作为提升地方立法质量、确保地方立法更符合实际、更具有可操作性、更能适应本地经济社会发展的重要抓手。为此，苏州市政府在 2011 年 12 月 27 日出台了《苏州市规章立法后评估办法》，并于 2012 年 3 月 1 日起施行。这是江苏省首部对立法后评估工作加以规范的政府规章。自 2012 年到 2015 年间，苏州市人民政府共对包括《苏州市城市道路机动车泊车管理办法》《苏州市市区户外公益广告设置管理办法》《苏州市老年人优待办法》等立法在内的 42 件政府规章开展了立法后评估。②

从实践情况来看，立法后评估工作起到了为地方立法定期开展"体检"的积极作用。根据有学者的统计，在 77.5% 的立法后评估报告中提出了修改立法的建议，15% 的报告提出建议升格为地方性法规的建议，另有 7.5% 的报告提出了废止立法的建议，可见立法后评估工作为后续规章的立、改、废提供了科学依据。③ 除了苏州市政府外，苏州市人大常委会也出台了《苏州市人大常委会立法后评估办法》，该办法共 15 条，"对立法后评估的评估原则、评估主体、组织机构、评估对象、评估内容、启动程序、评估报告及应用等多个方面进行了规定"。④ 苏州市人大常委会据此对《苏州市公路条例》等地方性法规开展了立法后评估，并取得了积极的成效。

---

① 苏州市人民政府：《我市政府立法工作二十周年回顾与展望》，《地方立法二十周年论文选编》，2013 年 4 月 22 日，第 22—23 页。
② 陈峰：《苏州：深入开展政府立法后评估》，《紫光阁》2016 年第 6 期。
③ 作者收集了 2012 年至 2015 年间的 40 份规章立法后评估报告作为分析样本。章志远：《地方政府规章立法后评估实证研究》，《中国法律评论》2017 年第 4 期。
④ 《为地方立法"体检"定标准》，《人民代表报》2012 年 11 月 15 日，第 4 版。

二、典型事例

（一）苏州市人大常委会出台我国首部生态补偿的地方性法规——《苏州市生态补偿条例》①

生态补偿是指主要通过财政转移支付方式，对因承担生态环境保护责任使经济发展受到一定限制的区域内的有关组织和个人给予补偿的活动。生态补偿机制能够有效协调生态保护者与受益者之间的权利义务，是推动建设生态文明的重要制度保障。在中央层面，中共中央、全国人大和国务院均高度重视生态补偿机制的建设。2005年，党的十六届五中全会《关于制定国民经济和社会发展第十一个五年规划的建议》首次提出，按照谁开发谁保护、谁受益谁补偿的原则，加快建立生态补偿机制。2011年，第十一届全国人大四次会议审议通过的"十二五"规划纲要就建立生态补偿机制问题作了专门阐述，要求制定实施生态补偿条例。全国人大连续3年将建立生态补偿机制作为重点建议。2005年以来，国务院每年都将生态补偿机制建设列为年度工作要点，并于2010年将研究制定生态补偿条例列入立法计划。但是，由于涉及面广、牵涉的利益关系复杂，中央层面的生态补偿立法迟迟未能出台。在这种背景下，苏州市尝试在地方层面率先推动生态补偿机制入法。

2010年1月，苏州市第十四届人大三次会议作出的《关于进一步加强苏州生态文明建设的决定》明确提出要建立健全生态补偿机制，出台生态补偿办法，具体落实相关政策措施并组织试点。同年7月，苏州市委、市政府出台了《关于建立生态补偿机制的意见（试行）》。同年10月，苏州市财政局等6个部门联合出台了《苏州市生态补偿专项资金管理暂行办法》，各县级市（区）也出台相应的配套性文件。2013年1月，苏州市第十五届人大二次会议审议通过的《关于有效保护"四个百万亩"，进一步提升苏州生态文明建设水平的决定》进一步提出："要完善生态补偿机制，拓宽范围，提高标准，实现生态补偿的扩面提质，加强生态补偿资金的监督和管理，保证生态补偿资金专款专用。要建立体现生态价值和代际补偿的资源有偿使用制度，探索建立区域之间的补偿机制。要加大生态文明建设的财政投入和政策支持力度，确保公共财政投入生态文明建设的总量、增量和比重持续提高。"在经过两年多

---

① 邱建平：《发挥立法引领推动作用，大力推进生态文明建设》。

时间的初步探索与实践后，苏州市人大常委会启动生态补偿的立法工作，将《苏州市生态补偿条例》列入2013年立法计划。考虑到这项地方性法规牵涉面广、利益关系复杂、矛盾突出，市人大常委会将其列为跨年度立法项目，以确保有充分地实践进行广泛的立法调研。2014年4月28日，苏州市第十五届人大十三次会议全票通过了《苏州市生态补偿条例》，并在经过江苏省人大常委会批准后，于2014年10月1日起正式实施。

《苏州市生态补偿条例》是我国首部生态补偿的地方性法规，填补了我国生态补偿立法的空白，体现了苏州市人大常委会在促进生态文明建设方面的积极立法作为。该条例共24条，虽然篇幅不长，但重点突出，亮点纷呈。条例确立了政府主导、社会参与、权责一致、突出重点、统筹兼顾、逐步推进的生态补偿原则。在补偿范围上，条例不仅涵盖了原有的水稻田、生态公益林、重要湿地、集中式饮用水水源保护区，还增加了风景名胜区。其中，纳入补偿范围的水稻田也从最初要求集中连片水稻调整为列入"四个百万亩"保护的水稻田。为了防止生态补偿资金被截留、挪用，条例强调资金应当用于维护生态环境、发展生态经济、补偿集体经济组织成员等用途，并构建起了人大法律监督、政府审计监督、财政综合监督、部门专项监督、群众民主监督"五位一体"的监督机制，对生态补偿资金的审核、分配、使用等多个环节作了详细的规定。

《苏州市生态补偿条例》实施以来，政府相关职能部门按照条例所规定的职责，制定完善了各项配套措施，苏州市生态补偿制度框架得以构建完整，并取得了良好的实施成效。2015年，苏州市人大常委会还围绕生态补偿开展了首次专题询问，进一步推动了生态补偿机制的落地生根。2010年以来，苏州市累计投入生态补偿资金53.27亿元，近97.21万亩水稻田、29.41万亩生态公益林、64个水源地村、161个生态湿地村被纳入了补偿范围。条例制定后，有效保证了水稻种植，扭转了全市水稻种植面积快速下滑的趋势。与此同时，全社会的生态保护意识明显增强，全市的生态环境持续得到改善，生态保护力度得到显著提升。

（二）苏州市人民政府出台我国首部规范警务辅助人员管理的规章——《苏州市警务辅助人员管理办法》

警务辅助人员是指由公安机关统一招录并与其建立劳动关系，在公安机关及其人民警察的指挥和监督下辅助履行特定职责的人员，包括治安辅助人员、交通协管员、特勤、文职人员等。当前，我国正处于社会转型时期，社会阶层和利益不断分化，社会矛盾日益加剧，警察任务也相应地在经历着剧烈的变迁。一方面，随着经济发展以及人口流动性的不断增强，重大事件安保、道路交通管理等传统警察任务的难度和复杂性在不断增强；另一方面，校园安保、群体性事件预防与处置、网络安全等新型警务相继涌现。在繁重的警务工作面前，公安机关普遍面临着警力不足的困境。为了破解此种困境，我国不少城市公安机关在实践中开始设立警务辅助人员，将一些特定的辅助性警务交由此类人员实施。

作为长三角地区经济发达城市，苏州在经济与社会快速发展的过程中，治安形势也变得日益严峻。截止到2011年底，苏州全市范围内常住人口642.3万人，流动人口648万人，社会治安压力非常大。与国内同等城市相比，苏州市的警力与实有人口的占比十分低。为了缓解公安警力严重不足的问题，苏州自2004年起开始建立由政府出资、公安部门使用管理的警务辅助人员。截止到2011年，苏州市全市的警务辅助人员队伍已达3.5万人，分布在治安、交通、社区、消防、后勤等各个岗位，使治安形势有了根本性的改善，成为辅助人民警察打击犯罪、维护苏州社会和谐稳定不可或缺的一支重要队伍。① 但与此同时，警务辅助人员队伍也存在着人员定位不明确、职责权限不清晰、组织管理不规范、警务辅助人员保障不力等问题，成为影响该队伍稳定性和规范化的重要制约因素。

为了解决上述问题，苏州市人民政府将警察辅助人员的规范化纳入立法计划，在广泛调研的基础上于2012年4月17日出台了《苏州市警务辅助人员管理办法》（以下简称《办法》），并于同年7月1日起施行。这是我国首部规范警务辅助人员管理的规章。该办法共计33条，主要包含四个方面的内容。

一是建立组织管理体制。《办法》第3条规定"市和县级市、区公安机关负责本行政区域内警务辅助人员的统一监督管理，其所属的警务辅助人员管理机构具体负责警务辅助人员的日常管理工作。财政、人力资源社会保障、

---

① 《〈苏州市警务辅助人员管理办法〉解读》，http：//www.szfzb.gov.cn/004/004003/004003002/20120516/15837f8d-2adc-49d3-9267-a6e3fa157e99.html，最后访问时间：2017年12月7日。

监察等部门应当按照各自的职责,做好警务辅助人员的监督管理与保障工作。"同时,《办法》第19至21条还对警务辅助人员的培训、考核和晋升等内容作出了规定。上述规定明确了警务辅助人员的管理体制,有利于实现对警务辅助人员的统一、科学管理。

二是明确人员地位。《办法》第5条规定"警务辅助人员是人民警察的助手,在公安机关及其人民警察的统一指挥和监督下履行职责,其依法履行职责的法律后果由公安机关承担。"这一规定明确了警务辅助人员作为警察助手的地位,消除了将其视作临时工或志愿者的误解。

三是明定人员职责。《办法》第10条明确规定了警务辅助人员六个方面的法定职责,包括治安巡逻检查、卡口值守、接处警、维持大型公共活动以及突发案(事)件现场秩序、现行违法犯罪嫌疑人的扭送、纠纷调解、治安宣传教育等警务活动;疏导交通,劝阻、查纠交通安全违法行为,维护交通事故现场秩序,开展交通安全宣传教育等警务活动;社区管理、特种行业管理、养犬管理等公安行政管理活动;信息采集、数据统计、文字记录等警务活动;专业技术、后勤等警务保障活动;公安机关确认的其他辅助性警务活动。同时,《办法》第7条又明确规定其不得从事下列活动:涉及国家秘密的警务活动;案(事)件的侦查取证、技术鉴定、交通事故责任认定;行政许可、行政收费、行政处罚、行政强制等事项的决定;刑事强制措施的决定;公安机关确认的不得辅助履行的其他警务活动。上述规定对于消除警察辅助人员在履职过程中可能发生的履职边界争议具有重要的意义。

四是切实保障待遇。《办法》第23条规定"公安机关应当依法为警务辅助人员办理城镇企业职工养老保险、医疗保险、生育保险、失业保险和工伤保险。公安机关应当依法为警务辅助人员缴存住房公积金。"此外,办法第24至25条中对警务辅助人员因工伤残、死亡的抚恤、待遇、保险等问题作了规定。这些规定对于提升警务辅助人员的待遇,确保其安心履职具有重要的意义。

《苏州市警务辅助人员管理办法》实施后,取得了良好的社会效果。办法实施一年后,苏州市财政保障警辅的人均年度经费从2011年的3.38万元提高到4.5万元,人均可支配年收入也从原来的2.3万元提高至3.5万余元,这极大缓解了警务辅助人员的生活压力。① 2013 年 4 月，苏州市公安局以警务辅助人员立法为契机推动警辅队伍正规化建设的经验做法被公安部、江苏省公安厅简报录用。时任公安部副部长的黄明对此专门作出批示，要求全国公安机关推广警务辅助人员管理的"苏州经验"。② 警务辅助人员的规范化，也带来了极大的社会效益。2015 年，苏州市公安局的 3.8 万名警务辅助人员协助破案 2.6 万余起，抓获犯罪嫌疑人近 3 万名，调处矛盾纠纷 10 万余起。③ 此外，苏州的警务辅助人员立法作为先行立法在出台后，对其他地方立法机关也起到了积极的立法示范效应，大连市、广东省、武汉市、吉林省、深圳经济特区等地在出台类似的管理办法时，均在一定程度上参考了苏州的立法经验和做法。

---

① 李路：《苏州警辅新规一周年启示》，《人民公安》2013 年第 15 期。
② 李路：《苏州警辅新规一周年启示》，《人民公安》2013 年第 15 期。
③ 李路：《苏州辅警管理新探索》，《现代世界警察》2016 年第 6 期。

第六章　严格执法，规范行政执法权

第一节　行政执法在增强城市竞争力上的基础地位

一、提升行政决策品质是增强城市竞争力的前提

行政决策是行政立法与行政执法的中间环节，决策品质的提升同时也是保证执法效果的前提性条件。行政决策具有很强的公共性、执行性、广泛性和法定性。① 行政决策以公共利益和社会利益为基本宗旨，将立法机关的意志转变为政府的具体措施；决策内容涉及国家社会经济事务的各个领域；同时政府决策行为又要受到法定决策程序和上位法律法规的约束。

《法治政府建设实施纲要（2015—2020年）》明确提出要推进行政决策科学化、民主化、法治化，具体目标为"行政决策制度科学、程序正当、过程公开、责任明确，决策法定程序严格落实，决策质量显著提高，决策效率切实保证，违法决策、不当决策、拖延决策明显减少并得到及时纠正，行政决策公信力和执行力大幅提升"。这对于政府行政决策制度的各方面提出了基本要求和目标指向。

行政决策品质的提升，要求以法治化的方式来实现决策过程的科学化和民主化，这也成为增强城市竞争力的重要前提。社会治理水平取决于对于复杂行政事务的判断，而这有赖于行政决策的科学化论证。复杂行政事务与社会分工的不断细化以及科学技术的不断发展密切相关，由此导致政府的行政活动和行政监管的范围不断扩大。这就需要将复杂问题的判断交由经过科学训练的专家来处理。风险社会的到来已成为一个基本的共识，面对环境、食

---

① 戴建华：《作为过程的行政决策——在一种新研究范式下的考察》，《政法论坛》2012年第1期。

品药品、能源等新兴领域的问题，行政机关不得不开始"决策于未知"。而在公民对自身生活环境与质量更为关注的当下，政府在这些领域进行风险预测、风险控制的能力，也成为公民判断政府整体决策能力的一个重要指标。

行政决策的民主化是决策正当性的来源。对于政府行使行政权的正当性，经历了从"传送带"理论，到"专家知识"理论，再到参与理论的发展。[①] 正如上文所述，对于风险行政领域，政府不能依赖立法者以"事后诸葛"的角色出现，行政机关也不再仅仅是作为民意机关的"传送带"。那么此时，行政决策的正当性来源就存有质疑了。由此，则凸显了行政决策民主化的重要性。当公众能够参与到行政决策的过程中来，其权益需求能够在行政决策的结论中得到体现，那么无论是决策过程还是决策结果都被赋予了正当性。更进一步而言，政府如能在重大政策方针的制定过程中不断吸纳公众意见，不但能够弥补专家意见可能带来的"窄视"，同时也能体现对公民的尊重，是一个城市开放、民主、包容的重要体现。

二、公正文明人性执法是增强城市竞争力的保障

法律以及公共政策最终得以落实，都以行政执法的实施为保障，也是城市竞争力从口号变成行动的最终体现。《法治政府建设实施纲要（2015—2020年）》对于公正文明执法提出了"权责统一、权威高效的行政执法体制建立健全，法律法规规章得到严格实施，各类违法行为得到及时查处和制裁，公民、法人和其他组织的合法权益得到切实保障，经济社会秩序得到有效维护，行政违法或不当行为明显减少，对行政执法的社会满意度显著提高"的目标要求。

对于地方政府而言，行政执法体制改革的一个重点在于综合执法机构和队伍的建设，以及执法和服务水平的提高；同时还要理顺基层的行政强制执行体制，科学配置行政强制执行权，提高行政强制执行效率。综合执法是《行政处罚法》和《行政许可法》所明确的相对集中行政处罚权与相对集中行政许可权，在具体执法领域的体现。行政处罚权的集中主要表现在城市管理的综合执法；行政许可权的集中则主要依托于近年开展的行政审批制度改革。

[①] 关于行政权正当性的"传送带""专家知识"和参与理论，参见 Richard B. Stewart, *The Reformation of American Administrative Law* 及其中译本［美］理查德·B. 斯图尔特：《美国行政法的重构》，沈岿译，商务印书馆 2002 年版。

行政执法的综合实施，是一个避免多头管理、多部门交叉的重要方式。行政机关部门庞杂，往往给百姓带来"神仙打架、凡人遭殃"的感觉，那么综合执法水平的提高，则是政府内部管理水平和执法能力的重要表现。

通过公正文明执法来增强城市竞争力的另一个方面是行政执法程序的完善，以及执法方式的创新。执法程序的完善，要求健全行政裁量权基准制度，规范裁量范围、种类和幅度；要建立执法全过程记录制度；同时还要将行政程序中的调查、告知、听证、集体讨论等环节予以法定化和制度化。行政执法方式的创新有赖于行政执法信息化建设和信息共享，要强化科技手段在行政执法中的应用，同时推广说服教育、劝导示范等柔性的执法手段。行政执法程序的完善和执法方式的创新，不仅仅是公正执法的保障，同时也是政府角色和职能转型的一种标志，也就是从权威型的管理方式，变为服务型的治理方式。

三、从"行政管理"到"良好治理"是核心目标

城市竞争力的提高，规范行政执法、严格执法是手段，而目标是实现从"行政管理"到"良好治理"。城市竞争力与城市吸引力息息相关，与管理者能力与素质密不可分，最终落脚于城市居民的"用户体验"。从"行政管理"到"良好治理"是公共管理领域关于政府角色和职能定位理念上的重要转型。

《法治政府建设实施纲要（2015—2020年）》指出，要"坚持依宪施政、依法行政、简政放权，把政府工作全面纳入法治轨道，实行法治政府建设与创新政府、廉洁政府、服务型政府建设相结合"。法治政府的内涵十分丰富，包含有限政府、透明政府、责任政府等，这些理念与上述的创新政府、廉洁政府、服务型政府相结合，则形成了现代化政府的整体价值定位。

有限政府，要求行政执法过程中恪守自己的职权范围，不超越职权、滥用职权；同时又能做到有所为有所不为，在行政活动应当介入的领域，则应积极作为。透明政府，其蕴含的理念是"阳光是最好的防腐剂"，是廉洁政府建设的重要保障；行政执法的透明化，以政府信息公开制度为基点，辐射至行政执法过程方方面面，包括执法过程的公示与记录。责任政府，一方面要求在风险社会的背景下，针对这些外部风险，政府能够积极承担起风险预测、风险防范的职能；另一方面，针对行政执法过程中可能发生的内部风险，如错误、违法等情况，能够建立起违法风险的监控与追责制度。地方政府治理

者如能实现上述有限政府、透明政府、责任政府的理念，真正践行法治政府的要求，那么自然能够极大地提升城市治理的品质。同时也能使城市居民从传统"行政管理"的被管理者，化身为城市"良好治理"的获益者，从而进一步增强城市的吸引力。

鉴于上述行政执法在增强城市竞争力上的重要性，苏州市在行政执法过程中，采取了一系列的创新举措：包括重大决策程序与管理的规范化、行政执法公开与全过程记录制度、行政执法效果的制度化评价机制等。上述举措实现了有限政府、透明政府、责任政府等法治化理念在行政执法的日常过程中的贯彻与具体化。

第二节 行政执法的基本做法与创新举措

一、重大行政决策程序的规范化

行政决策中的重大行政决策，涉及对公共利益影响重大的事项的决断，会产生较广泛的社会影响。对于重大行政决策的规范化，苏州市主要从决策程序与事项管理两个方面着手，制定了相应的制度。

（一）重大行政决策程序规范化建设

为严格规范政府重大行政决策行为，促进依法、科学、民主决策，江苏省出台了《江苏省行政程序规定》，而苏州市以《苏州市重大行政决策程序规定》的规则对重大行政决策程序予以规范化。在市政府规章《苏州市重大行政决策程序规定》颁布后，各地、各部门都对本地区、本部门的重大行政决策程序制度进行修订，初步构建了重大行政决策程序规范化工作的制度框架。目前市级所有部门均结合单位业务相应制定了重大行政决策程序规定或实施办法。在实施过程中，具体包括了重大行政决策目录化管理、重大行政决策程序的规范运行、重大行政决策机制的健全、决策监督评估和责任追究机制的强化。其中重大行政决策目录化管理，是苏州市重大行政决策管理规范化的一项特有制度，将专门予以阐述。

在决策程序的规范运行方面，各地、各部门重大行政决策严格落实公众参与、专家论证、风险评估、合法性审查、廉洁性审查和集体讨论决定的法定程序。举例而言，苏州市商务局在修订《关于促进商务转型发展的若干政策措施》的工作中，通过书面、传真和电子邮件的形式向社会公开征求意见，并以召开专题座谈会的形式，向市（县）、区商务部门和广大企业征求意见。吴江区政府聘请法律、经济、行政管理等方面专家作为政府法制顾问，在重大决策事项及涉法事务中充分听取专家意见。昆山市推进中心城区城市管理体制改革过程中，由该市综治办牵头，多次召开针对不同对象社会稳定风险评估会议，加强事前风险防范，保障相关改革平稳推进。苏州工业园区苏安新村综合整治决策过程中，严格落实公众参与、专家论证、风险评估、合法性审查、廉洁性审查等程序，拟定了重大行政决策的草案，工委会根据评估论证情况，对决策的草案作出了搁置实施的决定。除此以外，苏州市各地、各部门还充分运用网络平台，推行重大行政决策网上运行工作，对重大行政决策事项的提出、确定、调整、公布、论证、监督等工作环节进行节点管理、流程控制、规范运行。目前苏州全市已实现市政府与部门两级所有重大行政决策项目网上公开透明运行全覆盖。

重大行政决策机制的健全，包括专家论证机制、决策档案管理机制等。苏州在市级层面设立了重大行政决策专家库，建立专家资源共享机制，并进一步完善重大行政决策合法性、廉洁性审查机制，明确审查回避、中立等规则，未经合法性、廉洁性审查或经审查未通过的，不得提交讨论。此外，全市普遍建立健全重大行政决策档案管理制度，实现了决策全过程记录，市人社局修订细化了重大行政决策的环节管理，明确了统筹协调部门和各个环节的责任部门，并设计了立项申请表格、目录管理表格和流程文书，增强了行政决策程序台账资料规范性。市经信委创新"双档案"制度，在承办处室收集归档的基础上，由牵头处室另外建立一套档案资料，有利于牵头处室督促承办业务处室及时归档相关资料，确保重大行政决策档案资料健全。

在决策监督评估和责任追究方面，苏州市各地、各部门非常注重将决策后评估作为提高重大决策质量的重要环节。在2015年之前已重点开展了苏州市级重要湿地认定项目、盘活存量建设用地实施工作、服务业发展引导资金管理、校园招聘品牌化建设等重大行政决策执行情况的跟踪评估工作，对决策实施情况进行"回头看"。各地各部门进一步明确重大行政决策终身责任追究制度及责任倒查机制。苏州市发改委明确对违反决策规定、出现重大决策失误、造成重大损失的，按照"谁决策、谁负责"的原则严格追究责任。为保证责任追究机制的实现，苏州市进一步提出重大行政决策"首长负责制"，确保重大行政决策规范运行，通过程序规范促进决策风险分解和责任分担。对决策严重失误、未按程序执行以及依法应该及时作出决策但久拖不决造成重大损失、恶劣影响的，严格追究行政首长、负有责任的其他领导人员和相关责任人员的法律责任。

（二）重大行政决策目录管理

根据《苏州市重大行政决策程序规定》的要求，苏州市开始采取目录管理与网上公开运行的方式，来进一步规范重大行政决策事项和决策过程的实施。

从2014年开始，市政府每年年初公布年度苏州市重大行政决策事项目录的通知，将市政府具有基础性、全局性和影响面广的若干决策事项纳入年度重大行政决策目录。苏州市政府通过目录管理方式来明确重大行政决策范围，这是在全国率先的探索，是破解实践中重大行政决策范围认定难的有益尝试。2016年为进一步规范重大行政决策目录管理工作，苏州市政府出台《苏州市重大行政决策目录管理办法（暂行）》，该办法全文共21条，从2016年11月1日开始实施，对重大行政决策目录管理的决策范围、部门职责、听证要求、项目审核程序、动态管理、决策预公开、监督追责等制度进行了全面规范。

重大行政决策系统化的目录管理是苏州市在重大行政决策程序规范领域的一次重要探索，具有很重要的现实意义和理论价值。确定重大行政决策范围是重大行政决策程序运行的前提，但重大行政决策本身是一个抽象、模糊的不确定法律概念。目前，各地立法文本大都通过"概括+列举+排除"的立法模式，但这并不能穷尽、涵盖所有重大行政决策的事项。考虑到行政决策的事项和范围的繁多和庞大，且具体的标准在不同阶段和不同类型事项上表现也不相同，因此，在定性的基础上，由行政决策主体内部建立审核机制，对所涉事项是否属于"重大"进行判断，在现实中是较为可行的做法。

因此，苏州未对重大行政决策事项范围进行列举，而是通过制定目录来对政府重大行政决策事项进行管理。《苏州市重大行政决策目录管理办法（暂行）》第七条明确："重大行政决策实行目录管理。市政府办公室应当会同市发改、监察、财政、法制、风险评估管理等部门每年制定年度重大行政决策事项目录，报市政府批准后公布实施。目录包括项目名称、承办单位、完成时间等内容。目录有调整的，应当及时公布。"凡是列入决策事项目录的，都要按照规定程序进行。这确立了苏州市重大行政决策立项管理机制，将重大行政决策事项的立项工作通过行政机关内部的层级管理、分权制衡、民主协商等程序予以形成。通过健全完善重大行政决策立项管理程序，有助于缓解"重大行政决策"本身作为不确定法律概念在界定上的困难。

在目录筛选和制定过程中，突出了有限政府的理念，从简政放权、转变政府职能角度限定政府决策权限。苏州从界定政府与市场、社会关系角度，将"重大行政决策"定义为"市人民政府依法履行行政职能，对涉及社会公共利益的重大事项作出决定的活动"，并明确规定市场竞争机制能够有效调节的，公民、法人或者其他组织能够自主决定的，行业组织或者中介机构能够自律管理的，基层群众组织能够自治管理的，以及县级市（区）人民政府（管委会）、市政府工作部门能够依职权决策或者决策更有效的，应当自行决策或者依市政府授权作出决策的，不作为市政府重大行政决策。

与重大行政决策事项目录化管理相配套的是重大行政决策网上运行和档案管理制度。探索重大行政决策网上公开运行系统，是根据苏州市当前行政权力网上公开透明运行工作实践作出的创新性制度规定。近几年来，全省各地都在积极推进行政权力网上公开透明运行，行政决策作为行政权力的一个重要组成部分，随着网上公开运行的深入开展，行政决策的网上公开运行将是必然趋势。苏州市在全国率先开发重大行政决策网上公开运行系统，目前已进入全面运行阶段。该系统采用模块化的设计理念，具体分为"重大行政决策目录管理平台""重大行政决策论证平台"和"重大行政决策监督平台"三大子系统，系统通过信息化的手段将行政管理过程中经验化管理的重大行政决策过程全部固化下来，实现重大行政决策项目申报管理、决策论证和程序监督的全过程网上公开透明运行，方便各方参与，接受公众监督。同步强化重大行政决策的档案管理，对决策过程和决策事项实施中的相关档案资料及时整理归档。

下图就是苏州市重大行政决策目录的网上运行平台。①

---

① http：//www.suzhou.gov.cn/asite/zdxzjcml/index.asp? type=1，最后访问时间：2017 年 12 月 14 日。

图1 网站平台截图（为保其真实性，其中的文字及标点瑕疵不予改动）

从该平台展示的内容来看，除了苏州市一级以外，各地、各部门也要对重大决策实行目录化管理，确保重大行政决策规范运行。对于所有列入目录的决策事项，都严格按照规定程序执行。而在每一项公布的重大行政决策事项中，都明确了决策的理由和依据，该行政决策所欲解决的问题以及响应的方案，同时还提供了征求公众意见的渠道。但需要指出的是，该平台作为公众意见征集的渠道，在公众提交意见后，相应的反馈机制有待进一步加强。可改进的方向主要为，对于提交反馈意见的公众，根据其联系方式，不仅要在意见收讫时提供"回执"性的反馈；同时应当对其提出的意见和建议，作实质性的答复，包括采纳情况，以及相应理由。此为行政参与原则以及说明理由制度的应有之义，也是对公众意见予以尊重的体现。

二、行政执法公开与全过程记录

行政执法公开制度是对行政权职权内容，包括主体、权限、依据、程序、结果等方面的实体性公开；行政执法全过程记录制度，可以说是对行政过程的程序性公开。二者相互配合，构成行政权公开透明运行的完整内涵。

（一）行政执法公开制度

行政执法公开制度是在贯彻《政府信息公开条例》的基础上，对行政权力公开透明运行的进一步制度化努力。行政执行公开制度要求，除法律、法规规定应当保密的事项外，各级行政执法机关开展执法服务、执法办案和执法监管工作的依据、流程、进展、结果等相关信息，均应依法予以公开。重点公开行政处罚和行政强制等行政执法事项。

在公开事项的具体内容上，涵盖了六个主要方面。执法主体：行政执法机关及其内设执法机构和执法人员名单等信息；执法权限：包括行政执法机关的具体执法职责分工与管辖范围；执法依据：包括行政执法所依据的有关法律、法规、规章及行政自由裁量基准制度等规范性文件；执法程序：包括执法流程、执法制度、执法规范等规范行政执法过程的规定；执法结果：包括环境保护、公共卫生、安全生产、食品药品、产品质量等涉及民生的监督检查情况以及行政执法决定等相关信息；救济方式：包括行政相对人依法享有的权利以及救济途径，行政执法投诉举报的方式、途径及受理反馈程序。这些事项包含了从主体到救济的各个方面，既有实体性要求又有程序性规则，是行政执法相关事项的全方位公开。

在公开方式上，除了按照《政府信息公开条例》的规定以外，还以便民原则为导向，采取更多灵活的方式，并要求在法定期限内公开行政执法信息，及时予以更新。具体的公开方式包括如下方面。门户网站公开：行政执法机关对于行政执法程序、行政自由裁量基准制度等规范行政执法的文件及其他行政执法信息，应依法在其对外公布的门户网站上公开。新闻媒体公开：行政执法机关应当通过新闻发布会以及报刊、广播、电视等便于公众广泛知晓的方式公开执法信息。要善于通过微信、声讯服务等现代化信息传播手段，及时向社会公众公开执法信息。同时开通网上咨询、投诉监督功能，便于群众监督行政执法活动。办公场所公开：行政执法机关可以在办公场所尤其是办事大厅，通过设置信息公开栏、电子信息屏、公共查阅室、资料索取点、咨询台等设施，公开本机关应当公开的全部行政执法信息。依申请公开：行政执法机关收到公民、法人或者其他组织关于申请获取行政执法信息的公开申请时，要按照《政府信息公开条例》的规定予以答复。除此之外，行政执法机关还通过法制宣传、法律咨询、印发执法公开手册等方式，向社会公众公开行政执法信息。

  与行政执法公开相配套的制度还包括行政执法主体公示制度、行政执法程序制度、行政处罚裁量基准制度、行政执法投诉举报制度、行政执法责任制度。行政执法主体公示制度，要求各地、各部门建立健全定期向社会公示行政执法主体机制，明确行政执法主体性质及其职责等相关信息，并逐步实现动态调整，充分保障人民群众的知情权。行政执法程序制度，要求根据法律、法规、规章的规定，结合部门执法实际，进一步完善行政执法程序制度，细化执法流程，明确执法环节、具体步骤，完善行政执法告知、说明理由、回避、调查取证、听证、集体讨论等制度，确实做到流程清楚、要求具体、期限明确。行政处罚裁量基准制度，要求进一步完善行政处罚裁量权的实施机制，创新运用行政处罚裁量数学计算模型，科学合理的细化、量化行政处罚自由裁量权，严格规范行政处罚自由裁量权行使。行政执法投诉举报制度，要求建立行政执法投诉举报制度和举报人保护制度，设置投诉举报专线，确定专门机构和专门人员负责，明确投诉举报处理程序、办理时限和办结要求，确保社会公众特别是行政相对人对行政执法的监督权。行政执法责任制度，要求依照法律、法规、规章的立改废情况，及时调整梳理行政执法依据，明确本机关的执法职责，并将执法职责具体分解到内设执法机构以及行政执法人员，进一步完善落实行政执法责任制，明确责任，便于监督。这些制度与行政执法公开的主体、行为、程序、救济等各个具体事项相对应，形成了行政执法公开的完整体系。

（二）行政执法全过程记录制度

与作为内容公开的行政执法公开制度相对应的，苏州市还制定了作为过程公开的行政执法全过程记录制度。该制度目前主要在城市管理领域开展试点工作。2017年7月31日，由苏州市市容市政管理局、苏州市城市管理行政执法局联合发布了《苏州市城市管理行政执法全过程记录规定（试行）》，标志着城市管理执法领域的全过程记录制度的正式运行。

所谓"全过程记录"，是指城管执法部门及其执法人员在依法实施行政检查、行政处罚、行政强制等执法过程中，通过文字、音视频等记录方式，对执法程序启动、现场处置、调查取证、审查决定、送达执行、归档管理等整个执法过程进行跟踪记录的活动。文字记录方式即通过案卷制作记录执法的全过程，包括向当事人出具的城管执法文书、调查取证相关文书、内部程序审批表、送达回证等书面记录。音视频记录方式即通过执法记录仪、照相机、摄像机、办公监控等设备对执法活动采用照相、录音、录像、视频监控等方式进行的全程动态记录过程。文字与音视频记录方式可同时使用，也可分别使用。

从政府进行行政执法的原理上讲，行政案卷制度以及行政诉讼证据制度，要求行政执法过程中所涉全部与行政决定相关的内容均需以一定方式记录下来，并最终形成行政决定的卷宗。这一制度既是对行政机关执法活动的监督，即排除案卷外证据材料对相对人产生不利影响；同时也是对行政机关依法行政的保障，即所有行政决定相关证据都能记录在案，防止在复议和诉讼等救济过程中，发生举证不能的不利后果。因此，行政执法的全过程记录制度，就是对上述行政法原理的具体化和制度化，特别是引入了音视频记录的方式，改变了传统依赖于现场笔录的形式，既能保证全面客观，又能保证执法效率。

根据颁布的《苏州市城市管理行政执法全过程记录规定（试行）》，城管执法全过程记录以音视频记录为主。城管执法人员在执法时，需要携带、使用执法记录设备进行全过程照相、录音、录像，客观记录执法工作过程，保存相关证据资料；受客观条件限制，无法全程录音录像的，也需要对重要执法环节做好记录。同时，对具体的记录流程也有明确要求，并特别强调城管执法人员在全过程执法记录时，须事先告知当事人，执法活动将进行全程记录的情况。此为行政机关履行告知义务的职责要求，也是对当事人知情权的保障。

与现场笔录方式所不同的是，以视音频为主的行政执法全过程记录强调记录的全程、不间断。该制度要求城管执法人员开展视音频同步记录时，应当对执法过程进行全程不间断记录，自实施执法行为时开始，至执法行为结束时停止。而且，视音频同步记录应当重点摄录以下内容：执法现场环境；当事人和证人等现场人员的体貌特征和言行举止；涉案物品及其主要特征，以及其他可以证明违法行为的证据；执法人员开展现场调查，送达法律文书和对有关财物采取措施等情况。对于记录资料的管理，也具有时效性和规范化的要求，执法队员须在24小时内将执法全过程记录资料录入专用电脑；法制员须在48小时内将执法全过程记录资料上传至各地数字城管指挥中心；数字城管指挥中心则按年份、月度、日期、单位编号等情形进行分类保存。

三、行政执法效果的制度化评价

行政执法效果的评估，是落实行政执法责任制的主要方式，同时也是上述行政决策和执法领域相关制度得以实现的有效监督机制。苏州市法制办为推进行政执法公示制度、执法全过程记录制度和重大执法决定法制审核制度等"三项制度"建设，特别制定了《苏州市2017年行政处罚案卷评查标准》和《苏州市2017年行政许可案卷评查标准》，使得在行政处罚和行政许可领域，对执法效果的评价能够制度化、常规化、规范化地展开。

针对行政处罚的案卷评查，共设置了行政处罚符合法定权限、行政处罚程序合法、听证规范、违法事实认定准确、适用法律正确、重大行政执法决定法制审核、执行规范、案卷管理以及其他的加分项等几个大类。这些评查项目涵盖了行政主体职权、行政程序、事实认定、法律适用以及其他行政处罚相关环节的内容。从评查项目设置上来看，内容涵盖非常全面和细致，在相应评查内容中还设置了具体的评查要求，并赋予相应分值。除此之外，还设立了三项一票否决的内容：不具有行政处罚主体资格或超越法定职权实施行政处罚的，评定为不合格案卷；未依法告知当事人依法享有的陈述、申辩权或者要求听证的权利的，评定为不合格案卷；违法主体认定错误的，评定为不合格案卷。

在行政许可的案卷评查标准中，设置了实施主体与行政许可项目、申请与受理、审查与决定、行政许可期限、行政许可听证、重大行政执法决定法制审核、案卷管理以及其他加分项等内容。这些评查内容的设置与行政处罚的标准有较大的区别，主要是以行政许可的实施流程为逻辑予以展开。此外，在行政许可的案卷评查标准中只设立了一个一票否决项，即行政执法主体不具有法定资格，或者行政许可事项无效，评定为不合格案卷。可以发现，行政许可权的行使中，行政机关受法律法规的约束比较多，不如行政处罚权有较大的裁量空间，因此在规范化过程中更多以程序的角度加以评价。此外，在其他加分项中，两个行政行为的评查标准中都列有"落实《苏州市行政执法全过程记录制度》，对行政执法全过程进行音视频记录并按要求入卷"，实现了行政执法各制度之间的相互配套与促进。

但需要指出的是，在行政处罚评查内容和标准设置的逻辑和体系上，还有进一步完善的空间。第一，行政行为的合法要求一般而言包含主体要件、程序要件、事实要件、法律要件合法以及总体的合理、正当要求。因此，从体系上逻辑自洽的角度而言，应将上述的一些事项进行整理和归类，如听证规范应属于行政处罚程序合法的下位规则，在体系上应被列为行政处罚程序评查事项中的一个方面。当然可能由于听证是行政处罚程序中的一项重要制度，在比重上占据了较大分值，因此在具体项目设置上作了单列。

第二，评查要求中的某些事项，在归类上可能存在不匹配之处。如"行政处罚符合法定权限"项中的两个细则性要求："（1）行政处罚种类合法、处罚幅度适当（6分）。行政处罚种类不合法、不适当的，扣6分；对违法行为定性和量罚时，未对适用的法律依据（定性依据和处罚依据）进行阐述的，视情扣3—6分；在作出从轻、减轻或者其他有裁量权的行政处罚时，未说明相应的裁量理由和依据的，扣6分。（2）行政机关对同一种类的违法行为的定性、适用法律和处理公平、公正（2分）。行政机关作出的行政处罚畸轻畸重的，扣2分。"从内容描述上，这二者主要属于行政行为合理性方面的欠缺，而与职权法定这一类别关联性不大，因而应归属于行政处罚决定合理正当这一类别。

此外，无论是行政处罚还是行政许可，两项执法效果评价的方式都定位为"案卷评查"，也就是评查过程中都以案卷内容为基础，对案卷外的影响因素则暂不列入本评价体系内。案卷评查制度，作为行政执法效果评价机制得以发挥功能的一个基本前提是影响行政决定的所有因素以及相关材料都以案卷的方式固定下来了，且这样的记录是客观真实的。这就要求案卷对于行政决定的记录是全过程的，这也是本评查标准设立"对行政执法全过程进行音视频记录并按要求入卷"这一加分项的原因。但要使得案卷评查具有普遍性地评价意义，行政执法的全过程记录，是一个必要的前提性条件，而不是简单的加分项。行政执法全过程记录制度与行政执法案卷评查制度，作为两项配套实施的制度组合化地予以落实是一种更合理有效的方式。

第三节 行政执法的主要经验与典型事例

苏州市除了在行政执法领域开展了上述常规化、日常性的工作以外，还有针对性地在行政处罚、行政许可、行政指导等领域开展了一系列工作，为规范行政执法行为、提高政务服务水平积累了丰富的经验。此外，苏州更是开创性地在太仓市进行了政府职能转变和社会管理创新方面的有益尝试，提出了"政社互动"的治理模式，可谓是苏州市在进行社会治理过程中非常具有代表性的典型事例，综合性地反映了政府在进行社会治理时的角色转变。

一、行政处罚领域的主要经验与典型事例

近年来，苏州市坚持以全面推进依法行政、建设法治政府为目标，以规范行政执法行为、提高行政执法水平为重点，《行政处罚法》在苏州市得到了较好的贯彻实施，全市实施行政处罚的工作已逐步走上了规范化、制度化的轨道。

在行政处罚领域，苏州市为保障处罚行为规范化，全面实施行政执法责任制。各行政执法部门普遍建立了行政执法责任追究制、行政执法评议考核制、行政执法公示制、行政处罚裁量基准规范制度、重大行政处罚案件集体讨论制度、重大行政处罚报备制度、行政处罚听证制度、廉洁自律制度、执法监督检查制度、罚缴分离制度、登记保存及罚没财物管理制度、行政案件涉及犯罪案件移送制度、行政执法程序制度等一系列配套制度。张家港市开展了行政执法"十佳百优"评选活动，评选十个优秀基层行政执法机构和一

百名优秀一线行政执法人员；太仓市开展了星级行政执法队伍创建活动，确定6家四星级和8家三星级行政执法队伍；昆山市、工业园区加强规范执法质量控制，绝大部分行政执法部门引进ISO 9001质量管理体系。

为促进行政处罚法律效果和社会效果的统一，苏州市还积极推进行政执法方式创新。一方面，探索行政指导与行政处罚的融合。将行政指导融入具体的行政处罚工作，通过对行政指导法律依据进行梳理，对行政指导工作的量化、细化，做到处罚与教育相结合，进一步完善了行政处罚行为的法律效果，为地方经济的发展提供了良好的社会法治环境。另一方面，推行说理式行政处罚决定书。在行政处罚文书中，对事实进行详细描述，并运用证据加以证明，引用法条的同时阐明适用法律的理由。变简单粗略的格式法律文书为叙事、说法、论理相统一的说理式法律文书，使文书内容客观、翔实、准确、完整地反映处罚决定形成的全过程。

二、行政许可领域的主要经验与典型事例

贯彻实施《行政许可法》，深化行政审批制度改革，是完善社会主义市场经济体制，推进政府职能转变和适应治理现代化的重大举措。2004年7月1日《行政许可法》正式实施，十年来，市政府始终把贯彻实施行政许可法作为推进依法行政的重要抓手，从实际出发，明确工作重点和步骤，认真落实各项任务措施，严格规范行政许可的设定与实施活动，不断完善制度保障和创新体制机制，并以此为契机，深入推进政府职能转变和行政管理体制改革，有力地促进了苏州市服务政府、责任政府、法治政府的建设。

清理行政许可的事项、相关依据以及实施主体，从源头上规范行政许可的设定与实施，是贯彻实施行政许可法的一项主要内容。苏州市在历次清理工作中，主要进行了许可事项清理、许可依据清理、许可实施主体清理。苏州市分别于2004年、2009年、2011年、2012年开展四次行政审批事项的专项清理工作。至目前，市级机关和法定授权组织的行政审批事项由2004年的733项，减少为311项，事项削减率为57.6%；省管部门的审批事项由2004年的141项，减少到96项，事项削减率为31.9%；涉及许可事项的68件市政府规章和规范性文件，经清理，废止11件、修改32件，并向社会进行了公布。清理过程中共确认具有行政许可实施主体资格的市级机构59家，并通过政府公报和"中国苏州"政府网站对社会进行了公告。

苏州市为推动行政许可工作的精简统一、高效便民，积极推进统一办理、联合办理和集中办理行政许可，各地在探索路径上逐渐呈现三种模式。第一种是以行政服务中心为标志的"场所集中"模式。这是苏州市相对集中行政许可权工作的主要形式。根据《苏州市实施行政许可规定》确立的行政许可统一受理申请、统一送达决定的要求。2002年9月苏州市行政服务中心正式揭牌运行，共有44个部门近200名窗口工作人员进驻。目前市本级行政许可事项行政服务中心进驻率达到98%，授权到位达到95%；进驻行政服务中心的800多个审查子项中90%以上开通网上申报功能。第二种是园区"一站式"服务模式。苏州工业园区"一站式"服务中心是苏州工业园区管委会借鉴新加坡经验、按照"精简、统一、效能"的原则、实行行政审批制度改革的具体实践。一站式中心下设登记审批处、技术管理处、社会事务处和综合服务处四个处室，通过原行政许可机关的委托，"一站式"的窗口不仅受理申请，更有审核、决定的权力，实现前台受理并办结，是一个具有行政许可功能的行政服务中心。第三种是吴江"行政服务局"模式。为深入推进行政许可机制改革，解决窗口授权不到位、权责不一致等问题，进一步促进审批精简统一、提升效能。行政服务局作为市政府组成部门，按照现行法律规定和许可服务内容，科学合理地调整、确定内部各机构的审批职权。并将行政许可职能划分成经济、建设、社会等不同的领域，使相同或相近的行政许可事项由行政服务局的内设机构（综合窗口）承担，同时进一步规范了流程、明确了责任，服务质量和办事效率双双得到提升。吴江"行政服务局"模式是在"大部制"基础上的行政许可的权职、权能优化，是最为彻底的相对集中行政许可权改革，也成为苏州市行政审批制度改革一大特色和亮点。

三、推进行政指导工作的主要经验

近年来，苏州市不断探索创新举措，强化规范化建设，在推动行政机关优化管理方式、提升服务效能、改善行政执法形象等方面取得新的突破。2012年12月，苏州市行政指导工作获全国法治政府提名奖。

在行政指导的开展过程中，突出重点、关注热点。市级各部门排查、收集行政执法实践中遇到突出的、社会普遍关注的和亟须解决的实际问题，对危害安全生产、食品药品安全、自然资源和环境保护、社会治安等领域的行政违法案件进行梳理、分析和汇总，提出合理可行的对策方案，集中组织对执法重点领域的企业和相对人存在的突出问题进行行政指导。例如，苏州市交通局通过执法热点排查，针对运输企业存在的突出问题，通过与268家运输企业签订行政辅导协议，明确专人对口辅导，从运输车辆、从业人员、管理制度等方面入手，全方位为运输企业提供咨询意见、格式文本。

此外，苏州市还注重行政指导工作与加强社会建设工作相结合，促进政府行政管理与社会自治管理有机衔接、良性互动。例如，苏州市工商局在执法热点排查中发现洗染、健身、沐浴、美容美发等行业存在利用合同格式条款侵害消费者合法权益的问题，市工商局针对相关行业存在问题提出整改意见，同时加强行业合同管理，指导行业协会建立行业合同管理机构，建立"事前辅导、事中控制、事后调解"行业合同自律机制，规范行业合同交易行为，实现行业合同自律管理。

近年来，苏州市更加注重行政指导效能的提升，推进行政指导精细化管理和智能化建设。苏州工商局近年来将全系统基层工商所（分局）划分为工作网格，每个网格确定网格管理员，明确每个网格行政指导的工作要求、基本数量。2013年，率先在全省开展广告监测外包，制定了关于在广告监管中深入推行行政指导工作的实施意见，推出了广告监管行业分类行政指导，通过行政警示、召开会议通报、电子邮件抄告规劝与行政处罚相结合等方式，全市广告监管效能得到了明显提升。近年来，苏州市积极引导并鼓励各地各部门利用信息化手段建设面向大众的公共服务平台。从公众角度出发，以公众需求为导向来规划设计电子政务建设。同时，针对个人和企业面向原数据的创新再处理，充分发掘信息资源公开潜在的社会价值及经济价值，促进公众参与、社会监督、部门协同的电子政务建设。当前苏州市"网上公安""网上行政服务大厅""苏州合同行政指导服务网""税法百度"都是比较好的典型。

四、基层治理的"政社互动"模式

（一）"政社互动"的基本理念

"政社互动"是针对新时期探索如何运用法治思维、法治方式促进政府职能转变、创新社会管理，由苏州太仓市率先探索出来的一种基层社会治理模式。2012年在市级层面先行进行试点实践，2013年在全市范围内全面推进试点。"政社互动"试点工作实施下来，在规范苏州市政府行政行为，增强社会自治功能，推进治理体系、治理能力现代化等方面发挥了重要的作用。

"政社互动"是指各级政府及其部门与基层群众自治组织、社会组织，通过"衔接互动"理顺社会管理职能、调整社会管理结构、改进社会管理方式，从而更加有效地建立利益协调机制、诉求表达机制、矛盾调处机制、权益保障机制。"政社互动"的核心和关键就是"社"字，其对象包括"基层群众自治组织"和"社会组织"，前者指村民委员会和居民委员会，后者是指在各级民政部门注册登记的社会团体、民办非企业单位、基金会和备案的社区社会组织，他们都是社会管理的主体，是政府联系和组织人民群众参与社会建设、推进社会管理的桥梁和纽带。

"政社互动"，可以说是对苏州市政府与基层群众自治组织、行业协会、社会团体等多元社会主体在法律框架内，共同参与社会管理，形成政府与社会协同配合、良性互动治理模式的概括。"政社分离中合作，合作中共赢"是对"政社互动"的形象描述。"政社互动"的动力是政府部门的职能转移，基础是社会主体的自主性和能力建设，运作方式是"政府搭台，社会协同"，其最终目标就是构建党委领导、政府负责、社会协同、公众参与的社会管理新格局，通过努力，基本形成政府调控同社会协调互联、政府行政功能同社会自治功能互补、政府管理力量同社会调节力量互动的新型社会治理模式。

（二）"政社互动"的主要举措

基于政社协同治理、社会自主自治这样的理念，"政社互动"治理模式在具体运行过程中，采取了多方面的具体措施，主要包含以下内容。

权力梳理，严格规范权力边界。"政社互动"工作中，政府工作部门梳理出可逐步下放的权力清单，加强对基层群众自治组织协助政府办理的具体细化事项进行依法清理，防止任意扩充延伸基层的工作事项。在此过程中产生了"两份事项清单"——《基层群众自治组织依法履行职责事项》和《依法协助政府工作事项》。这是太仓市在前期"政社互动"试点工作中的创新举措，它为厘清基层群众自治组织的"自治权利"和"协助义务"这两类基层极易混淆的工作事项提供了法律依据，做到自治有法可依、协助依法进行，当然这也为政府任意课予基层自治组织协助义务、违法干预自治权利划清了红线。同时，为进一步推进政府与社会组织的良性互动，"政社互动"也要求各地梳理并制定出当地《社会组织能够承接政府转移职能事项》和《能够承接政府转移职能的社会组织》两份清单，这为促进社会组织承接政府职能、促进社会组织发展提供了创新思路和路径。

管理方式上，以行政协议书的方式替代行政责任书。实行契约化管理，废止与基层群众自治组织签订的行政责任书，改为协助管理协议书，是开展"政社互动"试点工作的突破口，它主要处理"三个关系"。一是正确处理基层政府与自治组织关系。传统行政责任书具有行政隶属关系，委托协议书坚持社会主体平等的法律地位，体现了相互间的尊重和互动。二是正确处理自治组织履行法定职责与协助政府管理关系。凡属法定义务，自治组织依法履行；凡依法需自治组织协助管理事项，政府实行"支付协助"。三是正确处理村（居）民民主管理与村（居）委干部自行管理的关系。以前行政责任书是村居干部一签了之，群众只知结果不知过程。协助管理协议书需经村居民代表会议表决通过，从机制上防止了"村民自治"演变为"村官自治"。政府管理"委托制"的施行，为推进苏州市法治政府建设、基层民主建设和创新社会管理开辟了一条智慧的通途。

政社信息的互通互联，实现政府信息的深度公开。加强政务公开和村（居）务公开，建立社会组织信息披露机制，实现政府、群众自治组织和社会组织三者信息互通互联是开展"政社互动"试点工作的必要条件。在此过程中，各级政府及其部门进一步规范和深化了政府信息公开工作，扩大了公开范围，细化公开内容，提高公开的质量和实效。进一步深入推进行政权力公开透明运行，为"政社互动"创造信息条件和沟通平台。同时，基层群众自治组织、社会组织则依法公开自治事务以及其他与社会管理、公共服务相关的信息。此外还进一步通过听证会、恳谈会、协调会、评议会、网络问政、社区信息平台等多种形式和载体，建立健全情况通报、听取意见、监督反馈、日常联系、双向评估等机制。加强社区信息平台建设，建立以居民信息为基础、以社区为终端、以区县为纽带、以市为中心的全市社区管理信息平台，实现全市各级政府、相关部门社区基础信息的共享和协同服务。

（三）"政社互动"的典型意义

"政社互动"的制度实践，具有重要的实践意义和理论价值，是对法治思维和法治方法的成功运用。首先，"政社互动"突出体现了自治原则。随着当今公共管理民主化、社会化的发展趋势，政府与社会之间的关系不再是一种领导和被领导、指挥和被指挥的关系，而应该是一种平等合作、和谐共治的关系。① 从政府的角度而言，是要划清权力行使的边界，还权于社会、还权于公民。从社会角度来看，就要求基层组织、社会组织公开、透明，接受公众和政府的监督，不断提升社会组织能力建设，在保证其独立性、自主性的基础上，进一步增强其执行自治制度、进行自我管理制度的执行能力，加强协助政府开展服务和为群众提供公共产品的服务能力。发挥基层组织、社会组织在连接纽带、倾听民意、反映群众诉求方面的积极作用，搭建载体、畅通渠道，提升代言能力，切实为基层群众多办好事多办实事。只有这样才能获得社会捐助和政府各方面支持，才能实现社会自治的可持续发展。

其次，"政社互动"充分贯彻了协商精神。"政社互动"的实现方式本质上是一种契约化的管理模式，主要体现在"委托协议"和"项目协议"两种协议上。两类协议都属于政府与其他组织签署的行政合同，需要依法规范，纳入法治化的轨道。对此，"政社互动"工作要求各地职能部门应按照公开、公平和择优原则，综合运用公开招标、邀请招标、竞争性谈判、单一来源采购等方式确定承接单位。职能部门与承接单位应签订购买服务协议，确定职能事项的执行标准、实施要求、监督评估方式等内容。这种契约化的管理方式，是对传统行政权强制性、单方性运行模式的突破，是在方法上实现从"行政管理"到"良好治理"的重要突破口。

再次，"政社互动"全面展现了参与理念。从基层经济、政治、文化、社会生活等方面，扩大人民群众的积极有序参与是开展"政社互动"试点工作的基础，也是"政社互动"不断深化发展的原动力。这种"参与机制"，强调政府与公众在参与过程中的互动性和协同性，这也是"政社互动"的题中之义。其核心价值在于使政府与民众关系得到持续良性发展，形成政府与社会之间理念通贯、情感通达、治理通力。这就要求各级行政机关建立健全公众参与重大行政决策的规则和程序，增强行政决策的透明度和公众参与度，并注重在行政决策的过程中广泛征求基层群众自治组织、社会组织和公众的意见，真正做到倾听民意、集中民智，使决策符合经济社会发展的要求、满足群众需求，保证决策的顺利实施。此外，还要鼓励社会组织积极参政议政，

---

① 陈峰、黄学贤：《协力行政的兴起及其行为型态探析》，《求是学刊》2010年第1期。

扩大社会组织的民主权益，进一步发挥社会组织在协调利益关系、反映群众诉求方面的积极作用。

与前述行政执法过程中的各项基本制度相结合，"政社互动"在执法过程体现的就是要求行政执法全过程体现平等、民主、参与、沟通和协商。这体现在信息公开、表明身份、陈述意见、说明理由、告示告知、沟通协商、听证恳谈、双向评估等一系列的制度设置。比如坚持将"说理"贯彻于行政执法全过程，通过说理释法，强化说理论证，使行政执法决定建立在执法过程的充分沟通、协商基础上；大力推行说理式行政处罚决定书，在行政处罚文书中，对事实进行详细描述，并运用证据加以证明，引用法条的同时阐明适用法律的理由，从而将简单粗略的格式法律文书变为叙事、说法、论理相统一的说理式法律文书。更进一步而言，还可推进行政执法中的政社协同机制，完善行政执法中当事人配合协助机制，特别是充分发挥基层自治组织和社会组织在专业咨询、调查取证、技术鉴定、强制执行等环节的协助作用，鼓励和引导基层自治组织和社会组织在危害安全生产、食品药品安全、自然资源和环境保护等重点执法领域的配合协助和协同治理。

第七章 公正司法，提升司法公信力

司法的核心内容是在事实查明的基础上，依据法律处理法律上的争议，包括民事争议、行政纠纷以及刑事案件。基于罪刑法定原则，刑事审判不允许法官对被告人进行不利的类推和造法。民事审判和行政审判则不允许法官以法律无规定或者规定不明确为由而拒绝司法。司法需具备公正、高效、经济、权威、公信等多重价值，其中，公正是司法的底线，公信是司法的保障。

为了完善司法体制和司法制度，提升司法的公正性和公信力，我国已经持续多年推进司法改革。2008年12月，中共中央转发《中央政法委员会关于深化司法体制和工作机制改革若干问题的意见》，该意见从民众司法需求出发，以维护人民共同利益为根本，以促进社会和谐为主线，以加强权力监督制约为重点，抓住影响司法公正、制约司法能力的关键环节，解决体制性、机制性、保障性障碍，从优化司法职权配置、落实宽严相济刑事政策、加强司法队伍建设、加强司法经费保障等四个方面提出具体改革任务。① 此轮改革，总计包括60项改革任务。

但是，制约司法公正的体制性和程序性障碍，仍旧大量存在。例如，我国刑事司法程序在公、检、法三机关的权限配置上，一直秉持了分工负责、互相配合、互相制约的理念，此即《刑事诉讼法》第7条的规范内容。但是，刑事司法的实际效果是三机关合作有余而彼此制约不足，侦查权呈主导态势，检察监督的绩效不佳，司法的中立性严重缺位。结果是一方面刑事冤案不断曝光，而导致冤案的原因主要在于现行法关于无罪推定的被追诉者地位、排除合理怀疑的证明标准被严重侵蚀，刑事审判很大程度上丧失了制衡国家犯罪追诉权的性质；另一方面刑事司法程序招致的社会不满与日俱增，来自学

---

① 中华人民共和国国务院新闻办公室：《中国的司法改革》（2012年10月）。

术界和律师界的批判不绝于耳，刑事司法的权威性被严重削弱，司法地位矮化的局面不断恶化。① 个案中的司法不公和枉法裁判，严重破坏了司法的公信力以及政府的权威性。正是因此，《中共中央关于全面深化改革若干重大问题的决定》（2013年11月12日中国共产党第十八届中央委员会第三次全体会议通过）提出：深化司法体制改革，加快建设公正高效权威的社会主义司法制度，维护人民权益，让人民群众在每一个司法案件中都感受到公平正义。司法改革的内容包括：确保依法独立公正行使审判权检察权；健全司法权力运行机制；完善人权司法保障制度。

《中共中央关于全面推进依法治国若干重大问题的决定》（2014年10月23日中国共产党第十八届中央委员会第四次全体会议通过）进一步提出，公正是法治的生命线。司法公正对社会公正具有重要引领作用，司法不公对社会公正具有致命破坏作用。必须完善司法管理体制和司法权力运行机制，规范司法行为，加强对司法活动的监督，努力让人民群众在每一个司法案件中感受到公平正义。上述依法治国决定提出了190项重大改革举措，其中有关进一步深化司法体制和社会体制改革的有84项，主要体现在三大方面：一是在保证公正司法、提高司法公信力方面，共有48项改革举措；二是在增强全民法治观念、推进法治社会建设方面，共有18项改革举措；三是在加强法治工作队伍建设方面，共有18项改革举措。2015年4月，中共中央办公厅、国务院办公厅印发《关于贯彻落实党的十八届四中全会决定进一步深化司法体制和社会体制改革的实施方案》，对84项改革举措进行了任务分工，逐项明确了主要任务、牵头单位和参加单位、改革进度和工作成果要求等事项，为各项改革任务落实提供了基本依据，由此开启了最新一轮的司法改革。为了落实中央的改革措施，最高人民法院发布了《关于全面深化人民法院改革的意见——人民法院第四个五年改革纲要（2014—2018）》（法发〔2015〕3号），作为指导法院改革的具体文件。2017年10月18日，党的十九大报告明确指出："深化司法体制综合配套改革，全面落实司法责任制，努力让人民群众在每一个司法案件中感受到公平正义。"由此，司法改革进入全面深化阶段。

---

① 吴俊：《庭审中心主义模式下的刑事诉讼法教学》，《安顺学院学报》2017年第4期，第51页。

习近平同志曾经引用过英国哲学家培根的一段话："一次不公正的审判，其恶果甚至超过十次犯罪。因为犯罪虽是无视法律——好比污染了水流，而不公正的审判则毁坏法律——好比污染了水源。"[1] 如果司法这道防线缺乏公信力，社会公正就会受到普遍质疑，社会和谐稳定就难以保障。苏州的司法改革和司法建设，紧跟国家司法制度的发展进程。苏州司法系统，在结合自身实际的情况下，完成国家司法改革的标准动作，并进行了多方面的前瞻性改革，司法公信力不断提升，司法公正度不断提高，增进了苏州的法治实力和城市竞争力。

第一节 公正司法与城市竞争力之间的内在关联

一、公正司法的基本内容

（一）公正司法的内涵与价值

公正司法是法治的基本要求之一。公正是司法活动的基本原则。以法官为代表的司法人员应该在审理各种案件的过程中正当、平等地对待当事人及其他诉讼参与人，应该在各种案件的处理结果中体现公平正义的精神。[2] 公正司法既包含保护当事人的权利，解决纠纷，树立司法权威，还包括保护人的自由和尊严，实现社会稳定和谐和经济持续发展。虽然纠纷解决机制众多，包括当事人自行和解、人民调解、行政裁决、申请仲裁和提起诉讼等，但司法解决是最后的救济机制，如果司法机制不能公正高效地解决纠纷，其他纠纷解决机制也会失范。而拥有国家强制力为后盾的司法公正与否，攸关国家安危、社会安宁和公民的人身财产安全。公正司法的价值就在于保障社会正义和维护个人尊严，即保障当事人的合法权益，树立司法权威，维护社会秩序，营造良好的社会环境，促进区域的经济发展，为法治社会建设提供强有力的支撑。

---

[1] 习近平：《关于〈中共中央关于全面推进依法治国若干重大问题的决定〉的说明》，http://news.xinhuanet.com/politics/2014-10/28/c_1113015372_3.htm，最后访问时间：2017年12月10日。

[2] 何家弘：《司法公正论》，《中国法学》1999年第2期，第12页。

（二）公正司法的评价标准

司法公正是法的公平与正义的一般概念在司法活动中的体现，表现为一整套被社会伦理所普遍认同的司法制度和被司法活动参与者个别认同的司法程序。它所体现的合理性的制度构架和程序安排使司法活动过程和司法活动结果获得正当性和权威性，并因此发挥社会纠纷解决机制的功能。① 评价司法是否公正的基本标准主要包括：程序公正与实体公正、审判独立与检察独立，全面的司法公开以及高素质的司法人员。

1. 程序公正与实体公正

司法公正包括实体公正与程序公正。实体公正意指通过诉讼活动查明纠纷事实，法官就当事人的实体权利和义务关系作出公正的裁决，保障各方当事人的合法权益。实体正义主要体现在实体法中，贯彻于司法裁判的结论上，构成一种对法官的实体性道德限制。② 公正司法要兼顾实体公正和程序公正，实体公正是司法公正的重要内容，而程序公正则是实体公正的主要保障。就司法活动而言，程序公正具有两个功能：一是保护诉讼参与者在参与诉讼过程中的正当权利；二是在诉讼过程中保障实体公正的实现，确保法院正确认定案件事实和正确适用法律依据，做出公正的裁决。相对于实体上的司法公正而言，程序公正具有较强的可操作性、可衡量性，程序公正是司法活动的切入点。③ 实现最低限度的程序公正，必须遵循程序参与、法官中立、程序对等、程序理性、程序自治、程序及时和终结等原则。④

2. 审判独立和检察独立

现行《宪法》第131条规定："人民法院依照法律规定独立行使审判权，不受行政机关、社会团体和个人的干涉。"《刑事诉讼法》第5条规定："人民法院依照法律规定独立行使审判权，人民检察院依照法律规定独立行使检察权，不受行政机关、社会团体和个人的干涉。"审判独立主要包括两方面的内容：第一，法官在个案裁判上独立于法院的领导。除了依法应该由审判委员会决定的事项，法官应该独立对案件进行裁判并对裁判的结果负责。第二，

---

① 姚莉：《司法公正要素分析》，《法学研究》2003年第5期，第3页。
② 陈瑞华：《看得见的正义（第2版）》，北京大学出版社2013年版，第2页。
③ 何家弘：《司法公正论》，《中国法学》1999年第2期。
④ 陈瑞华：《刑事审判原理论（第2版）》，北京大学出版社2003年版，第54页。

下级法院独立于上级法院。在司法过程中禁止上级法院对下级法院就具体个案的裁判进行指示，否则两审终审制将被架空。要实现审判独立必然要求保证司法权对行政权、司法机关对行政机关的独立。检察独立与审判独立具有类似的内容，检察官必须按照员额制和检察官责任制的要求行使检察权。法院、检察院的运行方式应该去行政化，由此才能确保审判权、检察权独立于行政权。同时，法官和检察官在行使审判权和检察权时要避免社会舆论的干扰。

3. 全面的司法公开

公开是监督权力的一种方式。对当事人而言，司法公开能够提高诉讼案件透明度，对社会公众而言，司法公开能够提高司法机关的可信赖性。目前，最高人民法院已经建立起审判流程信息、庭审直播、裁判文书、执行信息、企业破产重整案件信息等多个公开平台。2018年2月，最高人民法院发布《关于人民法院通过互联网公开审判流程信息的规定》（法释〔2018〕7号）进一步明确了审判流程信息公开的范围，规定庭审、质证、证据交换、庭前会议、调查取证、勘验、询问、宣判等诉讼活动的笔录，应当通过互联网向当事人及其法定代理人、诉讼代理人、辩护人公开。但是，由于我国司法程序中职权主义的因素还比较浓厚，司法改革的均衡度不高，司法公开在各地贯彻的情况并不统一。其一，我国在正式的法律渊源之外，还存在大量在性质上不属司法解释但内容上属于裁判规则的司法文件。这些文件因为令出多门，就同一规范对象往往存在不同的法律效果，乃至导致我国各地法院受案范围都不统一。其二，目前的司法公开是一种形式性的公开而不是实质性的公开，例如诉讼过程中的诉讼资料不公开，法官的身份信息不公开，法院附卷不公开，有的法院甚至发文限制刑事诉讼中律师的阅卷权。[①] 司法公开的价值已经被发现，但是司法公开的范围和力度还有待提升。未来，我国应该在

---

① 例如，浙江省高级人民法院、浙江省人民检察院、浙江省公安厅、浙江省司法厅《关于刑事诉讼中充分保障律师执业权利的若干规定》（浙司〔2014〕6号）规定："在审查起诉、开庭审理前，犯罪嫌疑人、被告人及其辩护人提出供述系非法取得，并提供相应线索或材料的，经办案机关许可可以查阅相关的同步录音录像。"《浙江省高级人民法院关于刑事案件卷宗查阅范围的答复》（浙高法〔2012〕60号）规定："公安侦查卷宗、检察卷宗仅对公安、检察部门开放查阅，被告人及其委托律师确需查阅的，须经上述部门批准同意。"这些都是对当事人和律师阅卷权的违法限制。

现有司法公开的基础上，推进司法的实质性公开和全面公开，让公开机制对法官行为形成实质性约束。

4. 高素质的司法人员

司法裁判的依据固然是法律规范，而司法人员能否正确理解和运用法律，是否具备较高的职业水平和道德素质，是公正司法的重要前提。高素质的司法人员包括具有较高专业素质以及道德素质的法官和检察官。专业的法律素质要求法官具备深厚的法学功底，熟悉法律规范，能正确理解和适用法律，作出公正裁决以解决社会矛盾纠纷。同时检察官需要掌握专门的法律知识，依据法律规定行使职权，履行好检查监督的职能。党的十八届四中全会通过的《中共中央关于全面推进依法治国若干重大问题的决定》指出，建立法官和检察官逐级遴选制度。"初任法官、检察官由高级人民法院、省级人民检察院统一招录，一律在基层法院、检察院任职。上级人民法院、人民检察院的法官、检察官一般从下一级人民法院、人民检察院的优秀法官、检察官中遴选。"法官和检察官逐级遴选制的建立为培养高素质的法律职业人才、提高司法裁判水平、加强司法公正公信提供了切实有力的保障。

司法人员除了需要具备优良的专业素质，道德品格也尤为重要。我国台湾学者史尚宽先生曾对法官之品格有精辟的论述："虽有完美的保障审判独立之制度，有彻底的法学之研究，然若受外界之引诱，物欲之蒙蔽，舞文弄墨，徇私枉法，则反而以其法学知识为其作奸犯科之工具，有如为虎附翼，助纣为虐。是以法学修养虽为切要，而品格修养尤为重要。"① 黎巴嫩诗人纪·哈·纪伯伦在《沙与沫》中说道："谁能把手指放在善恶分野的地方，谁就是能够摸到上帝圣袍的边缘的人。"法律人的一辈子，都是那种"把手指放在善恶交界的人"，轻者，定纷止争；中者，断人毁誉；重者，判人生死。那善恶之间的定夺，本是上帝的权柄，法律人越而代之，能不慎乎？② 裁判是经过良心过滤的法律。当前，冤假错案以及严重违背常识的案件在我国时有发生，严重影响了司法的正义性和公信力。应该通过进一步是司法改革，通过当事人程序保障的实质性提升以及司法制度和裁判技术对司法人员职业伦理的制

---

① 史尚宽：《宪法丛论》，荣泰印书馆1973年版，第336页。
② 陈长文、罗智强：《法律人，你为什么不争气？》，法律出版社2007年版，第91页。

约和引导，避免司法职业伦理的空泛化。同时，应该严格贯彻司法责任制，对于曾经铸就冤案的检察官和法官，进行严厉的问责乃至追究刑事责任，由此才能使得司法责任制对检察官和法官形成有效的威慑。

二、公正司法与城市竞争力的内在关联

城市竞争力是反映一个城市综合能力的概念，在社会、经济、文化、环境政策等多个因素综合作用下，一个城市为其自身发展创造财富、进行资源优化配置、优化人文环境和生态环境的能力。社会秩序的稳定、区域经济的发展、生态环境的保护、社会信用的完善等对城市发展而言都是不可或缺的内容，都是城市竞争力的重要元素。此外，公正司法对于城市竞争力的提升有着无可替代的作用，因为司法是法律秩序的最终保障，城市软环境最终都需要在司法环节进行检验。那么，公正司法与城市竞争力的要素之间究竟有何种关联，公正司法又是如何影响着城市竞争力的发展呢？

（一）公正司法有助于营造良好的社会环境和人权保障环境

良好的社会环境有助于吸引人才投资、创业、定居，保障人们的生活安宁和内心的安全感，而公正司法正是稳固社会安宁、保障人权的重要方式之一。通过对刑事罪犯的公正审判，惩罚罪犯、警示世人，消除社会上的不安定因子，维护社会稳定，同时遵循惩罚犯罪、保障人权与公正司法相结合的原则，依法维护当事人的合法权益。在人权保障上，2012年党的十八大提出了人权发展目标，即到2020年要让"人权得到切实尊重和保障"。目前颇受关注的是刑事领域的人权保障，强调刑事审判要坚持惩罚犯罪与保障人权并重，加强刑事审判过程中的司法公正。同时，行政权力的司法制约同样是人权保障的重要领域，民告官的行政诉讼制度是人权司法保障的重要内容。以行政首长出庭应诉为例，有抽样调查显示，70%的被调查者认为行政机关的行政首长应当出庭应诉，30%的被调查者选择"无所谓，相信法院能够公正审理"。① 可见，不管当事人是否倾向于行政首长出庭应诉，通过公正的审判维护自身合法权益一直是作为当事人一方的行政相对人不懈追求的目标，同时行政首长出庭应诉这一制度本身在推进行政机关依法行政，限制国家权力、保障公民权利上也有着积极意义。如果司法不能制约公权力，违法拆迁、暴

---

① 王晨：《司法公正的内涵及其实现》，知识产权出版社2013年版，第369页。

力执法、产权侵占等有可能肆虐，城市的竞争力必然低下。

（二）公正司法有助于区域经济的发展

当私法领域内的违法行为出现后，除法律允许的不违反公序良俗的私力救济和当事人和解外，选择法律途径，通过诉讼或仲裁解决矛盾纠纷应成为公民意识中的第一反应，而不是想方设法地找关系托人请求行政权力的介入，更不是介入司法程序后的寻求枉法裁判的结果。① 公正司法为全社会树立公平正义的标杆，有助于营造良好的市场竞争环境，使规则意识成为民众社会生活中的普遍意识。苏州法院系统，通过审理企业破产、兼并，股权转让，买卖、租赁等各类商事纠纷，以及各类侵犯著作权、商标权、专利权等知识产权纠纷的案件，规范市场行为，鼓励公平竞争，稳定市场交易秩序，平等保护各类市场主体的合法权益。2017年1月19日，经最高人民法院同意，作为江苏省仅有的两家知识产权法庭之一的苏州知识产权法庭挂牌成立，跨区域集中管辖苏州、无锡、常州、南通四市相关知识产权案件。② 苏州知识产权法庭的有效运行，有力提升了知识产权司法保护的水平，对知识产权市场朝着健康、稳定的方向发展起到了重要引导作用。同时，公正司法能够有效保障产权，保障投资主体的权益，进而达到促进招商引资的作用。

（三）公正司法有助于生态环境的保护和公共利益的维护

公正司法不仅是加强生态环境保护的重要举措，也是开创社会主义生态文明新时代的重要保障。随着国家对环境保护重视程度的提高以及环境公益诉讼的进一步发展，有关生态环境保护的诉讼遍地开花。在生态环境问题严峻，环境纠纷案件多发的年代，公正的司法判决对于生态环境的保护更显得尤为重要。事实上，以最高人民法院为首的生态文明建设的司法保障自党的十八大以来已拉开序幕。2013年6月，最高人民法院、最高人民检察院联合发布《关于办理环境污染刑事案件适用法律若干问题的解释》；2014年5月，最高法院环境资源审判庭正式成立；2014年6月，最高人民法院发布了《关于全面加强环境资源审判工作　为推进生态文明建设提供有力司法保障的意

---

① 张林海主编：《法治的衡量与实现——法治指标体系及应用研究》，黑龙江人民出版社2011年版，第396页。
② 王岑、马亚龙：《不忘初心　牢记使命　谱写人民司法事业新篇章——图解苏州市中级人民法院八大工作亮点》，《苏州日报》2017年10月20日，第A5版。

见》；2016年1月，最高人民法院副院长江必新在云南省昆明市召开的环境公益诉讼审判工作座谈会上强调，各级法院要把环境公益诉讼案件的审理作为当前环境资源审判的一项重要任务，依法稳妥推进，要充分认识环境公益诉讼具有确立和救济公众环境权益、监督制约行政权力、补充强化环境政策的独特价值和功能，健全完善环境民事和行政公益诉讼程序规则，注意把握好环境保护和经济发展的关系。① 司法在环境保护领域的作用持续增强。环境民事公益诉讼实行职权主义，不严格遵循处分权主义，法院可以依职权调查事实和收集证据，判决的主文可以超越原告的请求范围且要考虑判决的执行实效。环境民事公益诉讼中法官对于程序的进行和实体的形成都有很大的控制权。② 2017年《民事诉讼法》和《行政诉讼法》增订了检察机关提起民事公益诉讼和行政公益诉讼的条款，公益诉讼制度进一步完善，不特定消费权益、生态环境和资源保护、食品药品安全、国有财产保护、国有土地使用权出让等公共利益领域，司法都将提供保护。

（四）公正司法有助于社会诚信度的提升

诚实信用的理念贯彻法治建设的始终。现实生活中，诚信缺失现象十分普遍。有的企业经营诚信沦丧，产品质量上掺假造假，经济交往过程中缺少信用，不守合约，更有甚者，实施合同欺诈、拖欠货款、恶意逃避债务等行为。就个人而言，一些人思想观念上缺少诚信意识，契约意识淡薄，弄虚作假，存在考试作弊、贷款不还、网上传播虚假消息等失信行为。③ 面对种种诚信缺失的现象必须借以公正的司法手段加以规制。在刑事领域，通过检察机关依法提起公诉，审判机关依照法律加以审判，依法严惩生产、销售伪劣商品，走私，破坏金融管理秩序，金融诈骗，危害税收征管，扰乱市场秩序等破坏社会主义市场经济秩序的行为，促使人们在市场交易过程中秉持诚实守信的基本原则，遵守公序良俗。在民事领域，通过公正的司法判决，解决当事人之间的合同纠纷、不正当竞争纠纷、专利权纠纷、债权债务纠纷等，发

---

① 江必新：《深入贯彻五大发展理念稳步推进环境公益诉讼》，http://www.court.gov.cn/zixun-xiangqing-16502.html，最后访问时间：2017年12月11日。
② 吴俊：《环境民事公益诉讼的程序构造》，《华东政法大学学报》2015年第6期，第40页。
③ 张林海：《法治的衡量与实现——法治指标体系及应用研究》，黑龙江人民出版社2011年版，第189页。

挥法律的规范作用，以法治体现道德理念，强化法律对诚信建设的促进作用。公正司法通过强制性的裁判以及强制执行程序，强制性地兑现体现了诚信精神的法律秩序，促使人们依法办事，诚实守信。

第二节 现阶段司法状况的总体评估与主要成就

一、法院司法状况及成就

（一）总体概况

苏州市作为地级市，法院的体系设置为基层人民法院和中级人民法院。目前，苏州除了苏州市中级人民法院之外，还设置了包括姑苏区人民法院、吴中区人民法院等基层法院在内的 11 个基层人民法院、36 个人民法庭。苏州市法院以坚持司法为民，公正司法工作为主线，突出执法办案、深化改革和自身建设三个重点，忠实履行宪法和法律赋予的职责，着力打造在全国有影响力的苏州法院工作品牌。

在案件审结数量方面，2013 年至 2015 年，全市法院共受理案件 499 969 件，审执结 460 375 件，与 2010—2012 年相比，分别增长 58.9% 和 50%。① 而苏州市法院近三年案件审结量以及法官人均案件审结量同样呈逐年增长趋势，2015 年全市法院案件审结量为 179 986 件，法官人均结案数为 165.43 件；2016 年全市法院案件审结量为 204 097 件，法官人均结案数为 189.33 件；2017 年，苏州全市法院共受理各类案件 276 181 件，同比上升 10.67%；审执结各类案件 232 538 件，同比上升 13.94%。

在人员数量上，截至 2017 年 12 月，苏州全市两级法院核定政法编制 1 779 个，实有 1 585 人，其中员额法官 752 人。由于员额法官的人数与案件数量不能实现同步的增长，在案件数量不断攀升的情况下，人案矛盾比较突出。2017 年 5 月，江苏省高院下发通知规范，明确未入额法官不再独立办理案件，进一步加剧了人案矛盾。

---

① 《苏州市中级人民法院概况》，http：//www.szzjrmfy.gov.cn/about.php，最后访问时间：2017 年 12 月 11 日。

(二) 苏州市中级人民法院的情况

苏州中级人民法院目前内设 23 个职能部门，包括立案、民事审判、刑事审判、知识产权审判、环境资源审判、未成年审判、行政审判、审判监督、执行裁决等庭室，还有法官培训处等职能部门。此外，苏州中院有直属机构法警支队，负责司法警察警务工作，警卫法庭、押解犯人、送达有关法律文书，配合有关审判庭和执行局执行有关事项，维护机关秩序，指导、协调基层法院的法警工作，抓好全市法院法警队伍业务建设。另外，按规定设置纪检组、监察处（由市纪委派驻，合署办公）；机关党委；老干部服务处。① 2016 年，苏州中院共受理案件 19 095 件，办结 16 692 件，同比分别上升 15.6% 和 17.6%，均创历史新高。其中中院坚持宽严相济刑事政策，审结刑事一审、二审案件 979 件；坚持调判结合，审结民商事一审、二审案件 13 521 件，其中以调解、撤诉方式结案 2 943 件；深化行政案件集中管辖试点工作，强化司法审查职责，审结行政一审、二审案件 804 件，执结案件 944 件，标的额 75.1 亿元，同比分别上升 19.8% 和 58.4%。在法官个体办案方面，全院一线法官人均结案 136.8 件，同比上升 31%。同时，苏州中院还积极落实改革试点任务，努力提升司法公信，全面推进法官员额制改革，经能力考试、业绩考核等程序，中院 115 名法官被遴选为首批员额法官，占中央政法编制数的 40.4%。推进涉诉信访改革，畅通法治化处理入口，受理申诉申请再审案件 432 件，接待来访 1 089 人次，处理来信 2 272 件次；在深化司法公开方面，苏州中院主动向当事人发送案件信息 30.8 万条，公开发布审判信息 1.6 万组，庭审直播 1 511 件次，上网公开生效裁判文书 12.2 万份，文书上网数量全省第一。②

(三) 苏州市各基层人民法院的情况

除了苏州市中级人民法院，苏州各基层人民法院的司法现状也对整个苏州的司法公正起着至关重要的作用。以苏州市虎丘区人民法院为例。虎丘区人民法院现内设刑事审判庭、民事审判庭、少年审判综合庭、行政审判庭、

---

① 《苏州市中级人民法院 2018 年度部门决算》，http：//58.210.227.77：8087/SZZY/static/u/www/file/20180212/1518423184630033044.pdf，最后访问时间：2018 年 4 月 1 日。

② 《苏州市中级人民法院 2016 年度部门决算》，http：//58.210.227.77：8087//fypage/toContentPage/swgk/9696，最后访问时间：2018 年 4 月 1 日。

立案庭、审判监督庭等共计15个部门，2016年全年共受理各类案件12 771件（含旧存2 733件），审执结9 654件，同比分别上升18.13%和19.51%，结案标的额38.48亿元。具体来讲，审结各类刑事案件601件，判处罪犯708人；审结各类民商事案件5 716件，涉案标的金额达28.55亿元；共受理行政诉讼案件79件，审结76件；执结各类案件3 234件，执行到位金额8.9亿余元，实施司法网拍303次，总溢价率达18.06%；依托于"联网+"构建司法公开三大平台，于互联网公布各类裁判文书3 931篇，开展庭审直播110次，通过官方网站、微博、微信发布各类司法信息1 391篇；在法院个人办案方面，全院法官个人最高结案数达483件，一线法官人均办案达275.8件。①

值得关注的是，为了进一步加强对知识产权的保护，2017年1月19日，经最高人民法院同意，苏州知识产权法庭挂牌成立。2017年1至9月，苏州知识产权法庭共受理各类知识产权案件1 176件，审结861件，同比分别上升64.95%和88.88%。苏州知识产权法庭有效运行，有力提升区域内知识产权司法保护水平。②

（四）苏州市法院司法状况及其成就总结

苏州市中级人民法院和基层人民法院不仅仅完成司法改革的标准动作，还根据苏州的实际情况，积极探索司法服务地方的最佳方式。一是在案件数不断上升的情况，通过优化审判资源，提升司法效率，积极回应公众的司法需求。立案登记制的改革，以及司法公正对社会正义需求的有效回应，会刺激民众的诉讼意愿。苏州两级法院积极推进立案制度改革以及法官员额制改革，充分保障公众的诉权，提高案件审理的质量和效率。二是加大案件执行力度。执行难是各级人民法院普遍面临的难题，苏州中院以及各基层法院都在案件执行方面给予极高的重视，不仅在执行的力度上投入更多的资源，在执行的方式上也进一步创新，充分利用媒体优势，开展两级法院联动机制，提高执行的工作实效，切实保护案件当事人合法权益的实现，维护司法的公信力。三是积极推动司法公开。不管是苏州中院还是各基层法院或法庭，在

---

① 《2016年度苏州市虎丘区人民法院部门决算》，http://www.szhqfy.gov.cn/down/sfgk/2017103017543.pdf，最后访问时间：2017年12月9日。

② 王岑、马亚龙：《不忘初心 牢记使命 谱写人民司法事业新篇章——图解苏州市中级人民法院八大工作亮点》，《苏州日报》2017年10月20日，第A5版。

司法公开方面较之前的司法实践都向前迈出了重大一步。2016年度，全市各法院不仅将案件流程节点信息通过互联网向社会零门槛公开，而且还通过主动向当事人发送案件信息、公开发布审判信息、庭审直播以及上网公开生效裁判文书等方式全方位推动司法公开。苏州市法院在以上三个方面付诸的实践努力，不仅是高水平司法的示范者，更是在践行"努力让人民群众在每一个司法案件中感受到公平正义"的目标与承诺。

二、检察机关司法状况及成就

（一）总体概况

苏州市检察机关包含苏州市人民检察院以及苏州市检察院下辖的10个基层院，即张家港、常熟、太仓、昆山4个县级市检察院，吴江、吴中、相城、虎丘、姑苏、工业园区6个区检察院。① 截至2017年12月，苏州全市检察机关有员额检察官333名，占中央政法编制的35.7%，检察辅助人员379人，司法行政人员138人。

2016年度，苏州市检察机关全年共批准逮捕各类犯罪嫌疑人6 824人，提起公诉各类刑事案件12 340件15 345人。依法严厉打击危害人民群众人身和财产安全的犯罪，对故意杀人、抢劫、强奸、盗窃、诈骗等犯罪，共批准逮捕4 184人，提起公诉7 377人；积极参与打击侵犯知识产权和制售假冒伪劣商品专项行动，共提起公诉侵犯知识产权犯罪案件14件44人；依法惩治危害民生民利的犯罪，提起公诉生产销售假药、劣药、有毒有害食品犯罪案件57件102人；积极参与网络金融、电信诈骗、非法集资等专项治理，共审查起诉电信诈骗、网络诈骗犯罪案件43件130人；严厉打击破坏环境资源类犯罪，依法提起公诉此类犯罪案件89件168人，同比上升187.1%。在查办和预防职务犯罪方面，苏州市检察机关全年共立案查办贪污贿赂犯罪案件114件133人。其中厅、处级干部7人、科级干部20人；贪污受贿300万元以上的案件15件22人；全年共查办滥用职权、玩忽职守等渎职侵权犯罪案件26件31人，其中重特大案件18件18人。在推进司法办案公开透明方面，苏州市检察机关依托人民检察院信息公开网、检察门户网站、新媒体集群等平台，公开

---

① 《苏州市检察机关概况》，http：//sz.jsjc.gov.cn/jianwu/intro/201709/t20170912_170274.shtml，最后访问时间：2017年12月9日。

法律文书11 183份、案件程序性信息43 570条，发布重要案件信息408条。

2017年，苏州市检察机关全年共批准逮捕各类犯罪嫌疑人6 928人，提起公诉14 209件18 633人，所办案件数占全省17.8%，刑事检察部门员额检察官人均办案量居全省第一。对社会关注的重大敏感案件提前介入、引导侦查，妥善办理了虎阜路聚众斗殴案、太湖大桥交通肇事案、苏州首例利用和组织艾滋病人非法讨债的寻衅滋事案、曾芳飞等118人利用网络直播平台开设赌场案等。对公安部督办的"曙光行动"电信诈骗专案，开创跨国引导侦查新模式，先后对30名犯罪嫌疑人采取逮捕措施。加强个案、类案分析，对利用P2P非法集资、网络支付平台诈骗等犯罪开展调研，向案发单位、政府主管部门发出刑事检察建议30份，推动出台犯罪防范措施。着眼降低刑事案件发生率，开展预防重点高发案件的法制教育，推动社会是非标准的确立，增强公众尊法守法的意识。

（二）苏州市检察机关司法状况及其成就总结

苏州市检察机关的司法状况及其成就呈现如下特点：一是检察机关的司法办案水平逐步迈入新的台阶。以审判为中心的诉讼制度改革施行之后，全市的检察机关充分发挥诉前主导、审前过滤作用，依法排除非法证据，办理案件的质量进一步提升。二是检察机关的司法公信力逐步迈上了新的台阶。一方面，苏州市检察机关在全省率先建设刑事检察工作办案区，实行指定居所监视居住办案场所统一建设和管理，深入推进司法规范化建设，司法办案监督制约机制更加健全。另一方面，苏州市检察机关在全国率先成立检察新媒体中心，规范信息发布，探索法律文书公开制度，推动检民良性互动，倒逼公正规范司法。三是检察机关依法公正履职的能力逐步迈上了新的台阶。全市检察机关拥有全国检察业务专家、全国十佳公诉人、全国侦查监督办案能手等省级以上优秀专业人才31名，全市10家基层检察院中有5家先后被评为全国先进检察院，先进院数量占比居全省检察系统首位。市检察院先后3次荣获"全国基层检察院建设组织奖"，并被评为"全国检察文化建设示范院"。

检察机关不仅肩负着公正司法的使命，还是我国司法的监督机关，检察机关司法状况的优劣对于整个城市乃至整个国家的司法公正都有着极大的影响。就目前苏州市检察机关呈现出的司法状况来看，苏州司法的基本状况已经处在一个较高的水准上，其取得成就已经成为苏州核心竞争力不可或缺的因素。

三、公安机关刑事司法的状况及成就

（一）总体概况

公安机关是人民政府的重要组成部分，是国家的行政机关，同时它又担负着刑事案件的侦查任务，因而它又是国家的司法机关之一。目前苏州全市设有苏州市公安局、公交分局、吴中分局、相城分局、虎丘分局、姑苏分局、苏州工业园区分局、太仓分局、吴江分局、苏州太湖国家旅游度假区分局、苏州独墅湖科教创新区分局、城市轨道交通治安分局、张家港市公安局、常熟市公安局、昆山市公安局等公安机关。① 在2016年，苏州市公安机关协力促进社会纠纷的多元化解方式，深入推进"公调对接""律师驻所"等工作，先后调处矛盾纠纷6.2万余起。部署1.5万名警力开展社会全面巡防，配备1300余名便衣警力实现精确打击，设立由多警种组成的应急处突机动队，全市重点部位建立36个警务工作服务站，2016年全市巡防抓获违法犯罪嫌疑人同比上升20.1%，巡区侵财类案件同比下降约20%。严厉打击各类违法犯罪，刑事案件破获数和抓获违法犯罪嫌疑人数分别同比上升8.4%、6.3%，96起现行命案全破。建立市级反通信网络诈骗中心，案件数、群众损失金额分别同比下降17%、12%，破案数、抓获涉案嫌疑人数分别同比上升24%、101%。组织开展专项行动，破获群众关心的环境、食品、药品案件数和犯罪嫌疑人抓获数分别同比增加109.8%和152.7%。②

（二）苏州市公安机关司法状况及其成就总结

作为刑事案件的侦查机关，公安机关对于司法公正和公信力的影响不可忽视。苏州市公安机关在过去的司法工作中，呈现出以下的特点：一是注重从源头控制犯罪。打击犯罪最有效的方式就是遏制犯罪的产生，苏州市公安机关注重从犯罪的源头控制犯罪，对一些常见的、关系社会公众人身和财产权益类案件进行重点排查，效果卓著。2016年度，苏州市侵财类案件、通信网络诈骗案件等类型的案件发生率都呈下降趋势；二是打击犯罪力度逐渐加大。苏州市公安机关本着为民服务的理念和宗旨，高度重视破案率，2016年

---

① 《苏州市公安局执法勤务机构》，http://www.gaj.suzhou.gov.cn/e/action/ShowInfo.php?classid=32&id=2843，最后访问时间：2017年12月10日。

② 《苏州市公安局2016年工作总结》，http://www.gaj.suzhou.gov.cn/e/action/ShowInfo.php?classid=45&id=1296952，最后访问时间：2018年4月2日。

度苏州市刑事案件、通信网络诈骗案件等类型的案件破获数和抓获违法犯罪嫌疑人数都呈上升趋势；三是信息化科技化司法能力优化。苏州市公安机关加快大数据、互联网等新型科技手段应用，着力构建预知预警、预测预防的警务模式，充分利用现今信息化、技术化的社会特点，多方位推动司法能力的优化；四是公安工作和社会治理法制水平不断提升。苏州市公安局以建设法治公安为目标，进一步深化执法规范化建设，不断提升公安机关执法公信力和人民群众满意度。2016年，在省厅执法质量考核评估中，市局位列全省第一方阵前列，并获评"全省执法示范市公安局""全省普法工作先进集体"。

四、司法行政工作的状况及成就

苏州市司法局作为司法行政机关，对于全市的司法行政系统的普法、全市司法行政系统的执法监督、对全市范围内律所及律师进行管理、在全市范围内开展法律援助工作、社区矫正工作等，对于苏州市的司法状况影响重大。在促进司法权依法公正行使方面，苏州市司法局依法用权，确保权利在阳光下行使，健全完善法制审查制度，仅2016年就完成50起法律审核工作，内容涉及行政许可、行政处罚、政府信息依申请公开答复、信访投诉答复等；在加大队伍建设的力度方面，苏州市司法局从司法行政法治队伍和司法行政执法队伍着手，已经建立起一支初具规模、素质好、能力强的苏州司法行政法治、执法队伍；苏州市司法局加大改革力度，先后建立司法鉴定和公证法律援助制度，降低法律援助申请门槛，司法鉴定工作鉴定业务量高，连续五年保持零有效投诉；在公证以及律师业务管理方面，苏州市近年的公证办证年均突破10万件，占全省总量18%，律师行业累计代理诉讼和非诉案件突破20万件，全市律师服务业务创收年均增长17%；在服务政府依法行政工作方面同样取得突破，整个苏州市市县两级政府法律顾问团组建率已经达到100%，已经实现政府法律顾问全覆盖。最后在法治宣传教育方面，苏州市司法局普法机制进一步完善，"谁执法谁普法"责任制有效落实，"大普法"格局基本形成；在普法形式方面，苏州市司法局推出多元化普法方式，法治文化阵地数量居省内前列，法治文化网、微信、手机APP等新载体全面运用，法治微电影、微小说等普法新形式不断丰富。① 苏州市司法局运用多种形式的普法手段，普及法律知识，提高社会民众对于法律的认知，有助于民众维权意思的增强、社会纠纷合理解决方式的内化等，对于整个社会法治状况的提升具有不可忽视的作用。

在苏州司法行政机关领导下的律师服务团队也是苏州司法现状中的一大闪光点和重要支撑点。截至 2017 年 10 月，苏州共有律师 3729 名，律师事务所 296 家，较五年前分别增长 63%、49%，律师人口占比由万分之 2.2 增长至万分之 3.5。此外，民事诉讼办理量、行政诉讼办理量和业务创收分别为五年前的 1.65 倍、3.2 倍、1.41 倍。苏州市司法局采取多重举措，推动律师行业快速发展。一是重视执业权利保障，不断改善执业环境。苏州市司法局不仅与中级人民法院、市检察院、市公安局联合出台《保障辩护律师依法会见在押犯罪嫌疑人、被告人工作规范（试行）》，要求依法保障辩护律师的辩护权和会见在押犯罪嫌疑人、被告人的权利，而且与市法官协会、市检察官协会共同构建法官和律师、检察官和律师"阳光交流平台"，极大地促进了司法人员和律师平等相待、相互尊重、良性互动。二是注重律师人才培养，促进律师队伍成长。苏州市司法局出台《苏州市选拔和培养高层次律师人才三年行动计划》，实施"3212"工程，加快律师人才队伍建设，加大人才培养力度；同时，在全国首创选派实习律师到法院实习，从事审判辅助工作，并将在此基础上在全市逐步推开选派实习律师进法院制度。三是善于搭建多样平台，参与公共法律服务。苏州市司法局积极推动律师担任政府法律顾问、村（社区）法律顾问、学校法律顾问，充分发挥律师在政府依法决策、依法行政、基层矛盾纠纷预防化解和依法治校等方面的作用。②

同时，在苏州司法行政机关的指导和监督下，苏州市律师协会自 1992 年成立至今，已发展至第五届委员会，组织机构和管理制度进一步完善。苏州市律师协会在加强律师协会管理，保障律师合法权益，规范苏州市律师行业

---

① 《苏州市司法局 2016 年依法行政工作报告》，http：//www.zfxxgk.suzhou.gov.cn/sjjg/szssfj/201702/t20170222_846447.html，最后访问时间：2017 年 12 月 10 日。

② 《苏州市多措并举推动律师行业快速发展》，http：//www.sfj.suzhou.gov.cn/szsfj/InfoDetail/?InfoID=5577dfe6-342c-447a-bce6-50ed20e47f80&CategoryNum=002001，最后访问时间：2017 年 12 月 10 日。

管理和律师执业行为，促进律师事业持续发展方面起到不可忽视的推动作用。

通过对苏州法院系统、检察院系统、司法行政系统等司法系统的调查，不难看出，目前苏州已经形成了良好的司法格局，法院、检察院、司法行政机关以及社会自律组织等各司其职，共同推进苏州的司法朝着更加公正、公平的方向发展。尽管在整体的司法现状中，仍有诸多需要尽力克服的地方，如人案矛盾的加剧等，但是只要我们全市司法系统注重统筹推进、完善改革配套措施，探索建立以审判为中心、符合审判机关特点的机构设置模式和人员配置方式，人案矛盾的解决将不会阻碍苏州司法更加进步的步伐。

第三节 司法的主要经验与典型事例

一、主要经验

（一）成立苏州知识产权法庭

2017年1月19日，经最高人民法院同意，苏州知识产权法庭挂牌成立。作为江苏省仅有的两家知识产权法庭之一及苏州中院新的内设机构，苏州知识产权法庭跨区域集中管辖苏州、无锡、常州、南通四市相关知识产权案件。苏州知识产权法庭成立后即投入高效运转，2017年1至9月共受理各类知识产权案件1176件，审结861件，同比分别上升64.95%和88.88%。苏州知识产权法庭有效运行，有力提升区域内知识产权司法保护水平，为苏州勇当"两个标杆"、建设"四个名城"贡献了法院力量。①

（二）成立环境资源审判庭

苏州中院认真贯彻习近平同志"绿水青山就是金山银山"的重要指示精神，牢固树立绿色发展新理念，充分发挥司法职能作用，积极助推美丽苏州建设。2017年，苏州中院专门成立环境资源审判庭，出台《关于为我市推进生态文明建设与绿色发展提供司法保障和服务的实施意见》，进一步健全完善环境资源案件集中管辖、"三审合一"及公益诉讼等工作机制，切实维护环境

---

① 王岑、马亚龙：《不忘初心 牢记使命 谱写人民司法事业新篇章——图解苏州市中级人民法院八大工作亮点》，《苏州日报》2017年10月20日，第A5版。

公共利益和群众环境权益，相关做法得到了省委常委、市委书记周乃翔，市委副书记李亚平以及市委常委、政法委书记俞杏楠等市领导的批示肯定。①

（三）实行案件繁简分流机制改革

苏州中院综合考量案件数量、类型、难易程度及办案力量配置等因素，将简单案件分至速裁组，复杂案件分至专业化合议庭，系列性及关联性案件分至同一审判组织，基于"简案快审、繁案精审、类案专审"原则，统筹分配案件办理，优化司法资源配置，提升整体办案效能。2017年6月，苏州中院被最高人民法院确定为全国案件繁简分流机制改革示范法院，也是江苏省四家获此称号法院中唯一的中级人民法院。②

（四）深化"智慧审判苏州模式"

为破解法院日益突出的人案矛盾，苏州中院充分运用互联网、司法大数据和人工智能等前沿科技，重点搭建和完善"电子卷宗随案生成""庭审语音智能转写""电子质证随讲随翻""材料流转云柜互联""文书制作左看右写""案例文献自动推送""简易判决一键生成""同案同判数据监测"等8个智能办案平台，进一步深化以"电子卷宗+庭审语音+智能服务"为主要内涵的"智慧审判苏州模式"，案件平均审判效率提高了30%左右。自2017年年初得到最高人民法院周强院长批示以来，已吸引全国法院系统200余批学习考察团实地参观。在2017年7月江苏全省基层社会治理创新推进会上获评全省政法工作优秀创新成果一等奖。③

（五）全面实行法院、检察院员额制改革

法官员额制改革是落实司法责任制的基础。经遴选，苏州全市法院系统697名法官成为首批员额法官，占中央政法专项编制数的39.5%。其中，中院入额115人，占中央政法专项编制数的40.4%。整个遴选过程平稳有序，受到省法官遴选委员会充分肯定。在遴选标准上，坚持以德为先、业绩为重，重点考核审判业绩及办案能力，不搞论资排辈、迁就照顾。在遴选方式上，

---

① 王岑、马亚龙：《不忘初心 牢记使命 谱写人民司法事业新篇章——图解苏州市中级人民法院八大工作亮点》，《苏州日报》2017年10月20日，第A5版。

② 王岑、马亚龙：《不忘初心 牢记使命 谱写人民司法事业新篇章——图解苏州市中级人民法院八大工作亮点》，《苏州日报》2017年10月20日，第A5版。

③ 王岑、马亚龙：《不忘初心 牢记使命 谱写人民司法事业新篇章——图解苏州市中级人民法院八大工作亮点》，《苏州日报》2017年10月20日，第A5版。

坚持考核为主、考试为辅，并采取案件抽查、第三方参与等措施，确保客观公正。在员额分配上，坚持以案定岗、向一线倾斜，除院长、副院长按规定入额外，其他员额岗位均配置在审判业务部门，司法行政部门无一员额法官。截至2017年12月，因工作调动、岗位调整等原因，全市法院实有员额法官752名，其中中院114名。苏州市检察系统也按照统一部署，完成了员额制改革。

（六）深化司法公开

坚持以公开促公正，推进审判执行流程信息公开。通过12368短信平台等途径，将可公开的案件信息及时、全面向当事人公开，倒逼法官自我管理、自我约束。借助法院官方网站，将案件主要流程节点信息向社会"零门槛"公开，主动接受各方监督，加大互联网庭审直播力度。早在2014年，苏州中院即在外网建立审判流程信息公开平台，社会公众无须注册和登录即可通过网上诉讼服务中心平台掌握法院所有在办案件和已结案件信息。案件当事人通过查询密码登录后，可以查看更多的案件信息。立案一庭庭长赵荣祖介绍说："案件流程节点信息，不仅对案件当事人公开，还对社会公众公开，公开程度在全省法院范围开创先例。"庭审直播作为一种可视正义，在苏州法院也得到大力推进。中院网站上的"庭审直播"板块，汇聚了两级法院的案件庭审直播录像。社会公众足不出户，鼠标轻轻一点，即可查看直播庭审视频及视频回顾。另外，推进裁判文书上网工作，通过中国裁判文书网发布生效裁判文书21.8万份，数量居全省第一。积极利用网站、微博、微信和召开新闻发布会等途径，主动回应社会关切，共发布相关司法信息2.3万条，召开新闻发布会70场。

（七）协调建立司法机关与律师交流平台

苏州市律师协会分别与市法官协会和市检察协会共同构建法官和律师、检察官和律师"阳光交流平台"，定期召开联席会议，就如何保障律师执业权利问题进行探讨。同时，市律协与市中院签订合作协议，建立实习律师进入法院实习制度，这在全国法院系统属于首创。以上举措促进了司法人员和律师相互沟通联络、良性互动。另外，建立律师诚信档案。为加强对律师事务所、律师的执业监督和管理，规范律师行业的执业活动，根据《中华人民共和国律师法》、司法部有关规章、省司法厅《关于加强全省律师行业诚信建设的意见》和苏州市社会信用体系建设相关要求,结合本地实际,苏州市制定了《苏州市律师诚信档案建设若干规定(试行)》。该规定明确了诚信档案记载的原则;明确了律师事务所和律师诚信档案的内容;明确了诚信档案信息向社会公开的范围;明确了诚信档案的管理主体。律师诚信档案建设的实施,增强了律师队伍的诚信意识和信誉约束,提高律师行业的社会公信力,促进全市律师事业健康发展。[①]

(八)稳步推动人民监督员制度改革

人民监督员制度改革实施工作部署以来,苏州市司法局根据上级要求,积极推进人民监督员选任管理工作。一是健全人民监督员管理机构。2017年3月,市编办发文同意市司法局增设人民监督员选任管理办公室,负责全市人民监督员选任、培训、案件监督组织、考核、奖惩和指导全市人民监督员选任管理等工作。二是积极争取人民监督员工作经费。经与市财政局、市检察院会商,将人民监督员选任管理中发生的费用分为案件监督补助、通信补贴、培训观摩费用、报刊书籍资料费、证件制作费等类别,共计争取专项经费45万元。三是认真开展人民监督员培训。同年9月,组织开展第四届苏州市人民检察院人民监督员专项业务培训班,对全市70名市级人民监督员开展专业培训。四是积极发挥市级人民监督员案件监督作用。截至2017年11月30日,第四届苏州市人民检察院人民监督员在本年度共参与案件公开审查12次,参加检察开放日11次,参与监督告知115起,参与案件监督评议17起59人次,有效履行好监督案件职责。

二、典型事例

苏州中院作为全省司法体制改革试点单位之一,在市委坚强领导、市委政法委直接领导和上级法院指导下,紧紧围绕"努力让人民群众在每一个司法案件中感受到公平正义"的目标,全面推进以司法责任制为核心的司法改革,着力构建符合司法规律的审判权运行机制、科学有效的监督制约机制和保障有力的改革配套制度体系,从而使审判质效进一步提升,法官职业尊荣

[①] 《市司法局建立律师诚信档案制度》,http://www.szfzb.gov.cn/25d43d2e-76d8-44c1-b24b-e75e264d05c0.html,最后访问时间:2017年12月10日。

感进一步增强,群众对法院工作认同度进一步提高。① 在司法建设过程中,出现了一些具有典型性和影响性的案例和事例。

(一)审理常熟"鲤鱼门"集资诈骗案

2009年至2012年间,被告人周思扬在江苏省常熟市从事酒店、咖啡店等单位的经营期间,隐瞒已欠下巨额债务,其掌控的相关单位经营亏损的真相,先后注册多家空壳公司、单位,制造虚假繁荣,以急需资金周转、投资、偿还银行贷款等为由,采用高额利息为诱饵,向李某、龚某某、杨某某、宗某某、仲某某、张某、杨某、杨某某、陈某某、倪某某、计某某、成某、陆某某、唐某某、张某某、潘某某、苏州某投资管理有限公司等社会不特定对象非法集资,非法集资款共计人民币48 678万余元,用于挥霍性经营、偿还债务、支付高额利息、购买房产和汽车、个人消费等,实际集资诈骗共计人民币212 731 782.14元。2012年2月20日,被告人周思扬因无力偿还巨额债务逃匿国外。苏州中院一审以集资诈骗罪判处被告人周思扬无期徒刑,剥夺政治权利终身,并处没收个人全部财产。周思扬原为常熟知名酒楼"鲤鱼门"老板,其逃匿事件一度在网络上引发热炒,被称为"鲤鱼门"事件。

(二)法官识破亿元虚假诉讼

2016年10月,苏州市中级人民法院受理一起民间借贷纠纷案。王某诉称,徐某夫妇因资金周转需要三次向其借款,根据借款合同,其分别向对方转账8 680万元、2 000万元和1 500万元,共计1.2亿余元,利息按人民银行公布同期贷款基准利率四倍计算。但被告仅归还1 616万余元利息后,便不再归还本息。苏州中院受理该案后,由民四庭法官沈莉菁承办。法院向被告身份证上的住址邮寄了诉讼副本和开庭传票,但被退回。法官沈莉菁询问原告,原告说联系不上被告。为此,沈莉菁特地赶到被告住址所在地,得知被告已经"跑掉"。对于被告下落不明的案件,一般情况下是采取公告送达,被告不到庭则缺席审判后裁判。

沈莉菁法官想尽调查手段,想方设法联系上被告,仔细核查涉案资金流向,最终发现这竟是一起虚假诉讼案。由于法院是中立的,法官不可能像公

---

① 王岑、马亚龙:《不忘初心 牢记使命 谱写人民司法事业新篇章——图解苏州市中级人民法院八大工作亮点》,《苏州日报》2017年10月20日,第A5版。

安机关破案那样去寻找线索。在司法责任制改革前,法官很可能直接向合议庭建议公告送达,合议庭一看找不到人,同意的概率会很大,被告如果未应诉,将面临败诉的局面。法官这么做,也履行了相关职责,不存在渎职或违纪行为。而被告一旦败诉,执行程序随即启动;虽然被告可以申诉,但审判监督程序并不影响执行,即便能够执行回转,被告也将花费大量时间和精力,成本极高。

司法责任制改革后,苏州法院全面落实"让审理者裁判,由裁判者负责"。作为苏州法院系统最年轻的一批入额法官,沈莉菁在法律框架下想尽办法,做到审慎审查。她通过查询关联案件发现,徐某夫妇所办的企业在苏州法院曾有过诉讼,是以调解结案的。她找到该案承办法官,联系到当时徐某的代理律师。徐某的代理律师出庭应诉。徐某的代理律师提出,1.2 亿余元的转账流水,是原告拿了徐某夫妇的银行卡造假造出来的。但徐某一方拿不出任何造假的证据,因此申请法院调查取证。此案转账流水涉及多家银行,沈莉菁一家一家地跑,核实发现,其中 8 680 万元、1 500 万元两笔钱存在循环转账的问题。沈莉菁以 8 680 万元那笔钱举例说,在同一天,案外人 A 分 7 笔向原告转账 8 680 万元,原告每收到一笔钱后,立即向被告账户转账;之后,被告账户连续消费 14 笔钱共计 8 680 万元,每笔钱消费后 1 分多钟,案外人 A 账户就有相同数额的钱转入,14 笔钱共计 8 680 万元。这足以证明原告对 8 680 万元并未实际出资,被告并未实际收到 8 680 万元的借款。后来,原告考虑到本案的诉讼风险及大额诉讼费,以书面形式向法院申诉撤回了起诉。

苏州中院民四庭负责审理民间借贷、劳动争议等类型的案件。近年来,苏州民间借贷纠纷多发,有以个人名义借款也有企业相互担保的情况,其中掺杂的虚假诉讼手段不断升级,从原来的单循环转账变为交叉循环转账,还有汇票交付等形式,对法官办案提出了更高的要求。①

(三)审理上海垃圾非法倾倒苏州太湖西山岛案

2016 年 7 月初,苏州太湖西山岛宕口处出现了一座巨型垃圾山,大量生活垃圾、建筑垃圾混合而成的固体废物散发着阵阵恶臭,严重污染了当地环

---

① 周斌,《苏州法院司法责任制改革压实责任——年轻法官较真识破亿元虚假诉讼》,http://www.legaldaily.com.cn/locality/content/2017-06/19/content_7209483.htm?node=37230,最后访问时间:2017 年 12 月 11 日。

境,引发极大关注。调查发现,2016年初,孙秋林(涉嫌诈骗罪)虚构能帮助承揽太湖戒毒所西山岛宕口(采矿形成的积水坑,停止采矿后,该宕口变成一处有青山有绿水的"好地方",被当地驴友戏称为"小九寨")填埋工程的事实,以缴纳保证金为由,骗取被告人王菊明、陆小弟(涉嫌环境污染罪)25万元,并帮助两人取得戒毒所盖章的"接收土方证明"一份。2016年5月至6月期间,王菊明、陆小弟通过变造该"接收土方证明",擅自接收来自外省市的生活垃圾和建筑垃圾混杂物,共计2万余吨,并倾倒至宕口内,另有8艘满载垃圾的船只因被及时查获而未倾倒。经检测,现场采集的垃圾堆中11个渗滤液样品均检出挥发酚,且含量明显超出标准限值。垃圾堆周边水体的颜色变深,且水中挥发酚浓度超背景值(基线)20%以上,生态环境遭到损害。案发后,王菊明、陆小弟经公安机关电话通知到案,均如实供述了上述犯罪事实。涉案污染行为造成公私财产损失828万余元,另因对被污染场地进行覆土复绿,已产生环境修复费用22万余元。

太湖西山岛位于苏州市吴中区,是我国淡水湖泊中最大的岛屿,属于太湖风景名胜区西山景区,全岛及周边岛屿为生态红线二级管控区域,以自然、人文景观保护为主导生态功能。同时,西山岛也是国家地质公园,属于太湖流域生态一级保护区。涉案宕口距苏州市吴中区金庭镇取水口直线距离仅2千米,且邻近太湖寺前(吴中区、工业园区)取水口,一旦发生水体污染扩散,将严重影响相关范围内的饮用水安全。该区域距太湖水体直线距离不超过600米。垃圾本应妥善处置以免危害环境、破坏生态。本案中,垃圾被倾倒于风光秀丽的风景名胜区内,造成景观破坏、水体污染、生态环境受损的严重污染后果,且造成巨大公私财产损失。

2017年10月31日上午,苏州市姑苏区人民法院对苏州太湖西山倾倒垃圾案件作出一审公开宣判,判决王菊明犯污染环境罪,判处有期徒刑5年6个月,并处罚金30万元;陆小弟犯污染环境罪,判处有期徒刑5年,并处罚金25万元;孙秋林犯诈骗罪,判处有期徒刑4年6个月,并处罚金5万元。①

---

① 王小兵:《触目惊心!2万多吨垃圾跨省非法倾倒苏州太湖边》,《苏州日报》2017年5月8日,第A5版。

(四) 苏州法检两院院长办理"路怒症杀人"案

2017年6月26日,被告人张旭杰故意杀人一案公开开庭审理,苏州市中级人民法院院长徐清宇担任合议庭审判长,苏州市人民检察院检察长闵正兵作为公诉人出庭。这是一起路怒症引发的刑事案件。

庭审中,闵正兵作为公诉人指控被告人张旭杰犯故意杀人罪。2016年9月7日上午,被告人张旭杰驾驶小轿车行至吴中区田上江路和兴南路路口时,与曹某驾驶的货车互不相让发生纠纷。被告人张旭杰持钢管上前殴打曹某及其妻子楚某的头部和其他部位,造成曹某因颅脑伤不幸死亡,楚某受重伤。对于故意杀人罪的指控,被告人张旭杰的辩护律师认为,被告人张旭杰与被害人曹某、楚某发生纠纷,是由交通高峰期堵车引起矛盾升级,不属于故意非法剥夺他人生命的行为,不符合故意杀人罪量刑标准,希望法院依法审理判处。开庭前,徐清宇仔细阅读了全部卷宗,召集合议庭成员认真研究案情,制定庭审方案。庭审中,他针对控辩双方意见,当庭归纳案件争议焦点,并引导控辩双方围绕争议焦点,逐步推进法庭调查和法庭辩论。庭审全程重点突出,程序规范,繁简得当,条理清楚。

法检"一把手"出庭办案,对公正高效办案具有积极的示范意义。2017年以来,最高人民法院出台了关于加强各级人民法院院庭长办理案件工作的意见。江苏省人民检察院从办案方式、案件数量、案件类型等方面明确要求入额院领导直接办案。此次苏州市中级人民法院院长担任审判长、苏州市人民检察院检察长出庭公诉,体现了苏州积极顺应司法改革,促使优秀审判资源回归司法办案主业。①

(五) 苏州中院被最高人民法院确定为案件繁简分流机制改革全国示范法院

2017年以来,为进一步优化司法资源,提高司法效率,苏州全市法院全面推进案件繁简分流机制,综合考量案件数量、类型、难易程度及办案力量等因素,统筹分配案件,实行"简案快审、繁案精审"。在诉讼服务中心和人民法庭设立速裁组,在案件审理中优先适用小额诉讼程序、督促程序和简易

---

① 张帅:《"路怒症"男子故意杀人案昨开庭 苏州法检"一把手"同堂办案》,http://www.subaonet.com/2017/0627/2013344.shtml,最后访问时间:2017年12月14日。

程序。设立知识产权法庭、环境资源审判庭、执行裁决庭、破产清算庭等专门审判部门,强化专业化审判水平。在道路交通事故、物业、消费权益等纠纷中推出表格式、要素式法律文书,让简易案件判决书简明扼要、一目了然。此外,苏州全市法院还着力推进以律师工作站、人民调解室为主要内容的诉调对接平台建设,实现"一站一室"全覆盖,组织律师、人民调解员参与法律咨询,力争诉前化解矛盾,满足新时代群众多元化的司法需求。凭借突出表现,2017年6月,苏州中院被最高人民法院确定为案件繁简分流机制改革全国示范法院,成为江苏全省唯一获此荣誉的中级法院。①

(六)实习律师进法院实习制度入选人民法院司法改革案例选

为贯彻落实全国司法体制改革推进会提出的"探索建立法学专业学生、实习律师到法院、检察院实习,担任司法辅助人员制度"的要求,苏州市两级法院积极探索实习律师进法院实习制度,通过加强与司法局、律协等单位的沟通,从实习律师的报名选拔、指派接收、实习指导、执业考核、廉政风险防范等方面不断深化制度创新。2016年10月至2018年6月,苏州两级法院先后接收实习律师69人,一定程度上缓解了法院案多人少的压力,有效促进了法官和律师法律职业共同体的构建。

为确保实习律师进法院实习制度平稳推进,积极与司法局、律协、财政部门等进行沟通,争取他们的理解和支持,创造制度落地生根的内外部环境。一是严把入口关。经过协商,市律师协会负责实习律师的公开招录工作。经过严格招录程序,确保选送政治素质强、业务素质高、作风扎实的实习律师到法院实习。律师协会还根据人选情况,确定每批次的联络员,定期了解实习律师的表现情况。在进入法院实习前,律师协会召开实习律师会议,对实习律师到法院实习提出要求。二是完善制度关。积极与律协协商,逐步完善制度,努力解决实习律师遇到的困难。针对实习律师必须代理10个以上案件的问题,经与市律协协商,市律协计划进行单独考核,将法院实习期间的经办案件进行折抵。三是筑牢保障关。为确保实习律师能够安心稳定在法院实习,法院积极争取财政部门的支持,为实习律师提供必要的办公设备、良好的工作环境、必要的交通和生活补贴,以保障其生活和工作需要。

---

① 邹强、王岑、马亚龙:《市中院推动司法改革惠民生》,《苏州日报》2018年1月11日。

苏州两级法院以制度为核心，对实习律师队伍进行管理。一是确定岗位职责。法院为每个实习律师指定一位庭长或资深法官担任指导老师，结对指导学习工作。实习期暂定6个月，全日制上班。实习律师前3个月主要从事应诉材料等法律文书的送达、庭审记录和案卷装订等书记员工作，以深入熟悉法院工作流程。后3个月可以协助法官与当事人进行谈话、调解乃至从事制作简易法律文书等法官助理工作，以提高法律实践能力。二是加强管理落实。法院通过建立临时档案、指定导师、加强考核、座谈了解等方式，切实担负管理责任。法院在实习期间为实习律师指定导师，由所在业务庭和导师对实习律师在实习期间工作进行指导和管理，实习期满会对实习律师进行考核，就实习表现（完成工作量情况、其他综合业绩情况、作风纪律情况）进行全面客观评价。每次实习期满，法院政工部门还与律师协会联合召开实习律师座谈会，听取实习律师的意见建议。三是明确纪律红线。法院在实习律师进入法院时为每位实习律师发放纪律须知，明确实习律师必须遵守的审判执行和廉政纪律等各项规章制度，特别是遵守审判保密要求，如有违反将依法依规追究责任。明确对实习律师执行严格的回避：进法院前在所在律所代理的案件不再办理，进法院后涉及所在律所的案件主动回避，不得承担该案的审判辅助工作。还将实习律师名单交本院监察部门备案，加强廉政监督，一旦发现有违反廉政等纪律的，立即终止在法院的实习工作。

实习律师进法院，增进两者的了解和互信，有利于构建互相尊重、互相支持、互相监督、正当交往、良性互动的"亲""清"新型法官与律师关系，有助于案件纠纷的处理和社会矛盾的化解。据不完全统计，在最初批次的实习律师转正为律师代理的案件中，案件的调解率更高，当事人的信访缠讼概率更小，对司法公信力提升也起到了一定积极作用。①

实习律师进入法院民事审判、少年审判、行政审判、审监、审管等业务部门，全日制在岗实习，担任司法辅助工作，熟悉司法办案流程，完成调研、接待来访等各项工作，是苏州法院系统的首创。该改革曾作为2017年国家司法考试题的素材，在2018年入选最高人民法院司法改革领导小组印发的《人

---

① 《江苏省苏州市中级人民法院——建立实习律师充实审判辅助力量机制　完善配套司法伦理规范》，《人民法院报》2018年7月12日，第4版。

民法院司法改革案例选编（三）》，为全国法院将司法体制改革向纵深推进提供了示范参照的样本。

（七）市司法局协商推进深化安置帮教改革事宜

2017年，苏州市司法局主动对接江宁监狱、金陵监狱、苏州监狱和宜兴监狱4家改革试点或互帮共建单位，协商推进深化安置帮教改革事宜，完善五项工作机制。一是委托监狱代签"两书"。为推进衔接前置制度和安置帮教协议制，司法局制定"苏州市预释放人员帮扶帮教意向书"和"苏州市回归人员帮教协议书"，请监狱加强政策宣传和引导，在释放前3个月联合开展回归帮扶需求和社会环境调查，并与愿意签订协议的预释放罪犯签订帮教协议书，为出狱后的精准帮扶提供依据。二是试行回归指导专场分片负责制。根据各监狱苏州籍服刑人员分布情况，各（市、区）司法局每季度分片负责开展回归指导专场活动，送教育、送技能、送政策、送岗位进监狱。如江宁监狱的吴江籍服刑人员由吴江区主要对接江宁监狱的回归指导专场活动。三是困难家庭联合排摸帮扶。结合"法润江苏·2017春风行动"，委托监狱排查苏州籍服刑人员困难家庭及未成年子女生活状况，提供帮扶需求名单，司法所走访核实后，通过地方安置帮教应急救助资金给予帮扶救助。对于个别重点人员，联合监狱系统共同帮扶，2017年5月与江宁监狱联合走访部分服刑人员家庭。四是加强远程会见对接。进一步加大与监狱合作力度，针对服刑人员家属探视较少、家庭紧急事态、思想波动等情况，及时互通信息，从被动接受家属会见申请转变为主动上门询问是否需要会见，共同做好远程帮教会见工作。五是加大基地就业推荐力度。通过监狱内部电视宣传、狱内职业推介会等，进一步加大"苏州拉波尼阳光安置基地"就业推荐力度，每个监狱每年可推荐3—5名改造表现好、新生愿望强烈、家庭困难的外地籍回归人员到基地就业，助推回归人员顺利融入社会。①

（八）苏州市人民检察院邀请人民监督员把脉职务犯罪侦防工作

2017年6月，苏州市人民检察院邀请在苏州的省院人民监督员和部分市院人民监督员，在苏州市院指定居所监视居住办案区召开2016年上半年职务

---

① 《苏州市司法局对接4个监狱深化安置帮教改革工作》，http：//www.frjs.gov.cn/31022/jianyu/201704/t20170413_3930136.shtml，最后访问时间：2017年12月11日。

犯罪侦防工作情况通报会。苏州市检察院林步东副检察长通报了2016年以来苏州检察机关职务犯罪侦防工作的情况。林步东副检察长指出，苏州检察机关职务犯罪侦防工作在市院党组的领导和省院侦防部门有力指导下，认真贯彻落实上级工作部署和要求，以深化规范司法行为专项活动和推进智慧侦防建设为动力，采取切实措施，全面正确履行查办和预防职务犯罪职能，整体侦防工作跃上了新台阶。全市反贪部门立案侦查75件90人，挽回经济损失2 567.468万元；反渎部门立案侦查渎职犯罪案件22件26人；预防部门开展预防调查11项，类案分析2件，制发预防检察建议6件，均被案发单位和主管单位采纳。① 在听取通报后，人民监督员踊跃发言，对苏州检察机关职务犯罪侦防工作取得的成绩给予了高度肯定，并对今后职务犯罪侦防工作的开展提出了自己的意见：加强对工程招投标领域的关注，打击专业陪标行为；加强检察职能宣传和先进典型宣传，争取社会更有力的支持；加强对养老等新型行业虚报冒领，骗取财政补贴行为的监督和打击力度；加强职务犯罪预防工作，堵塞制度漏洞，筑牢不能腐的防线；加强检察人才培养，切实从优待检察，既要想方设法留住人才，还要千方百计让社会上更多的法律人才加入检察队伍。在听取人民监督员意见建议后，林步东副检察长表示，要认真研究和梳理，把意见融入日常职务犯罪侦防工作中，以不辜负人民监督员的关心和厚爱。②

（九）公共法律服务"太仓模式"在江苏全省推广

2011年7月，太仓在全国率先提出公共法律服务概念，通过建立完善引导机制，着力推动律师等法律服务资源下沉。2013年7月，太仓市委市政府印发了《太仓市公共法律服务均等化规划（2013—2015）》，标志着法律服务正式成为政府公共服务产品。③ 截至2018年6月，太仓已建成以市、镇、村、户四级法律服务资源有效配给，政府、社会、市场三者法律服务资源统筹的"四纵三横"公共法律服务网，并打造"互联网+公共法律服务"，开通掌上

---

① 《苏州邀请人民监督员把脉职务犯罪侦防工作》，http：//mp.weixin.qq.com/s?__biz=MzIzNjc4ODY0NA%3D%3D&idx=2&mid=2，最后访问时间：2017年12月12日。
② 《苏州邀请人民监督员把脉职务犯罪侦防工作》，http：//mp.weixin.qq.com/s?__biz=MzIzNjc4ODY0NA%3D%3D&idx=2&mid=2，最后访问时间：2017年12月12日。
③ 顾潇军、朱强：《打造新常态下公共法律服务"太仓模式"》，《中国司法》2015年第2期，第36页。

公共法律服务平台，形成了立体化、多层次、宽领域的公共法律服务体系。同时，太仓市政府还出台政策，推进公共法律服务社会化。成立公共法律服务领域社会组织20余个，141个村（社区）便民法律服务"阳光屋"在民政部门完成备案；建成90余个覆盖城乡的司法惠民实事项目。

2017年4月，太仓市司法局推出掌上公共法律服务平台，实现了7天×24小时全天候服务。该平台有三大特点。一是一键咨询。为保证微信咨询回复的及时性和满意度，平台建立了完备的网上应答机制。一旦有用户发出问题，系统就会将问题发送到每个注册律师的手机端口，注册律师通过律师端口进行响应并解答。截至2018年6月，平台拥有来自全国各地的8 800余名律师，市民在该平台上咨询1个问题，至少有3位律师参与解答，本地律师实现一级响应。为鼓励律师参与服务，市民在获得较为满意的答案之后，选择最为满意的律师点击"中标"，中标律师可实时获得由太仓市司法局给予的服务费。二是第一时间解答，防止矛盾激化。掌上平台的便利性、应答机制，使得群众咨询的问题能够在第一时间解答，将问题解决在初级阶段，很大程度上防止矛盾激化。对于婚姻家庭等涉及隐私的问题，通过网上提问，不见面、不知名，方便群众更愿意把问题提出来，有利于问题的解决。除了咨询法律问题，平台还提供更多政策咨询，如申请法律援助的条件、公证办理的相关文件等，帮助群众增强法律意识。三是平台服务功能日臻完善。2018年，太仓市司法局对平台功能进一步完善，将市公共法律服务中心及镇、区（街道）公共法律服务中心，以及太仓市22家律师事务所、法律服务所、公证处以及9个专业行业人民调解委员会等服务机构，制作成包括地理位置、机构名称、地址、联系电话等基本信息内容在内的电子地图，通过平台导航，群众可以更便捷地寻求相关法律服务。"升级"后的平台拥有法律地图导航、机构、人员信息查询、法律服务预约、在线政策咨询等10多项便民服务功能，实行24小时全天候法律服务。① 公共法律服务工作"太仓模式"已经在江苏全省推广，并在全国范围内产生了示范效应。

---

① 《法律服务"一键"获取》，《太仓日报》2018年6月28日，第4版；《太仓公共法律服务"一键"获取》，http://www.sfj.suzhou.gov.cn/szsfj/infodetail/? infoid = 531b18f5 - 9106 - 43a7 - a91b - a8b6de2f3831&categoryNum = 021，最后访问时间：2018年7月14日。

（十）苏州宝德隆实业有限公司破产清算案入选 2017 年度江苏法院十大破产案例

江苏省苏州市吴江区人民法院在执行苏州宝德隆实业有限公司财产过程中，将其名下房地产、机器设备拍卖成交，在清偿优先权债权及职工债权后，剩余执行款仅 823.12 万元。但吴江法院经查询，涉及宝德隆公司的执行案件 34 件，执行标的额达 1.07 亿元。2017 年 8 月 10 日，经申请执行人同意，吴江法院执行部门决定将宝德隆公司移送破产审查。同年 9 月 6 日，吴江法院裁定受理对宝德隆公司的破产清算申请，并通过随机摇号方式指定管理人。同年 10 月 31 日，宝德隆公司召开第一次债权人会议。会上，全体债权人对债权表均无异议，依管理人申请，吴江法院口头裁定确认债权表并宣告宝德隆公司破产。随后，管理人将拟定的破产财产分配方案提交第一次债权人会议表决。最终，债权人会议高票通过破产财产分配方案。2017 年 11 月 1 日，吴江法院裁定确认该分配方案。同年 11 月 6 日，分配方案执行完毕后，管理人向法院申请终结破产程序，吴江法院于同日作出终结破产程序裁定，同时针对债务人人员下落不明、未提交账册等资料导致无法全面清算的情况，告知债权人可另行提起诉讼要求股东及实际控制人承担清偿责任。本案自裁定受理破产申请至裁定终结破产程序仅用时 2 个月，系首例完整适用《苏州市吴江区人民法院关于执转破案件简化审理程序的规定》的案件，成功实现执行程序效率与破产程序公平的有序衔接，为该类案件的审理提供可复制经验。① 吴江法院着力探索完善"执转破"工作制度机制，形成了加强立审执破程序衔接配合的实施意见、执行案件移送破产审查的操作规程、"执转破"案件简化审理程序的规定，以及破产保障机制、法律文书样式等一整套工作制度和机制，创造了可复制、可推广的执行转破产"吴江经验"，堪称江苏全省基层法院执行指挥中心实体化运行和"执转破"工作的典范。②

在现代法治国家里解决民事冲突分为两步。其一，国家以法律的形式为冲突提供抽象的、普遍性的解决方案；其二，由法院在具体的冲突中予以适

---

① 《2017 年度江苏法院十大破产案例公布》，http：//www.js.xinhuanet.com/2018-01/24/c_1122309824.htm，最后访问时间：2018 年 5 月 12 日。
② 黄明娟：《全省法院"执转破"工作现场推进会在吴江召开》，http：//www.wjdaily.com/news/139715，最后访问时间：2018 年 5 月 12 日。

用。法律由此具有双重功能。一方面，它确立了社会的规范性结构和人们和平相处的普遍性模式，同时致力于尽可能防止冲突；另一方面，当冲突爆发时，则指明解决冲突的方法。它将解决冲突与社会的规范性秩序联系在一起。① 我国是一个发展的区域差异很大的国家，这种差异不仅仅体现在经济层面，还体现在地方党政机构的治理方式和法治水平。当前，通过法治的方式纠纷矛盾纠纷已经逐步形成社会的共识和公众的基本需求。公正司法的供给成为地区间竞争的重要指标。公正的司法，是市场经济运行的基本制度基础，是产权保护、人权保障的中枢。公正的司法，是法的自觉履行与法的强制执行之间的桥梁，是纠纷与秩序之间互动的中介。同时，公正高效权威的司法也会更好地推定多元化纠纷解决机制的发展。苏州的司法建设，已经呈现出区域优越性和特殊性，苏州司法已经成为苏州法治水平的重要增长极。

---

① ［德］托马斯·莱赛尔：《法社会学导论（第 4 版）》，高旭军等译，上海人民出版社 2008 年版，第 265 页。

第八章 全民守法，加大法律普及度

第一节 全民守法的基本要求与基本内容

在党的十八届四中全会通过的《中共中央关于全面推进依法治国若干重大问题的决定》（以下简称《决定》）中，"守法"一词共出现14次（其中2处用"遵守法律"来表述），且"全民守法"成为与"科学立法、严格执法、公正司法"并列的法治建设的新十六字方针。由此可见，"全民守法"业已作为依法治国的目标与基础工程，在法治建设事业的推进中扮演着重要的基地地位。然而，全民守法并不是一蹴而就的事业，它既需要法律制度建设的保障、利益诱导机制的形成，也需要知识教育的普及和守法精神的形成，而在此同时，政府机构是否自觉守法以及领导干部是否带头守法，同样发挥着重要的示范效应。

一、全民守法的制度前提：良法长存

要确保全体民众普遍遵守法律，无疑有一先决条件，那就是法律必须是"良法"。在《决定》中，用如下的语言表达了对良法的认识："法律是治国之重器，良法是善治之前提。"这既是对亚里士多德"法治乃良法之治"传统理念的回应与尊重，也可以视为是中国共产党人在新的历史时期对法治方略认识上的进一步深化。实际上，法治并不仅仅表示法律之治或依法而治，果真如此，"任何一个通过成文法来规范社会生活的国家都可以视为是在依法治国"，[①] 这样，像秦始皇时代法律"繁于秋荼""密于凝脂"，那可谓是标准的法治国家了。但是，正如亚里士多德很早就指出的那样，法治的核心内涵之

---

① ［德］沃纳·伯肯梅耶：《法治国家——德意志联邦共和国的法治：意义、原则与风险》，《法治》，阿登纳基金会译，法律出版社2005年版，第26页。

一,即"大家所服从的法律又应该本身是制定得良好的法律"。① 因此,要求"全民守法",在法治的内涵上应当是遵守那些"良好的法律"。

有关良法的标准,学术界进行了各种各样不同的界定,例如美国法学家富勒指出"法律可以说是代表了普遍的秩序。而良好秩序乃是这样的法律,它与正义或者道德的要求相适应,或者与人们关于应然的观念相适应",② 而英国法学家拉兹则认为"如果法律能够为行为提供明智的审慎理由,如果法律能够标识出'社会要求这样做是恰当'的某些标准,那么法律是良善的。"③ 当然,在承认人是法律的本体的前提下,为使良法的标准不至于过于抽象而宽泛,可以从三个方面来界定良法的条件:首先从主体上而言,法律应当反映社会上大多数人的愿意和要求,而不是保护少数人的特权和利益。社会上的人们居于不同的社会阶层之中,生存的环境大不相同,人格上也有良莠之分,因而要使一部法律满足所有人的愿望确实也不可能,在这时,只能通过多数决的民主表决机制,确立为大多数人都能接受的法律规定。伯克就明确指出:"任何一部法律,要真正成立,有两个前提是不可或缺的:第一,必须有一个能够宣布和修改法律内容的正当而充分的权力;第二,必须有恰当而合理的制度安排,使人民有权宣布和决定法律是否有效。"④ 人民在立法上真正拥有主权,才能为良法的形成奠定制度基础。其次从内容上而言,法律必须与人的本性相契合。人作为自然的创造物,也是在给定的环境、基因下形成了其本性、本能,因而,法律应当注重对人的本性、本能的尊重与保护,顺从人们的正常欲望、需求。"所谓正当的法律,它的根都是而且只能是深植在个人的良心以内的。这就是说,因为我的良心同意于法律的施行,所以我使法律成为合法的了。"⑤ 由此推断,那种违反人的自然情感,无视人的正当需求而创制的法律,根本上就无正当性可言;同样,超越人的现实能

---

① [古希腊]亚里士多德:《政治学》,吴寿彭译,商务印书馆1965年版,第199页。
② [美]朗·L.富勒:《实证主义与忠于法律:答哈特教授》,支振锋译,《哈佛法律评论:法理学精粹》,法律出版社2011年版,第334页。
③ [英]约瑟夫·拉兹:《法律的权威:法律与道德论文集》,朱峰译,法律出版社2005年版,第216页。
④ [英]埃德蒙·柏克:《自由与传统》,蒋庆、王瑞昌、王天成译,商务印书馆2001年版,第283页。
⑤ [英]拉斯基:《国家的理论与实践》,王造时译,商务印书馆1959年版,第49—50页。

力，拔高人的道德水准的法律制度，也只能归入于恶法一类。再次，从对象上而言，法律应当以社会上的一般人或曰普通人作为立法的基准，不得超越社会上一般人的能力来拟定相关规则。

自然，说民众有遵守良法的义务，还并不能解决全民守法所可能遭遇的困境。毕竟，我们很难说一个国家的法律全部都是良法，或者说，某个总体上为良法的法律其每个条款都是制定得良好的。那么，在法律有可能出现不公的情况下，人们有没有守法的义务呢？一般来说，立法行为在法律上具有先定力，人们大多数情况下不得因对法律表示怀疑而拒绝遵守法律。只有法律邪恶到剥夺人的尊严、限制人的权利的程度，才允许"恶法非法"理念的登台，赋予人民反抗的权利。在此可以借助著名的"拉德布鲁赫公式"来予以判断。拉氏认为，在某项法律规范明显损害公正的要求并且达到某种无法容忍的程度时，该项法律规范即丧失了其法律属性及约束力。例如，参与策划或阴谋破坏世界和平；筹划、激起或实施侵略战争；反人类，特别是针对平民；出于种族、宗教、政治原因实施迫害。[①] 可见，对"恶法"的判断必须慎之又慎，否则在任何人均可以宣布法律是恶法而不予遵守的情况之下，社会就会陷入可怕的无政府状态。

二、全民守法的现实基础：政府守法

这里的"政府"是广义的，即指所有拥有国家权力的统治机关。政府作为依法而组建的统治机构，必须在法律规定的范围内行事，不得逸出法律的范围而自行其是。可以想象，当立法机关违反自己所制定的法律而行事、当行政机关超越权力而做出决定、当法院违反法律而作出裁判时，它所带给人们的就不是对法律的尊重和信仰，而是对法律的轻蔑与无视。因此，正如德国学者贝森和贾斯珀所指出的那样，"一切国家权威都受法律和司法约束"是法治的前提条件："在法治制度下所有的政府权威都受限制，以维护个人自由。"[②] 国家机关所拥有的权力与公民个人享有的权利是成反比的关系：国家机关所拥有的权力越大，则公民个人享有的权利越小；国家机关所拥有的权力越少，则公民个人享有的权利越多。在提倡权利本位的时代，对国家机关

[①] ［德］伯阳：《德国公法导论》，北京大学出版社2008年版，第12—13页。
[②] ［德］沃尔德马·贝森、戈特巴德·贾斯珀：《法治——一切国家权威都受法律和司法约束》，《法治》，阿登纳基金会译，法律出版社2005年版，第51页。

所拥有的权力加以限制,自然也是情理之中的事。

对于全民守法而言,为什么政府机构的守法如此重要?首先,从社会契约论的观念来看,人民让渡权利组建国家,前提是政府将依法而治,保障人民的权利和自由。因此,当政府一方不遵守法律,也就是不遵守当初和人们所做的约定时,公民自然也就没有遵守法律的必要,因为在一方违约的情况之下,社会契约已经作废,人民由此可以解除自己的守法义务。可见,政府违法是对守法机制的整体破坏,由此社会也必定会陷入无法的状态之中。其次,从政府权力的获得条件与行使方式来说,其与法律存在着密不可分的关联。政府作为源自法律、产生于法律的国家机关,依法行事本该是其职责所在。如果政府动辄行为违法或所为没有法律上的依据,那等于是提醒人民,法律只不过是一纸毫无价值的空头文件,脆弱的法律权威远比不上拥有爪牙的国家权力。这样,如果人们不想因为守法而吃亏太多,唯一的途径就只能是背离法律的规定,而去寻找法外空间所可能会有的利益。再次,虽然从理论上来说,人民是政府的衣食父母,但在实践上而言,政府却在主宰着人民的生活。尤其是在福利国家的时代,人们仰赖政府的决策,期待政府的救助,因而政府的作为对人们的实际生活的影响远远高于以往任何一个时代。这样,政府的行为无疑也为成为一种示范:政府守法人们自然会守法;政府违法人们也必然违法。德沃金曾这样说道:"只有一个人看到他的政府和公共官员尊敬法律为道德权威的时候,即使这样做会给他们带来诸多不便,这个人才会在守法并不是他的利益所在的时候,也自愿地按法律标准行事。"① 法律的权威既是制度的权威,也是道德的权威,政府尊重法律也就是尊重道德权威,只有这样,才能培植民众遵守法律的良好风尚。恩格斯对此实际上也早就作过论述,他说:"即使是在英国人这个酷爱法律的民族那里,人民遵守法律的首要条件也是其他权力因素同样不越出法律的范围;否则,按照英国的法律观点,起义就成为公民的首要义务。"② 个中的道理其实也很简单:依法而成立的政府都尚且不守法,人民为什么有守法的义务?所以,政府守法是全民守法的现实基础,它是公民决定是否遵守法律的现实参照。

---

① [美]罗纳德·德沃金:《认真对待权利》,信春鹰、吴玉章译,中国大百科全书出版社1998年版,"中文版序言"第21页。
② 《马克思恩格斯选集》(第4卷),人民出版社1995年版,第403页。

《决定》对立法机关、行政机关、司法机关的守法问题做出了明确的要求：就立法机关而言，必须"使每一项立法都符合宪法精神、反映人民意志、得到人民拥护"，"把公正、公平、公开原则贯穿立法全过程"；对于行政机关而言，要"加快建设职能科学、权责法定、执法严明、公开公正、廉洁高效、守法诚信的法治政府"，"守法"因此成为政府的建设目标之一；就司法机关而言，必须"坚持以事实为根据、以法律为准绳"。只有当法律在各个国家机关手中都被得到严格实施时，人们才会有自觉守法的现实需要。

三、全民守法的利益诱导：奖惩并举

对于人们为何会选择守法来说，威慑论已经成为一种过时的理论。因为借助国家强制力的镇压与制裁，虽然可以收到一时之效，但绝不会使法律在民众的心目中得到认同，更不要说会让法律拥有被尊崇、被信仰的地位。当然，一定的惩罚是必不可少的，否则，得不到惩罚的恶行将会在社会中蔓延开来，成为人们巧取豪夺的正当理由。因为不如此的话，正直的人就与十足的傻瓜之间毫无分别。①

然而，惩罚只是促使人们守法的一个方面，还有同样重要的机制需要确立，那就是奖励。换句话说，只有在人们感觉遵守法律有利可图时，他们才会自觉地依法行事。正如思想家们一再揭示的那样，追求自利是人的本性，趋利避害是人的本能。美国第一任总统华盛顿就直言不讳地指出："我们若对人性稍有了解，就会相信对于绝大多数人来说，利益都是起支配作用的原则；几乎每一个人都或多或少地受它的影响。基于公德的动机，人们可能在某一时刻或在某些特殊情况下遵循纯然无私的原则办事；可是，这种动机本身不足以使人持久地严格遵守和履行社会义务的约束和表现。很少有人能够为大众的福祉而长期牺牲一切从个人利益或好处出发的考虑。"② 作为一种直面人

---

① 这正如休谟所深刻地揭示的那样："你我有同样的倾向，认为眼前的事比未来的事重要。因此，你很自然地和我一样，干下了不公不义的事。你的例子不但让我借由对你的模仿，驱使我走向同样的道路；还提供我一个对公义进行任何破坏的新理由；你的所做所作让我得知，如果我处于其他人的不道德之中，还自己对自己加诸严苛的限制，那我会因为我的正直，变成了一个傻子。"转引自[瑞士]简·埃里克·莱恩、[瑞典]斯万特·埃尔松：《新制度主义政治学》，何景荣译，韦伯文化国际出版有限公司2002年版，第63页。

② [美]汉斯·摩根索、肯尼思·汤普森、戴维·克林顿：《国家间的政治——权力斗争与和平》，徐昕等译，北京大学出版社2006年版，第34—35页。

性的制度设定，法律当然也应当考虑到人的自利这一特性，并且，"自利"并不是"自私"，无需将之加以道德上的贬斥。

对于守法上的利益诱导而言，从宏观上说，国家要让人们从服从法律中获得益处，那就必须让人们整体上对国家的现状感到满意。德国学者卡本就专门提到，要让人们觉得服从法律是有道理的，国家就必须做好下述几件事情："首先，国家必须尽忠尽职，完成其法制守护人之责，换言之，国家必须提供公民有权享有的公众安全环境"；其次，"国家必须通过自己的工作，作出使公民既能够感觉得到，又能对它做出评价的执政成绩"；再次，"如果公民需要完成国家的某些任务，他们必须怀着一定的热情去接受，但只有在他们对国家法治的结构原则既熟悉又满意的情况下，他们才会乐意去这样做。'法治国家'不能建立在公民心灵不安的沙土上"。① 由此可见，"安全的环境""满意的成绩"以及可取的"国家法治的结构原则"，才是推动人们真正守法的动因，而在其中，公民能够享受到一个国家所提供的各种便利，自然也就会有着维护法律的利益驱导和道德热情。

正是考虑到强制的正当性以及奖赏的必要性，《决定》一定程度上通过奖惩并举的方式来督促人们遵守法律。典型的例子如关于信用制度的原则确定。《决定》指出，要"加强社会诚信建设，健全公民和组织守法信用记录，完善守法诚信褒奖机制和违法失信行为惩戒机制，使尊法守法成为全体人民共同追求和自觉行动"。同时，为解决执行难的问题，《决定》要求要"加快建立失信被执行人信用监督、威慑和惩戒法律制度，依法保障胜诉当事人及时实现权益"。上述措施，正是以奖、惩二柄来作为督促人们诚实守信的法律机制，从而使守法有了相应的制度保障。

四、全民守法的社会氛围：守法精神

守法不能是单个公民的事情，否则如前所述，违法者可能"投机"而"取巧"，守法者则会"吃亏"或"上当"，因此，只有当全社会的人们都有普遍的守法精神或曰守法意识时，才可能造就"全民守法"的良好氛围。实际上，如果社会上的人们从法律的存在中普遍获得了益处，那么，从公平的

---

① [德] 乌尔里希·卡本：《"法治国家"产生效应的条件——尤其对发展中国家和新工业化国家而言》，《法治》，阿登纳基金会译，法律出版社 2005 年版，第 12 页。

角度说，守法自然也就是他们应尽的义务，毕竟"要求法律的人必须保护法律"。① 如果人人以违法为能事，千方百计地从违法犯罪中捞到好处，表面上看只是损害了他人的利益，然而这种风气一旦蔓延，那当事人自己也会最终受害。在《决定》中，提到了"部分社会成员尊法信法守法用法、依法维权意识不强"的现状，为此强调要"形成守法光荣、违法可耻的社会氛围"，相应的措施为"增强全社会学法尊法守法用法意识，使法律为人民所掌握、所遵守、所运用"。

那么，守法精神的内核究竟是什么呢？日本学者川岛武宣从"主体性"的角度，将之归纳为两个基本内容：一是"对自己权利的主张"；二是"对他人权利的承认和尊重"。② "对自己权利的主张"是指个人应当珍惜与捍卫自己的权利，在权利受到他人侵犯时，不能"让权利睡着了"，而应当挺身而出，积极维护自己的权利。正如德国学者耶林所言的那样，"每一项权利，无论是民众的还是个人的，都是以坚持不懈地准备自己去主张它为前提"。③ 如果法律上规定的权利无人去加以实现，或者这种权利在被侵犯时受害人隐忍不发，那么，权利终究会变成一纸空文，在现实社会中毫无意义。所以，要使权利得以实施没有他途，只有一个，即"为权利而斗争"。法律虽然是一种公共的规则，但这种规则必须以大众的心理支撑作为基础。当人们在权利遭受侵害时麻木不仁，或者面对侵害者不敢诉诸法庭，这都会导致大众与法律的渐行渐远。一旦这种情形发生，那么可以预见的是，一切法律上的企求与努力都是白费，因为民众已经远远地外在于法律，而少数具有良好法律情感的智者也难以挽回法制大厦崩塌的颓势。"对他人权利的承认和尊重"则是建构法律上良性的人际关系的前提。人类生活于社会的共同体之中，人们自然也会通过多个渠道来形成相互之间的合作、互动关系。然而，当人们参与一

---

① [德] 格哈德·鲁别尔兹：《法治及其道德基础》，《法治》，阿登纳基金会译，法律出版社2005年版，第23页。

② [日] 川岛武宣：《现代化与法》，王志安等译，中国政法大学出版社1994年版，第74页。

③ [德] 鲁道夫·冯·耶林：《为权利而斗争》，郑永流译，法律出版社2007年版，第2页。耶林还同时指出："没有这种斗争，即对不法的抵抗，法权自身将被否认。只要法权必须被理解为反击不法——只要世界存在，这一反击是持续的——为法权而斗争仍不可避免。因此，斗争不是法权的陌生人，斗争与法权的本性不可分地联在一起，斗争是法权的概念的要素。"

种社会关系，付出的代价将是矮化、贬低、屈辱时，显然，人就会逃避关系而进入孤独、封闭的境界，而这样的结果，又必然是使得社会将不成其为人的联合体。正因如此，如何合理地界定人与人之间的关系，是社会生活正常化、稳定化的前提基础。在现代社会中，人们渴望的是平等，即人与人之间不会因为身份、地位、教育层次等方面的不同而受着不同的对待，参与关系的各方都将他人视为值得尊敬的对方。总之，社会关系应然的行为尺度就是平等，而"平等主要是基于对人的尊重"。① 可见，如果缺乏了平等这一维度，人的尊严即无从体现；同样，如果缺乏人的尊严的意识，也无法做到平等待人。

在社会上的人们都普遍具有守法精神或者说守法意识时，一个健康的法治社会才可能得以型构，正因如此，全民守法必定要以普遍的守法意识为前提。我国台湾地区学者庄世同先生专门就此言道："守法意识乃是指人民以一般法律规范作为遵守对象，所形成的一种自我与他人之间的互动关系意识。基于这种互动意识，一个人或许因此对其他人产生某种道德责任感，继而在其内心发展出自己与他人有遵守法律之'道德义务'的想法。"② 在这里，必须注意的几个问题是：第一，守法意识是指"人民"的守法意识，这意味着只有社会上的人们一般都具有此种意识的情形下，才会出现普遍的守法意识。单个人的不逾规矩，并不能说明此种意识业已形成；第二，守法意识是指以对"一般法律规范"的遵守为前提的，换句话说，我们这里所言的守法，对普通民众而言，是大家司空见惯、耳濡目染的法律制度，如宪法、民法、刑法等，而不是那些专业性、技术性特别强的法律，毕竟每个人并不都是法学家，我们也无法要求人们知晓太多的法律；第三，守法意识的功能，是为相互生存的人们提供一种互动关系的框架，在这一关系框架之下，人们在法律上互动，根据法律来确定各人之间的权利、义务与必要的谦让与区隔。总之，守法意识为社会关系注入了法律的因素，人们之间可以据此进行更为有效的互动，当然也为法律的维护提供了坚实的社会基础。

---

① ［英］史蒂文·卢克斯：《个人主义》，阎克文译，江苏人民出版社2001年版，第119页。
② 庄世同：《人文精神、守法意识与法治教育》，《政治与社会哲学评论》（第15期），巨流图书有限公司2005年版，第108页。

五、全民守法的知识背景：教育普及

教育是法治的先决条件，文盲则是法治的敌人。① 教育的重要性恰恰在于，它能够让社会上的人们习得必要的科学知识与社会经验，由此来作为进行独立思考、判断的基础。可以想象，当人们普遍不拥有现代公民所需要的知识、经验时，他们就只能受制于一小撮拥有知识的社会精英和特权阶层的愚弄，而无法进行理性的思考。所以，对于法治来说，它以全社会的人们都拥有较为全面的知识结构和较有主见的独立思考为前提，否则，法治社会就只能是一句空话。

全民守法当然也寄望于教育的成效。人并不具有先天的判断能力，只有在学习中才能逐渐累积知识，梳理经验，总结教训，由此获取参与社会活动的各种能力。没有专门法学教育背景的人士之所以也能遵纪守法，无非第一，他们通过教育获得了判断是非、确定对错的能力，而违法乱纪这类明显的"非"与"错"通过人们一般的道德判断即可获得；第二，在生活中，人们通过自身的和身边的各种事例，能够大致了解法律的价值取向与奖惩安排，由此能够趋利避害，选择为法律所容许、支持的方式行事。特别是报纸、电视、网络等各种事例的报道，很大程度上提供给了民众必需的法律允许什么、禁止什么的直观认识；第三，教育塑造了人们的价值观念，从而为人们对于为什么要遵守法律能够提供必要性、正当性的合理指导，使大多数人即使没有接受过高等法律教育，也能保证行为与法律要求的大致适应。所以说，没有平等、开放的教育制度，要达成全民守法的功效只能是天方夜谭。

如果说普通的教育都能成为教育人们遵纪守法的重要手段，那么，专门的法治教育自然就更容易看出成效。《决定》也据此提出了法治教育的新要求："推动全社会树立法治意识。坚持把全民普法和守法作为依法治国的长期基础性工作，深入开展法治宣传教育，引导全民自觉守法、遇事找法、解决问题靠法"；"把法治教育纳入国民教育体系，从青少年抓起，在中小学设立法治知识课程"。如果这一制度真正能够落到实处，从小学开始，学生们就可以接受法治知识的熏陶，感受遵纪守法的重要，自然也就能够从小养成规则

---

① ［德］乌尔里希·卡本：《"法治国家"产生效应的条件——尤其对发展中国家和新工业化国家而言》，《法治》，阿登纳基金会译，法律出版社 2005 年版，第 84 页。

意识、权利意识、公民意识,为全民守法打下坚实的基础。自然,高等法律教育作为系统传授法律知识的专门阶段,更是担负着培养合格的法律职业者、法律服务者的重要角色,其效果如何、影响多大,直接关乎国运,当然也会对全民守法氛围的形成产生重要的影响。

六、全民守法的榜样力量:干部守法

模仿是人的本能,某些人的行为方式和处事态度,往往会对其他人产生显著的影响,这在守法场景中也不例外。在犯罪学常引用的"破窗效应"就典型地说明了这一问题:以一幢有少许破窗的建筑为例,如果那些窗不被修理好,可能将会有破坏者破坏更多的窗户。最终他们甚至会闯入建筑内,如果发现无人居住,也许就在那里定居或者纵火。又或想象一条人行道有些许纸屑,如果无人清理,不久后就会有更多垃圾,最终人们会视若理所当然地将垃圾顺手丢弃在地上。① 可见,人的行为之间是会互相影响的,特别是那些显要人物的影响,更加会引起人们的注意,所谓"上好之下必有甚之者也"。

领导干部是否遵守法律,往往会影响着人们对法律的遵守与否。英国法学家拉兹就明言道:"某些人……在社会上处于显要地位,以至于他的行为会对许多人的态度和行为产生深远影响。"② 在当代中国,这些显要人物自然包括领导干部在内,他们的一言一行,都会对社会产生深刻的意识:当领导人能够尊重法律、信守法律时,会给领导者无特权,法律面前人人平等的现实教育;相反,当领导人不把法律当作一回事时,视法律为无物时,自然也会给人法律不值得尊重的印象,由此导致人们对法律的轻视与反感。在这种情形下,要造就所谓全民守法的局面,当然是竹篮打水,一场空幻。

正是考虑到领导干部的表率作用(或者负面影响)如此重要,因而在《决定》中,多处提到领导干部的带头守法问题。《决定》在谈到当代中国法治建设的软肋时指出,"一些国家工作人员特别是领导干部依法办事观念不强、能力不足,知法犯法、以言代法、以权压法、徇私枉法现象依然存在",因而要"坚持把领导干部带头学法、模范守法作为树立法治意识的关键"。实

---

① 维基百科"破窗效应"词条,http://zh.wikipedia.org/wiki,最后访问时间:2014年12月10日。
② [英]约瑟夫·拉兹:《法律的权威:法律与道德论文集》,朱峰译,法律出版社2005年版,第206页。

际上,领导干部作为国家治理的中坚力量以及法治事业的组织者、推动者、实践者,他们的言行在很大程度上为人所追捧,被人所效仿,只有他们带头学习法律、模范遵守法律,才会激发人民群众学法用法守法的自觉性。尤为难得的是,《决定》提出,"各级领导干部要对法律怀有敬畏之心,牢记法律红线不可逾越、法律底线不可触碰,带头遵守法律,带头依法办事"。综观《决定》的文本,不仅只有这些语重心长的劝谕,还有许多配套性的制度,例如:第一,建立领导干部干预司法活动、插手具体案件处理的记录、通报和责任追究制度,轻则"给予党纪政纪处分",重则"依法追究刑事责任"。第二,"要完善国家工作人员学法用法制度,把宪法法律列入党委(党组)中心组学习内容,列为党校、行政学院、干部学院、社会主义学院必修课"。第三,要"提高党员干部法治思维和依法办事能力。把法治建设成效作为衡量各级领导班子和领导干部工作实绩重要内容,纳入政绩考核指标体系。把能不能遵守法律、依法办事作为考察干部重要内容"。上述措施,对于督促广大党员干部模范遵守法律,进而为全民守法树立榜样和标杆的作用,无疑具有深远的现实意义。

以上我们从制度前提、现实基础、利益诱导、社会氛围、知识背景、榜样力量六个方面,反思了全民守法的可能性问题。应当说,全民守法从根本上说是一个塑造法治信仰、革新国民意识的宏大工程,一方面要假以时日,持之以恒,另一方面则是要制度配套,显现效果。毕竟从根本上说,只有法律是良法且法律能够得到严格的实施,人们才会对法治产生希望,而这些,恰恰是我们需要努力的方向。

第二节　普法工作的主要状况与基本成就

苏州市的普法工作在市委、市政府的领导下,组织有序,扎实推进,全市各地、各部门、各行业紧紧围绕法治宣传教育全覆盖工作目标,按照"六五"普法规划总体要求,联系实际,狠抓落实,努力构建"创新型互动性服务型"法治宣传新模式,取得了明显成效,为全市的经济社会发展作出了积极贡献。

一、加强领导，健全机制

全市各地、各部门高度重视普法工作，切实加强领导。特别是党的十八届四中全会召开后，市委明确提出要让法治成为苏州人的生活方式，成为苏州核心竞争力的重要标志，普法工作由此上了一个新的台阶。主要做法如下。

（一）完善机制

把"六五"普法纳入地方经济社会发展的总体规划之中，同计划、同部署、同落实。健全了以党委分管领导为组长，人大、政府、政协分管领导为副组长的法治宣传教育工作领导小组，成员由40余个部门的分管领导组成，并根据各成员单位的领导分工变动情况，及时进行调整。各级人大经常听取普法工作汇报，组织人大代表视察和进行专项检查；政协充分发挥民主监督作用，畅通社情民意反映渠道，积极调研和建言献策，促进法治宣传教育工作有效开展。坚持"党委领导，人大监督，政府实施，各部门齐抓共管，全社会共同参与"的普法工作机制。"六五"普法启动之时，市和各市、区人大在认真调研的基础上作出了"加强法制宣传教育的决议"；党的十八届四中全会召开后，按照市委《贯彻落实党的十八届四中全会决定和省委意见，全面推进法治苏州建设的实施意见》精神，在广泛征求意见的基础上，市委、市政府"两办"转发了《关于建立健全国家机关"谁执法谁普法"责任制的意见》，在国家机关全面推行"谁执法谁普法"责任制，并将其纳入机关部门绩效管理考核评价体系。市委宣传部、市法治办、市文广新局、市总工会等部门认真研究重点对象学法用法、法治文化建设、"法律六进"等重点工作，做到五年有规划，年度有计划，推进有措施。注重工作融合，市司法局与市文明办密切联系，将法治宣传教育纳入精神文明创建内容。

（二）强化保障

市和各市、区普法经费保障到位，全市累计年人均普法经费超过2元；注重加强队伍建设，配齐配强"六五"普法联络员、讲师团、志愿者、法治副校长等队伍，开展"普法达人"评选活动，为"六五"普法全面开展提供了强有力的组织和人才保障。

（三）整体推进

先进地区、先进单位继续保持良好的发展势头，勇于创新，进一步夯实工作基础。各地、各部门不断增强争先意识，勇于创新创特，勇于赶超，全市法治宣传教育工作呈现出你追我赶、特色纷呈的喜人局面。

二、突出重点，注重实效

各级各部门紧紧围绕党委政府工作大局，牢固树立法治宣传教育服务经济社会发展、服务民生的工作思路，组织开展"增强全民法治观念　服务全面深化改革"等系列宣传活动。认真做好"宪法进万家"主题宣传活动，突出抓好以宪法为核心的中国特色社会主义法律体系的宣传教育，组织力量研究、整理、创作图文并茂的宪法主题宣传作品，利用地铁站、街区、公交站点、工地围墙等设施进行宣传，在全市创建了一批宪法主题宣传阵地，努力营造学习宪法、遵法守法的浓厚氛围。

紧密结合全市经济社会发展实际，把领导干部、公务员、青少年、企事业单位经营管理人员、农民和农民工作为普法的重点对象，制定出台加强各类重点对象学法用法工作的意见。在抓重点对象的学法用法过程中，针对各自的特点，努力在注重实效上下功夫。

一是领导干部、公务员学法用法制度健全。在坚持领导干部法治讲座、党委（组）中心组学法、党校法律知识培训、人大任命领导干部任前法律知识考试的基础上，2011年市委组织部、市政府法制办等部门联合出台了非人大任命领导干部任前法律知识考试制度。这项制度目前已在全市各地推开，昆山等地还进一步扩大了任前法律知识考试的人员范围。政府法制办、人社局等部门在组织公务员培训过程中，重视法律课程的教学。市委市级机关工委等部门联合编印《市级机关党员法治学习读本》，组织开展网上学法和领导干部公务员法律知识竞赛，强化法治思维、法治理念的宣传，促进依法决策、依法管理、依法行政。

二是青少年法治宣传教育形式新颖。坚持课堂教育主渠道，市文明办、教育局、司法局联合编印中小学《法治读本》，促进教学内容规范化。注重发挥学校法治副校长的作用，张家港、吴中等地有计划地组织法治副校长进校上法治课。课外学法活动丰富多彩，经常组织模拟法庭、法治夏令营等活动。市司法局、市教育局、市妇联共同举办"律政小达人"法律知识竞赛，市教育局、团市委组织中小学进行法治手抄报、法治格言警句、法治课件征集评比，法治歌曲唱响校园等活动，极大地提高了青少年学法的积极性。寒暑假期间，很多社区依托各类法治文化阵地组织青少年学生开展丰富多彩的学法活动，形成了浓厚的氛围。

三是农民工学法用法工作针对性强。针对苏州市外来务工人员比例高、总量大的特点，从关爱民生、提高新市民法律素质的角度出发，积极探索农民工学法的新形式、新方法，持续开展"农民工学法活动周""春风行动"等送法活动，每年春节期间，市法宣办组织力量把与农民工生活生产密切相关的法律常识编成短信，协调移动、电信等运营商集中群发，每次有效覆盖200多万手机用户。各地普遍在集宿区建立农民工法制学校，太仓等地尝试设立新市民学法俱乐部，吴江区委、区政府对外来就业、创业人员的法治宣传教育专门作出部署，并组织开展了一系列活动。

四是企业经营管理人员法治宣传教育效果明显。市经信委、市人社局、市总工会等部门紧密配合，广泛开展"送法进企业"等活动，每两年组织一次诚信守法先进企业评选，促进企业依法管理、依法经营。市司法局注重发挥法律服务工作者的作用，组建企业"名律师法律顾问团"，为企业提供有效的法治宣传和法律服务。

五是各类主题宣传活动丰富多彩。各地、各部门结合自身实际，明确宣传主题，不断深化"法律六进"。在每年的"三下乡"、"3·8"妇女维权周、"3·15"消费者权益日、"6·26"国际禁毒日、"12·2"交通安全宣传日、"12·4"国家宪法日等时间节点，组织开展有声有色的主题宣传活动，引导和鼓励广大群众自觉学法用法，参与法治实践。

三、融合创新，打造品牌

"六五"普法规划第一次系统提出了加强法治文化建设、培育法治精神的任务。近年来，全市积极探索，拓展思路，打造亮点。

一是宣传阵地建设快速推进。加强协调沟通，将法治宣传阵地建设纳入社会公共文化设施建设规划。目前，苏州大市和10个县级市（区）、95个镇（街道）的法治宣传阵地实现全覆盖，绝大多数村（社区）和部分行业条线也建成了各具特色的法治宣传阵地，其中较大规模的普法阵地160余个，分四批命名"市级法治文化建设示范点"114个，创建"省级法治文化示范点"21个。加强重点项目建设的组织和指导推进，2013年6月，市司法局与市轨道交通公司密切配合，率先启动"法治文化进地铁"工程，推动建设"法治轨道"，在目前运行的地铁1、2、4号线营造了富有特色的法治文化氛围。2013

年底，市级层面又在石路山塘旅游商贸区建成了以法治漫画为主要表现形式的广济"法治文化公园"，吸引市民和游客休闲、活动。张家港市法治文化公园、昆山市法治宣传教育中心、吴中区、相城区、姑苏区、高新区法治文化公园、吴江区叶泽湖社区法治文化广场以及常熟市法治雕塑公园等一批有特色的阵地相继建成，随着阵地覆盖面的不断扩大，法治惠民的成效日益彰显。

二是法治文化活动形成常态。各地、各部门广泛开展送法治电影、法治文艺节目下基层，组织法治文艺会演、展演以及法治文化作品展览、法律知识竞赛等活动。市法宣办与姑苏区连续三年举办元宵法治灯谜竞猜活动，突出普法宣传的趣味性和感染力，吸引了大批市民群众参加。2012年，结合庆祝现行宪法颁布实施30周年和党的十八大召开，全市举办了以"增强宪法意识，弘扬法治文化，创建法治城市"为主题的首届法治文化节，市委市级机关工委、市委老干部局、市文广新局、市妇联、团市委、市文联等分别牵头承办了公务员法律知识竞赛、家庭学法大赛、在校生模拟法庭大赛、法治文艺会演、法治书画摄影大赛等活动，形成声势。2014年，全市举办了以"繁荣法治文化，促进法治建设"为主题的第二届法治文化节，相继开展了全市财会人员财经法律法规知识大赛、法治·廉洁灯谜大赛等活动，据不完全统计，全市有100多万市民直接或间接参与活动，营造了浓厚的法治文化氛围。2015年，市司法局与市文广新局组织开展了"让法律走进市民生活"法治文艺巡演，使法治元素更加贴近、融入群众生活。

三是作品创作硕果累累。2012年，在各地组织各类法治文化作品创作的基础上，全市组织了法治·廉政书画摄影作品、法制宣传公益广告、法治文艺作品等征集评比活动，收到作品1 000余件，对获奖作品编印了《法治文艺作品集》《法治·廉政书画、摄影作品集》和《法治文化建设理论研讨文集》，并利用美术馆和互联网广泛展示。吴中区、姑苏区采取与高等院校合作或邀请知名漫画家创作的形式创作了一批法治漫画作品，深受广大市民喜爱。2013年上半年，昆山率先举办"法治微电影大赛"取得圆满成功。6月17日，全市以媒体通气会形式启动了"2013中国苏州法治微电影大赛"，大赛共征集到47部符合要求的微电影作品，参赛作品网络投票总数达到170多万人次，创下了全市单项法治宣传活动受众量的最高纪录，全国普法办高度评价大赛是"一项具有开创性意义的重要活动"。在第十届全国法制漫画动画微电影作品征集活动中，苏州市一举摘得33个奖项，占全国总奖项数的9.5%，第十一届苏州市又荣获14个全国大奖，在全国地级市中名列首位。2015年举办的全市第二届法治微电影大赛，共征集到107部以"德法"为主题的优秀作品，网上展映期间，网民反响热烈。

四是传播方式创新创特。在借助报刊、广播、电视等传统媒体搞好普法宣传的同时，注重应用各单位门户网站、户外显示屏、公交TV、地铁视频、手机终端等新媒体开展普法宣传和法治文化传播。2011年11月30日，作为全国政府机关部门首创的"苏州法治文化网"正式开通，影响力迅速扩大，2014年进行了升级改版，增加各类法治文化作品的容量，增强互动功能。加大传播创新探索力度，研究开发首款专业普法手机APP"e同说法"，2014年6月20日，"e同说法"APP和"苏州普法"微信正式开通上线，当年，"e同说法"APP荣获苏州市"新媒体创新奖"，目前，"苏州普法"微信粉丝达4万，"e同说法"APP下载用户数增至10万。在近期法制网公布的全国政法机关微信影响力周排行榜中，"苏州普法"排"司法行政篇"第4名。平时通过举办"1+X"新媒体青少年法律知识竞赛等活动，调动了一大批年轻人学法用法的积极性。2014年8月，苏州市还在苏州广电总台黄金时段推出"非常帮助"固定栏目，达到帮助百姓解决纠纷和学习法律知识的目的。各地、各部门积极探索法治文化传播的新途径、新方式，常熟借助有线电视"智慧社区"设立"法律超市"，将法律送到千家万户，昆山打造"尚法"新媒体品牌，太仓定期编发高质量的《太阳》杂志，全市有30个案例被评为"新媒体普法"优秀创意案例。苏州市积极应用新媒体开展普法的做法被《法制日报》《中国青年报》《民主与法制》杂志等国家级媒体报道。

四、服务大局，关注民生

在开展法治宣传教育的同时，坚持普法和依法治理的有机结合，扎实开展法治实践活动，推进法治苏州建设。

一是大力推进依法行政。公务员、行政执法人员法制培训、考核形成制度，执法规范化水平不断提高。建立健全群众参与、专家咨询、政府决策相结合的决策机制。"12345"阳光便民服务平台、"寒山闻钟"论坛影响大、作用好，权力阳光运行的各项制度和措施得到有效落实。

二是进一步创新社会管理。太仓首创的"政社互动"社会管理模式在全国推广；网格化社会服务体系建设全面推进，社区服务实现普惠；城市精细化管理实现全覆盖，"创意警务"创造了全天候、立体化警民互动新模式，"家在苏州"品牌凝聚起社会发展合力；公共服务体系日趋完善，基础教育、医疗卫生、文化体育、公共安全等服务资源人均拥有量和保障水平全国领先。

三是持续深化基层民主法治创建。"六五"普法期间，张家港市南丰镇永联村、相城区北桥街道灵峰村、常熟市古里镇康博村和张家港市金港镇长江村先后荣获"全国民主法治示范村"称号，数量居全省前列，"省级民主法治示范村"建成率达32.81%。市委、市政府"两办"近期印发了《关于深入推进村（社区）法律顾问工作的实施意见》，建立健全村（社区）法律顾问普法工作长效机制，推进法治宣传与法律服务的深度融合，促进基层民主法治建设。

四是不断提升依法治理水平。持续开展"关爱民生法治行"等活动，针对群众关注的热点、难点问题进行专项整治，在社会保障、劳动就业、食品安全、环境保护等方面加大依法整治力度。

近年来，苏州市坚持高标准定位、高起点谋划、高保障实施，自觉将法治宣传教育工作融入平安苏州、法治苏州建设的进程中大力推进，全民法律素质、全社会法治化水平明显提高。2014年，苏州市被全国普法办评为全国"六五"普法中期先进城市，这是苏州市自"一五"普法以来首次获此殊荣；常熟市、太仓市被评为先进县（市、区），2个单位被评为先进单位，1名同志被评为先进个人。受省级表彰先进县（市、区）1个，先进集体20个，先进个人52名。大力推动法治城市、法治县（市、区）创建进程，获得全国、省法治县（市、区）创建工作先进地区数量位居全省前列；平安、法治建设的公众认可度不断提升，苏州市荣获全国综合治理优秀城市"六连冠"，三次捧得"长安杯"，2014年，全市法治建设的公众满意度达94.8，位居全省第一。全市经济、政治、文化、社会和生态建设的法治化水平进一步提高，执法部门的法治意识、服务意识不断增强。2015年8月8日，《人民日报》头版头条报道《法治苏州建设 催生创新创业》，充分肯定苏州实施法治政府、法治市场、法治社会"三位一体"法治建设举措，成为企业自主创新创业的一方热土，赢得了"投资天堂，创业福地"的美誉。

第三节 普法工作中涌现的典型事例

一、民主法治示范村建设

（一）实施过程

完善机制，增强创建合力。司法局积极与法治办、民政局沟通协调，协同开展创建指导和考核检查，督促各级党委、政府始终把创建"民主法治示范村（社区）"工作纳入新农村建设和城区工作的重要议事日程，督促镇、街道加强民主公开、法治宣传、矛盾调解、法治文化建设等方面的工作力度。三部门形成了共同参与、协调配合、分头落实、齐抓共管的工作机制。

抓住重点，深化创建工作。一是注重提高基层自治组织的民主管理和法治化管理水平。村（社区）自觉按照"四民主两公开"的要求，开展各项工作。在"两委"换届选举中，做到规范有序，充分保障村（居）民依法行使民主权利。同时，切实抓好民主决策、民主管理、民主监督各项制度的落实。坚持每季度一次的村（居）务和财务公开制度，全市绝大多数市级以上"民主法治示范村（社区）"不断拓展公开范围，主动将党建、社保、扶贫、计划生育、村（居）干部收入等都纳入公开内容，扩大群众知情权，方便群众监督。建立村（居）民民主理财小组，重大投资等事项按照规范程序进行。二是以开展法治宣传教育为基础，不断增强村（居）民的法律素质。全市村（社区）普遍建立起普法工作网络，健全村（居）委干部和村（居）民学法制度。村（社区）普遍设置了法制宣传栏（橱窗）、图书阅览室、法律图书角。定期举办法治讲座、法律咨询等学法活动，固定法治宣传栏（橱窗）的内容更新每年不少于12次。法治类图书不少于20个种类、100册以上，法治类报刊2种以上。三是以强化社会管理为保障，全力维护基层和谐稳定。村（社区）普遍设立便民服务窗，方便村（居）民办事；不断加强综治、警务、治保、人民调解和外来人口管理"五位一体"建设，加大硬件投入，加大组织建设和队伍建设力度，积极开展"社会治安安全村""和谐社区""最美乡村"等各类创建活动，做好预防和化解各类社会矛盾纠纷工作，形成了群防群治、共建和谐稳定的社会氛围。

典型引路，提高创建水平。在创建活动中，大力宣传太仓市城厢镇伟阳村、常熟市支塘镇蒋巷村、吴江区震泽镇龙降桥村、昆山市周市镇市北村、吴中区临湖镇湖桥村、相城区北桥街道灵峰村、张家港市南丰镇永联村、常熟市古里镇康博村和张家港市金港镇长江村等创建先进典型，鼓励各地及时总结、宣传和学习推广。组织参观学习和交流活动，带动了一大批村（社区）的创建工作，许多村（社区）纷纷从软件和硬件两个方面努力提高创建水平。软件方面重点是理念创新和工作方法创新，把民主公开等创建要求与自我管理、自我教育有机结合起来；硬件方面根据"六五"普法的要求，新建法治文化广场，法治文化长廊、法治文化园等法治文化阵地，大力推进法制宣传教育全覆盖工程，为村（居）民学法懂法守法用法营造良好的环境。

创新思路，拓展创建内涵。创建"民主法治示范村（社区）"工作，在实践过程中会不断遇到新情况、新问题，全市各地注重引导和鼓励理念创新、工作创作、方法创新。如在创建工作中，坚持把加强对广大村民、居民的法治宣传教育，提高村、居民和村（社区）干部法律素质和法治意识作为基础和重点，探索了一系列新方法。张家港市的"法律夜市"和"村干部法律大专学历教育班"、昆山市的"法制文艺村村演"、苏州工业园区的志愿者送法进社区等应运而生。太仓市试点的"政社互动"社会管理新模式，目前已在苏州全市推广，做法和经验在省委、省政府召开的全省创新社会管理加强群众工作会议上作了交流介绍。各地还充分发挥主观能动性，结合实际情况探索创建新路子，姑苏区的"老娘舅"调解、"逢四说法"，太仓市的"光明万家"司法惠民，"一村一律师"，常熟市的"法治文化示范村"创建等创新思路和创新实践，有效地推进了"民主法治示范村（社区）"创建工作。

加强督查，实施动态管理。为全面深化民主法治示范村（社区）创建，进一步加强基层民主法治建设，注重严格把控"三扇门"，以提高基层民主法治建设水平，夯实法治苏州基础。一是严格把控"入门"资格审查。在对申报材料严格审核的基础上，2015年12月，市司法局联合市法治办、民政局、文广新局分四组深入实地，严格按照"民主法治示范村（社区）"创建标准进行考核评估，重点检查"两公开四民主"制度的落实、公共法律服务体系的构建、法治宣传教育活动的开展情况,并召开评审会议严格评审打分,确保创建实现质量、数量双达标。二是严格加强"门内"规范管理。在日常督查、催促自查的基础上,借申报评审的契机,对全市范围内的示范单位进行抽查,按照《江苏省民主法治示范村(社区)动态管理办法》,对不符合条件的单位提出意见建议,并严格要求其限期整改,更好地发挥示范单位的引领作用。三是严格督促"门外"创建步伐。着眼于发现基层实际困难,全面了解基层民主法治创建情况,对后进单位通过典型介绍、经验推广等方式予以帮助和指导,督促各地加快民主法治创建步伐,进一步夯实法治苏州基础。

(二)实际成效

自2003年开展民主法治村、社区创建工作以来,全市各地高度重视、加强领导、科学谋划、精心组织、扎实推进,创建工作取得了明显的阶段性成效。目前,全市有9个村被命名为"全国民主法治示范村",有674个村、社区被命名为省级"民主法治示范村(社区)",创建率为32.81%,有1785个村、社区被命名为市级"民主法治村(社区)",创建率达88%(截止至2015年底)。

(三)实践意义

通过上述一系列的工作,取得了较为明显的成效。

一是进一步密切了党群干群关系。通过民主法治建设,既保障了村民的民主权利,又规范了村干部行为,基本解决了农村群众关注的村干部不洁、集体资产流失等热点问题,干群关系得到改善。

二是进一步促进了农村经济的发展。民主决策制度、民主管理制度、民主监督制度得到了进一步健全,村(社区)干部更加注重工作中的集思广益,重大事项的决策透明、科学,特别是农村有经济项目的村,经营规范,管理有序,村级经济持续、快速发展。

三是进一步维护了社会稳定。法治宣传教育作为一项基础和重点工作得到了普遍重视。各地有计划地开展"学法律、讲权利、讲义务、讲责任"为主题的学法用法实践活动,基层干部通过"会前学法""决策前学法"等形式,结合工作实际、结合解决各种矛盾和问题学法用法;普法队伍得到壮大,广泛发动普法志愿者、大学生村官、"法律明白人"、人民调解员等社会力量,开展法律咨询、法律资料分送入户、以案说法、调解矛盾释法等，引导和帮助群众学习涉及切身利益的法律法规，逐步提高法律素质和依法维权意识，妥善处理各种利益关系，维护了社会秩序的稳定。

四是进一步提高了基层干部群众民主法治意识和参政议政能力。在创建实践中，广大干部群众逐步学会了民主、依法办事方法；在参与民主选举、民主决策、民主管理和民主监督实践中学会了正确行使自己民主权利的方法和技巧，逐步养成了民主法治思维。许多村（社区）干部说："要做好新时期基层工作，必须讲民主，靠法治。"

二、法治微电影大赛

自 2017 年 6 月起，为深入贯彻党的十八大和十八届三中、四中、五中、六中全会要求，全面落实习近平总书记关于法治建设的系列重要讲话精神，积极探索法治文化的传播形式、德法有机融合的宣传形式，市法宣办联合市委宣传部、市法治办举办了以"美好生活　德法相伴"为主题的第三届法治微电影大赛。6 月 12 日下午，利用苏州市法治宣传教育中心（以下简称法宣中心）这一交通便利、往来人群较多的教育基地，举行了第三届法治微电影大赛暨法治文艺基层巡演启动仪式，市委常委、政法委书记俞杏楠，副市长李京生，市委政法委副书记朱耀明，市委宣传部副部长缪学为，市司法局局长王侃参加活动。活动征集评选到 10 月结束，10—12 月大力推动获奖作品在法宣中心、各类显示屏、社区等多渠道展示推广，对提高全民法治意识、弘扬社会主义核心价值观起了良好的促进作用。

（一）发展地方文化，作品量多质高

经过多途径广泛发动，广大机关单位、社区街道、学校、文化企业踊跃参与，在全市范围内掀起了一场法治文艺创作旋风。活动共收到"德法"主题的优秀作品 102 部，经法治文化专家和影视艺术专家公开公正投票和网友的互动投票，《职责》《选择游戏》等 29 部微电影分获一等、二等、三等和优秀奖，《心中的廉石》《独白书》五部微电影获网络组织奖。此次征集的作品贴合德法主题，将法治理念、法治实践、道德教化以富有创意的形式展现出来，使枯燥的法条形象生动化、抽象的法理通俗易懂化、深奥的道德思想平民化，实现了德法与艺术的巧妙融合。

（二）依托新媒体，小成本大影响

为激发社会力量参与普法，特别设置了网友投票的方式，开展有奖投票评奖活动，并综合运用普法微信、APP、网站等载体展示推广，吸引了众多市民关注，在品赏电影的过程中快乐学法，法治微电影网友投票量达21万。这种以新媒体推广法治文化产品、以法治文化产品丰富新媒体内涵的方式成为苏州普法实践的一大亮点。同时协调运用苏州市区居民及外来人口集中的地点的农村数字电影院，利用放映电影前时段播放优秀法治微电影，一年3 000场次。

（三）多措施并举，普法氛围浓厚

第三届法治微电影大赛活动期间，市法宣办更新了法宣中心内容布置，增加了《民法总则》等最新法律法规宣传内容。同时加大法治文化作品的展示比重，精选近年来苏州原创的法治微电影、书画等作品在基地内集中展示，营造良好的普法氛围。12月1日，举办第三届法治微电影大赛颁奖活动，全市六十余家部委办局领导干部、公务员代表参加活动，进一步激发社会各界参与法治文化作品创作、推广的积极性。12月4日，司法局机关公务员、律师、法律服务人员代表100余人在法宣中心举行宪法宣誓活动，进一步增强司法行政工作者不忘初心，牢记使命，奋力开拓新时代江苏司法行政工作新实践的使命担当，带头促进广大人民群众充分相信宪法、礼敬宪法、尊崇宪法。

三、创新多元形式普法

（一）探索1+X亲子互助学法，扩大普法覆盖面

亲子互助学法，不是单纯的家长对子女的法律知识传授，更强调亲子之间互动的学法过程，营造学法遵法守法的家庭氛围，促进家长与孩子的共同进步。此次竞赛活动正是一次对1+X亲子互助学法方式的积极探索，有效提升了学生及其家长的法律意识。活动注重运用新媒体扩大普法参与面，在学法阶段，将学法资料通过苏州市网上家长学校、苏州市法治文化网、"苏州普法"微信公众号、"e同说法"手机普法APP等新媒体平台公布，同时在"e同说法"的快乐学法版块每天推送一题必考题目，供学生与家长进行学习和练习。在竞答阶段，广泛发动全市各中小学校在校生与家长一起，下载"e同说法"手机普法APP竞答。

（二）打造全新融合推广模式，搭建长效普法渠道

探索建立"互联网+法治宣传教育"全新推广宣传模式，即一方面各类新媒体通过普法活动增加用户下载关注量，提了活跃度；另一方面普法活动通过新媒体平台扩大受众覆盖面，降低活动成本。此次活动积极运用新媒体平台公布学法资料、开展法律知识竞赛，并及时跟进、宣传造势，推动形成线上线下相互补充、相互衔接的态势，有效降低参与活动的时间和经济成本，提高活动的知晓度和覆盖率。着力推动"一次活动，长效普法"的普法宣传方式，此次活动运用"e同说法"普法手机APP平台开展竞赛，同时在微信公众号、网站等新媒体平台共同推进，吸引了近6万用户下载"e同说法"，3万用户关注苏州普法微信公众号，法治文化网点击量猛增，大幅度扩大了新媒体普法的知晓率和受益面。通过活动吸引群众体验普法网站、微信、手机APP等新媒体学法渠道，搭建起长期普法宣传桥梁。

（三）开展法治文艺创作

为了开辟具有苏州特色的法治文化之路，放大苏州法治文化的品牌效应，将普法宣传与独具苏州特色的文艺表达形式相结合，市司法局联手市文广新局、市滑稽剧团共同策划举办了以"让法律走近市民生活"为主题法治文艺创作、巡演活动。此次活动创作了8个富有法治内涵、苏州韵味和艺术张力的法治文艺节目，在学校、社区、企业等群众聚集区巡回演出达20余场，让法治精神、法治意识在欢声笑语中走进了上万名群众心里。

够真实，节目素材来源法治实践。此次法治文艺节目创作，着力于反映群众在日常生活中普遍关心的热点、焦点问题，宣传广大群众通过法治宣传教育，遵法、守法的崭新精神风貌，宣传基层派出所、司法所等一线法律工作者无私奉献、为民服务的高尚品格。为更好地贴近法治实践，在创作过程中，市司法局召开了法治文艺创作座谈会，邀请苏州滑稽剧团创作人员与各类法律工作者交流探讨，从真实的一线法治实践中汲取创作素材和灵感，最终创作出《飞向春天》《醉蟹上路》《团团转》《普法宣传结硕果》《调解》《一轮中秋月》《破镜重圆》《中国梦》等8个节目。

够苏州，节目编排地方特色浓郁。为了使节目更接地气，更易产生共鸣，创作团队努力探索将苏州地方特色融入其中。节目多处融入了苏州地方幽默，使用了地方方言，不少居民会心一笑，认为"这法治小品很有苏州韵味"。此

次巡演以独具苏州特色的文艺表达形式，运用歌舞、情景剧、小品、表演唱等多种表演方式，很好地将普法教育与地方传统文化艺术相融合，充分发挥了法治文艺的教育、熏陶、示范、引导作用。

够大牌，梅花奖得主倾情演绎。此次节目巡演，演员均为滑稽剧团资深表演艺术家，其中有国家一级演员3名，国家二级演员3名。当梅花奖得主顾芗、张克勤压轴登场时，更是引来群众欢呼声一片。著名演员登台表演法治节目，增加了巡演活动的含金量，扩大了法治宣传的影响力。同时，市司法局在巡演过程中，注重发现一批在法治文化事业方面有号召力的领头人和能工巧匠，鼓励他们加入法治文化建设队伍，繁荣苏州法治文化。

第二篇　拓展篇

第九章 构建社会安全网络,实现社会治安的综合治理

第一节 社会治安综合治理对社会稳定的重要意义

所谓"社会治安综合治理",主要是指在各级党委、政府的统一领导下,各有关部门充分发挥职能作用,协调一致,齐抓共管,依靠广大人民群众,运用政治、经济、行政、法律、文化和教育等多种手段,整治社会治安,打击和预防犯罪,完善社会管理,化解社会矛盾,维护人民权益,保障社会稳定,促进社会和谐,为社会主义现代化建设和改革开放创造良好的社会环境,推进中国特色社会主义事业深入发展。[1] 该定义较为全面周延地体现出社会治安综合治理的目标、特点和内容。概而言之,社会治安综合治理涵盖三方面内容:一是在主体方面,必须明确不是一个部门或一个单位,而是提出要在各级党委和政府的统一领导下,组织和依靠各个部门和各人民团体,依靠全社会的力量,发动和组织亿万群众关心和参加社会治安工作,即全党动手,企民动员,齐抓共管;二是在治理方法和手段方面,强调要充分运用政治、经济、行政、法律、文化、教育等多种手段来整顿社会治安;三是在通过治理所要达到的目标方面,不但要打击犯罪,而且要控制和减少犯罪的因素和条件,预防犯罪,减少犯罪,改造犯罪人,挽救失足者,争取社会风气、社会治安的稳定好转。

可见,社会治安综合治理明显具有广泛的社会性、措施和手段的综合性以及鲜明的政治性等特点。[2] 可以说,社会治安综合治理是党和国家在我国改

---

[1] 中央社会治安综合治理委员会办公室:《社会治安综合治理工作读本》,中国长安出版社2009年版,第10页。

[2] 赵运锋:《刑事政策学》,中国法制出版社2014年版,第294—295页。

革开放和现代化建设的进程中提出的一项重要对策，是新时期我国社会治安工作的总方针，也是建立和保持良好的社会治安秩序、维护社会政治稳定的基本方针和解决社会治安问题的根本途径。而其中，尤其值得关注的是，社会治安综合治理对于维系社会稳定具有如下重要意义。

一、社会治安综合治理是解决社会治安问题的根本出路

社会治安问题是指以犯罪、违法乱纪等事故事件等范畴为形式出现的，破坏社会正常生活秩序的社会现象和人的行为。[①] 可以说，社会治安问题是诸多社会矛盾和消极因素的综合反映，因此，必须依靠全社会的力量，运用多种手段进行综合治理。实践证明，坚决打击各种犯罪活动是完全必要的。打击能够惩治罪犯，制止犯罪行为，起到特殊预防的作用；打击又能惩一儆百，震慑企图和可能违法犯罪的人，告诫和教育人们必须遵守法律，起到一般预防的作用。不坚决打击犯罪分子，就会纵容、助长犯罪，治安问题还会增多。但是，光靠打击也不行，单一的打击并不能根本改变社会治安的严峻形势。不消除滋生犯罪的土壤和条件，犯罪分子还会源源不断地产生出来，就像韭菜一样，割了一茬，又生一茬。只有全面加强社会治安综合治理，把打击和预防、治标和治本结合起来，才能既"截流"又"去源"，既"斩草"又"除根"，才能从根本上逐步把我国的违法犯罪和治安问题减少下来，从而确保社会治安的稳定。

二、社会治安综合治理是经济建设与社会稳定的重要保障

经济建设是我国现代化建设的中心任务。经济工作是一切工作的基础，只有把经济搞上去，才能为社会稳定提供重要的保证。邓小平认为，经济发展必须保持一定速度，要满足人民群众日益增长的各类需求，经济发展不起来或发展缓慢很容易引起社会各阶层的动荡，矛盾也将随之凸显出来。[②] 可见，经济建设和社会的安定是相辅相成的，经济建设需要良好的环境，没有稳定的社会，没有政治上的安定团结，天天闹"地震"，经济建设就无法进行，什么事情也办不成。历史的和现实的经验都证明了这一点。而社会治安问题无疑是构成对社会秩序安定的最大威胁之一。因此，加强社会治安综合

---

① 金其高：《社会治安防控经略》，群众出版社2004年版，第25—27页。
② 《邓小平文选（第三卷）》，人民出版社1994年版，第156页。

治理，不仅是维护社会稳定的重大措施、系统工程，而且是加快社会经济发展的重要保证。不搞好这项工作，不解决好社会治安问题，就不能保持良好的社会秩序，经济建设和社会发展就不能顺利进行，人民就不能"安居"，也就不可能"乐业"。

三、社会治安综合治理是精神文明建设的重要组成部分

可以说，加强社会主义精神文明建设是维护社会稳定的重要环节之一，因为搞好精神文明建设为安定团结的政治局面提供良好的舆论环境，有助于社会稳定。同时，搞好精神文明建设，有助于解决好人民内部矛盾，从而维护社会稳定。[1] 而社会治安综合治理的许多工作正是社会主义精神文明建设的重要内容。社会安定有序、社会风气良好，这是标志精神文明水平的一个重要方面。社会秩序混乱、刑事犯罪猖獗、丑恶腐败泛滥，就谈不上社会主义精神文明。社会治安综合治理的根本措施在于教育人，提高人们的道德素养，增强人们的法制观念，树立良好的道德风尚和社会风气，这正是加强社会主义精神文明建设的内在需要。

社会治安综合治理搞好了，可以有力地促进整个社会主义精神文明建设。社会治安综合治理实行"打防并举，标本兼治，重在治本"的原则，努力消除产生犯罪和社会治安问题的根源，惩恶扬善，激浊扬清，祛邪扶正，规范、引导人们的行为，告诉人们哪些事允许做，哪些事不允许做；哪些事该做，哪些事不该做。社会治安综合治理的各项措施如果真正地在社区基层单位落实，不仅违法犯罪现象可以大大减少，社会风气也会大为改观，人们的思想道德境界将大大提高，这对整个社会主义精神文明建设都是极大的贡献。

四、社会治安综合治理是加强社会主义法治建设的重要措施

须知，社会主义法制是人民民主的法律化、制度化，也是国家长治久安的根本保证。毋庸置疑，社会治安综合治理正是加强社会主义司法法制建设的重要措施之一，其具体表现在：第一，社会治安综合治理推动和促进立法、执法和守法等项法制建设协调发展。社会主义法制建设包括立法、司法、执法和守法四个方面。目前我国社会主义法制还有许多不健全、不完善、不落

---

[1] 钟俊生、赵洪伟：《维护社会稳定理论与实践研究》，东北大学出版社2011年版，第127页。

实的地方，特别是随着市场经济的深入发展，立法、司法、执法和守法等工作亟待进一步加强。因此，必须全党动员，全民动员，多管齐下，综合治理社会治安，促进法制建设的协调发展。第二，社会治安综合治理是实现社会主义法制的重要途径和形式。社会主义法制的基本要求是"有法可依、有法有必依，执法必严，违法必究"，要求公民知法、用法、守法。实现这些要求，也必须动员全社会的力量，大张旗鼓地进行法制宣传和教育。同时，通过打击犯罪，整治社会治安，使执法机关能有效地发挥自身职能，全社会的法制观念也会相应增强。第三，搞好社会治安综合治理，有利于把各项社会管理工作纳入法制轨道，使综合治理的各项措施能依法行政、依法管理，充分运用各种法律手段调整各种社会关系，规范公民的行为，减少违法犯罪等治安问题。真正实现依法治国的目标。

第二节　社会治安综合治理的工作原则和工作目标

社会治安综合治理是一项具有长期性、广泛性、复杂性和综合性的艰巨工作，必须确立并遵循符合其自身规律和特点的工作原则和工作目标，才能保证其高效有序地运作。否则的话，最终只能是事倍功半，浪费人力、物力，达不到预期的效果。

一、工作原则

（一）"谁主管谁负责"原则

"谁主管谁负责"原则是根据社会治安综合治理工作的基本特点提出来的。它是在实践中总结出来的，又进一步指导实践，是实现社会治安综合治理的核心。

所谓"谁主管谁负责"，就是地区部门和单位领导要对主管的地区、部门和单位的综合治理工作负责。一个地区、一个部门或一个单位的综合治理工作出了问题，要追究该地区、该部门和该单位领导的责任。[①] 很明显，该原则就要求从管理体制上建立起一套从中央到地方，到各部门和单位的多层次、

---

① 夏菲：《治安管理研究》，中国方正出版社2005年版，第274页。

多方面的各司其职和各负其责的具体制度和规范，使社会治安综合治理的任务和对策措施落到实处。可以说，实行这一原则是由社会治安综合治理的工作特点所决定的，也是实现社会治安综合治理的核心，对于形成各部门、各系统齐抓共管有十分重要的意义和作用。① 社会治安综合治理工作涉及社会各界、各个领域、各个行业、各个单位及各个家庭，工作面广、量大；社会治安综合治理工作内容又十分广泛；同时，社会治安综合治理工作还要广大群众的积极参与。所以，这样一个宏大的社会系统工程单靠政法部门是远远不够的，因此必须实行"谁主管谁负责"的原则。申言之，这一原则的主旨，就是要求所有部门和单位都要根据社会治安综合治理的任务、要求和工作范围，主动找准自己的位置，明确自己的责任，承担起共同维护社会治安的责任。各部门、各单位都要抓好本部门本单位或本管辖范围的社会治安综合治理工作，防止重大违法犯罪案件和重大治安问题的产生；都要做到"管好自己的人，看好自己的门，办好自己的事"，切实加强思想教育和各项治安防范工作。一旦发生问题，就要在弄清事实、分清责任的基础上，追究有关领导人和直接责任人的责任。

（二）条块结合，以块为主的属地管理原则

这一原则就是指某系统下属的各个行业、部门、单位（条），要与其工作和生活场所在地行政管辖区的党委和政府（块）配合，服从所在地党委和政府（块）的统一领导。主管部门要积极配合地方党政组织，督促所属单位做好综合治理工作。申言之，"条"是指按不同工作性质划分的属于不同系统的各个行业、部门和单位。"块"是指按地理区域划分的行政管辖区。② "条条"与"块块"的关系密不可分，虽然"条条"都有各自的系统和上级主管部门，但它们的工作场所和生活场所一般都在一定的"块块"管辖范围之内，其内部的治安状况和"块块"的治安状况互有联系和影响，而后者对前者的影响则更大。"块块"中的各级党委、政府负有维护好管辖区社会治安的责任，对综合治理工作通过综合治理领导机构来实现领导。③ 很显然，在社会治安综合治理工作开展过程中，把"条条"与"块块"有机结合起来，形成合力是至

---

① 赵运锋：《刑事政策学》，中国法制出版社2014年版，第300页。
② 李晓明、张跃进：《社会治安防控体系建设研究》，法律出版社2012年版，第85页。
③ 赵运锋：《刑事政策学》，中国法制出版社2014年版，第299页。

关重要的,即有关部门下属的企事业单位,应当服从所在地党委、政府的统一领导,主管部门要积极配合地方党政组织,督促所属单位做好综合治理工作,消除条块分割、各自为政、无人负责的现象。

(三) 群防群治原则

这一原则是指在各级党委、政府的领导和专门机关的指导下,群众自己组织起来,预防和治理社会问题,维护所在地区或单位治安的一种活动。可以说,群防群治原则遵循了人民群众是推动历史发展的决定力量这一历史唯物主义的基本原理,在整个社会治安综合治理系统工程中具有十分重要的地位和作用。之所以在社会治安综合治理工作中坚持群防群治原则,是由于综合治理工作群众性较强,群防群治工作开展得好坏,直接关系着综合治理的成效。首先,群防群治工作是组织广大群众参与维护社会治安的好形式;其次,群防群治工作可以促进社会治安综合治理各项预防措施的落实;再次,群防群治工作是专门机关工作与群众路线相结合的一种重要形式。① 基于此,必须明确的是,人民群众是搞好社会治安综合治理必须依靠的基本力量,因此在贯彻落实群防群治原则的过程中,必须切实做到以下几点:一是通过宣传发动工作,提高群众参与防范的主体意识,关心社区、单位安全的整体意识,从我做起的自我防范意识,这样就使得群防群治的保障机制更加深入人心,这亦是实行群防群治的前提条件;二是加强群防群治队伍的建设和管理,发展壮大专职防范力量,推动社会治安防范的多元化,尤其是促成群防群治队伍逐步向网络化方向发展,即群防群治队伍的组织建设无论在纵向上还是在横向上都形成比较完整的体系;② 三是依靠群众,落实自防和社会协防等防范措施。其中自防是居(村)民及单位自防,措施主要是发动群众采取防范措施,妥善保管现金及贵重物品,落实单位内部的各项安全防范制度等,目的是堵塞治安漏洞,不给违法犯罪分子可乘之机;社会协防是组织群众参与各种防范违法犯罪的工作,如安全员看楼护院、联防队治安巡逻等。

二、工作目标

正是由于社会治安问题是对各种社会消极因素的综合反映,所以这就决

---

① 张述元:《社会治安综合治理六百问》,专利文献出版社1995年版,第68—69页。
② 张述元:《社会治安综合治理六百问》,专利文献出版社1995年版,第70页。

定了社会治安综合治理的工作目标也是综合性的,毕竟社会治安综合治理是一个复杂的多因素、多变量的社会系统工程。其工作目标是从这个系统的全局和整体出发,结合实际情况,根据需要与可能,经过通盘考虑,实事求是提出的。因为社会违法犯罪现象的防治效果归根到底取决于国家的经济、政治、文化、社会生态的协调发展,取决于社会生产发展的水平,取决于国家的物质文明和精神文明建设共同发展的程度。因此,社会治安综合治理工作目标的确定要纳入国家经济和社会发展规划之中,必须以国家经济社会发展战略为指导和依托。① 有鉴于此,1991年,中共中央、国务院在《关于加强社会治安综合治理的决定》中把社会治安综合治理的工作目标作了进一步具体阐述,这就是:社会稳定,重大恶性案件和多发性案件得到控制并逐步有所下降,社会丑恶现象大大减少。治安混乱的地区和一单位的面貌彻底改观,治安秩序良好,群众有安全感。应当说,该工作目标的确立,既要使已发生的违法犯罪行为受到应有的制裁,又要防范一切可能的治安危害的发生。同时,力求减少产生犯罪的社会条件,带动社会的改造,在促进精神文明建设、创造良好的社会秩序、带来经济效益等多方面产生积极的影响。

第三节 社会治安综合治理的基本路径与具体环节

一、基本路径

社会治安综合治理体现了治理主体、治理手段的多样性和整合性,而依法治理则是社会治安综合治理必须坚持的原则,是所有治理主体、治理手段都必须遵循的规范。因此需要明确,现时期的社会治安综合治理,必须注意充分发挥法治在社会治安控制中的权威作用,坚持以社会主义法治解决社会治安问题,建立和巩固良好的社会治安秩序。② 我们认为,社会治安综合治理的基本路径就是法治化,也即社会治安综合治理工作的开展必须纳入法治的轨道。从社会治安综合治理自身的发展看,法治化是非常必要的,是促进社

---

① 万川、谈云:《社会治安综合治理的目标》,《河南警察学院学报》1996年第6期。
② 金其高:《论社会主义法治和社会治安综合治理的关系》,《江西警察学院学报》2011年第2期。

会治安综合治理规范化、制度化、科学化和协调发展的需要。① 所谓社会治安综合治理法治化，首先是指建立了社会治安综合治理的法律规范体系，以法律和制度的形式确认了社会治安综合治理带有根本性、全局性和规律性的问题，使社会治安综合治理上升为国家意志，有章可循，有法可依，变得规范化、制度化和具体化，不至于因政策的改变而改变，不至于因领导人及其看法和注意力的改变而改变；其次是指严格执法，依法办事，既要严格要求社会公众普遍遵守社会治安综合治理的法律规范，更要严格要求从事社会治安综合治理的领导、组织、实施、检查监督的相关组织和人员依照法律规定的方式、程序办事，杜绝社会治安综合治理的主观随意性和任意性，摆脱人治方式，实现法治，保障社会治安综合治理健康顺利进行。

二、具体环节

1991 年，中共中央、国务院《关于加强社会治安综合治理的决定》提出六个环节：打击、防范、教育、管理、建设、改造。在这六个环节中，打击、改造是着眼于既发犯罪的，属于治标之策；防范、教育、管理、建设是着眼于未然之罪，属于治本之策。②

（一）打击

打击是社会治安综合治理的首要环节，是落实综合治理其他措施的前提条件，也是社会治安防控体系建设的重要内容。尤其是当前社会治安基础还比较脆弱，重大恶性案件时有发生，一些黑恶势力还没有被彻底铲除，少数地方的社会治安秩序还比较混乱，人民群众还缺乏安全感的情况下，必须始终保持对严重刑事犯罪的高压态势。而通过打击，可以发挥震慑的威力，狠刹严重犯罪分子的嚣张气焰，有力地遏制严重刑事犯罪。为此，必须长期坚持对严重危害社会治安的犯罪分子采取依法从重从快惩处的政策，必要时在全国范围或较大区域内开展对严重刑事犯罪活动集中统一的打击行动。这种"严打"行动，要本着"什么犯罪突出就重点打击什么犯罪，什么治安问题严

---

① 张雪筠、王志强：《法治化：社会治安综合治理的必然走向》，《天津政法管理干部学院学报》2000 年第 4 期。
② 辛科：《社会治安综合治理：问题与对策》，《中国政法大学学报》2011 年第 3 期。

重就重点解决什么治安问题,哪里治安混乱就重点整治哪里"的原则,① 多数情况下由各省、自治区、直辖市从当地社会治安情况出发,主动地和有节奏、有准备、有重点地开展集中打击或专项斗争,并切实在提高"严打"斗争的水平、针对性和实效性上下功夫。

（二）防范

积极的防范工作,是减少各种治安危害和维护社会治安秩序的基本措施。切实搞好社会治安的防范,才可以做到"防患于未然",既可以避免和减少犯罪给被害人造成的物质损失和精神损失,又可以使一些人免陷罪戾,同时可增强社会的安全感,促进社会主义的精神文明、物质文明建设。② 因此,需要对广大社会成员进行治安形势和违法犯罪发展趋势的教育,提高其治安防范意识。要在社会各个方面健全治安防范制度,加强预防设施的建设,检查、堵塞各种治安漏洞。要建立预警制度,通过治安信息的收集与分析,不断提高对治安危害的预见性,加强超前控制。

（三）教育

围绕社会治安问题开展的社会教育,是维护社会治安的战略性措施。防治治安危害的社会教育是多层次的。一是全社会普遍进行的正面教育,如政治思想教育、法制教育、道德教育、纪律教育等；二是为防范治安危害进行的有针对性的教育,对可能酿成违法犯罪、治安事件、治安事故的因素有重点地开展教育工作；三是对造成治安危害的有关人员,在执法过程中进行的教育工作；四是制裁后的教育管理工作,如对刑满释放、解除劳动教养或少年教养及执行治安处罚以后的人员的帮教工作,使他们吸取教训,不再重犯。

防治治安危害的社会教育需要有广泛群众性的思想工作,要在党委和政府的领导下,发动各个部门（特别是宣传、教育、新闻、出版等部门）以健康的、进步的思想占领思想阵地,并且加强宣传教育的组织工作,把思想工作做深做细,促进消极的、破坏的因素转化为积极的、健康的因素。

（四）管理

加强行政管理是减少治安危害,建立良好社会秩序的重要手段,是直接

---

① 柯良栋:《治安管理处罚法释义与实务指南》,中国人民公安大学出版社2014年版,第136页。

② 刘德法:《社会转型时期犯罪控制研究》,郑州大学出版社2013年版,第246页。

维护社会治安秩序的基础工作。通过管理堵塞漏洞，发现违法犯罪，提高公民的治安意识，建立良好的社会治安秩序。治安行政管理既有行政强制性，又有行政说服性。

必须坚持依法管理、严格管理、科学管理、文明管理，同时努力发展群众的自治管理。除治安行政管理工作之外，抓好其他方面的行政管理，如市场、工商、财贸、税务、卫生、海关、教育等方面的行政管理，也可以大量地减少治安问题的发生。

（五）建设

加强有关社会治安综合治理的思想建设、组织建设、规范建设，是落实综合治理的关键。所谓"治理"，一个很重要的方面是"建设"，这是社会治安综合治理工程的一项积极措施。因此应是边治边建，治中有建。

社会治安综合治理的思想建设，就是要使全社会，特别是各级有关领导，用科学的综合治理的理论与知识武装起来。社会治安综合治理的组织建设，就是抓紧整顿建设好办事机构和城乡基层组织。社会治安综合治理的规范建设，是要建立健全有关综合治理的法律、法规、规章、制度的体系。这三方面的建设要同步进行，以取得治理工程的整体效能。综合治理社会工程的建设是长期任务，必须有长期规划，坚持不懈地工作。

（六）改造

对违法犯罪分子的改造工作，是教育人、挽救人和防止其重新犯罪的特殊预防工作。

在处理中，除了对极少数罪行极其严重、非杀不可的犯罪分子依法判处死刑外，对绝大多数罪犯，我们都应立足于改造。也就是说，只要不杀头，就要给出路，出路就是改恶从善，办法就是改造罪犯成为新人。我们应当树立这样的信念：在依法对犯罪分子予以惩罚的前提下，通过教育和劳动等手段，依靠完善而科学的就业政策、福利政策等社会政策，使其重新回归社会，是可以把罪犯改造成为对社会有用的人才的。在此过程中，要坚持"教育、感化、挽救"的方针，不断地提高教育改造质量，实行改造工作的向前、向外延伸，动员全社会参与和支持改造工作。

综上，六个环节相互联系，前后衔接，环环相扣，协调统一，构成了我国社会治安综合治理的系统工程，它们之间只有侧重点的不同，没有根本目标的分歧。不可以人为地将各个环节割裂开来，更不可把它们对立起来。可以说，六者之间缺失任何一个环节，或者六者之间相互脱节，都必定会削弱社会治安综合治理的整体效应。所以，建立"打击、防范、教育、管理、建设、改造"的社会治安综合治理工作体系，对实现国家的长治久安和最佳治理效果无疑具有重要意义。

应当说，社会平安，是人民群众的基本需求，也是最基本的发展环境。把保障社会平安的社会治安综合治理工作做好了，就是对中国特色社会主义理论与实践的丰富和发展。因此，社会治安综合治理工作的理论与实践，乃是中国特色社会主义理论与实践的重要组成部分。改革开放近四十年的历史进程亦表明，社会治安综合治理适合中国国情，适应改革开放的需要，是建立和保持良好的社会秩序、维护社会稳定的基本方针，是解决我国社会治安问题的根本途径。有鉴于此，就应当在全国范围内进一步深化平安建设，全面推动社会治安综合治理工作的贯彻和落实。

（三）苏州社会治安综合治理的经验

就苏州市而言，近年来全面推进了平安苏州建设，成效显著，特别值得提出的是苏州实现了全国社会治安综合治理优秀地市"六连冠"，并被三次授予"长安杯"，成为全国仅有的两个获此殊荣的城市之一。由此可见，苏州市在着力推行社会治安综合治理工作方面也是予以高度重视的，而且治理成绩凸显。究其原因，苏州市在开展社会治安综合治理工作的过程中，严格遵循社会治安综合治理分工负责、条块结合、群防群治等工作原则，完善社会治安综合治理的各项具体环节，强化管理与服务并行，以创新手段打造"平安苏州"，这是苏州市近年来社会治安综合治理工作的亮点所在。具体而言，就是通过强化矛盾化解、治安防控、平安宣传、专项行动等途径，多管齐下、综合治理，进一步提升人民群众对平安建设的满意度。

平安苏州建设是一项动态的、浩大的系统工程，因此必须夯实社会治安综合治理基础，并需要根据社会的发展进程随时调整步伐，以适应社会发展的新变化。因此，近年来，针对社会治理中碰到的一些重点难点热点问题，苏州市充分发挥社会治安综合治理工作的体制机制优势，围绕推进社会治理现代化、精细化，强化目标导向、问题导向，从维护全市平安稳定着眼，积极防范、化解、管控各类稳定风险，服务经济社会发展大局，努力营造更加和谐稳定的社会环境,有效促进全市经济社会协调发展。

1. 着力服务经济社会发展,确保社会大局平稳可控

一是深入推进社会稳定风险评估机制。贯彻落实《苏州市重大行政决策程序规定》,依托"苏州市社会稳定风险评估工作信息平台",实行稳评项目网上报备、审批、流转、监督和考核,促进各类重大决策项目应评尽评,2016年全市完成评估项目1362个,从源头预防和减少了大量社会矛盾和稳定风险。二是健全完善社会矛盾纠纷化解机制。完善社会矛盾纠纷分析研判机制及向党委政府报告制度,确保各类矛盾纠纷"预防在先、发现在早、处置在小"。2015年全市共受理矛盾纠纷11.6万件。针对网络诈骗、出租车与网约车矛盾、高考招生指标外拨等热点问题,有效完善了预防处置机制避免矛盾激化。同时深化访调、诉调、公调、交调等对接机制,优化完善劳动争议、交通事故、医患纠纷、消费纠纷、物业纠纷、环保纠纷、校园纠纷等专业调解组织和调处机制,创新推进道路交通事故处理综合服务中心建设和"律师进所"服务工作。三是大力推进进京非访治理。进一步畅通群众信访渠道,引导群众依法有序表达诉求。对进京非正常上访问题化解工作进行专项督查,并加强与铁路公安的大力合作,严格落实包案化解责任,按"三到位一处理"要求,依法妥善处置进京非访突出问题。

2. 着力强化治安综合治理,增强群众安全感和满意度

一是全面提升反恐维稳工作质效。近年来,面对日益严峻的反恐维稳形势,苏州市通过深入开展以防范打击暴恐犯罪为重点的社会治安综合整治和以解决信访突出问题为重点的矛盾纠纷排查化解等专项行动,先后圆满保障了第53届世乒赛、中国—中东欧国家领导人会晤、G20峰会等重大活动期间的平安稳定。二是完善立体化的治安防控体系。目前,在市委政法委、市综合治理委统筹下,苏州市加快建设立体化、信息化社会治安防控体系,对防控科技信息化建设进行了统筹设计,利用大数据、物联网技术对智能防控进行了积极探索。尤其是深入贯彻落实"大连会议"精神,全面构筑"以点带线、以线带面、点面结合、突出重点"的安全防控网,目前苏州市监控探头总数已达53万多个,构建科技"天网",形成立体防控体系,有效提升了驾驭动态社会治安局势能力。三是依法打击各类违法犯罪活动。始终依法打击各类违法犯罪活动,加大刑事案件侦破力度,持续开展群众安全感建设,全

市社会治安环境不断优化，群众安全感、满意度持续提升。针对群众反响强烈的网络诈骗多发情况，建立市反通信网络诈骗中心，实行"公安、银行、通信"三方联动，全市通信网络诈骗案件数和群众损失明显下降，2016年中心紧急止付、快速冻结本地涉案账户1 304个、资金7 510余万元，全市通信网络诈骗发案数同比下降17.34%，破案数同比上升20.79%，得到社会各界充分肯定。四是强化重点地区和突出问题排查整治。2009年以来持续开展社会治安重点地区和突出问题排查整治，2017年年初苏州市确定挂牌整治社会治安重点地区和治安突出问题161个，深入开展社会治安重点地区挂牌整治。同时制定出台《社会治安重点地区认定标准》《社会治安重点地区公共安全风险防范化解挂牌整治工作规范》等文件，加强重点地区长效管理。因此，从2016年以来，苏州全市违法犯罪警情同比下降4.9%，刑事案件发案数同比下降12.1%，刑事案件破获数和抓获违法犯罪嫌疑人数分别同比上升16.1%、5.1%。

3. 着力改善人口服务管理，提升均等化服务水平

一是加快推进人口基础信息库建设。依托大数据信息化技术，探索建立实有人口基础信息库，系统整合公安、司法、卫生、民政等35个部门的人口信息数据资源，目前已经入库52类1.2亿余条数据，在促进社会公共服务管理、维护社会稳定中发挥了重要作用。二是积极落实流动人口均等化服务。在张家港市、常熟市、吴江区等地探索实践的基础上，《苏州市流动人口积分管理办法》于2016年1月15日正式实施。2016年市区各（镇）街道78个受理窗口共受理积分入户、入学、入医申请近2.7万人，保障流动人口相应的户籍准入、子女入学、子女参保等公共服务待遇，促进融入融合。三是不断加强特殊人群服务管理。进一步健全对特殊人群的社会关怀帮扶体系，有针对性地落实刑满释放人员、社区服刑人员、吸毒人员的排查、帮教、矫治、管控等措施，刑满释放及社区矫正人员重新犯罪率处于全省较低水平，未成年人犯罪率连年下降。以开展全国精神卫生综合试点为契机，完善对易肇事肇祸精神障碍患者的监测预警和救治救助机制，实行以奖代补，落实监护责任。

4. 着力推进基层基础建设，夯实平安建设工作根基

一是推进四级综合治理中心建设。在市级层面，按照"综合治理办+综合治理信息系统+N"的模式建设市级综合治理中心。在县级层面，围绕充

发挥矛盾调处、信访接待、信息研判、预警预案、综合服务、便民利民、舆情导控、应急处置等职能作用，健全完善了综合治理牵头、多方联动工作机制。在镇（街道）层面，加强综合治理中心规范化建设，实现各类社会管理事务"一个门进来、一站式服务、一揽子解决"。在村（社区）层面，按照"一委一居一站一办"要求，以社区警务为依托，着重整合资源力量，实现信息有效共享，提高基层管理服务效率。二是探索社会综合治理联动机制。以社会综合治理联动中心为中枢，构建四级管理、两级指挥为骨架的综合治理运行架构和责任机制，推动社会治理事项发现、受理、分流、处置、跟踪、督办、反馈、评价的流程化处置机制，实现社会治理相关单元数据汇聚、指挥集成、力量整合和执法联动，持续提升区域社会综合治理效能。三是推进综合治理信息系统建设。按照全省统一部署，会同苏州电信公司认真谋划、专题协商、研究制定具体实施方案，积极推进综合治理信息化建设。目前全市共开通账号5 000多个，基础数据录入量700余万条，市县镇村四级综合治理信息网络实现全覆盖，初步形成以综合治理中心为依托、以网格为基础单元的实战应用能力。四是深化网格化及联动机制建设。按照社区治理现代化的要求，探索以法治型党组织为引领，建设覆盖镇（街道）、村（社区）、管理片区（住宅小区、工商业区）三级的综合治理网格体系。探索建立健全县、镇、村三级联动机制，依托全市1.2万余个网格优化整合各方面资源和力量组建网格团队，充分掌握社情民意，有效维护基层平安稳定。五是推进平安志愿者队伍建设。健全党委政府统一领导、综合治理办、文明办组织协调、公安、司法行政等部门专业指导，各部门齐抓共管，社会力量和人民群众广泛参与的工作格局，推动全市平安志愿者队伍建设规范有序发展，目前全市平安志愿者规模超过30万人。

5. 着力加强公共安全监管，维护社会面平安稳定

一是严格落实安全生产责任制。严格落实党委、政府安全生产"党政同责、一岗双责"，强化部门综合监管和直接监管责任，严格督促企业落实主体责任，加强对各类重大事故隐患三级政府挂牌督办整改制度。特别是通过在全市所有民爆、剧毒化学品生产、存储、销售单位中安装了视频监控及固定目标自动报警系统，实现了全流程可视化监管。二是加强寄递物流业安全管理。随着网购的普及，寄递业的发展在苏州也呈现出"爆发式"增长。2015

年，苏州全市社会物流总额达48 657.97亿元，其中快递业务5.64亿件、88.54亿元，涨幅超过40%。伴随着暴增态势的出现，安全隐患多、违规收寄禁寄物品、安全管理薄弱、防范措施不足等问题也愈加凸显。因此，苏州市综合治理办公室牵头市邮政管理局、市公安局等苏州市寄递渠道安全管理领导小组各成员单位通力协作，由公安局发动基层警力对250多个快递物流企业及1 700多个网点信息进一步比对排摸，并通过基础信息数据库建立形成动态监管。2016年上半年，市政府还将"加快快递领域内的信息系统建设"和"开展邮政业务信息化监管平台建设"内容纳入全市信息化建设和"智慧苏州"建设工程。三是提升铁路护路联防工作水平。深入开展铁路沿线矛盾纠纷排查，着力防范涉路恐怖暴力活动，近年来全市铁路沿线未发生一起群体性涉路矛盾纠纷和危及铁路行车安全的交通事故和重大治安事件。各地不断加强铁路沿线治安防范，着力排查化解涉路矛盾纠纷，强化重点人员管控，确保了铁路平安畅通运行。

回望过去，是为了更好地前行。下一步，苏州市还将不断加强社会综合治理工作，持续深化和推动升级版的"平安苏州"建设，从而进一步推进法治苏州建设，高水平全面推进苏州政法工作，不断提升公众安全感、法治建设满意度和政法队伍建设满意率，努力让法治成为苏州核心竞争力的重要标志。

第十章　增强市民诚实信用度，提升法律信用机制建设水平

第一节　法律信用机制建设是城市竞争力的力量源泉

人无信不立，企业无信不兴。城市也是如此。城市竞争力主要体现为治理能力、经济发展、文化内涵等方面的综合实力，这其中，信用能够激发一个城市的活力，是一个城市的金字招牌。诚信既属于道德的范畴，也是一种经济资源；既是全社会的行为准则，也是对政府行为的基本要求。对一个城市来说，良好的信用是经济社会发展的特殊资源和无形资本，也是最大的品牌。全面推进信用社会建设，打造诚信城市，是提升城市形象、提高城市吸引力、增强城市竞争力的客观要求和必然选择。毫无疑问，社会信用体系是社会主义市场经济体制与社会治理体制的重要组成部分。加强城市信用体系建设有利于提升城市治理能力、促进经济发展、营造诚信文化氛围、提升城市形象。社会信用体系建设是一个庞大的社会系统工程，涉及面相当广，最根本也最核心的是要建立对市场主体之间的信用关系进行管理的整套法规、准则、制度和有效的信用市场形式。通过法律信用机制建设，为践行诚信原则和城市经济、文化等方面的良好发展提供有力支撑和保障。

一、法律信用机制建设有利于提升城市治理能力

党的十九大报告提出：推进国家治理体系和治理能力现代化，建设社会主义法治国家、法治政府、法治社会。党的十九大的要求旨在体现法治的价值导向，加强治理体系和治理能力现代化建设。2015年，中共中央、国务院印发的《法治政府建设实施纲要（2015—2020年）》提出：经过坚持不懈的努力，到2020年基本建成职能科学、权责法定、执法严明、公开公正、廉洁

高效、守法诚信的法治政府。这是对推进政府治理体系和治理能力现代化的具体要求，其中建设执法严明、守法诚信的政府，也是社会信用体系建设纲要中对政府政务诚信的建设要求。社会信用体系是社会主义市场经济体制和社会治理体制的重要组成部分。一个国家、一个社会要健康有序运行，不能没有诚信。诚信是社会主义核心价值观的重要内容，也是弘扬法治精神、建设法治政府的重要基础。新形势下，我们要将诚信与法治有机统一起来，把诚信贯彻落实到社会治理实践中，以信用法律机制助推法治政府建设，加强政府本身的诚信建设，从而提升政府的治理能力。

社会信用体系建设的主要原则是政府推动，社会共建。政府作为社会信用体系建设的主导者，其本身的诚信形象发挥着重要的示范作用。在社会信用体系建设过程中，政务诚信是关键，因为各类政务行为主体的诚信水平，对其他社会主体诚信建设发挥着重要的表率和导向作用，应注重打造诚信政府、阳光政府，提升政府行为的透明度。发挥政务诚信的示范作用，要加强自身诚信建设，以政府的诚信施政，带动全社会诚信意识的树立和诚信水平的提高。最主要的是坚持依法行政，规范政府部门的行政行为。各级政府部门要依照法定职责和程序履行职能，把依法行政贯穿于决策、执行、监督、服务的全过程，规范行政处罚自由裁量权。要把政务诚信建设与机关作风建设、政府职能转变结合起来，从依法行政、政务公开、服务承诺等多个领域推进政务诚信建设，构建"有诺必践，取信于民"的诚信政府。树立政府公开、公平、清廉的诚信形象，从而增强政府行为的公信力，提升政府的治理能力。

苏州市在2017年出台的《苏州市关于加强政务诚信建设的实施意见》中提出，加强城市政务诚信建设，充分发挥各级政府和部门在社会信用体系建设中的表率作用，进一步提升政府公信力，推进治理体系和治理能力现代化。意见要求，将坚持依法行政、阳光行政和加强监督作为推进政务诚信建设的重要手段，逐步建立和完善政务诚信建设法规规范；加快推进政务诚信管理制度建设，加强政务公开、行政审批制度改革、政府守信践诺、公务员诚信、政务诚信评价办法等制度建设。这为苏州市通过法律信用机制建设提升城市治理能力提供了方向与纲领。

二、法律信用机制建设有利于促进经济社会发展

现代经济中,信用与经济、金融密不可分,信用是经济健康运行的基础和保证,信用建设和经济发展一脉相承。完善的法律信用体系,将大大降低经济金融交易的成本,减少资源浪费,提高整体社会资源配置效率。① 市场经济在本质上是信用经济,没有信用就没有秩序,市场经济就不能健康发展,信用问题实质上就是经济问题。信用与经济发展存在明显的相互促进、相互制约的关系。有研究表明,经济越发达,信用机制就越完善,信用的发展完善又进一步促进经济的发展,法律信用制度直接影响经济发展的水平和进程②。在当前以创新为主题的知识经济时代,促进经济发展的要素已经不仅仅是硬件设施、资源优势,还包括法律信用制度优势。

一方面,法律信用制度能够规范经济主体的交易行为。法律信用制度作为对经济主体行为的一种规则要求,其发生作用的主要机制在于能够给经济主体带来利益价值,这是实现交易安全的经济基础。③ 在市场经济社会中,对利益的追求决定了经济主体选择信用行为,而信用的本质就在于约束并规范经济主体行为,从而起到维护市场经济秩序的作用。当对每一个经济主体的信用行为要求成为一切交易或整个市场的客观要求,并形成一个联系紧密的信用关系链时,信用行为本身就成为市场秩序或市场法则。④ 当人们意识到信用是一种资本时,信用就成为社会的广泛需求,并使信用资本起到规范市场行为的作用,从而有利于形成一种诚实守信的经济交往关系。

信用法律作为一种规则要求,其发生作用的另一个机制在于能够对经济主体产生约束力,这是实现交易安全的强有力的法律保证。由于现代交易已大大超出"一手交货、一手交钱"的直接交换,出现了多形式多环节的异地交易或缓期交易现象,使交易在形式上脱离时间、空间的限制性,这使得交

---

① 饶国平、白海龙:《加强信用建设推进城市发展》,《新疆金融》2002年第11期。
② 朱先奇、董玲:《社会信用的经济分析》,《山西财经大学学报》2003年第6期。
③ 李新庚:《信用关系对市场经济发展的促进作用》,《中南林业科技大学学报(社会科学版)》2010年第4期。
④ 李新庚:《信用关系对市场经济发展的促进作用》,《中南林业科技大学学报(社会科学版)》2010年第4期。

易利益的不可预测性和风险性明显增加。① 一些经济主体往往就会为了谋取利益，而采取不正当手段，导致信用丧失，从而破坏原有交易约定或承诺。而在信用法律的规则要求下，通过其权威性和外在强制性，就能够约束交易双方，使双方必须按约守信，实现经济关系的有序和稳定，保证交易的顺利进行和经济健康发展。

另一方面，完善的法律信用制度有利于降低交易成本和经济运行风险，促进经济增长。在经济活动与具体的交易活动中，交易一方可能对实质性的信息缺乏了解，交易另一方可能故意隐瞒真实信息，这样就会导致交易双方所掌握的信息往往是不充分、非对称的。在信息不完全和不对称的条件下进行的交易及各种经济活动，存在着不确定性，其中自然也存在着风险，会使经济主体的行为扭曲，使市场异常。② 而法律信用制度体系为市场交易提供了一系列行为规范，并明确了失信者的法律责任，强调对守信行为的认可和对失信行为的严惩，为人们的交易行为提前打好了预防针。

人们的行为要受到信用规则的约束，那么人们将会以一种合法的、可预期的方式行动，从而促使经济有序运行。在制度约束下，其行为更具有规律性，这样会提高人们对他人在交易发生前后过程中行为的预见性，必然会降低经济运行的风险和交易成本。法律信用制度建设对于一个地区经济发展至关重要，经济发展必须以完善的法律信用制度体系为保障。苏州市在社会信用体系建设过程中，加强对自然人、企业信用的法律规制，同时督促各行业制定行业信用准则，加大守信联合激励和失信联合惩戒，严厉打击金融欺诈、恶意逃废银行债务、内幕交易、制售假保单、骗保骗赔、披露虚假信息、非法集资、逃套骗汇等失信行为。特别是注重加强金融领域的诚信建设，为经济发展提供了良好的诚信环境。

三、法律信用机制建设有利于营造诚信文化氛围

城市文化与城市经济、城市治理，构成了决定城市发展的三大要素。文化在城市发展、城市综合竞争力的形成过程中具有重要的地位和作用。文化对城市发展所起的作用是内在的而不是表面的，是长远的而不是暂时的，只

---

① 李新庚：《信用关系对市场经济发展的促进作用》，《中南林业科技大学学报（社会科学版）》2010 年第 4 期。

② 吴晶妹：《市场经济是信用经济》，《新视野》2002 年第 3 期。

有文化才能成为城市凝聚力的源泉①。文化的本质还告诉我们，文化是一种无形的约束，并与有形的制度约束形成互补，共同构成一个城市运转的基础，形成遵守制度的氛围。文化是城市内在美的体现，因此我们必须用文化去指导城市发展。

市民是城市物质财富和精神财富的创造者，良好的城市文化有助于在市民中形成积极向上的精神风貌，有助于引导城市健康持续发展。我国自古以"礼仪之邦"著称于世，诚信一直是我国社会的基本道德要求，"信"与"仁、义、礼、智"并称为儒家"五常"。诚实守信一直是中华民族的传统美德，诚信文化是优秀传统文化的重要组成部分。城市的诚信文化是城市健康向上的动力，是市民共有的精神家园。诚信，是一切道德的基础和根本，是做人之基、交友之道、经商之魂、为政之本，是推进社会发展的极为重要的道德力量。

构建诚信文化，是社会主义先进文化建设特别是社会主义核心价值观建设的重要内容。诚信属于社会主义核心价值观个人道德层面的要求，包括真诚、诚实、诚信、守信，是人际交往必须遵循的准则，有着深厚的文化底蕴。随着社会中伦理道德领域各种闹剧的曝光，民众愈发意识到诚信的重要性。诚信可以调适个人内心，调节人际关系，营造良好的社会风尚。重塑诚信文化是构建和谐社会的基础，诚信是现代社会的基本道德规范，是人与人之间相处的基本原则，也是社会主义和谐社会的客观要求。

当前我国社会诚信文化缺失主要集中体现在社会失信频率高发化、社会失信主体多元化、社会失信手段多样化等方面。虽然诚信道德要求也是调整人们行为及关系的规范，但它是一种靠社会成员的自觉来遵守的自律性规范，约束社会成员的力量是有限的。信用法律机制以其权威性和强制力为诚信文化环境提供根本保证。针对失信频率高发化，信用法律通过加大对失信行为的惩戒力度，使人们不敢失信；针对失信主体多元化，信用法律通过拓宽对信用主体的规制范围，使所有社会成员都纳入信用框架；针对失信手段多样化，信用法律在制定时通过借鉴国内外信用立法经验，不断完善实现对各种失信行为的规制。有人说法律是最低的道德，在当前的信用建设进程中，诚

---

① 张巨功：《文化是城市可持续发展的内在动力》，《中国城市经济》2005年第11期。

信的底线就要靠法律来坚守。用法律和制度守住诚信的底线,为信用建设行动雪中送炭。唯有守住诚信的底线,才能借由理念倡导、道德教化去提升社会的诚信水平、营造诚信文化,使得诚信最终深入人心,成为社会的基本思维方式和行为方式。

泰伯、仲雍谦恭重义名扬千古,吴地商人重信守诺通达天下。根据国家发改委组织的城市信用状况综合监测,2017年3月到6月,苏州连续4个月蝉联全国地级市第一位①。苏州市已经将诚信纳入城市核心文化,努力培育和践行社会主义核心价值观,积极传承和弘扬诚信文化。苏州市通过将诚信品格融入城市精神文明的重要内核,将诚信理念植入百姓的内心深处,健全法律信用机制建设,为诚信文化提供了强有力的保障。坚持诚信立市,最终将使诚实守信内化为市民的精神追求,外化为市民的自觉行动。

四、法律信用机制建设有利于维护提升城市形象

一般认为,城市形象是一座城市内在历史底蕴和外在特征的综合表现,是城市发展理念与城市精神的体现。② 城市形象是城市给予人们的综合印象和观感,是城市的性质功能和人们对其外在表现的感知。它表现为城市本身在行为人主体的心理映射,即主体对客体的感知程度。城市形象作为城市发展的基本动力,对内能够产生激励力和凝聚力,对外能够产生吸引力和辐射力。城市形象也是城市竞争力的一个重要资源型要素。城市形象的组成要素包括城市政府形象、城市经济形象、城市文化形象、城市景观形象等若干子形象,其内容包括硬件和软件两部分。③ 而诚信可以说体现在城市形象各个组成要素之中,构成各个要素的基础。诚信是城市为之奋斗的目标,是城市的脊梁和灵魂。一个城市,最令人印象最深刻的,除了硬件如人文景观、市政建设、环境卫生外,应该是这个城市的诚信状况④。诚信建设决定着城市的当下和未来。正因为诚信体现在城市形象的方方面面,对诚信的法律信用机制建设才显得尤为重要。

---

① 顾玲:《苏城的诚信"新名片":苏州推进社会信用体系建设路径探析》,http://www.sohu.com/a/158898766_379902,最后访问时间:2018年7月15日。
② 王绶琨、董喜波:《城市形象与城市形象学》,《城市问题》2001年第6期。
③ 陈柳钦:《城市形象的内涵、定位及其有效传播》,《湖南城市学院学报》2011年第1期。
④ 《市长谈诚信》,《城市开发》2006年第10期。

城市形象具有象征性功能，可以让人们产生自然想象力，即看到城市名字就能够联想到这座城市。苏州作为有着2500多年历史的国家文化名城和风景旅游胜地，素有"人间天堂，园林之城"的美誉。2016年，苏州被评为国家生态园林城市和首批国家全域旅游示范区。可见，苏州城市形象集中表现为特色旅游城市。一提到园林，人们就自然联想到苏州。民间素有"江南园林甲天下，苏州园林甲江南"的说法。园林作为苏州市的旅游特色，每年大批游客慕名而来，可以说是苏州城市形象的重要窗口。游客对园林管理和诚信服务的满意度，影响着对苏州城市形象的评价。苏州市一直加强在公园、景区、城市绿地等公共场所的诚信教育，增强市民在公共场所的诚信意识，激发市民作为主人翁的责任心，为树立诚信苏州贡献自己的一分力量；同时，也大力引导园林职工诚实守信，提高服务质量，确保诚信服务，让游客满意而归。通过园林职工的诚信工作，也可以引导和影响广大游客讲究公德、诚实守信，共同推动诚信城市形象的树立。《苏州市社会信用体系建设规划（2014—2020年）》指出：在旅游领域信用建设上，制定旅游从业人员诚信准则，建立游客投诉记录和公共制度，推进旅行社、景区或景点以及宾馆等旅游服务机构的第三方信用评估。在自然人信用建设上，建立导游人员信用记录，推广使用职业信用报告，引导职业道德建设与行为规范。可以说，加强园林诚信建设，以法律信用机制为有力保障，提高园林服务质量，增强游客满意度，最终提升的就是苏州市的城市形象。

信用是城市发展的精神内核。苏州把信用建设作为提升城市形象的重要抓手，作为推进"放管服"改革的重要手段，积极作为、扎实推进，在面向个人、企业和社会的城市信用体系建设上加快探索，努力走出了一条城市信用建设的"苏州之路"，把"诚信"这张苏州城市新名片打造得更加闪亮。

第二节　诚实信用道德建设与法律信用机制建设同步进行

诚实信用道德建设与法律信用机制建设之间的关系实质上就是德治与法治的关系。诚信道德与法律机制建设同步进行，实质上就是在社会信用体系建设上将德治与法治相结合，这是当前法治和德治相结合的治国方略在社会信用体系建设上的外化。诚信道德建设是法律信用机制的内在基础，体现在为信用法律的制定以及运行提供伦理源泉；法律信用机制以其权威性和强制性为道德信用机制提供外在保障，体现在为诚信的道德环境营造提供制度基础。

一、坚持法治和德治相结合

2016年12月9日，习近平总书记在主持中央政治局第三十七次集体学习时强调，法律是准绳，任何时候都必须遵循；道德是基石，任何时候都不可忽视。在新的历史条件下，必须坚持依法治国和以德治国相结合，使法治和德治在国家治理中相互补充、相互促进、相得益彰，推进国家治理体系和治理能力现代化。这是对依法治国和以德治国关系的全面阐发，深刻揭示了新时期坚持依法治国和以德治国相结合的清晰路径和发展方向。2017年五四青年节来临之际，习近平在中国政法大学考察时谈到，中国特色社会主义法治道路的一个鲜明特点，就是坚持依法治国和以德治国相结合，强调法治和德治两手抓、两手都要硬。党的十九大报告关于新时代坚持和发展中国特色社会主义的基本方略中进一步明确了德法并举的治国方略：坚持全面依法治国，坚持法治国家、法治政府、法治社会一体建设，坚持依法治国和以德治国相结合，深化司法体制改革，提高全民族法治素养和道德素质。道德与法律都是用来调整人们社会关系的行为规范，道德是人们生活及其行为的准则和规范，是在社会生活中逐渐形成的。法律是由国家制定并以国家强制力保证实施的行为规范。尽管法律与道德是两种不同属性的行为规范，在调整社会关系方面两者手段不一、范围不同，但二者都具有规范社会行为、维护社会秩序的作用，其功能相互补充。法律是一种最严厉的社会规范，然而调整和规范的范围是有限的；道德是一种靠社会成员的自觉性来遵守的自律性规范，它的调整面和规范面较大，但约束社会成员自觉遵守的力量有限。[①] 让法治和德治结合起来，互相补充，相得益彰，效果为佳。可以说，法律与道德还将长期并存，相互促进，共同发展。法安天下，德润人心。法治和德治不可分离、不可偏废，坚持依法治国和以德治国相结合，犹如车之两轮、鸟之两翼，国家治理需要法律和道德协同发力。

---

① 王祖星：《道德与法律的关系及其模式》，《辽宁经济管理干部学院学报》2006年第4期。

党的十八大提出"加强政务诚信、商务诚信、社会诚信和司法公信建设";党的十八届三中全会提出"建立健全社会征信体系,褒扬诚信,惩戒失信";《中共中央国务院关于加强和创新社会管理的意见》提出"建立健全社会诚信制度"。党的十九大报告在坚定文化自信,推动社会主义文化繁荣兴盛部分进一步明确:加强思想道德建设,深入实施公民道德建设工程,推进诚信建设。2014年国务院发布的《社会信用体系建设规划纲要(2014—2020年)》指出:社会信用体系是社会主义市场经济体制和社会治理体制的重要组成部分,它以法律、法规和其他规范性文件为依据,以树立诚信文化理念、弘扬诚信传统美德为内在要求,目的是提高全社会的诚信意识和信用水平。《苏州市社会信用体系建设规划(2014—2020年)》指出:苏州市社会信用体系建设坚持制度先行,着力夯实法制保障的基础,建立和完善相关标准规范。为此,应当同时推动社会诚信建设,培养诚实守信的优秀公民;以法律法规为约束、以道德文化为导引、提高苏州城乡居民的诚信水平,形成"讲信用"的良好社会风气。

在社会信用体系建设上,要真正做到"法治"和"德治"两手都要抓。信用法律有效实施有赖于诚信环境的支持,诚信道德践行也离不开信用法律的保障。诚信的道德环境对信用法律体系的建设具有支撑作用。一方面,诚信规范和要求为信用法律的制定提供了内容,可以把实践中广泛认同、较为成熟的诚信道德要求上升为法律规范,也就是道德法律化的过程。另一方面,通过道德的教化作用,注重培育人们的法律观念、规则意识,引导人们自觉遵守信用法律,营造全社会都讲法、守法的诚信环境。可以说,信用法律将为诚信环境建设提供有力保障,通过信用法律机制可以有效推进诚信道德普及,同时惩治严重的失信行为,营造诚信道德环境。

二、诚实信用道德建设奠定法律信用机制建设的内在基础

诚实信用道德建设是法律信用机制建设的内在基础,体现于以下诸层面。首先,诚信道德规范所确立的基本价值是制定信用法律的向导。在制定信用法律时,要以社会生活中的诚信环境及存在的问题为根据。同时,诚实守信的道德环境是信用法律正常运转的社会基础和心理基础。因为制定的法律要得到有效的施行,必须得到人们普遍的认可,而认可的基础是法律本身要与人们的基本价值理念相一致。只有在对信用法律普遍认可的基础上,信用法律才能得到更好地执行和遵守。其次，诚信道德规范相比法律规范具有软约束性。与信用法律的外部力量——国家强制不同，它是一种自律机制，通过一种内在的力量——行为主体的自觉性来实现对主体行为的自我约束。① 它通过对人的内心信念的规范、社会舆论的监督、社会外部的评价起作用。这将使得人们在内心深处建立诚信的理念和价值观，形成不愿失信的社会氛围，从根源上避免失信行为的发生。另外，诚信道德规范涉及的范围很广，触及了社会生活的方方面面，而信用法律只在规定范围内发挥作用。在一定程度上，可以说法律信用机制是诚信道德规范的升华。所以，诚信道德规范既是信用活动的根本准则，也是社会信用体系建设的重要内容，更是法律信用机制建设的内在基础。

苏州市认真落实国家信用建设工作部署，在社会信用体系建设过程中，注重加强诚信教育和诚信道德建设。在诚信教育上，以道德讲堂、道德评弹为工作载体，广泛开展诚信教育。在市级以上文明单位建立了1 000多所道德讲堂，每个讲堂每年至少开展1次以上以诚信为主题的讲堂活动。如在食品药品行业，市文明办安排全市各重点食品、药品企业分别设立道德讲堂，在职工当中开展诚信教育，并以文明办编写的《苏州市诚信教育读本》作为全市食品、药品行业开展道德讲堂活动的基础材料，通过道德讲堂、道德模范巡讲巡演等方式发放到企业员工手中。以道德评弹为载体，创作了10多个诚信主题的评弹曲目，在全市城乡多个道德评弹基地开展巡演，大力倡导诚信道德规范，弘扬中华民族积极向善、诚实守信的传统文化，以形成崇尚诚信、践行诚信的社会风尚。在弘扬诚信典型上，苏州市每年开展"道德模范·精神文明建设十佳新人""精神文明建设十佳新事评选"和"苏州好人·百名文明市民标兵表彰活动"，其中包括诚信道德模范和诚实守信文明市民标兵。在各新闻媒体开辟专栏，大力寻访宣传诚信凡人善举，使社会成员有学习榜样，使诚实守信成为全社会的自觉追求。

截至2016年，苏州市共有全国道德模范及提名奖获得者7人，其中3人为全国诚实守信道德模范（含提名奖）。当选的中国好人中有诚实守信典型14人。在诚信氛围营造上，苏州市有步骤、有重点地组织开展"诚信活动周"

---

① 王祖星：《道德与法律的关系及其模式》，《辽宁经济管理干部学院学报》2006年第4期。

"质量月""安全生产月""诚信宣传月""3·5学雷锋活动日""3·15国际消费者权益保护日""6·14信用记录关爱日""12·4全国法制宣传日"等公益活动,突出诚信主题,营造诚信和谐的社会氛围。如,苏州物价局动员全市物价系统,共同开展了"价格诚信宣传周"主题活动和"明码标价 诚信经营示范街(区、店)"暨"苏州市价格诚信单位"创建活动。通过各种形式的价格诚信宣传活动,树立诚信意识,培育了一批价格诚信示范典型,以大力弘扬诚信文化,推动社会诚信体系建设。

苏州市每年还面向社会广泛开展公益广告征集活动,重点遴选诚信主题作品。近年来,苏州市共创作诚信类公益广告10多个,特别是以诚实守信道德模范人物为题材创作的电视公益短片,社会反响热烈。苏州市还积极刊播诚信主题公益广告,利用报纸、电视、网络和户外电子大屏、楼宇广告牌等社会媒介,大力塑造"守信光荣、失信可耻"的道德氛围。2016年,苏州市民手册的主题就是"诚信",100万份市民手册重点关注了诚信社会建设,实现了诚信进家入户。苏州市民手册倡导"讲诚实,守信用",倡议每个市民和企业都能从自身做起,创造良好的个人和企业社会信用,一起努力创建国家信用建设示范城市。可以说,苏州市的诚信道德建设为信用法律的实施和运行提供了良好的环境基础。

三、法律信用机制建设为诚实信用道德建设提供外在保障

道德是一种不具备强制性而主要靠教化起作用的精神力量,这决定了道德作用的发挥和维系需要法律支持,而法律也通过其运行为道德提供有力保障。① 在调整方式上,法律是通过对行为人行为的监督和惩治来发挥作用,是一种他律,与道德的自律性不同,具有外部强制性。一方面,对信用法律规范立法可以支持和保障诚信道德建设。这是在法律层面对诚实守信给予的认可,通过具体的信用法律规则,可以有效推进诚信道德的普及。法律对人们权利、义务以及责任加以具体规定,使人们有法可依。法律自身的权威性,更能促使人们树立诚信理念。另一方面,信用法律可以通过惩治不道德的失信行为保障诚信的道德环境。在市场经济的发展过程中,一度出现了相当多

---

① 余净植:《道德法治论——在道德与法律的互动意义上》,《山东省青年管理干部学院学报》2003年第2期。

的严重失信行为，原因就在于诚信道德规范不具有强制性。而信用法律正是以其特有的强制力惩治严重的不道德行为，以在道德失灵的情况下维护社会的诚信环境。信用法治把公民的诚信道德建设落实到法律保障上，为诚实守信创造了良好的环境。现代社会之所以走上法治道路，就在于具有至上权威的法律能为复杂多元的社会结构提供较道德调整更为有效有力的作用机制。①

  近年来，苏州市深入贯彻中央关于社会信用体系建设的部署要求，在市委、市政府的领导下，全市上下以打造"诚信苏州"为目标，大力推动政务诚信、商务诚信、社会诚信和司法公信等领域的信用立法，并取得了明显进展，编制了30余份规范性文件。在政务信用方面出台了《加强政务诚信建设的实施意见》；在商务信用方面制定了《商务领域社会法人信用奖惩管理制度》；在社会信用方面制定了《企业信用信息的管理办法》《公共信用信息的收集与管理办法》，并对自然人失信、法人失信出台了专门的惩戒办法。苏州市各部门也加紧了本部门的信用制度建设。如：市水利局制定了《苏州市水利工程建设信用管理暂行办法》；市环境保护局制定了《苏州市企业环保信用修复管理办法》；市司法局出台了《律师诚信档案建设若干规定（试行）》；市审计局制定了《苏州市建设（代建）单位审计中发现失信行为认定办法（试行）》；市物价局制定了《苏州市物价局价格信用信息管理办法》《苏州市价格信用记分管理规定（试行）》；市工商行政管理局制定了《苏州市广告经营单位信用等级评价管理办法（试行）》，对经营性网站制定了具体的信用评价标准《经营性网站信用指标评定细则（试行）》和《网络交易平台诚信指标考评标准（试行）》；其他部门的法律信用制度也在陆续制定中。苏州市还秉承"守信激励，失信惩戒"的原则，出台了《关于建立完善守信联合激励和失信联合惩戒制度的实施意见》。当前苏州市已基本形成包含数据归集、信用信息查询、失信惩戒和守约激励等较为完整的制度体系，这套体系将极大促进自然人、法人以至政府的诚信建设，为营造诚信道德环境保驾护航。

---

① 徐良梅、韩国文：《法律与道德关系在法律社会中的体现》，《武汉水利电力大学学报（社会科学版）》2000年第3期。

第三节 提升法律信用机制建设的主要路径

一、建立政府主导的社会信用体系

（一）坚持推进依法行政、行政公开和行政效能建设，加快政府信用建设

政府信用建设在法律信用机制建设中应当先行，只有政府做好自身的信用建设，做到政务公开，才有可能取信于民。政府做好自身的信用建设对于社会信用体系建设有着至关重要的带头作用。为此，有必要构建合理的制度，把政府信用纳入社会征信系统。

苏州市的政府信用建设已经取得了一些成果。2017年9月市政府公布的《关于加强政务诚信的实施意见》开宗明义即要求"贯彻落实《国务院关于加强政务诚信建设的指导意见》精神，加强我市政务诚信建设，充分发挥各级政府和部门在社会信用体系建设中的表率作用，进一步提升政府公信力，推进治理体系和治理能力现代化"。为此，该意见要求，"将政务诚信作为社会信用体系建设的关键和导向"，"坚持依法行政，阳光行政和加强监督"，"建立政务领域失信记录和实施失信惩戒措施"。政府如果拥有"无限权力"，就会严重影响到政府信用建设进程，所以应当通过法治的手段约束政府行为。通过把政府信用和政府业绩挂钩，可以明确责任主体，完善惩罚机制。政府失信是最具破坏力和杀伤力的，政府信用贯穿于政府和公众的整个互动关系中，政府的每项决策，官员的一言一行，都是在展示政府的形象。① 只有构建了完善的政府信用法律体系，才能提升人们心目中的政府公信力，而这必然会促进社会信用体制建设进程。

应当坚持推进依法行政，加快行政管理体制改革，规范行政行为，减少政府对市场经济运行和信用活动的干预。《关于加强政务诚信的实施意见》指出："健全依法决策机制，将依法行政贯穿于决策、执行、监督、服务的全过程，将公众参与、专家论证、风险评估、合法性审查、合规性审查、集体讨

---

① 马洪波：《现代产权制度与社会信用体系》，《青海师范大学学报（哲学社会科学版）》2004年第4期。

论决定等作为重大决策的必经程序，严格规范行政行为，严格按照法定权限和程序行使权力。"比如，2016 年以来，苏州市工商行政管理部门制定了《苏州市工商行政执法市、县（区）两级事权划分清单》《苏州工商行政管理局行政执法职权分解》《苏州工商行政管理局机关加强法制机构能力建设的意见》《重大行政执法决定法制审核办法》等多项规范性文件，并对《一般程序案件处罚评查标准》《行政处罚案件移送办法》及《行政处罚案件移送标准》进行了修订。不断建立完善的各项制度有力地规范了行政执法行为。

应当大力推进执法公开，加强对信用执法活动的监督和责任追究，促进公正执法，严格执法。苏州市于 2016 年 4 月公布了《苏州市行政许可和行政处罚等信用信息公示工作实施方案》（以下简称"双公示"），其中指出，"归集和公开政府部门依法设立的行政许可和行政处罚事项"，"不断拓宽网上公示渠道，实现行政许可和行政处罚信息的全面公示"。"双公示"中还列明了具体的任务：编制目录，明示公示范围；规范方式，明确归集路径；确保实效，按时报送信息。各政府职能部门依托部门网站、省政务服务网、"信用苏州"等，对执法服务、执法办案和执法监管工作的依据、流程、进展、结果等相关信息进行推送，向全社会公众进行公开。

应当大力推进各部门执法信息系统建设，按照统一的数据处理标准建立健全企业和个人纳税、合同履约、产品质量、奖励处罚、案件执行等信用记录，在实行分类管理的基础上，逐步建成以组织代码和身份证号码为身份识别，以金融业统一征信平台为依托的实名制执法信用信息共享系统，帮助提高执法效能。① 比如，苏州市 2017 年 1 月公布的《关于加强在苏建筑业企业不良信用信息采集工作的通知》要求，"对有虚报，漏报，瞒报本企业信用信息或其他不正当行为的"，"我局将适时通报各建设行政主管部门归集信用信息等有关情况"；"双公示"中也做出了如下要求，"以法律法规及党中央、国务院和省政府规范性文件为依据"，"归集和公开政府部门依法设立的行政许可和行政处罚事项"，"充分利用全市各级公共信用信息系统和电子政务系统等信息化平台，实现各部门各地区信用信息资源交换共享"。

---

① 王志武：《"法制、征信、教育"并重推进社会信用体系建设》，《中国金融》2009 年第 21 期。

法律要取得良好的社会实效，依赖于全社会范围内个人和组织对其的实施和遵守。政府要不断加强对信用法律知识和思想的宣传教育，通过多种途径让社会公众普遍了解运用征信，从而在经济和社会交往中自觉地规范自身的信用行为。《苏州市社会信用体系建设规划（2014—2020年）》单独列出一部分明确要求各部门按照建设方针落实加强诚信教育和诚信文化建设，并提出加快信用专业人才培养、普及诚信教育、加强诚信文化建设等具体举措。

（二）大力推动社会公共征信系统建设，加强信用市场监管力度

政府应主导推动建立起公开、真实的社会信用信息网络系统，以改变目前政府各部门之间对各自掌握的企业和个人信用信息的垄断封闭状况。信用建设必须立法先行，这既是市场发达国家信用体系建设的经验和规律，也是我们贯彻依法治国基本方略的要求。① 苏州市高度重视社会公共征信系统建设，出台了《苏州市企业信用信息管理办法》《苏州市公共信用基础数据库信息服务实施细则（试行）》《苏州市公共信用信息服务工作流程》等一系列配套文件，并得到具体落实。这些文件政策的出台使分散于工商、食药监、法院、税务、公安、技术监督、卫生等部门的信息系统互联互通，一定程度上实现了信用信息的共享。在相关制度和配套社会信用设施的支持下，苏州市的社会信用信息化工作取得了可观成果，市区11个平台实现了联网，与省信用信息中心进行了对接，完成了26个市级部门的数据对接。在此基础上，可以通过一定形式向社会开放各类依法可以公开披露的信用信息数据，为信用服务机构和社会公众享有和使用信息提供了平台。

同时，信用数据库中的信用信息也逐步成为政府部门实施监管，依法履行职责的重要依据。苏州市质监局于2017年向苏州市社会信用体系建设工作小组办公室商请征询了479家申报"苏州名牌"、23家"苏州市质量奖"、22家"苏州市市长质量奖"企业的信用情况，并分别在省、市两级企业信用基础数据库中对企业近三年的信用信息进行了查询，共发现82家企业存在失信记录。这些信用信息将全部运用到名牌、质量奖的评定过程中，为名牌、质量奖的科学评定提供了有力支撑。

政府应当做到规范与发展并重，加大对信用服务行业的监管。具体途径

---

① 廖益新：《构建福建信用文化的法律思考》，《东南学术》2003年第2期。

包括完善信用信息监督机制,严格执法,加大对失信行为的处罚力度。当前,由于信用评估和信息服务制度的不完善,一些信用服务机构在利润的驱动下容易成为部分企业制造虚假信用度的帮手。就苏州市而言,社会信用监督机制仍然处于初步发展阶段,各方对信用监督缺少经验,所以应当加快建立健全社会信用行政监督体系。《苏州市关于建立完善守信联合激励和失信联合惩戒制度的实施意见》指出了行政监督的具体举措,即在各政府部门掌握的信用信息互通互用,健全执法信息系统建设的基础上,完善信用"红黑名单"制度,严格规范"红黑名单"认定程序和标准。政府不断推进实施市场信用监管举措使得市场信用环境得到了一定好转,整个行业状况也在朝着积极的方向发展。通过对现阶段普遍存在的毁约、欠债不还等违法失信行为严格依法处罚,对丧失清偿能力、信用基础崩溃的债务人严格依法执行破产还债,保护了债权人的利益,建立了良性信用机制。

(三)积极培育信用服务市场,推动信用咨询、评估等信用服务业发展,利用行业自律营造良好的社会信用环境

政府应当推动培育发展信用市场,发展民营化社会信用服务业。从信用管理体系发展比较完善的发达国家经验来看,社会信用体系的有效运作,需要有相对发达的信用服务来配合。[①] 这里的信用服务行业主要指信用调查、信用评价、信用担保和信用咨询等行业。随着社会信用体系的不断完善,这些行业会逐渐成为社会信用体系的主体,他们的主要业务是接受委托,在市场内对金融机构、企业组织和个人进行信用调查、评级和咨询,其提供的调查报告和评估意见供委托人作投资参考。目前,我国信用服务业发展距离社会信用服务的需要还有很大的差距。

苏州市的信用服务市场已经悄然兴起,截至2014年,在市信用办备案的信用中介机构已经有18家。苏州市政府有关部门率先应用了信用信息和信用产品,并且在诸多政府的评审工作中,信用中介机构所提供并核实的申报单位三年内的信用信息记录常常作为评审工作的重要依据。政府行政行为中率先应用信用产品将有助于在做大做强现有民营化社会信用服务业的基础上,有效地培育和发展信用服务市场。政府鼓励企业、个人、社会组织筹办征信

---

① 廖益新:《构建福建信用文化的法律思考》,《东南学术》2003年第2期。

机构，发展信用调查信用评级等信用服务，可以预期将形成种类齐全、功能互补、公信力强的征信服务体系；政府建立相关的信用信息法规规范和鼓励各类组织和个人依法收集、整理、加工企业和个人信用信息，将有助于开发创新征信产品，满足全社会多层次信用信息服务需求。①

由于我国刚由计划经济转轨到市场经济，在相关行业的制度安排中，还没能形成对守信企业和个人给予奖励，对不守诚信的企业和个人给予严厉惩罚的制度。实践也证明了仅仅依靠良心、道德是不可能保证人们讲信用的。此时，就需要有制度约束来压制人身上这种本能倾向，并引导人们较可信赖和较可预见地去行为。所以应该综合运用法律、行政、经济和道德等多种手段，逐步建立起完善的失信惩戒机制。

具体来说，社会信用失信惩戒机制包括以下几个方面：一是由政府职能部门作出的行政性惩戒，二是政府专业部门作出的监管性惩戒，三是由商业和社会服务机构作出的市场性惩戒，四是通过信用信息广泛传播形成的社会性惩戒，五是司法部门作出的司法性惩戒。政府应当按照这五个方向全面、有主次地建立起社会信用惩戒机制。针对这些市场顽疾，苏州市出台公布了大量的关于失信惩戒的法规文件，例如《苏州市关于建立完善守信联合激励和失信联合惩戒制度的实施意见》《苏州市商务领域社会法人信用奖惩管理制度》和《苏州市统计局关于建立完善守信联合激励和失信联合惩戒制度工作方案》等，并率先实践了多项举措，例如黑名单制度和失信被执行人制度等。

行业自律应当得到政府在失信惩戒制度构建进程中的重视。行业自律是指行业内部的职业道德和行规约束，是指由市场自发产生的规范性力量。行业内的自律规范有利于建立起一种诚实守信的环境，即使失信行为可以一时获利，但长此以往定然是行不通的。由于行业内私人交情和关系网的存在，行业自律并不能完全有效，所以仍然需要政府监管的介入，必要时给予利益受害者以司法的保护。只有在这种健康良性的市场压力下，才能产生自律的动力，产生取信于市场的强烈愿望，加快社会信用环境的建成。

---

① 王志武：《"法制、征信、教育"并重推进社会信用体系建设》，《中国金融》2009年第21期。

二、健全和完善社会信用法治体系

市场经济是信用经济,更是法制经济,只有以健全、完善的立法、强有力的司法以及行政执法作保障,正常的信用关系才能维持,市场经济才能健康发展。社会信用体系建设过程中不断出现的诚信缺失的问题,一个很重要的原因就是法制建设的不完善。现行的法律法规政策仍有很多需要完善的方面,相互之间存在着一些不够协调统一的问题,甚至由于信用建设的经验不足,导致与信用活动相关的很多立法尚属于空白,不能适应各类信用活动发展的需要。目前,苏州市积极通过逐步完善信用政策法规来不断弥补既有短板,探索信用法制建设的新路径。苏州市推出了一系列的文件办法,例如《苏州市公共信息信息归集和使用管理办法》《苏州市社会信用体系建设工作考核办法》《苏州市法人失信惩戒办法》《苏州市自然人失信惩戒办法》和《苏州市行政管理中使用信用产品实施办法》等文件,着力健全和完善信用法制体系,加快推进信用文化建设,营造良好社会信用环境。

(一)在个人信用法制建设中注重对个人权益的保障

个人是市场的主要参与者之一。对个人进行征信、授信,建立起个人信用制度是极其必要的,个人信用的采集、整理和规范应当是社会信用体系的重要组成部分。目前个人信用法律信用建设也取得了一些成果,主要集中在个人贷款、住房置业担保、助学贷款、汽车贷款等个人信息基础数据库管理等方面,这些制度虽然一定程度上规范了个人的信用行为,但也出现了后续的一些问题。例如,资信公司和消费者的权利义务不对等,个人的权益得不到保障,个人对自己的信用档案无法查阅等。针对在个人信用领域出现的各类问题,苏州市在《苏州市公共信用信息归集和使用管理办法(试行)》中明确规定了公共信用信息的归集和使用应当遵循的原则,即"公共信用信息的归集和使用应当遵循合法、安全、及时、有效的原则,不得涉及国家秘密,不得侵犯商业秘密和个人隐私,切实维护信用信息主体的合法利益"。其中明文规定保护个人信息安全和真实的条款还可见第10条:"市信用信息平台面向社会提供查询服务","(查询)属于授权查询信息的,(除了提供本人有效身份证明)应当提供信用信息主体的书面授权证明";以及第12条:"信用信息主体对市信用信息平台记载的自身公共信用信息存在异议的,可以向市信用中心书面提出异议申请并提供相关证据材料";第13条:"市信用中心应当在收到异议申请之日起 5 个工作日内进行信息对比。市信用信息平台记载的信息与信息来源确认有不一致的，市信用中心应当予以更正，并通知异议申请人"。这些法规规章政策吸收了各地地方政府在个人信用征信方面的经验，借鉴外国规范个人信用体系的规则，通过立法明确了对个人信用征信的范围、个人隐私权的保护和个人征信数据的修改、查询、共享、披露等事项，也对个人的失信行为建立起预警机制和惩罚机制。此外在个人信用领域，苏州市携手蚂蚁金服创新推出"桂花分"，使其成为一款用于个人信用评价的创新产品。

（二）以保护守信企业，严惩失信企业，规范商业信用为目的推进企业信用法制建设

企业信用是银行信贷业务和商事交易的重要组成部分。近年来，我国经济社会各领域诚信缺失现象普遍出现，尤其是商业信用领域，情况比较严重。根据商务部数据显示，我国企业每年因信用缺失导致的直接和间接经济损失高达 6 000 亿元，其中因产品质量低劣、制假售假、合同欺诈造成的各种损失达 2 000 亿元。另外据有关研究机构数据显示，我国企业坏账率高达 1% 至 2%，远高于成熟市场国家 0.25%—0.5% 的水平；我国每年签订 40 亿份合同，履约率仅为 50%（2014 年数据）。① 现行法律、一些指导意见、管理办法都对企业的信用加以规制，但存在的问题同样明显，这些法律对守信企业的保护力度不够，使得很多中国企业目光短浅，关注短期收益，甚至部分知名企业也在欺诈消费者的过程中逐渐消亡。这也从侧面说明我国的法律制度不健全，对企业没有良好的法律指引、对企业的信用评级没有真实性的审查，也没有法律跟踪监测。单从整顿市场秩序角度出发进行法律制度设计是存在问题的，应当建立起一系列的制度保护守信企业，严惩失信企业，规范商业信用法律制度建设。

针对市场上存在的这类问题，苏州市出台了一系列的文件办法，包括《苏州市商务领域社会法人信用奖惩管理制度》《苏州市社会法人失信惩戒办法（试行）》《苏州市广告经营单位信用等级评价管理办法（试行）》《经营性

---

① 任学婧：《社会信用体系建设的法制保障》，《河北联合大学学报（社会科学版）》2014 年第 4 期。

网站信用指标评定细则（试行）》《网络交易平台诚信体系考评标准（试行）》等。在《苏州市商务领域社会法人信用奖惩管理制度》中明确了具体对社会法人依据其信用记录和信用状况，实施奖励性或者惩戒性措施的制度，在总则之后，每章陆续详细规定了失信行为认定、一般失信行为、较重失信行为、严重失信行为、红黄黑名单认定和信用奖惩措施，这切实地为行政机关在进行市场监管和奖励处罚市场主体时给出了详细可操作的指南，将保护守信企业，严惩失信企业，规范商业信用法律制度落到了实处。

（三）政府诚信事关政府形象，信用法制建设中政府首先要取信于民

在社会信用体系建设中，政府诚信的榜样作用不能忽视，政府的行为必将对社会行为产生重要的引领和示范作用，政府诚信的建设同样应该在法治的保障下进行。

为了率先在全国建成诚信政府，苏州市出台了《苏州市关于加强政务诚信建设的实施意见》，其中明确要求政府各部门建立健全政务信用管理体系以及探索构建广泛有效的政务诚信监督体系。前者注重政府部门内部的诚信建设，通过加强公务员诚信教育，建设政府部门和公务员信用信息系统，建立健全政务信用记录以及健全守信激励与失信惩戒机制，从自身建设出发建设政府诚信。后者从外部监督的作用下来推动政务诚信的建设，具体举措有建立政务诚信专项督导机制，建立横向政务诚信监督机制和建立社会监督以及第三方机构评估机制。

在工作机制上，《苏州市关于加强政务诚信建设的实施意见》对于政府行政决策明确了如下指导原则："健全依法决策机制，将依法行政贯穿于决策、执行、监督、服务的全过程，将公众参与、专家论证、风险评估、合法性审查、合规性审查、集体讨论决定等作为重大决策的必经程序，严格规范行政行为，严格按照法定权限和程序行使权力。"这些法规政策使得无论是决策管理，还是行政执法都有了相对明确的法律法规的约束，使得政务活动中减少了用红头文件来管理政务活动的行为。对审批活动而言，批准与否都有了明确的法律政策依据；对执法活动而言，罚与不罚、处罚的度都有了明确的依据和公开的尺度；对监管活动而言，松或紧都处在了规则的框架内，而不是仅仅凭借监管者的个人喜好而变成人情监管。

综上，法律不仅应当成为市场信用的规则，更加应该成为政务活动中的

高压线，任何不遵守法律，破坏公平的审批、执法和监管活动必须受到法律的严惩。让政府信用的建设成为社会信用体系建设的先行者，率先带动整个社会的诚信环境。①

（四）信用法制体系建设应全方面贯穿信用运行的各个环节

社会信用体系的构建是以完善的法律法规为前提，以信用信息开放为基础，以独立、公正且市场化运作的信息服务企业为主体，以国家对信用市场的良好监管和有效的惩罚机制为保障，形成一种市场经济条件下对失信者进行约束的机制和社会环境。社会信用体系建设是一个动态的运行机制，这个体系能否达到预期，顺利运行的一个前提是信用法制体系建设的完成度。只有完备的法律制度保障，社会征信的信用信息才能得到高效运用，实际地被市场承认、吸收，也才能使社会信用体系对于市场的发展起到一个良性的促进作用。但是，目前信用运行环节的信用法制建设情况不容乐观，虽然各地陆续颁布了一些关于信用运行方面的法律规范，但是这些法律规范的制度设计不够完整，效力层级也相对较低，对信用监管和失信惩戒缺乏相应的法律规制。

三、强化社会信用体系建设的司法保障

（一）优化司法程序，为市场主体提供便利，使其积极通过诉讼手段维护自身合法权益

在建设社会信用体系的过程中，必然会暴露出很多由于不诚信或者违背信用规则导致的违法侵权行为。市场内的情况纷繁复杂，由于社会信用体系还没有完全建成，社会诚信的环境还没有养成，所以频频出现一些组织和个人为了追求个人利益而违背信用规则，恶意损害他人或者集体利益的行为。而行政监管部门对于市场的监管行为总是滞后和不全面的，政府主动介入监察对于市场来说不仅是不够的，而且往往会造成一些负面、不好的影响。"权力之手"在市场内伸得过长就容易滋生腐败，因为权力是一把双刃剑，虽然可以达到有效、快速地控制市场的效果，但是权力拥有者一旦在利益的驱使下让权力成为为个人牟利的工具，那么后果的严重性也就不言而喻了。

---

① 任学婧：《社会信用体系建设的法制保障》，《河北联合大学学报（社会科学版）》2014年第4期。

与此相对，市场的反应总是敏锐的。当违法侵权行为出现时，行业内部和受害者在行业整体的利益或者个人利益追偿的目的驱动下，他们会更加积极主动，同时他们也更加了解情况。《苏州市社会信用体系建设规划（2014—2020年）》指出："司法公信是社会信用体系建设的重要内容，是树立司法权威的前提，是社会公平正义的底线"，"建立执行案件、被执行人信息查询制度"，"通过各类民商事纠纷案件的审理工作，引导法人诚信经营、诚信用工"。法院应就此做出相应改变，加快优化司法程序，为市场主体提供便利，使其积极通过诉讼手段维护自身的合法利益。

（二）保障司法判决有效执行，保护市场主体的合法利益，维护实体正义

法院诉讼手段是维护市场主体利益的终局手段，可以有效在法治社会维护法律的公信力。但在当前的实际中，许多维权案件仍普遍存在着执行时间长、执行难、成本费用高的问题，很多当事人都是赢了"官司"赔了钱，不仅使得受害人的正当权益得不到保护，还导致了不好的社会影响，对市场产生了不良的示范效应，助长了不诚信风气，不利于社会信用环境的建设①。要做到有效保护市场主体的合法利益，首先要做到的就是保护司法判决的有效执行。长期以来，规避、抗拒法院执行等情形屡见不鲜。一些当事人恶意欠债不还，拒不履行义务，即便由法院判令被告偿还相应债务，也往往因人员难以找到、财产难查等原因而无法执行。"老赖"现象背后反映的实质是社会信用体系的不完备，这不仅破坏了"诚实守约"的社会风尚，还严重损害了法律尊严和社会公平。

《苏州市社会信用体系建设规划（2014—2020年）》提出了大力推进司法公信力建设，"司法公信是社会信用体系建设的重要内容，是树立司法权威的前提，是社会公平正义的底线"。具体举措包括出台了一系列法规文件，建立了执行案件、被执行人信息查询制度，建立判决执行联动机制，提高判决执行效率。其中，法院积极参与推动的失信被执行人名单制度，是信用法制建设道路上的里程碑。比如，在2017年公布的《常熟市失信被执行人联合惩戒办法（试行）》中可见失信被执行人名单制度具体详细的落实措施。在相关网

---

① 王志武：《"法制、征信、教育"并重推进社会信用体系建设》，《中国金融》2009年第21期。

站上可以查询失信自然人和法人的名单,他们的不诚信事实得以曝光,各方面的行为和权利也受到了限制,例如失信主体在未履行其相应义务前不仅无法得到银行授信,而且还将被禁止购买飞机票与软卧火车票。在这一机制中,由法院向合作各方推送失信被执行人名单,相关部门在收到名单后,在其管理系统中记载包含相应惩戒措施等内容的名单信息,要求对受监管的企业或者单位进行实时监控,进行信用惩戒。失信被执行人名单制度通过在社会生活的方方面面,对失信主体的生存空间进行压缩,形成了解决执行难、保障实体正义的强大合力。①

---

① 任学婧:《社会信用体系建设的法制保障》,《河北联合大学学报(社会科学版)》2014年第4期。

第十一章　提升环境法治保护水平，让"东方威尼斯"再现荣光

第一节　环境法治水平是衡量城市核心竞争力的重要指标

企业要在激烈的竞争市场中存活并发展，需要靠企业自身的核心竞争力。城市之间也有竞争，目前国内的这种城市之间的竞争虽然不至于到"你死我活"的惨烈地步，但一座城市如果缺乏核心竞争力必然导致该城市对自然资源、市场、人才等生产要素的把控力的减弱，长久以往，该城市将要面对的结局必然是萧条和破败。

城市核心竞争力是一个城市相较于其他国内和外国城市而言所具有的独特发展优势。一个城市具有哪些核心竞争力，即城市核心竞争力的评价体系所包含的内容，是一个较为复杂的评估指标体系，包含了资源力、区位优势、产业力、文化力、法治建设水平等诸多因素。而在这些评估指标体系中，一个城市的环境治理水平及环境法治建设水平越来越成为评估一个城市核心竞争力大小的决定性因素。之所以这样认为，主要是因为以下几个方面的原因。

一、社会经济发展的速度与质量取决于其所依托的生态环境

任何社会经济的发展都离不开一定质量的生态环境的支撑。经济的发展，社会的繁荣，归根到底是为了实现人类更好的自我发展。而人之作为人，首先是自然中的人，其次才可能是社会中的人。任何人，无论身份、地位、财富、能力、知识构成如何，都必须生活在一定质量的生态环境之中。必须呼吸新鲜的空气，饮用干净的水，食用健康、未受污染的饮食。城市作为人类最重要的共同生活场所，首要任务就是保证全体市民能够在符合一定质量要求的生态环境中生存。只有在这个条件达到的基础上，才能考虑城市的资源

力、产业力、文化力等比较竞争优势。从这个角度来说，生态环境甚至可以成为城市核心竞争力中的最核心的制约因素。如果一个城市不注重生态环境质量的维护，不能为市民提供最基本、维持健康生存所需的空气、饮水和饮食供给，则该城市必然衰落甚至是消亡。历史上此类因生态环境恶化而消亡的城市甚至是国度不计其数。

楼兰，曾经是古代丝绸之路的贸易重镇，中西文化交流的重要场所。楼兰的发达除了具备传统的区位优势外，更重要的是水源供给的充足。古代丝绸之路穿越甘肃河西走廊到达新疆后，沿天山南北两路向西通往中亚，而从甘肃河西走廊开始一直到中亚，沿途数千公里均是戈壁、荒漠地区，人烟稀少，风沙肆虐。而楼兰所处位置旁恰好是孔雀河注入形成的罗布泊，碧波万顷，成为古丝绸之路贸易通道上来往商贾补充饮水和给养的重要驿站。正是因为水这个最基本的生存要素，使楼兰成为中外商贾云集的贸易重镇。可以说，没有水，就没有楼兰的辉煌与鼎盛。水这个最为基本的生态环境要素决定了楼兰的核心竞争优势。然而，楼兰后来真的没有了水。据史料记载，因人为及自然因素，孔雀河改道，罗布泊水面萎缩，楼兰的生存环境日益恶劣，直至不再适合人类生存与居住。在公元422年以后，楼兰城民众迫于严重干旱，不得不彻底遗弃了楼兰城。

除了楼兰，古格、敦煌等历史上曾经兴盛又衰败的城市无一例外都与水这一生态环境要素密切相关。水旺则城市兴，水枯则城市衰。任何城市的发展都离不开一定质量生态环境要素的支撑。苏州作为东部地区重要的商贸与制造业基地和人口逾千万的特大城市，也必须依托一定质量的生态环境。这是城市的主体——人之生存和发展的必备要素。

二、高质量生态环境是现代高品质城市生活的重要组成内容

随着经济发展水平的不断提高和物质生活的极大富裕，市民对健康和精神生活的需求层次也不断提升。如果说一定生态环境质量是维系一个城市生存与发展的必备要素，则在经济高度发达的条件下，高质量的生态环境已经上升为高层次城市生活的物质基础之一。

马斯洛的需求层次理论将人的需要划分为由低到高的五个层次，即生理需求、安全需求、社交需求、尊重需求和自我实现的需求。马斯洛和其他心理学家都认为，一个国家多数人的需求层次结构，是同这个国家经济发展水平、科技发展水平、文化和人民受教育的程度直接相关的。在发展中国家，生理需求和安全需求占主导的人数比例较大，而高级需求占主导的人数比例较小；在发达国家，则刚好相反。① 这个结论其实也适用于一座城市。一座城市的经济发展水平上去了，则社交需求、尊重需求（情感需求）和自我实现的需求就会成为市民实现最基本生存需求满足之后新的需求。

虽然生态环境是满足人基本生存的必备要素之一，但当人的基本生理需求得以满足时，人对生态环境的质量还会提出更高的要求。首先，人不仅希望自己能够活着，还希望自己能够健康和高质量地活着。因此，城市不仅应当具备土地、饮水等基本生态要素供给，还要保证高质量的空气、水源、土地等生态环境要素供给，即空气清新、水源纯净、土地清洁。这些是人在城市中健康存活必不可少的因素。试想一个城市空气、水源和土地污染严重，虽然经济发达，人民富有，但绝大多数人所赚取的收益都用于治病，那这个城市的繁荣必定是不可持续的，其经济发达也仅是暂时的。其次，人希望自己能够在青山绿水中快乐的生活。青山绿水蕴含着巨大的精神美学价值，能够使人精神愉悦，是高质量生活的重要组成部分。从这个角度来讲，清新的空气、洁净的水源本身就是高品质生活的体现。

三、城市环境质量取决于环境法治建设水平和力度

从前文的分析可以看出，城市环境质量的好坏是决定一个城市兴衰成败的重要因素之一。城市环境质量的好坏，首先取决于该城市的自然环境禀赋。气候干旱、水源稀缺之地，必定难以发展出有竞争力优势的城市。从这一点上来说，苏州是幸运的。苏州所处长江中下游平原地势平坦、土地肥沃、河网纵横、气候湿润、温度适宜，少有自然灾害，自古以来便是繁荣富庶之地。苏州市环境质量的维系和改善具有极佳的自然环境禀赋优势。然而，城市环境质量的好坏还取决于一个城市的环境管理能力。一座城市的环境管理能力主要体现在城市的决策者与执法者如何正确把握经济发展与生态环境保护之间的关系上。环境管理能力低下的，往往以牺牲环境为代价换取短期的经济发展；环境管理能力高明的，能够游刃有余地做到在确保环境质量不退化甚至有所改善的前提下经济仍然得以适度发展。

---

① 刘烨：《马斯洛的人本哲学》，内蒙古文化出版社2008年版，第54页。

自 1992 年联合国发布《里约环境宣言》之后,"可持续发展"便成为世界各国处理经济发展与环境保护矛盾关系的基本准则。所谓"可持续发展",是指在满足当代人需求的前提下不对后代人满足其需求的能力带来危害的发展。这个定义中含有两个"需求":一个是当代人的"需求",另一个是后代人的"需求"。所谓"当代人的需求",即当代人发展经济,创造并享受物质与精神财富的需求;而"后代人的需求"其实也含有这层含义。当代人与后代人之间在发展权益上应当是平等的,当代人不能自私的以耗竭地球生态环境资源为代价满足自己无度的发展欲望,否则后代人一出生就丧失了生存和发展所必需的环境与自然资源基础。因此,当代人无度的发展欲望应当受到限制,为后代人留下可供其发展的生态环境与自然资源。而当代人的发展欲望应当如何被限制呢?或者说当代人的何种程度的发展欲望就是所谓的"无度"的发展呢?对此,生态学的研究给出了答案。生态学认为地球生态系统对人类而言具有重要的经济利用价值,其表现就是能够为人类生存与发展提供必要的自然资源和物质材料支撑,能够容忍人类一定程度的开发与破坏,也能够容纳人类向其中排放一定量的污染物。但生态环境的这种"容忍"能力是有限度的,当人向其中排放的污染物超过了生态环境的容纳限度,当人向大自然索取的自然资源超越了生态环境的"给付"能力,则生态系统就会失衡,生态环境就会崩溃。可见,人类开发自然资源也好,排放污染物也好,应当适度而为。而这里所谓的"适度",就是指生态环境容纳污染物的限度和人类向其索取自然资源时对人类的"给付"能力。在生态学上,上述限度和能力被统称为"环境承载力"。因此,实现可持续发展的关键是用环境承载力限制过快和超规模的经济发展。凡是超越环境承载力的经济发展模式和经济发展行为都是过度的发展。因而一个城市环境管理水平好坏的体现就是能否用这个城市的环境承载力为指标对该城市社会经济发展做出合理的规划和决策并付诸执行。

在民主法治社会中,城市管理必然依靠法治的方式。城市生态环境质量的好坏取决于城市环境管理的水平,而城市环境管理的水平则取决于该城市环境法治的发展水平。用环境承载力作为指标限制社会经济发展的速度与规模,说白了就是坚持环境优先,让经济发展与环境保护相协调。这在本质上就是经济利益这种私利与公共环境利益的冲突与矛盾。法律遵循权利义务的思维，将实现公平、公正视作己任，因此法律是公平调整利益冲突的学问和艺术。所以化解经济私利与公共环境利益之间的冲突与矛盾，天然地成为法律的课题。如何将环境承载力作为具有强制力的指标对社会经济发展的速度与规模作出限制，必须运用法治的方法。

以建设项目的开发决策为例可以对此予以说明。任何建设项目都是有社会经济价值的，同时对环境都是有负面影响的，但影响有大有小。有的环境影响是环境承载力能够负载的，且是能够通过一定措施予以避免或事后治理的；而有的环境影响则具有不可逆性，一旦发生，后患无穷。那么，如何首先衡量拟议建设项目的环境影响到底是否具有可逆性？如不可逆的结论得出后，如何通过法律的手段对其予以否决？此外，相较于建设项目的负面效应，建设项目大多能够为当地带来税收、就业等积极价值，面对这些积极效用，建设项目的负面环境影响是否值得？如果实施该项目，面对环境影响，其产生的社会、经济价值是否得不偿失？在二者之间如何作出权衡？上述这些问题的解决都必须依托法定的途径与程序。在非法治社会中，上述问题可以通过高效地领导人决断的方式解决，虽然高效，但不可否认的是，领导人个人的修养和考虑因素会对决策的实际效用产生极大的影响。而在法治社会中，上述问题的解决均须遵循法定的环境影响评价程序予以解决。具体来讲，建设单位应当首先按照法律规定委托具有资质的中介机构编制环境影响评估报告，对拟议建设项目的环境影响及其大小作出充分的技术评估；在编制报告过程中，还应当充分征求建设项目所在地及周边地区社会公众的意见；之后，建设单位须将编制的环境影响评估文件连同征求的公众意见一同呈交给环境保护行政主管部门；环保部门依法定条件及范围行使自由裁量权，对建设项目是否能够建设作出行政审批结论，在此期间，环保部门认为建设项目事关重大，可能涉及公众重大环境权益的，还应当依法召开行政许可听证会，进一步倾听公众意见，并在此基础上作出最终的审批结论。

由此可见，环境法治水平会对一个城市的环境质量维护与改善产生极其重要的影响。在国外，生态环境质量高的国家或地区必定具有较高的环境法治水平；而那些生态环境质量较差的国家或地区，也往往是法治治理水平低下的。这样说来，环境法治水平对于一个城市核心竞争力的提升而言就具有非常显著的意义了。在现代民主法治社会中，环境法治水平是衡量城市核心竞争力的重要指标。对于苏州而言，不断增强其核心竞争力，首先须不断改善苏州地区的生态环境质量，而主要手段则必须是不断提升环境法治的建设水平。

第二节　提升环境法治保护水平的主要内容

法治与法制有区别。在中国，法制一般被理解为法律和制度的简称。环境法制是国家法制的一个重要组成部分，是有关环境法律和制度的简称，是环境立法、执法、守法和法律监督的总和。其中，环境立法是实行环境法制的前提，环境执法是实行环境法制的关键，环境守法是实行环境法制的基础，环境法的监督是实行环境法制的保障。环境法制的基本要求是"有法可依，有法必依，执法必严，违法必究"，其核心是"依法办事"，即一切国家机关、社会团体、企业事业单位、公职人员和全体国民都要严格地遵守与环境保护有关的法律，依照法律的规定办事。相对于法治而言，法制强调国家权威、国家意志、执政者的意志，重视法律的强制作用、工具性和管理作用，法制的法可以指由国家管理机关或统治阶级制定的各种法律（包括良法和恶法），法制可以存在于各种不同的社会制度的国家（包括奴隶制度、封建制度、资本主义制度和社会主义制度的国家）。

而相对于法制，法治强调良法、主权在民、正义和民主。法治强调法律的统治高于个别人的统治，重大社会决策的作出都应当通过法定民主程序。因此，环境法治是法治在环境保护领域的具体体现，将生态环境保护活动纳入法治的轨道就是实行环境法治。具体而言，提升苏州环境法治保护水平，主要包括以下几个方面的要件。

一、科学合理完善地方性环境法规规章体系

按照《立法法》的规定，苏州市享有地方性法规和地方政府规章的立法权。苏州市应当充分利用地方立法权完善苏州市的地方性环境法规规章体系。

完善地方性环境法规规章体系应当尊重科学规律，尤其是生态学规律，确保科学立法。生态学上有负载定额规律，意思是生态环境能够容纳人类所排放的污染物总量是有限的，能够容忍人类破坏的程度也是有限的，故而人类开发利用自然资源与生态环境应当在上述限度之内进行，否则会造成环境污染与生态破坏。负载定额规律的内容要求与可持续发展观一脉相承，可以说是贯彻可持续发展观的具体方法，强调应当以生态环境承载力为限度控制人类的经济社会发展行为。从这一规律出发，苏州市制定地方性环境法规和规章时，应当注重将苏州市的生态环境质量作为控制经济发展速度与规模的指标手段，实行污染物排放总量控制和自然资源开发利用总量控制。我国对污染物排放目前主要实行浓度指标控制，但随着企业数量的不断增多，浓度控制指标已不能适应不断改善环境质量的需求：企业即使能够按照浓度控制指标的要求排放污染物，由于排污企业数量众多，污染物排放总量也十分可观，往往容易突破生态环境的承载力，造成环境污染。① 此外，浓度控制指标不能有效解决企业稀释排污规避法律的问题。因此，苏州市的地方环境立法应当走在全国前列，确立以保护生态环境质量为核心的环境管理原则，不断扩大污染物排放总量控制制度的适用范围，确保辖区内各类污染源排放污染物不造成生态环境污染。

完善地方性环境法规规章体系应当注重可操作性，将上位环境法律、法规的管理要求通过细化规定的方式体现在苏州市地方立法之中。我国地域辽阔，不同地区气候特征差异较大，环境问题具有鲜明的地方特色。故而国家层面的环境立法一般大多为授权性或指导性、倡导性规定，较为宏观、抽象，可供执法部门直接执行的管理措施不多。这种立法特征为苏州市的地方环境立法留下了充足的空间，苏州市应当根据本地区经济社会及生态环境的特点，细化相关规定，为解决环境执法中的具体问题提供清晰、明确的规则规范。以苏州市水资源保护为例：苏州市水域面积广大，经济发达，工业企业众多，经济发展对生态环境产生了较大的压力，工业废水、生活污水等对周边重要水体，如太湖、金鸡湖、阳澄湖等带来了较大的环境风险；同时，苏州市的城市生活饮用水又主要来源于周边地表水体；阳澄湖也是苏州名片之一——阳澄湖大闸蟹的养殖水体，阳澄湖水质的好坏决定了阳澄湖大闸蟹的品质。因此苏州市应当加强对太湖、金鸡湖、阳澄湖等城市湖泊与湿地资源

---

① 截至2017年底，苏州市工业企业入统数为2188家，COD排放总量38022.83吨，氨氮排放总量13140.52吨，二氧化硫区域总量109501.86吨，氮氧化物区域总量179118.55吨。数据来源：苏州市环境保护局。

的保护。苏州市的主要水污染源是工业企业，其次是畜禽养殖、农业面源污染等，故苏州市加强水资源保护应当着重从上述几个方面入手。

第一，建立工业企业环境管理地方性法规规章体系。对于工业企业，应当通过地方立法完善建设项目环境影响评价制度，明确建设项目的环境准入条件（即环保部门否决建设项目环境影响评价文件的具体条件），对产生或者可能产生严重水污染的工业企业以及国家和地方命令禁止、淘汰的项目与工艺应通过环境影响评价程序坚决予以否决；对于排放污水但符合环境治理要求的企业，一律安排进入工业园区，实行工业废水集中处理制度，坚决杜绝企业向河道、湖泊等自然水体直排工业废水；应结合水体的生态环境承载力，建立并实施排污许可证制度，通过排污许可证限制企业排放的污染物排放总量，确保企业向水体排放的污染物总量不超过水体环境容量。在工业企业环境管理方面，苏州市虽然还未制定成熟完备的地方性法规规章体系，但已实施了一些比国家法律、行政法规规定更为严格的环境管理措施，且已取得了一定成效，因而可以通过地方立法的手段将相关环境管理措施法制化。譬如苏州市相关管理部门积极推行工业企业入园，尽可能提高工业污水集中处理率，目前苏州市工业废水年排放量为46 067.48万吨，其中排入污水处理厂的是29 633.93万吨，推算工业废水集中处理率为64.3%。

第二，完善地方畜禽养殖业管理立法。对于畜禽养殖业，应当通过地方立法明确划定规模化畜禽养殖禁养区和限养区的范围与界限，并明确禁养区、限养区的具体管理措施及法律责任；对规模化畜禽养殖场和畜禽养殖小区，应当通过地方立法明确赋予区县及乡镇人民政府、街道办事处相关服务职能和管理职责，通过政府财政补贴等形式对畜禽养殖户开展畜禽粪水回收、综合利用和无害化处置项目与设施扶助、鼓励与支持，减少畜禽养殖对水体生态环境的污染。对于农业面源污染，应当通过地方立法建立以农业部门为主的科学精准施药等农技服务体系，通过强化政府机构的服务职能，鼓励、支持农户科学施肥施药，减轻并消除农业生产对水体生态环境的污染。

在此方面，苏州市环保与农业等管理部门依据相关规范性文件已开展了卓有成效的工作。如苏州市环保局会同市农委结合苏州实际情况，划定了苏州畜禽养殖禁养区。2016年12月，省委省政府印发了《"两减六治三提升"专项行动方案》（苏发〔2016〕47号），将畜禽养殖污染治理列为"六治"工作内容之一,要求"逐步将太湖一级保护区建成禁养区。二级保护区实行畜禽养殖总量控制,不得新建、扩建畜禽养殖场"。根据《江苏省太湖水污染防治条例(2012年修正)》,太湖湖体、沿湖岸五公里区域、入湖河道上溯10公里以及沿岸两侧各1公里范围为一级保护区;主要入湖河道上溯10公里至50公里以及沿岸两侧各1公里范围为二级保护区。苏州市环保局与农委主动协调配合,结合工作实际于2017年编制完成了《苏州畜禽养殖区域布局调整优化方案》和《苏州市畜禽养殖禁限养区划定优化调整方案》,明确提出"总量调减、布局调优、模式调新"的工作目标。调整后,苏州市国土面积8 657.32平方公里,全市共划定畜禽养殖禁养区87个、总面积5 614.06平方公里,占比64.8%;限养区22个、总面积1 528.82平方公里,占比17.7%。

为保证禁养区划定工作取得实效,苏州在全市范围内开展了规模以上畜禽养殖场(户)摸底调查,通过"关、转、疏、管、扶"等多元化方式,全面启动了畜禽养殖污染集中治理,实施畜禽养殖污染整治工作专项督查。市委督查室、市政府督查室、市农委、市环保局联合组成督查组对张家港市、常熟市、太仓市、吴江区和吴中区开展了禁养区畜禽养殖场关停工作的专项督查,形成了禁养区养殖场关停工作周报制度,全面加强整治任务的整体推进。按照工作要求,2017年底前,苏州各市、区要全面完成新划定禁养区320家和太湖一级保护区内170家畜禽养殖户关停工作。到2019年底,全面完成限养区内养殖场户(生猪存栏50头以上)备案工作,全面核定养殖数量和畜禽种类,鼓励进行提档升级,在不扩大畜禽养殖规模前提下,提升粪污综合处理能力。对不能达到省级《畜禽养殖污染治理标准》养殖场户(生猪存栏50头以上),全面予以关停。到2020年底前,加快建立禁养区及太湖一级保护区内禁养工作长效监管机制。

上述畜禽养殖管理工作取得了明显的成效,但法律依据不足的掣肘仍较为明显。譬如,关于苏州市范围内具体禁养区、限养区范围的划定,仍是通过规范性文件的规定,缺乏立法明确授权相关人民政府或管理部门划定畜禽禁养区、限养区范围的规定。关于禁养区、限养区内采取的禁止、限制或例外管理措施以及监督检查措施,也缺乏能充分结合苏州实际的地方性立法规定。因此,需要通过地方立法的形式将实践证明富有成效的环境管理措施法律化。

总而言之，苏州市地方环境立法的空间很大。尽管对于很多环境问题，国家和省层面的立法已有所规定，但大多欠缺符合地方实际的细化规定，因而仅仅依靠国家层面的立法有时并不能有效解决地方的环境问题。在此情况下，苏州市享有地方立法权的机关应当积极主动开展环境资源立法活动，为解决各类生态环境提供既能体现地方特色与需求，又具有较强操作性的地方环境法规与规章。

二、切实保障公众参与环境公共事务的权利

法治的精髓是强调主权在民和政治民主即民主原则，没有民主就没有法治，民主和法制的统一才是法治。法治强调人民意志和权利、尊重人民意志和权利，法律至上的实质是人民意志和利益至上。设立国家和政府本身不是目的，而是为了保护人民的权利和自由，法律对政府权力的维护只能建立在对维护人民利益的基础上。这一点对于环境保护而言，更具有现实价值。生态环境是每一个人得以生存和发展的前提基础，因此任何人对于环境质量的好坏以及如何保护环境，都有发表自己意见与建议的权利；每个人同时也是环境的污染者与破坏者，任何人都有保护环境的义务。公众参与环境保护，既是公民的权利，也是每一个公民义不容辞的义务。因而，公众参与环境公共事务的决策与执行，是环境法治应有的内涵。

保障公众参与环境公共事务的权利，首先应保障公民的环境信息知情权。对环境信息充分知悉是公众有效参与环境公共事务的前提。环境信息不仅包括空气、水体、土壤等环境要素的质量信息，还包括一切可能对环境产生不良影响的建设项目和开发规划的信息以及政府主管部门对上述行为与活动实施监管活动的信息。对这些信息，根据《环境保护法》的规定，除非涉及国家秘密，政府相关主管部门和排放污染物的企业事业单位，应当主动向社会公开。目前，《环境保护法》《环境影响评价法》等国家层面的环境法律、法规已经建立起了我国的环境信息公开制度框架体系，但这一制度的良好贯彻仍然需要地方立法与执法的密切配合。第一，苏州市相关政府主管部门应当加强政府环境信息的公开，公开的范围包括但不限于空气、水体、土壤等环境要素的环境质量信息，规划及建设项目的环境影响评价文件及其审批决定等信息，主管部门作出的与环境与资源保护有关的行政许可、行政处罚及行

政强制决定的信息,环境保护税的征收与使用信息,重点污染源排放数据的监控信息及重点排污单位的名录信息等。

其次,应当继续强化开展企业事业单位的环境信息公开。按照《环境保护法》的要求,被地方环保部门列为重点排污单位的企业事业单位应当主动向社会公开污染物排放等环境信息。根据这项规定,地方环保部门应当首先公开辖区内重点排污单位的名单,凡列入该名单的企业都应当依法向社会公开其污染物排放等企业排放信息数据。这项工作目前在苏州开展已取得突出的成绩,集中体现在管理部门对于重点排污单位名录的公开方面。2015年新《环境保护法》实施后不久,苏州市环保局就制定了《苏州市重点排污单位环境信息公开表》。每年年初,苏州市环保局都根据上级部门发布的重点监控企业名单制定当年苏州市重点排污单位名录,并将名录在市环保局网站相关板块进行公开,同时将名录印发至各区、市环保局,要求各地严格按照《苏州市重点排污单位环境信息公开表》对辖区内重点排污单位进行环境信息公开管理。《企业事业单位环境信息公开办法》要求每年公开1次,自2015年以来,苏州市环保局已督促各地按要求进行环境信息公开3次(2015年、2016年和2017年),公开途径主要为各地政府或部门网站、企事业单位网站或公告栏等。近三年来,苏州市重点排污单位环境信息公开率为100%。接下来,环保部门应当对企业环境信息公开进行进一步的规范化管理,主导建立统一的企业环境信息发布平台,引导企业在统一信息平台上按规范发布企业环境信息,更方便公众及时和全面掌握相关环境信息。

保障公众参与环境公共事务的权利,还应强化公众参与途径与参与程序的完善。根据《环境影响评价法》《行政许可法》等法律,目前公众参与环境公共事务决策的主要途径是听证会等形式,但实际上,听证会在实践中很少被使用。无论是建设单位还是主管部门,在公众参与的过程中主要是通过论证会、座谈会,甚至是调查问卷等形式履行组织公众参与的义务。由于参与不充分,很多情况下公众对于规划或者建设项目的意见或建议并不能为决策者所充分知悉,很多环境公共事务决策对于公众环境权益的维护都带来了不利影响。由于事前参与不充分,对于影响其环境权益的公共事务,公众容易产生抵触情绪,甚至容易产生环境纠纷与冲突。之所以出现上述问题,重要原因是地方决策机关和决策人员对公众参与公共事务持不正确的心态与观点,认为公众参与就是老百姓找麻烦，制造矛盾，公众参与过多会影响行政效率。但实际上公众参与不是制造矛盾，而只是呈现和化解矛盾，并且是带有预防性质的呈现和化解，从而避免日后出现纠纷与冲突，同时可以促使决策者作出的决策能够更大程度上符合社会公众的权益。

总之，依法保护环境就是依照表现为法律形式的人民意志来保护环境，而不是按照个人的意志或长官意志来管理环境。如果没有环境民主和公众参与，就没有环境法治。因此，实行环境法治必须以环境民主为基础，强化公众参与。

三、强化地方政府环境保护的主体责任

以往在环境保护中，人们过多地强调企业的环境主体责任，认为企业是排污者、污染源，企业应当对造成的污染负责，企业应当承担预防和治理环境污染的义务。上述观点虽然没错，但有失偏颇。《环境保护法》明确规定地方政府对环境质量负责。因此，一个城市的环境质量不合格，首先说明地方政府在环境保护中没有充分履行职责，存在失职行为。要改善一个城市的环境质量，首先应当加强地方政府的环境保护责任。对此，2015年修订实施的新《环境保护法》明显加大了对地方政府的规制力度，强调应对环境问题，"督企"的同时还要"督政"。提升苏州的环境保护法治水平，应当强化各级地方政府在环境保护工作中的主体责任，促使地方政府真正为保护环境而担负起职责。如果一个地方的环境质量不合格，则应当追究地方政府主要领导人员和相关主要负责人的行政责任。

为此，应当建立严格的环境保护目标责任制。具体而言，上级政府与下级政府之间，各级政府与其主管职能部门之间，应当通过签订环境保护目标责任书的形式确定各自的环境保护目标，并明确完善的考核指标和考核方法。如果经考核，地方政府或其职能部门未能完成环境保护目标，则应当对其主要负责人考核为不合格，并将此考核结果作为对领导干部人事任用的主要依据。考核不合格的，不得提拔为上级机关的领导干部，并计入个人档案。如此规定，可以促使各级地方政府充分调动各种资源解决环境问题，彻底改变"环境保护是环境保护部门一家的事"的错误认识，彻底改变地方环保部门积极执法、地方政府积极违法的执法怪状。

在"督政"与考核方面，苏州市相关工作已落实到位。2014年4月22

日，苏州市政府印发了《关于成立苏州市大气污染防治专项工作领导小组的通知》（苏府〔2014〕63号），成立了以市长为组长的苏州市大气污染防治专项工作领导小组，统一组织、协调全市大气污染防治工作，成员单位包括23个部门和各市、区人民政府（管委会）。领导小组下设办公室，设在市环保局，9个部门为办公室主任单位。通过全市大气污染防治会议、市长专题办公会议、办公室主任会议、市大气办联络员会议，定期协商工作，确保大气污染防治工作顺利有效推进。为严格贯彻落实国家、省大气十条相关要求，2014年5月20日，市政府印发实施《苏州市大气污染防治行动计划实施方案》，确定了能源结构优化、产业结构调整、工业污染治理、绿色低碳交通、城市污染控制、应急预警提升等六大工程。《市政府办公室关于印发苏州市大气污染防治2017年度工作任务计划安排的通知》（苏府办〔2017〕99号）下达大气污染防治年度工作计划，明确环境空气质量年度改善目标，排定重点任务和工程项目，任务层层分解，责任落实到人，积极推进重点行业提标改造、燃煤锅炉整治、挥发性有机物治理、落后产能淘汰、机动车污染防治、扬尘污染治理等一系列重点工作，削减大气污染物排放，改善空气质量。不断完善大气考核制度，2015年7月苏州市出台、试行《苏州市大气污染防治考核办法》，明确了大气污染防治考核部门及其工作职责，严格落实奖惩措施。通过不断实践和摸索，苏州市进一步完善考核制度，2017年8月市政府办公室发布了《关于印发苏州市环境空气质量改善目标考核办法的通知》，进一步细化了考核指标，完善了考核要求。在水污染治理方面，2017年5月和12月，市政府办公室分别发布了《关于印发2017年苏州市太湖流域水污染防治目标任务的通知》（苏府办〔2017〕116号）和《关于印发苏州市太湖治理工作监督考核办法的通知》（苏府办〔2017〕389号），进一步细化了考核指标，完善了考核要求。

四、强化生产经营者的环境法律责任意识

新《环境保护法》施行后，督企仍然是该法的重要内容之一。企业是最为主要的污染源，要减少污染物排放，离不开企业的自觉守法。然而目前我国企业普遍缺乏社会责任感，企业的环境保护责任意识和环境法律意识都较差。提升苏州的环境法治保护水平，应当注重强化企业的环境法律责任意识。笔者认为，实现这一点可以从两个方面入手：第一，强化企业环境法律责任追究。就笔者所了解，有些企业之所以出现环境违法行为，确实是因为主观恶意，企业不愿意承担环境成本。对这些企业应当强化法律责任的追究，通过完善的法律责任体系让企业从事环境违法行为之后必须承担严厉的民事责任、行政责任和刑事责任，使违法排污者不仅不能从违法排污行为中获取任何经济收益，还要付出惨重的经济和人身自由方面的代价。第二，要加强正面引导。除了一些主观恶意的违法企业之外，有不少企业之所以出现环境违法行为，是因为对国家的环保法律、法规及政策不了解。譬如有较多企业违反了环境影响评价制度，在未经过环境影响评价审批许可的前提下擅自开工建设或生产经营，构成了典型的"未批先建"违法行为。虽然其中的确有一些企业具有主观恶意，但更多的企业业主是因为根本就不了解《环境保护法》及《环境影响评价法》的相关规定，造成了违法行为。对此，除了应当依法追究其法律责任之外，还应当强化对企业业主、主要负责人的环境法律知识与意识的培养与教育，让其了解建设项目环境保护管理相关的法律、法规要求，避免再次出现环境违法行为。实践证明，经过了环境法治教育的建设单位及其业主、主要负责人，大多能够在日后的生产经营行为中切实履行、遵守环境保护法律法规的规定。

五、加强环境法治意识及知识宣传与教育

在环境法治意识及知识的宣传与教育方面，除了要加强对企业及企业主要负责人的培训和教育外，笔者认为还应当加强对党政机关领导干部的环境法治意识和知识的宣传与教育。笔者在与很多基层环保部门的工作人员的交流中发现，一些企业之所以出现恶意的环境违法行为，离不开一些地方党政机关领导人的纵容甚至是支持。一些地方政府为了实现短期内GDP的高速增长，不惜一切代价招商引资，对企业可能产生的环境问题睁一只眼、闭一只眼。一些党政部门领导，为了让企业快速上马，责成环保、林业、土地等部门违反国家法律法规规定，为企业办理各种许可和证照。让企业业主感到其即便实施了环境违法行为，也有地方党委领导人的撑腰和保护，所以实施环境违法行为肆无忌惮。因此，目前需要对地方党政领导人开展环境法治意识及知识的宣传与教育。

此外，还应当加强学校教育。应当把环境保护意识的培养和环境法治知识的教育列入中小学校教学课程，使中小学生从小就形成保护环境光荣、污染破坏环境可耻的道德观念。只有保护环境的道德观念深入人心，才能形成遵守环境法制的良好社会风尚。

第三节　经济转型升级与环境法治保护工作的新任务、新要求

国际金融危机爆发以来，世界经济正在经历深度调整。全球经济增长总体表现乏力，历经近十年仍未走出国际金融危机的阴影，国际市场需求不足。全球实体经济竞争出现新态势，以美国的"再工业化战略"、德国的"工业4.0"等为代表的发达国家再工业化，与我国传统的优势产业——制造业的竞争进一步加剧。因此，中国必须进行经济转型升级，实现经济体制的更新、增长方式的转变、经济结构的提升和支柱产业的替换。这是我国国家经济由量到质、由弱变强的必然过程。在这一过程之中，环境法治保护工作也面临一系列新形势：首先，经济转型升级不意味着经济发展速度不重要。相反，推动经济转型升级，仍然需要保持一个合理的、较高的经济增长速度。而较高的经济增长速度仍然会对生态环境带来较大的压力，因此经济转型升级过程中生态环境保护工作及环境法治保护工作仍然负担较重。其次，经济转型升级的根本是经济结构的提升和增长方式的转变，有过去的单纯追求经济发展的数量和速度，转变为数量和质量兼顾。而这必然体现为能源使用方式的转变、经济发展模式的转变。如果没有一定外在压力，完全靠内生动力，转变必然是痛苦且漫长的。而生态环境保护在这一转变过程中，恰好是一个促进转变的外在动力。即可以通过资源与环境制约，迫使政府和企业转变资源利用方式，改进生产工艺，提升污染物治理水平，提高能源利用效率，而这些恰好就是经济结构提升的重要体现。因此，在经济转型升级过程中，生态环境保护及环境法治保护工作可以成为促进经济转型升级的倒逼机制，应当加强环境法治保护工作。具体而言，经济转型升级为环境法治保护工作提出了如下新任务和新要求。

一、积极开展对各级政府的环境质量考核

目前我国对各级政府的考核以 GDP 考核为主，甚至可以说是以 GDP 为唯一考核指标。这种对 GDP 的过度看重甚至是盲目崇拜是地方政府及其主要负

责人忽视生态环境保护的重要原因。而现实中唯GDP论对经济转型升级也是十分不利的，因为在唯GDP论之下，考核指标仅限于经济发展的数量与速度，而忽视经济发展的质量。很多地方政府与领导为了提高在任期间的经济发展指标，不顾一切代价招商引资，甚至将国外或国内其他地区淘汰或禁止的落后产能、落后产业招商至本地落户。税收虽然增加了，失业人数也减少了，但环境却付出了惨重的代价。因而以生态环境为代价所换取的经济一时之发展，往往也是不具有发展质量的粗放式发展，这正是经济转型升级所要重点解决或摒弃的经济发展模式。因而应当以加强对各级政府的环境质量考核为契机，促使地方政府及其领导人摒弃传统的、不可持续的经济发展理念，将促使和改善环境质量作为其任期之内的重要目标，实现经济发展与环境保护双赢的效果。开展对政府及其领导人任期内的环境质量考核，主要方式是签订环境保护目标责任书，并将责任书目标的履行情况作为对政府、政府部门及其相关领导任期考核的重要依据。凡是任期内环境质量退化的，无论经济发展指标如何，均应考核为不合格。

二、妥善处理经济发展速度与质量的关系

我国还是一个发展中国家，发展仍是我国的主要任务。面对2020年全面达到小康水平和"两个百年目标"的实现，在一个拥有13亿人的庞大人口大国，没有一定的经济增长速度，不仅追赶无望，就业等社会矛盾还可能激化，经济的转型升级也无法进行下去。有些国家之所以陷入"中等收入陷阱"，其最主要的原因就是经济增长停滞或低速增长引发的。但是，增长不等于过度发展，靠过度消耗资源、污染破坏生态环境的粗放式发展方式要不得，必须通过转变经济发展方式，把发展的立足点提高到质量和效益上来，以全面提高经济增长质量和效益为中心，继续保持合理的经济增长。

在这一新形势下，需要进一步加强生态环境管理，提高环境法治保护水平。苏州过去的经济增长靠的是较快的经济增长速度，但这也带来了一系列较为严重的生态环境问题，如环境质量虽然呈总体改善趋势，但由于产业结构、能源结构、基础设施、气候等综合因素影响，环境质量还有波动，部分断面水质不能稳定达标，臭氧超标问题对空气质量优良率影响较大。再如，苏州市产业结构仍然偏重，化工、纺织印染、钢铁等行业占比仍较高，工业排污量仍很大；能源消耗仍以燃煤为主，减煤任务艰巨；环境基础设施欠账较多，城镇和农村生活污水实际收集处置率还须提高；农业面源污染控制还缺乏有效手段；机动车保有量持续攀升，老旧车淘汰缺乏配套政策，机动车尾气成为影响城市空气质量的重要因素。此外，规划布局不合理，工业区和居民区混杂，散乱污企业还在一定范围内存在，群众环境信访投诉特别是废气污染投诉仍然较多；黑臭河道治理力度、垃圾收集处置能力还须提高；特别是危险废物焚烧能力不足，危废品库存量大，环境风险隐患多。

总之，苏州市目前仍然存在较多环境顽疾难以根治，其重要原因是经济发展仍然离不开粗放式的经济发展方式。如果不尽快改变这种经济增长方式，苏州的经济增长早晚是要停滞不前的。因此，苏州应当尽快把发展的立足点提高质量和效益上来，通过提升产业档次，实现经济发展的指标的继续增长，同时改善生态环境。在这其中，环境法治保护工作必将发挥重要作用，可以将环境与资源作为制约因素，促使经济结构调整。凡是不符合生态保护要求的经济发展项目和过剩产能，都不允许上马，已经上马的要尽快淘汰；凡是对环境友好的生产工艺与建设项目，不仅允许上马，政府还采取各种措施予以扶持，使其获得更强的市场竞争力。

第十二章　构建和谐劳动关系，维护劳动者合法权益

　　劳动关系是生产关系的重要组成部分，是现代经济社会中最基础、最重要的社会关系之一。劳动关系是否和谐，不仅直接关系到广大用人单位、劳动者的切身利益，更关系到社会的和谐稳定以及经济的可持续发展。党和政府历来高度重视劳动关系的和谐稳定，早在 2006 年召开的十六届六中全会上，就明确提出了构建社会主义和谐劳动关系的基本目标。2015 年 4 月，中共中央、国务院更是以中央文件的形式专门发布了《关于构建和谐劳动关系的意见》，作为新时期指引劳动关系发展的纲领性文件。该意见强调在新的历史条件下，努力构建有中国特色的社会主义和谐劳动关系，是加强和创新社会管理、保障和改善民生的重要内容，是建设社会主义和谐社会的重要基础，也是经济持续健康发展的重要保证。

　　为此，苏州市开展了一系列积极、有益的探索，特别是 2015 年苏州工业园区被列为全国构建和谐劳动关系综合实验区以来，苏州市更是明显加快了建设步伐，专门出台了《关于构建和谐劳动关系的实施意见》，重组了市协调劳动关系三方委员会，以加强对试验区创建工作的指导协调。尽管如此，由于当前我国、也包括苏州正处于经济社会转型时期，劳动关系的主体及其利益诉求日趋多元化，劳动关系矛盾已进入凸显期与多发期，劳动争议案件居高不下，集体停工、罢工事件时有发生，构建和谐劳动关系依然任重道远。

第一节　和谐劳动关系在提升城市形象方面的重要作用

　　苏州，古称吴，为国家历史文化名城、著名旅游城市、国家高新技术产业重要基地，长三角重要的中心城市之一。截至 2017 年底，苏州市常住人口高达 1 068.4 万人，其中外来人口约 831.8 万；外来人口中，户籍外来人口

679.4万，流动外来人口152.4万，绝大多数为外来务工人员。外来人口之多，江苏第一，全国第二。

作为改革开放的排头兵之一，经过近40年的高速发展，苏州经济取得了丰硕的成果。截至2017年底，苏州制造业在国内各城市中排名第二，GDP总量高达1.73万亿人民币，拥有各类市场主体112.8万户，从业人员近600万。不仅如此，每年新增企业、个体工商户的数量还在以日约280户、400户的数量稳步增长。

然而，受土地开发"天花板"、环境承载受限、原材料与劳动力成本持续攀升等的影响，加之供给侧改革、经济新常态，国内经济增速放缓，国际经济又复杂多变，多种因素叠加，产业外迁、劳动密集型企业倒闭已成为一种常见现象，这对素以制造业立市的苏州经济构成了严峻的挑战。虽然经济转型、产业升级早已部署且取得了一定的成果，但客观地说，苏州的高端制造、智能制造、现代服务业并没有表现出很强的竞争力。如何度过经济转型的阵痛，在确保山清水秀、环境优美的历史名城的前提下，缓解经济放缓、产业外迁、劳动密集型企业关停并转带来的裁员压力，以及90后甚至00后劳动者进入职场带来的维权压力、转型过程中涌现的新兴业态带来的管理压力，进而确保经济的可持续发展、产业结构的顺利转型升级、社会的和谐稳定，已成为摆在苏州市委、市政府面前的一道严峻课题。

在此背景下，和谐劳动关系的构建对苏州市经济、社会的可持续发展，以及城市形象的提升，至少具有以下几个方面的意义。

首先，有利于劳动关系、社会关系的和谐稳定，进而为经济转型、产业升级创造良好的政治、社会环境。自从产业雇佣关系崛起及其在社会生产关系中主导地位确立后，靠出售自己劳动力谋生的劳动者阶层在整个社会成员中就居于绝对多数，团结意识、阶层意识明显。故而，劳动关系问题从来就不是一个单纯的经济问题，而是随时可能转化为政治、社会问题。社会和谐首先是劳动关系的和谐。如果劳动关系问题处理不当，劳动纠纷频起，不仅生产将无法顺利进行，而且也极易演变成劳动者与政府之间的冲突，演变成政治、社会冲突。果若如此，不仅改革、发展以及各项建设事业无法推进，社会稳定也将沦为一句空话。

其次，有利于经济、社会的可持续发展以及企业的持续兴旺。想必这也是国内外那些长盛不衰的优秀企业都非常重视提升员工福利、满意度、忠诚度以及责任感的重要原因之一。毕竟，和谐的劳动关系不仅有利于提升提高劳动者的工作质量，更有利于调动劳动者的工作积极性、创造性以及内在潜能，进而促进企业效率的大幅提升；反过来，企业效率的提升、经营效益的提高又可以为劳动关系的持久和谐、稳定创造坚实的物质基础。这是一个相互感染、相互促进、良性循环的过程。

更关键的还不在此。劳动关系的和谐，离不开劳动关系双方利益表达机制、利益协调机制的完善相配合，而这不仅有助于规范收入分配、矫正劳资利益分配的极度失衡，更可为提升内需、打造内需社会创造条件。① 长期以来，我国经济之所以一直"不平衡、不协调、不可持续"，"三驾马车"中消费率持续偏低，投资率居高不下，究其根源，资本主导收入分配为重要原因之一。其结果，劳动者工资性收入过低，进而市场疲软、内虚乏力、产业升级步履维艰。② 近年来我国一再强调要提高劳动收入的分配比例，一个极为重要目的就是提升内需，将经济发展模式从"内需不足—依赖出口—低价竞销—利润低下—工资增长缓慢、产业升级乏力—内需不足"切换为"收入增加—内需增长—产业升级、降低对出口的依赖—避免竞销—收入增加"。这也是避免贫富两极分化、跨越中等收入陷阱、实现"中国梦"的根本保证。

再次，有利于苏州"人间天堂""宜居名城"良好形象的保持。这不仅对苏州的城市化、对苏州的旅游与休闲产业是个促进，更是苏州参与国内、国际竞争难以复制的品牌形象与无形资产。

---

① 有学者测算过，进入21世纪以后，我国用工企业每年通过压低工资和社会保障至少可多获得4400亿的利润。长期以来，在国民财富的分配中，工资或按劳动报酬方式分配的财富所占比例越来越小，工资总额的增长远远慢于GDP和国民收入的增长。在城镇分配的财富中，有大约2.5万亿（占城镇居民全部可支配收入的67%）是通过非工资的方式分配的；而在非工资方式的分配中，又有相当一部分是通过很不规范的渠道分配掉的。孙立平：《劳动力价格：打破恶性循环的关节点》，http://www.china.com.cn/zhuanti/green/txt/2006-06/06/content_6231587.htm，最后访问时间：2018年5月24日。

② 马凯：《在应对国际金融危机中加快推进经济结构调整》，《求是》2009年第20期，第10页。2008年中国社科院发布的社会蓝皮书也显示：我国劳动报酬占国民收入的比重，"2003年以前一直在50%以上，2004年下降到49.6%，2005年降至41.4%，2006年更是仅为40.6%；与此相反，资本回报占国民收入的比重节节上扬，从以前的20%提高到2006年的30.6%"。受"劳动力荒"等的影响，该种状况近年来有所改善，这也是这两年消费升级的动力所在，但与我国的经济发展潜力相比，还是明显偏低。

最后，高端形象的打造反过来又有利于苏州进一步吸引高端人才、高端劳动力资源，从而为苏州的产业升级、抢占行业制高点创造条件。如果运作良好，有望形成一种良性循环。毕竟，人才竞争尤其是高端人才的竞争，早已成为全球范围内区域发展的主要竞争形式和领域；所谓的供给侧改革、经济新常态，其核心要义也就在于经济增长从要素驱动转向创新驱动，而创新终归要靠人来实现。企业的转型升级是离不开人的升级相配合的。考虑到苏州周边强手如林，东有上海，西有南京，南有杭州，发展高端制造业、现代服务业近乎是唯一可行选择，而"一胎化"政策的长期实施、人口老龄化的加速，受过高等教育的新生代劳动力就业选择又明显呈现"去制造业化""服务化""高端化"的趋势，认识这点尤为重要。

第二节　构建和谐劳动关系的基本举措与主要成效

为响应国家、江苏省关于构建和谐劳动关系的号召，保障苏州市的和谐稳定与经济社会的可持续发展，近年来苏州市协调劳动关系"三方五家"、① 尤其是各级人力资源与社会保障局、工会开展了一系列卓有成效的工作，也取得一系列有益成果。具体言之如下。

一、工会建设

作为劳动者团结权的象征、"集体发言机制"，② 工会为市场经济条件下劳动关系法律调整机制的核心与关键，也是当前我国劳动关系法律调整机制的最大软肋。为加快工会力量建设，2015年中共中央、国务院《关于构建和谐劳动关系的意见》明确提出，要"依法推动各类企业普遍建立工会"，"深入推进区域性、行业性工会联合会和县（市、区）、乡镇（街道）、村（社区）、工业园区工会组织建设，健全产业工会组织体系"。

为此，苏州市依据2017年3月15日通过的《中华人民共和国民法总则》，专门修订了《苏州市工会社团法人核准登记须知》，制订了《苏州市工会法人

---

① 即人力资源与社会保障局、工会、经济和信息化委员会、工商业联合会、民营企业协会。
② ［美］罗纳德·G. 伊兰伯格，罗伯特·S. 史密斯：《现代劳动经济学》，刘昕译，中国人民大学出版社1999年版，第487页。

资格核准登记管理办法》，以规范工会法人核准登记，提升工会法人核准登记工作的规范化水平。为提高办事效率，苏州市积极探索工会法人资格证书"不见面审批"办理制度，推进办事材料目录化、标准化、电子化。为督促基层工会履行法定职责，苏州市坚持把依法设立工会劳动法律监督机构作为基层工会社团法人核准登记的必要条件，建立基层工会劳动法律监督机构成员数据库，督促基层工会建立健全工作机构。近年来，苏州市各用人单位工会动态组建率基本稳定在95%以上。

二、劳动关系协调

以劳动者方是否是团体为标准，劳动关系有个别劳动关系与集体劳动关系之分。所谓个别劳动关系，顾名思义，即单个劳动者与单个用人单位之间形成的权利义务关系，这也是本源意义上的劳动关系。然而，由于"资强劳弱"的客观现实，以及劳动关系缔结"要么全盘接受，要么走开"的特性，为保障"交换争议"，现代各国多赋予劳动者所谓"劳动三权",[①] 劳动者的诉求多通过集体的力量加以表达，是为集体劳动关系，也称团体劳动关系，即劳动者集体或团体一方（通常以工会为代表）与雇主或其组织就劳动条件、劳动标准以及其他劳动事项进行协商、交涉而形成的权利义务关系。在市场经济发达国家，集体劳动关系的法律调整为劳动关系法律调整机制的核心。[②]

1993年中共中央在十四届三中全会《关于建立社会主义市场经济体制若干问题的决定》中明确提出要建立"主体自行协商、政府居中调整"之新型社会主义劳动关系，然而，由于受到各种客观条件的制约，也是由于相关意识、实践的缺乏，迄今为止我国集体劳动关系尚不发达。因此，苏州在劳动关系协调领域，除落实劳动合同的签订外，重点就在于推进企业的民主管理。具体言之如下。

（一）劳动合同的几乎全覆盖

近年来，苏州市规模以上企业劳动合同签订率持续稳定在98%以上，具

---

① 即团结权、团体交涉权、争议权。所谓团结权，指劳动者团结起来、组建或参与工会的权利；团结的目的是为了与用人单位进行交涉，进行集体谈判，是所谓团体交涉权；团体交涉可能成功，也有可能失败，此时为逼迫雇方让步以顺利签订集体协议（合同），劳动者有组织集体行动的权利，即争议权，核心是罢工的权利。三者环环相扣，缺一不可。

② 最为典型的就是美国劳动法，其副标题就是"劳工联合与集体谈判"。［美］罗伯特·A. 高尔曼：《劳动法基本教程——劳工联合与集体谈判》，马静等译，中国政法大学出版社2003年版。

体见本章表1（资料来源：苏州市人力资源与社会保障局）。

表1 苏州市规模以上企业劳动合同签订表

区域	目标（%）	规模以上企业劳动合同签订数（人）	规模以上企业职工数（人）	完成情况（%）
苏州	98	2 371 704	2 372 049	99.99
常熟市	98	422 163	422 227	99.98
张家港市	98	131 301	131 330	99.98
太仓市	98	112 034	112 034	100
昆山市	98	422 458	422 625	99.96
吴江区	98	168 921	168 987	99.96
吴中区	98	149 850	149 850	100
相城区	98	61 442	61 461	99.97
姑苏区	98	45 812	45 812	100
高新区	98	232 046	232 046	100
园区	98	625 677	625 677	100

主要举措有：构建企业民主管理制度体系，按照"制度联建、功能互补、实施联动、作用倍增"的要求，指导和推动企业建立健全以职代会为基本形式、以厂务公开、集体协商、职工董事监事等为重要形式，民主议事、劳资对话、网络平台沟通等为补充形式的企业民主管理制度体系。充分发挥职代会制度对其他民主管理制度的支撑、带动和规范作用，坚持职代会制度与厂务公开制度互动实施，突出保障职工知情权、监督权；坚持职代会制度与集体协商、集体合同制度互动实施，突出保障职工表达权、参与权；坚持职代会制度与职工董事、职工监事制度互动实施，突出保障增强职工参与权、监督权。

（二）大力加强职代会建设

首先，明确职代会定位，坚持将职代会制度作为现代企业管理的基本制度、中国特色法人治理结构的有机组成部分和企业民主管理的基本形式，充分发挥职代会在统筹兼顾、合理调节、动态平衡企业与职工之间的权利、义务关系方面的独特作用。

其次，依法落实职代会职权。坚持企业重大决策必须及时向职工代表通报，企业重大改革措施出台前必须广泛征求职工意见，涉及职工切身利益的重大事项必须提请职工代表大会审议通过。国有独资或国有控股企业改制为非国有企业的方案，必须提交职代会讨论，其中职工安置方案要经过职代会审议通过后方可实施。企业领导班子和主要负责人必须向职代会报告履行职责和廉洁自律的情况，并由职工代表进行民主评议。建立职工董事、职工监事制度，职工董事、职工监事由职工民主选举产生。

再次，延展职代会作用。在召开职代会时，发挥职代会"议大事、作决策、定方向"的重要作用。在职代会闭会期间，通过工会履行职代会工作机构职责、召开职代会联席会议、职代会专门委员会（小组）开展专项活动和职工代表参加日常民主管理活动等途径和方式，扩大职代会对企业日常较为重要的经营管理活动的渗透力、影响力。

最后，加强职代会制度规范化建设。打铁还需自身硬，近年来苏州市全面落实"按法律建制、按职权落实、按程序开会、按规则议事、按意愿表决、按效果评价"要求，提升职代会制度规范化建设水平，增强企业劳资双方对职代会的制度自信和实践自信。近年来，苏州市工会专门制作了《苏州民主管理工作手册》并下发给基层，提供指导；举办苏州市职代会现场观摩会，进一步规范职代会流程规范，对无记名电子表决器做了推广；此外，依托现代科技，传统按键表决器向手机扫码网络表决转换。

截至 2017 年 11 月，全市以职代会制度为核心的企事业单位民主管理工作持续推进，各类企事业建立职代会的达 9.4 万家，并始终保持建会数的 90% 以上，职代会规范化建设取得了较大进展。

（三）健全集体协商机制，大力推进工资集体协商制度，夯实和谐劳动关系利益基础

在经济快速发展过程中，如何使劳动者、使全体社会成员在更大程度上分享经济发展的成果，规范和调节收入分配，不仅是一个经济发展模式的问题，更是一个和谐或冲突型社会模式的塑造问题。基于此，党的十七大把深化收入分配制度作为解决民生问题、加快社会建设的一项重要任务，明确提出要提高劳动报酬在初次分配中的比重，明确要求各用人单位建立职工工资正常增长机制和支付机制。温家宝同志在全国人大十一届一次会议所作的政府工作报告中也首次提出要"推动企业建立工资集体协商制度"。

作为沿海发达城市、改革开放的前沿阵地，也由苏州工业园区的特殊地理位置所决定，苏州市积极创新劳动关系三方机制，不断加大区域性、行业性集体协商的推进力度，引导企业开展集体协商。各级人社部门、各级工会在加强企业职工工资分配指导的基础上，以创建"劳动关系和谐企业"为抓手，以工资集体协商"春季要约行动""百分百要约行动""万名协商代表素质提升工程""典型推进计划"等为载体，不断加强企业工资分配宏观调控，加大推进工资集体协商工作力度，引导企业全面建立与经营发展水平相适应的工资分配决定机制、正常增长机制和支付保障机制，有力地维护了企业职工的薪资权益：

首先，集体合同签约率大幅增长，集体协商认知度明显提高。截至2017年底，全市已建工会企业集体合同签订率稳定在99%以上，具体见表2（资料来源：苏州市人力资源与社会保障局）。全市职工50人以上的单独建立工会组织的企业工资集体协商建制率达91%以上。市总工会的抽样调查也显示，91.5%的企业高管认可企业工资集体协商制度，认为是企业自身发展的需要，知晓企业开展工资集体协商的普通员工也高达员工总数的87.2%，90%的职工对其总体评价较高。

表2 苏州市已建工会集体合同签约情况表

区域	目标（%）	已建工会企业集体合同签订数（户）	已建工会企业数（户）	完成情况（%）
苏州	95	32 655	33 133	99
常熟市	95	3 554	3 585	99
张家港市	95	2 150	2 172	99
太仓市	95	2 043	2 082	98
昆山市	96	5 731	5 897	97
吴江区	95	2 105	2 113	100
吴中区	95	6 633	6 700	99
相城区	95	1 935	1 935	100
姑苏区	95	5 815	5 934	98
高新区	95	1 646	1 672	98
园区	95	1 043	1 043	100

其次，集体协商的程序更加规范，更加注重过程，法律效力进一步增强。规范的协商程序是集体合同合法性的重要保证。从调查数据来看，84%的企业经过正式协商的方式签订集体合同，97.5%的集体合同提交职代会审议，98.5%的集体合同报送劳动保障部门审核，98%的企业以文本形式向企业职工公布，93%的企业至少每年一次向职代会报告集体合同的履行情况，63%的企业每半年报告一次履行情况。

再次，收入分配制度改革稳步推进，工资待遇调整更加规范，一线职工受益明显。工资集体协商目的就是要规范企业的工资分配制度，由企业单方决定逐步走向劳资协商共同确定。近年来，苏州企业已基本建立常态化的工资水平决定机制和正常增长机制，91%的企业工资分配制度经集体协商确定或调整，90%以上的企业都有固定的调薪时间，效果也非常明显。据统计，工资集体协商后，97.5%的企业职工工资得到了实质性的增长，其中近五年来职工工资年均增长8.7%，工资总额增长超过9%的企业达到24%。一线职工和科研人员基本工资增长幅度普遍高于全体职工，薪资结构日趋合理。截至2017年底，苏州市城镇单位在岗职工平均工资达87 000余元，企业最低工资标准调整到1 940元/月，与"十一五"末比，均有大幅增长。

（四）继续加大厂务公开力度

公开透明是企业管理的发展趋势，也是"对话沟通、协商共决、合作分享"理念得以推进的大前提。近年来，苏州市积极完善厂务公开运行机制，进一步明确厂务公开的主体责任，细化公开内容，扩大职工参与，强化落实监督，让全方位、动态化、深层次的厂务公开活动成为提升企业管理效能的重要保证，让职工在知情参与中焕发积极性、创造性，为提升企业发展质量和效益提供内在动力。

（五）健全职工董事、监事制度

强化职工的企业主体地位和权利，畅通公司制企业职工源头参与和监督渠道，发挥职工董事、职工监事作用，为完善企业重大经营决策建言献策，为规范企业经营管理行为、保障职工分享企业改革发展成果提供保障。截至2017年底，1 248家企业建立了监事会，557名工会主席或副主席进入了董事会，331名工会主席或副主席进入了监事会。

(六) 督促企业履行社会责任

按照"激励引导、分级监管"思路,苏州市将企业诚信等级由低到高分为五个等级,最低为 A 级,最高为 5A 级,并从用工规范、工会建制、集体合同等方面设定相应等级标准,对符合条件的企业逐年评审晋升,激励企业自觉按信用等级标准规范用工行为。指导企业加强人文关怀,培育健康文明、昂扬向上的企业文化,有针对性地做好思想引导和心理疏导工作,教育职工通过合法渠道、规范程序、理性方式表达利益诉求,维护自身权益。

(七) 加大和谐劳动关系建设力度

近年来,苏州市加快开展全国构建和谐劳动关系综合试验区建设步伐,苏州工业园区首创研究发布苏州劳动关系和谐评价指数,借鉴国际人力资源管理的先进理论和方法,确定劳动关系和谐指标和权重,一级指标 3 个,包括效率、公平、发言权,比重为 3：3：4,二级指标 25 个,三级指标 74 个,提高了对企业和区域劳动关系监测预警的科学化水平,填补了当前国内劳动关系和谐指数理论性缺乏的空白。由苏州大学"和谐劳动关系创建与评定"项目组起草的、全苏州市的和谐劳动关系评价指数也已基本成型。具体落实方面,区域性和谐劳动关系建设活动已由苏州工业园区向企业比较集中的乡镇(街道)、村(社区)、创业园等拓展,由苏州大学"和谐劳动关系创建与评定"项目组牵头的和谐劳动关系第三方评估机制业已展开。经过项目组评估,截至 2017 年底,全市 A 级劳动保障信誉单位 4392 户,2A 级 190 户,3A 级 70 户,4A 级 22 户,1460 家企业获评苏州市劳动关系和谐企业（工业园区）称号。

三、劳动基准与劳动监察

所谓"劳动基准",即劳动条件的基本准则,意在为劳动关系双方集体协商、劳动合同的订立提供一个底线标准。由于劳动基准从用人单位的角度体现为经营成本,所以为保证劳动基准的贯彻实施,劳动监察不可避免,否则将如国际劳工局前局长勃朗夏所言:"没有监察,劳动立法只是一种道德运用,而不是有约束力的社会纪律。"[1]

劳动基准的确定属国家立法范畴,除最低工资标准、工伤保险费率等个别事项外,苏州市没有太多的施展空间,但劳动监察作为劳动行政部门的执

---

[1] 黎建飞:《劳动法热点事例评说》,中国劳动出版社 2006 年版,第 179 页。

法行为，苏州走在全国的前列。

（一）大力加强制度建设，健全劳动监察执法体系与维权保障机制，实现劳动监察网格化

近年来，苏州市所有劳动监察咨询、举报、投诉均可以通过全省联动举报投诉平台反映和运行，实现"一点举报投诉、全市联动受理"，具体见表3（数据来源：苏州市人力资源与社会保障局）。劳动监察也实现了网格化管理、"两网化"，亦即横向到边、纵向到底、管理到位、责任到人。截至2017年底，全市已建立一级网格107个，二级网格753个，配备兼职监察员276人，协理员882名，总数位居全省之首。

针对群体性劳动争议事件，苏州市还在全省首创劳动人事争议六方联动化解机制，整合发挥市人社局、仲裁委、综治办、中级人民法院、总工会、司法局等六方功能，就地解决纠纷，联动应对群体性争议。

表3 苏州市劳动监察联动平台运营情况汇总表

区域	劳动监察联动平台举报投诉动态录入率				劳动监察联动平台案件按期运行率			
	目标（%）	联动平台举报投诉动态录入案件数(件)	举报投诉案件数（件）	完成情况（%）	目标（%）	联动平台案件逾期数（件）	联动平台案件总数（件）	完成情况（%）
苏州	95	3 424	3 424	100	95	0	3 459	100
本级	95	228	228	100	95	0	230	100
常熟市	95	94	94	100	95	0	95	100
张家港市	95	135	135	100	95	0	135	100
太仓市	95	64	64	100	95	0	66	100
昆山市	95	1 215	1 215	100	95	0	1 230	100
吴江区	95	126	126	100	95	0	131	100
吴中区	95	429	429	100	95	0	432	100
相城区	95	228	228	100	95	0	228	100
姑苏区	95	271	271	100	95	0	277	100
高新区	95	261	261	100	95	0	262	100
园区	95	373	373	100	95	0	373	100

（二）加大执法监察力度实行人社部门内部综合统一执法与双随机检查相结合

在建立风险预警防控的基础上，强化事中事后监管，进一步加大对中小型纺织服装、电子、机械加工等劳动密集型企业的书面审查核查和日常巡视检查力度。坚持线上线下、部门联动相结合，重拳整治人力资源市场秩序。组织开展用人单位遵守劳动用工和社会保险法律法规、高温期间职工权益和保障农民工工资支付等的专项检查活动，严厉打击侵害职工合法权益行为。建立健全劳动用工严重失信联动惩戒和重大违法行为社会公布机制，加大对企业失信行为的惩戒，增强企业守法意识。加大对非法用工尤其是大案要案的查处力度，严厉打击使用童工、强迫劳动、拒不支付劳动报酬等违法犯罪行为。积极发挥劳动关系协调三方、行业协会等专业力量作用，重点对网约车、快递、微商等行业用工出现的新情况、新问题加强调查研究，引导用人单位规范劳动用工。具体见表4（数据来源：苏州市人力资源与社会保障局）。

表4 苏州市劳动监察基本状况

区域	劳动保障监察举报投诉案件结案率				人均主动监察用人单位数			
	目标（%）	劳动保障监察举报投诉案件逾期结案数（件）	劳动保障监察举报投诉案件数（件）	完成情况（%）	目标（户）	主动监察用人单位数（户）	在岗专职劳动保障监察员人数（人）	完成情况（户）
苏州	98	0	3 650	100	60	6 598	240	27
本级	98	0	228	100	60	194	22	9
常熟市	98	0	94	100	60	1 173	27	43
张家港市	98	0	135	100	60	961	38	25
太仓市	98	0	64	100	60	197	15	13
昆山市	98	0	1 215	100	60	1 056	29	36
吴江区	98	0	126	100	60	377	21	18
吴中区	98	0	429	100	60	569	17	33
相城区	98	0	454	100	60	113	10	11
姑苏区	98	0	271	100	60	321	12	27
高新区	98	0	261	100	60	335	10	34
园区	98	0	373	100	60	1 302	39	33

（三）健全工资支付保障机制，严厉打击欠薪行为

欠薪，尤其是拖欠外来农民工工资问题可谓劳动关系运行过程中一个带有全国普遍性的问题，由此引发的群体性劳动争议事件也居高不下。针对这一"顽疾"，苏州市有关部门重拳出击，双管齐下。

首先，加强源头治理，构筑欠薪风险监测预警机制。通过集中开展"春风行动""农民工工资权益集中宣传月""送法进社区"等宣传活动和劳动保障法律法规培训，通过与小微企业签订"人力资源助理服务协议""规范用工建议书"以及发放公开信、提示函等形式，提升劳动者、用人单位的劳动法律法规意识，从源头避免用人单位的违法违规行为。依托劳动保障监察网格，通过对工业园（坊）、开发区、城乡接合部、行政区域交界地等可能存在较大欠薪隐患的区域的地毯式、滚动式排查，努力做到排查横向到边、纵向到底。尤其是区域内纺织印染、服装鞋帽、电子、机械和化工等一些低端低效、产能落后、订单不稳、经营困难等欠薪重点行业，死死盯牢，一旦发现欠薪苗头，及时上报，及时预警。此外，抓实稳控措施，对排查发现的欠薪隐患企业逐一筛查，逐一过堂，及时预警，实行一户一册，清欠一户消一户。对于重大事项实行日报制度，对发生欠薪逃匿等突发事件的24小时内及时报告，并以快报形式定期向市政府报告专项检查清欠情况。

特别有必要一提的是，苏州工业园区通过实施重大事项主动报告制度、企业蹲点联系制度、指令调查制度、"双低"企业备案走访制度以及全面推行"四欠"企业零报告制度和租赁型企业工资支付保障制度，预防预警机制得到有效构筑。目前，对百人以上企业，全面实现了"4个100%"，即100%实施了重大事项主动报告制度，100%实施了企业蹲点联系制度，100%实施了"双低"企业备案走访制度，100%实施了指令调查制度。对小规模企业，100%推行了"四欠"企业零报告制度和租赁型企业工资支付保障制度，有效预防欠薪的发生。目前，园区所有用人单位的重大事项都能主动报告，所有不稳定隐患都能提前发现。

其次，进一步加大行政司法联动，严厉打击拒不支付劳动报酬违法行为。通过加大对重点企业的执法监管和巡查检查力度，通过查阅用工台账、调查询问、深入车间班组等形式，全面了解企业工资支付情况，对发现存在拖欠工资的依法责令用人单位限期改正，对逾期不支付的进行行政处理，情节严

重、拒不改正的，及时启动欠薪入罪程序，在加大恶意欠薪入罪普法宣传和媒体曝光力度的同时，发现一起坚决移送一起，让欠薪逃匿无立足之地。进一步畅通举报投诉渠道，切实发挥省联动举报投诉平台维权便捷高效作用，对涉及拖欠工资类的一般案件采用简易程序，做到快速优先处理，对拖欠工资人数多、数额大的及时启动"绿色通道"。同时，强化部门协调联动。人社、住建、交通、水利、公安等部门加强沟通协调，对欠薪隐患或因欠薪引发的网络舆情等信息及时互通共享，快速化解；不断完善行政执法与刑事司法衔接机制，对恶意欠薪行为依法惩治；建立健全劳动保障监察与劳动争议仲裁衔接与联动机制，引导职工提起劳动争议仲裁，申请财产保全，提高劳资矛盾纠纷化解合力。

通过上述努力，仅2017年一年，苏州市各级劳动监察机构主动监察用人单位17 849户，书面审查用人单位5.7万户，受理各类投诉举报案件6 582起，追发劳动者工资等待遇超过1亿元，补缴社会保险费597万元，查处移送拒不支付劳动报酬案件54件，涉及职工1 823人，涉及欠薪金额1 900.52万元，移交公交机关立案45件。

再次，建立健全治理拖欠工资问题长效机制。一是出台全面治理拖欠农民工工资问题的实施意见。2016年，苏州市政府办出台了全面治理拖欠农民工工资问题的实施意见和分工方案，通过建立和完善实名制管理、银行代发工资、设立农民工工资（劳务费）专用账户等各项工资支付保障制度，努力形成源头治理、综合治理格局，力争到2020年实现基本无拖欠。太仓、张家港等部分地区推行建设领域实名制管理，推出人脸识别系统，强化实名制管理；主城区引入施工企业诚信登记管理制度，将建设工程项目欠薪与评先评优进行挂钩。二是推行劳动保障监察严重失信黑名单公布制度。围绕诚信体系建设，建立严重欠薪失信行为联动惩戒和劳动保障监察严重失信黑名单社会公布机制，将严重欠薪、骗取社会保险等16种严重失信行为纳入"黑名单"，通报市政府信用部门，并向社会公布。三是发挥工资支付保证金和应急周转金兜底作用。通过建立农民工工资支付保证金制度和欠薪应急周转金制度，对企业因生产经营困难无力支付工资或者企业主欠薪逃匿的，给予被拖欠工资的农民工必要的生活救助，帮助其解决生活困难。四是积极发挥专业力量的工资支付保障作用，试点开展租赁型企业工资支付保障制度，试点推行行业协会约束机制。此外充分发挥律师团的作用,在劳动保障维权服务中心设立律师团派驻的法律援助服务窗口,为弱势、残疾等需要帮助的群体提供劳动保障维权援助服务。

(四)安全生产方面

首先,强化思想认识,切实增强企业安全生产的责任感。充分用电视、报纸、网络、微信公众号等多种媒体,对安全生产专项整治活动进行广泛深入的宣传报道,扩大社会参与度和认同度,营造人人关注安全的良好社会氛围。同时要进一步发挥新闻媒体的舆论引导和监督作用,树立正反典型,强化曝光力度,进一步提升安全生产专项整治质量。

其次,强化组织领导,严格监管执法,始终保持严处重罚高压态势。对事故易发多发的重点地区、风险高隐患多的重点企业、重点部位、重点环节,扎实开展执法监察工作,通过联合执法、集中执法、交叉执法等形式,有效解决个别安全生产监管部门"零立案""零曝光"、执法宽软等问题。按照"党政同责、一岗双责、失职追责"的要求,严格落实安全生产的政府属地管理责任和部门监管责任,督促企业履行好安全生产主体责任,形成政府领导有力、部门监管有效、企业自查有法的良好工作格局。

再次,巩固监察成果,持续推进问题隐患整改落实。对劳动监察过程中发现的问题隐患进行"过筛式"排查,实行一个问题隐患、一个整改方案、一抓到底,做到彻底整、整彻底。对不能完成整改的坚决落实责任、措施、资金、时限和预案,使检查、整改、销号形成完整的闭合管理。对被责令停产、关闭取缔的高危行业企业,坚决断水断电断气或彻底拆除生产设施设备,同时加强监督检查,落实专人盯守,坚决做到问题隐患整改不到位不复工,验收不合格不复工。对事故多发、工伤较多的重点企业,突出危险化学品、粉尘涉爆、城市燃气、建筑施工、特种设备等重点行业,突出辅助施工、临时用工、委外作业等重点环节,集中力量深入企业开展安全生产大检查大整治,做到不打折扣,不留死角盲区。

四、劳动争议调处

劳动关系面广量大,纠纷在所难免,如何和平、简便、快捷的解决此类纠纷就成为和谐劳动关系构建过程中必须面对的课题。近年来,苏州市深入贯彻中央和省委省政府构建和谐劳动关系的意见,以构建和谐劳动关系为重点,以化解过剩产能劳动关系调处为工作主线,全面推进劳动争议仲裁院建设,全市12个市、区全部建成劳动争议仲裁院。

与此同时,在"抓源头、重协调、快处置"的理念引导下,充分发挥市县乡三级劳动争议调解组织全覆盖优势,积极构建劳动争议大调解机制,初步形成了"五位一体"、多层次、多渠道、广覆盖的劳动争议社会化大调解格局,最大限度地把劳动争议化解在基层和萌芽状态,缩短争议处理周期,降低劳资双方维权成本,有效维护了社会和谐稳定。具体言之如下。

(一)"关口前移",积极破解调解工作新难题

充分利用人民调解时效不限、区域不限、案由不限特点,整合资源全面建立市、县、乡三级劳动争议人民调解组织,特别是乡镇、街道一级以及延伸到村(社区)调解组织建设已成为化解劳资纠纷的首道防线。积极推进企业调解组织建设,利用乡镇街道劳动保障所和劳动监察网络扎实做好企业内部劳资纠纷处理,从源头上将劳动争议解决在企业内部。注重发挥行业协会等优势全面构建区域性、行业性调解组织,最大限度将劳资矛盾稳控在基层化解在萌芽。目前,我市12个县市区仲裁机构全部设立了劳动人事争议人民调解工作室;乡镇、街道劳动保障机构全面建立劳资纠纷调解组织,并配备1至2名专职调解员;部分行政村(社区)还设有调解组织联系点。全市共建立企业内部劳调组织11 903家;区域性调解组织1 258个、行业性调解组织34个。

(二)依托"六方联动",强化部门分工协作,努力构建调解工作新格局

秉持"调解优先"理念,充分发挥企业调解、仲裁调解、人民调解、行政调解、司法调解优势,在全省率先建立劳动人事争议六方联动化解机制,形成"政府主导、多方联动、调防结合、定纷止争"的工作思路,通力合作从源头上化解纠纷。通过"以调为主、调裁结合"的柔性处理方式,将调解贯穿于案前、庭前、裁前等案件处理各个环节,从源头上化解劳动争议。大力推行"人事顾问"服务制度、"调解建议书"制度,对劳资纠纷数量相对较多的企业发放"调解建议书",规范企业用工行为,积极引导劳资双方自行磋商调解,建立劳资沟通对话机制,力求在企业内部有效化解矛盾纠纷。

(三)注重"争议预警",合力优化调解工作新路径

围绕"预防为主、基层为主、调解为主"原则,会同市综合治理办公室、

市中级人民法院、市司法局、市总工会等部门通力合作建立健全仲裁调解机制，确保劳动争议案件及时受理、依法受理、限期受理。建立联席会议和工作例会制度，完善重大集体争议案件多方协动调处和快速仲裁机制，会商重大劳动人事争议案件，统一案件处理口径。建立信息交流和案件处理沟通制度，定期不定期地通报劳动人事争议在调解、仲裁和诉讼中的新情况新问题，提高劳动纠纷解决效率。建立突发性、群体性劳动人事争议应急处置制度，联动各方加强信息沟通和分析预警研判，提前介入矛盾纠纷调处，第一时间将突发事件影响控制在最小范围。建立业务指导和培训制度，不定期编制裁审统一意见和典型案例汇编，增强工作人员调解能力和专业化水平，全市已有62名仲裁员成功取得了国家首批仲裁员资格证书。

（四）引入"巡回法庭"，创新拓宽调解工作新思路

积极探索开辟裁审沟通新途径，建立了劳动人事争议巡回法庭工作机制，全市两级劳动人事仲裁委全部设立了劳动人事争议巡回法庭，统一劳动人事争议案件调处力度，有效实现仲裁调解、诉讼调解的无缝对接。同时首选了企业数量和职工人数庞大、劳动争议数量最多的昆山作为派驻乡镇巡回法庭的试点地区，在全省首创了将劳动人事争议巡回法庭机制延伸到乡镇仲裁分庭模式，通过关口前移、重心下移模式，推动全市劳动人事争议巡回法庭进一步向基层纵深发展。此外，积极推进劳动争议调解队伍建设，在全国率先破解人民调解员专员化建设难题，在昆山等地区首创调解员职称评聘，目前调解员中已评审中、初级职称859人。

通过上述努力，苏州市各级调解组织、仲裁机构处理案件，2015年共46 363件，2016年共39 607件，案件年均调解成功率达到95%以上，调解已经成为解决劳动人事争议的主要渠道。

五、社会保险

作为社会的稳定器、经济运行的减震器、社会公平的调节器，社会保障体系尤其是社会保险体系的重要性已无须多言。为确保社会的和谐稳定以及经济的可持续发展，也是为了减少居民的"预防性储蓄"，近年来苏州市按照"统筹城乡，全民保障"的指导思想，坚持"全覆盖、保基本、多层次、可持续"的基本方针，以强化参保扩面为基础，以基金征缴和待遇支付为抓手，不断创新完善社会保障制度，稳步提升社会保险水平。当前，苏州市整体保

障水平在全国处于领先水平,荣获全国首个"统筹城乡社会保障典型示范区"称号。

主要措施如下。

(一) 深化社会保险制度改革

巩固发展城乡养老保障、医疗保障两大并轨成果,积极稳妥推进机关事业单位养老保险制度改革,积极开展长期护理保险覆盖面试点,做好单位参保登记、基金征缴、待遇计发及清算工作,制定编外人员参保衔接办法。为发挥补充保险提水平的功能,积极扩大企业年金覆盖面,认真实施职业年金政策。做好国家基础养老金全国统筹、渐进式延迟退休年龄、遗属待遇、病残津贴等养老保险重大政策前瞻性研究,做好政策储备工作。大市范围内分步统一各统筹地区城乡居民医疗保险政策框架、信息系统、支付方式和基金管理制度,做好异地就医、关系转移接续等服务,逐步提高统筹层次。

(二) 健全社会保险征缴机制

坚持"全面覆盖、城乡统筹"的总体思路,将社会保险覆盖面向城乡各类人群延伸覆盖,机关企事业单位职工、灵活就业人员、少年儿童、在校学生、老年居民、被征地人员等各类人员全部纳入社保体系,做到"应保尽保"。实行社保经办机构周末开门服务制度,探索实施"前台受理、后台审核、限时办结"的"一窗式"服务模式,优化工作和服务流程。进一步加强内部管理,有效加强内部风险防控能力。截至2017年底,苏州市社会养老保险、社会医疗保险覆盖率均保持99%以上,全民保障体系建设基本完备。

(三) 完善社会保障待遇调整机制,切实提升社会保障区域一体化水平

基本养老保险领域,重点完善多缴多得的激励机制,以及机关事业单位与企业退休人员基本养老金、城乡居民基本养老保险基础养老金、被征地农民养老补助金、原郊区农保退休人员养老金以及"三线人员"生活困难补贴等养老保障待遇调整工作。在全民参保的前提下,建立完善社会保险待遇正常调节机制,稳步提升保障待遇水平,探索完善兼顾各类保障群体的养老待遇正常调整机制,巩固城乡养老保障一体化成果,城乡居民基础养老金按不低于省定最低标准8%的增幅进行调整。合理提高居民医疗保险筹资标准,加大对低收入农户社会保障投入和就业扶持力度,建立健全失业保险、社会救助与就业扶持的联动机制。

截至2017年12月底，苏州市企业养老保险缴费人数4 346 880人，离退休人数1 519 302人，赡养比2.86∶1；苏州市职工医保参保人数6 070 981人，居民医保参保人数2 525 216人；苏州市区城镇职工基本养老保险每月人均2 905元；苏州市区城镇职工医疗保险住院政策性报销比例91.37%，住院个人现金负担率23.71%；苏州市区城乡居民医疗保险住院政策性报销比例75.21%，住院个人现金负担率38.44%。提前完成省市医药卫生体制改革目标。

（四）实施国家长期护理保险制度试点

为此，苏州市制定了《长期护理保险试点办法》，通过创新运行机制，实现制度独立、财务独立、信息管理系统独立。根据收治人员失能评估等级不同、护理内容不同确定不同的床日费用结付标准，引导护理服务机构合理收治病人，为失能人员提供更加规范的服务，提高长期护理保险基金使用效率。统筹城乡全体参保人员统一征缴和待遇享受标准，实现长期护理保险的城乡一体，完善护理保障范围和保障标准。

（五）实现大病医疗自费救助全覆盖

在合理控制医疗费用增长的基础上，拓展自费救助受益面，把自费救助对象从原来七类特定人群延伸到城乡全部人群。坚持政府主导，建立筹资调整机制，由承办大病保险的商业保险公司根据待遇提升、费用可控、政府可承受原则进行筹资标准、待遇水平数据测算。规范大病医疗救助门诊特定项目，逐步扩大用药范围。创新商业保险经办方式，不断提高救助基金的使用效率，保障救助项目可持续。

（六）大力推进"智慧社保"工作，提升社保经办管理服务效能

深化"电子社保示范城市"建设，完善医疗费用智能审核系统，实现"互联网＋社保"网上业务经办新增服务20项，提升医保线上移动APP支付服务，研发设计"参保个人网页"，完善社保大数据实时应用管理平台。发挥医保基金控费和支持医疗水平提升的作用，进一步完善医保基金支付方式和医疗费用结算方式，扩大按病种付费范围。完善省内异地就医联网结算工作，启动跨省异地就医联网结算。推进分级诊疗，制定颁布我市B级定点零售药店和定点门诊类医疗机构设置规划，加强市区基本医疗保险定点医药机构协议管理。逐步建立经办机构与医疗机构间的协商谈判和风险分担机制。

(七）简化工伤认定程序，定期调整工伤待遇，创新工伤预防模式

之所以将本项单列，放在最后，乃是因为在社会保险诸项目中，该项争议最大，纠纷也最多。当前有关社会保险类纠纷，绝大多数都因工伤所引发。近年来，苏州市按照预防、康复、补偿"三位一体"的原则，不断加强工伤认定快速通道建设，对事实清楚、权利义务明确、双方无争议的工伤认定申请，实行快速简易处理程序，15个工作日内作出认定，保证工伤职工待遇的最快落实。为便于当事人申请工伤，苏州市充分发挥基层力量，认定权限大幅下放。劳动能力鉴定方面，坚持劳动能力鉴定"短、频、快"原则，实行当场"材料受理、核查、录入、发通知单"的"一条龙"服务，保证用人单位和受伤职工一次性完成鉴定申请过程，并在一个月内作出鉴定结论，保证劳动能力鉴定便捷、快速，促进伤残人员待遇的及时落实。

在工伤待遇方面，首先，已如前述，苏州市建立有较为完善的工伤保险定期待遇调整机制，以科学合理为原则，逐年适度、有序调整工伤保险待遇。一般而言，工伤人员定期待遇调整以不低于同期养老待遇调整水平为原则，设置保底幅度；与本省同一居民生活水平地区的南京、无锡、常州同步确定调整幅度、达到基本一致，防止相互攀比而出现不稳定。其次，在全省率先将"老工伤"人员全部纳入工伤保险统筹管理，解决历史遗留问题。早在2009年我市就已完成将所有"老工伤"人员纳入了工伤保险社会化统筹管理工作。在此基础上，于2011年9月制定实施《关于进一步规范和完善苏州市老工伤人员纳入工伤保险统筹管理工作的通知》，突破性地增加了工伤保险基金支出的老工伤人员待遇，率先做到了"新、老工伤"待遇的统一。对于现无单位的企业老工伤人员，苏州市委托托管单位和社区进行社会化管理。再次，完善工伤职工相关待遇和后期托管，解除工伤职工后顾之忧。用人单位破产、撤销、解散、关闭的，一级至四级工伤参保职工由当地社会保险行政部门就业管理机构托管其档案，承担其办理退休手续、纳入社会化管理前的各项日常管理工作，避免将工伤矛盾纠纷推向社会，有利于保障工伤职工切身利益，有利于社会稳定。

在工伤预防方面，除加强执法与监察、分层次多渠道开展工伤预防宣传培训活动外，充分发挥工伤预防联席机制，合力推动工伤预防。具体言之，其一，与安全监察、职业卫生预防、工会等部门信息互通、资源共享，定期

会审工伤事故，通报、交流工伤事故管理、伤残等级鉴定及企业的安全状况、职业病危害等信息，将鉴定伤残等级较重职工所涉及的单位及时抄报至安监部门。其二，联合安监部门，对重特大工伤发生企业进行现场执法，查根纠源，共同研究预防方案或整改办法，杜绝可能发生的安全隐患，并不定期地对工伤高发企业进行抽查，督促企业加强工伤事故预防工作。其三，借助安监部门的联席机制，积极参与大型安全生产宣传咨询活动，在安监部门的定期培训中固定安排工伤保险相关课程，使工伤保险宣传指导工作向基层平台有效延伸，深入企业。其四，加强部门内部协同培训机制建设，利用系统内各部门单位如劳动保障监察、社保经办机构和培训中心等开展的各类培训，把工伤保险业务知识与工伤预防知识作为重要内容融入培训之中，提高用人单位负责人与相关人员工伤保险和预防意识。其五，充分发挥基层作用。各县市、区充分发挥基层的作用，形成区、街道和行业、社区（村）三级网络的工伤事故预警长效机制，会同街道工会、劳动事务所和社区深入企业，指导企业落实安全生产措施，召开企业经营者和职工座谈会。其六，以重点企业为重点，实施行政指导，建立工伤预防评估指标，定期开展绩效评估，对工伤预防过程进行实时监控，有效把握工作方向。对于高危行业、案件多发企业定期排查。

第三节 和谐劳动关系建设的进一步完善

应该说，在个别劳动关系协调、劳动基准与劳动监察、社会保险等领域，苏州市探索颇多，效果非常明显，但也毋庸讳言，在集体劳动关系协调、集体劳动争议尤其是利益争议的处理方面，苏州市的空白点、盲点依然很多。当然，这与整个国家的政治经济体制有关，非苏州一个普通地级市所能改变，然集体劳动关系协调、利益争议的处理这是和谐劳动关系建设以及经济可持续发展过程中无法回避的问题，如何在现有体制下解决该等问题、填补该领域的空白，非常考验苏州市的智慧。当前，广东、浙江等省市在该领域已展开了许多积极、有益的探索，值得苏州学习与借鉴。

一、加强工会的代表性与能力建设

已如前述，工会问题早已成为我国劳动关系的核心与关键问题。工会体制的失效、工会维权能力的缺乏不仅是我国劳动法的最大软肋，更是我国集体协商制度失灵、《劳动合同法》进退失据的根源所在。因此建议做如下制度改革。

（一）正确定位工会职能

市场经济条件下，工会只能成为代表劳动者利益的组织，是劳动关系中劳动者权利的代表者、维护者，是为维护劳动者权益而与用人单位进行交涉的谈判者。维护劳动者的利益应为工会唯一职责，也是其存在的基础，工会应去政治化、行政化，切实转变成为维护劳动者合法的独立社会团体、职业团体，至少基层工会应该如此。

（二）落实基层工会的代表性

上级工会的改革，牵一发而动全身，非苏州之所能；但基层工会的改革，苏州大有可为。事实上，很多沿海发达城市都是这么做的。落实基层工会的代表性，至少可以从以下两个方面入手。

其一，严格限制工会会员的资格。工会就其法律属性而言，是产业雇佣关系中处于被管理方的劳动者的团体。现行《工会法》第3条将"以工资收入为主要生活来源"作为界定工会会员的唯一标准，不仅不符合现实，客观上也无法操作。此外，失之也过宽，董事长、总经理与其所属雇员同属一个工会也严重削弱工会的严肃性、代表性，并会导致集体协商（谈判）找不到协商谈判对象的荒唐现象。必须强调，工会的本质是从属性产业雇佣关系中处于弱势地位之被雇佣者成的、以维护增进或扩大团体成员经济利益为目标之职业团体，与雇主相对、处于受管理者的地位、提供从属性劳动才是工会会员资格的构成要件，雇主及其代表人、代理人不得加入工会。

关键是国有企业、混合所有制企业中"雇主"的界定。国有独资企业固不待言，混合所有制企业其董事长、总经理所持股份也未必很高，尤其是上市公司，其更多是作为职业经理人而存在，此时谁是雇主？[①] 对此，可借鉴日

[①] 以著名的京东方科技集团股份有限公司为例，其董事长王东升所持股份连万分之一都不到；根据2018年第1季度的季报，公司最大股东北京国有资本经营中心持股比例也才11.68%，连12%都不到。

本《工会法》的有关规定，不仅是企业主，凡对劳动用工、工资设定等直接关系劳动者切身利益的重要事项拥有决定权之人，均应属于雇主的行列，不得加入工会，包括但不限于：（1）负责人员；（2）有录用、解雇、提升、调动的直接权限而居于监督地位的人员；（3）由于接触雇主的劳动计划、方针等机密事项，因而职业上的义务、责任同工会会员的忠诚和责任直接相抵触而居于监督地位的人员；（4）代表雇主利益的其他人员。毕竟，"雇主地位在劳动法上最重要的意义在于享有对劳工的'劳动请求权'和'指示命令权'"。①

其二，改革工会干部尤其是工会主席的任职资格及人事制度。工会干部，尤其是工会主席是工会的具体人格化代表，因此，工会干部尤其是工会主席产生的民主性是工会切实代表劳动者利益的重要保障。当前的基层工会（尤其是企业工会），工会主席多由企业主、企业行政或党委提名，由企业管理人员甚至人事经理兼任。这已构成工会独立运作的极大障碍，为工会得不到劳动者信任的一个极为重要原因。

为确保工会真正成为劳工利益的代表者、维护者，工会干部的产生必须具有民主性，以保障其人事独立，这也是工会意志独立的前提与基础。当前在广东、浙江等沿海省市，工会直选已被证明完全可行而且效果良好，这应成为今后工会人事改革的主要方向。②

至于工会干部的职业化。应当承认，选拔"对企业没有经济依附关系而又在企业专门从事工会工作且具备一定工会工作技能的工会工作者"为工会干部，③ 可有效解除工会干部对企业的依附性，免除工会干部在维护职工利益问题上的后顾之忧，具有一定的积极意义；然而，工会干部的职业化固然切断了企业工会干部与企业之间的依附关系，但同时也切断了工会干部与劳动者之间的天然联系，有悖工会作为群众性组织的基本特征。况且工会干部职业化，其基本思路、运作模式与政府劳动行政部门的劳动监察并无本质区别，以工会之名行"第二政府"之实，并无太大的实际意义。

---

① 黄越钦：《劳动法新论》，台北翰芦图书出版有限公司2012年版，第128页。
② 早在2010年，广东省佛山市就开始实行工会主席直选试点，试点企业达100家。尔后，广东其他各市也陆续铺开，到2014年广东省直选工会主席的企业就达5000余家，效果反映良好。
③ 张艳华、沈琴琴：《制度经济学视角下的工会干部职业化》，《中国劳动关系学院学报》2008年第5期，第47页。

（三）增进工会的独立性，改革工会的经费来源与财产制度

经济独立是意志独立的前提和基础。工会只有具备独立的经济来源，才会有独立的意志，才能独立表达劳动者的利益诉求。工会在经济上不能独立将不可避免的掣肘工会职能的发挥。从这个角度，我国工会法关于用人单位必须缴纳工会会费的规定是比较特殊的，只能视为是一个过渡措施。虽然就本质而言，用人单位拨缴的会费实际上是劳动者工资的一部分，但终非长久妥善之计，因为"这既不符合国际惯例和国际劳工公约的规定，也容易给人以用人单位出钱包办工会的印象，并导致工会受制于人不能独立开展活动的严重后果"。① 当前的工会经费体制要进行彻底变革，考虑到我国的实际，也是借鉴2018年党和政府机构改革、社会保险费由税务部门统一征收的经验，企业划拨的工会经费在适当下调（如按员工工资总额的1%划拨）的基础上，由税务部门统一征收，然后返还给各基层工会、独立开设账户，可能是一个比较务实的选择。

二、探索完善工资集体协商制度

所谓"集体协商"，在国外一般被称为集体谈判，指"专门的雇主工会谈判委员会共同决定有关雇用问题的制度化的协商谈判体系"。② 作为一种制度化的利益表达和利益博弈机制，集体协商（谈判）制度是现代市场经济国家规范和调整劳动关系的最基本手段和最为主要方法，也是预防和化解劳资冲突、规范和调整劳资利益关系的最好形式。

也正因为如此，温家宝同志在全国人大十一届一次会议所作的政府工作报告中明确提出要"推动企业建立工资集体协商制度"，以弥补劳动监察、最低工资制度之不足。毕竟，最低工资制度作为一种兜底性的保护制度，标准不可能太高，仅能保障劳动者最低限度的劳动条件、工资待遇；而劳动监察，其最佳效果也仅限于保护劳动者法定权利免遭侵权损害。二者都无法形成科学合理的利益分配格局，更无力改变当前劳动者工资报酬由企业单方决定、资本主导收入分配的不合理现象。③

---

① 史探径：《社会保障法研究》，法律出版社2000年版，第171页。
② Terry M. cllwee: Collective Bargaining, In European Labor Relations, Vol. 1. Gower, England, 2001，第15页。
③ 当前，很多地方政府、包括苏州市为扭转劳资分配的极度不公平，纷纷实行所谓的"工资指导线"制度，强制用人单位涨工资。这其实是迫不得已的替代性办法，不仅效果一般，而且也有悖市场经济最基本的逻辑和常识。

应该说，《劳动法》《劳动合同法》《集体合同规定》等均规定有集体合同制度；作为集体合同制度的下位概念，集体协商制度在我国也一直存在①，这些年各级政府也一直在推动，并形成了独具中国特色的"党政主导、工会运作、各界配合"的集体协商模式，然集体协商、集体合同制度在我国效果不彰、缺乏必要的实效，这也是个不争的事实。之所以如此，原因有二。

（一）当前的集体协商、集体合同制度与规范意义上的集体谈判有本质的区别

首先，正如国际劳工组织集体谈判专家约翰·P.温德姆勒所言："协商和集体谈判的不同之处在于，它不是一个决策过程，而是一个咨询过程，他强调在劳动关系中的合作而不是敌手关系……协商与集体谈判不同，谈判的结果取决于双方能否达成一致，而在协商中，决策的最终力量总是在管理者手中。"② 换言之，集体协商制度下劳动者的意见是否被接纳，取决于管理者的态度；而集体谈判作为劳资双方的一种博弈机制、冲突机制，双方是在讨价还价的博弈过程中，迫使对方接受自己的条件。

其次，具体的制度设计也存在偏差迄今为止，我国的集体协商制度是以集体合同为制度重心，内容多集中于合同订立、变更、终止等具体操作性层面，对协商或者说谈判过程本身缺乏应有的关注，谈判环节缺位。然而，集体谈判的过程环节是签订集体合同的前提和必经阶段，是集体谈判制度的灵魂。集体谈判之所以有意义，就在于劳资双方可借此相互沟通、互相理解进而达成共识，谈判过程本身就是双方求同存异、逐步达成共识、化解矛盾和分歧的过程。签订集体合同只不过是集体谈判的最终结果，以谈判的方式不断寻找双方利益共同点，进而达成双方均可接受的妥协才是集体谈判的重心所在；没有实际的谈判过程，所签订的"集体合同"只能是一种形式。

---

① 比如我国《集体合同规定》第32条就明确规定：集体协商任何一方均可就签订集体合同或专项集体合同以及相关事宜，以书面形式向对方提出进行集体协商的要求。一方提出进行集体协商要求的，另一方应当在收到集体协商要求之日起20日内以书面形式给予回应，无正当理由不得拒绝进行集体协商。应该说该规定与其他各国并无二致，问题是，当用人单位拒绝协商时，劳动者方缺乏必要的工具迫使用工方坐下来与其协商，故该规定在实践中基本流于形式。

② [美]约翰·P.温德姆勒等：《工业化市场经济国家的集体谈判》，何平等译，中国劳动出版社1994年版，第12页。

（二）当前的集体协商制度缺乏团结权的前提与争议权的保障

要准确这一点，我们有必要系统梳理一下"劳动三权"的内在逻辑结构。所谓劳动三权，通常是指市场经济条件下劳资双方当事人都享有的三种权利：团结权、团体交涉（集体谈判）权与争议权。所谓团结权，又称劳动者结社权，即劳动者组织或加入工会的权利。美国1935年《劳资关系法》称之为"rights of self-organization"，即劳动者自我组织的权利，为劳动关系中劳动者"为维持或扩张其劳动关系中之利益而组织团体的社会法上的权利"①，系一种特定的结社权。

团结权是绝对必要的，唯有团结起来，借助组织的力量，与雇主形成以团体对团体的局面，处于劣势地位的劳动者方能克服其与雇主间悬殊的经济、社会、实力差距，实现真正意义上的、平等的协商或谈判。这种权利就被称为团体交涉权，或集体谈判权。事实上，通过集体谈判，合理分配劳资双方的权利义务及利益分配，建立和谐稳定的劳动秩序一直是劳动法所追求的理想目标。

至于争议权，学理上又称之为集体行动权，以罢工权为核心，是实现集体谈判必不可少的辅助性权利，是保障集体谈判得以开展、"迫使对方在谈判上让步的'最后的武器'"，②"没有罢工权的集体协商将无异于集体行乞"。③

综上可见，作为构筑现代劳动法的基础与立足之本，劳动三权是一个互为表里、互为补充、环环相扣的完整逻辑结构：劳动者的弱势地位促使他们联合起来成立工会，这就是劳动者的团结权；团结的目的是形成与雇主平等谈判的力量；当集体谈判陷入僵局、破裂或雇主拒绝谈判时，工会通过集体行动，协同一致的中止劳动给付义务的履行，迫使雇主妥协，这就是争议权、集体行动权。三权缺一必将导致另外两权的虚置，进而流于形式。当前我国集体协商流于形式，除前述集体协商制度自身的缺陷外，根本原因就在于大前提劳动者团结权的虚化，缺乏合格的谈判主体，以及争议权的无保障。这是我国集体协商制度流于形式的总根源。如何在这种背景下将劳资集体协商

---

① 史尚宽：《劳动法原论》，1934年上海出版，1978年台湾正大印书馆重刊，第153页。
② 马克曼：《联邦德国的集体谈判》，《中德劳动立法合作项目概览（1993—1996）》，第375页。
③ 黄越钦：《劳动法新论》，台北翰芦图书出版有限公司2012年版，第438页。

落到实处，将充分考验苏州市的智慧。

三、建立劳动群体性事件预防机制

劳动争议的类型有很多，但归纳起来不外乎两种：一种是劳动合同的一方或双方当事人不依约履行，即"违约"。另一种是履约没有争议，但基于社会、经济状况尤其是市场形势的波动，当事人认为依约履行难以满足其合同目的，从而要求重新缔约或修改原合同约定，如劳动者因为通货膨胀要求增加工资、用人单位因订单剧增而要求延长工时等。在劳动法上，前者被称为权利争议，后者则被称为利益争议，为劳动法上所独有之争议类型，由劳动关系的长期性、继续性特征所决定。台湾地区的黄越钦教授曾形象地将权利争议概括为"履约"问题，将利益争议概括为"缔约""换约"的问题。①

基于这两种争议的不同性质、极大差异，各国劳动立法一般都分类处理。在权利争议中，当事人的权利义务是既定的，或者由法律、法规直接加以规定，或者已由劳动合同、集体合同加以确认，所涉及的仅是权利贯彻问题。通常情况下，如果双方都依法、依约行使权利履行义务，争议不大可能发生；即使争议发生，由于权利义务已经明确，完全可以通过仲裁、诉讼等司法途径加以解决。利益争议则不然，由于双方所主张的权利义务事先并没有确定，加之其所要解决的是经营过程中利益、风险的分配问题，无法纳入现行的司法程序加以解决，故而只能通过劳资双方的集体协商（谈判）来解决。既然是谈判，就必然存在着成功或失败两种可能，成功自然是皆大欢喜，失败则不可避免的涉及劳动者停工或罢工问题。正如英国大法官怀特所言，"工人罢工的权利是集体谈判原则中最重要的组成部分"②。

对于罢工，当前我国立法持回避态度，既未肯定也未否定，实践中则多以否定性态度居多。然而，劳动关系的长期性、继续性决定了劳动合同"天然不完全合约的性质"，③利益争议在所难免；既然该等纠纷无法通过传统的仲裁、诉讼程序加以解决，务实态度就应是"以法律规制替代行政的临时性

---

① 黄越钦：《劳动法新论》，台北翰芦图书出版有限公司2012年版，第458—459页。
② John Bowers、Simon Honeyball，Labor law，Blackstone press limited，1996年版，第382页。
③ [美] D. 哈特：《企业、合同与财务结构》，费方域译，上海人民出版社1997年版，第2页。

处置，使罢工制度能够成为协调劳动关系的一个重要环节"。① 任何企图将罢工（或群体性停工）事件"消灭于萌芽状态"的做法，不仅不切实际，相反，其在加剧劳动关系紧张度的同时，很容易使政府"引火上身"，将原本单纯的劳动纠纷转化为政治、社会冲突，让政府从原本应当中立的第三方变为直接当事人，替用人单位买单。

当然，作为一个普通的地级市，劳动者罢工权的问题非苏州所能回答，但这并不妨碍苏州在此问题上展开必要的探索，积累相应的经验。借鉴国内外相关经验及做法，苏州市至少从以下几个方面入手，对劳动者的群体性停工、罢工行为予以规范。

（一）争议事由

借鉴世界各国的通行做法，也是为了遵循劳动关系的基本规律，劳动争议的处理必须有进有退、分类进行。具体言之，权利争议调解无效，只能通过仲裁、诉讼加以解决，绝不能仅仅因为人数众多就网开一面，以"和谐"之名进行法律打折，是所谓"进"；至于"退"，则是指针对利益争议，由劳动关系的长期性、继续性所决定，当事人不可能于缔约之际对劳动关系的未来情形事先加以周密无遗的安排，劳动合同的不完备实属难免，因此，政府应尽量斡旋、引导双方协商解决；当协商陷入僵局或破裂，进而导致劳动者集体停工或罢工时，除非劳动者方有明显的过激行为，否则政府应保持必要的容忍。②

（二）程序方面

当今承认劳动者罢工权的国家或地区无不规定，劳动者发动停工或罢工前，必须先经历集体协商、谈判程序；当且仅当集体协商（谈判）陷入僵局或破裂、别无他途时，基于"最后手段法则"，为逼迫雇方让步，停工（罢工）方属合法。即使如此，意欲发动罢工之工会、劳动者组织也应先经一定的民主程序，在取得劳动者或工会会员一定比例的同意后方可停工（罢工），且需要提前一定时间以书面形式通知雇主，使雇主、社会事先能做必要之因应；如果雇主迫于压力而愿意谈判，应推迟停工（罢工）时间；必要时，政

---

① 郑尚元：《建立中国特色的罢工法律制度》，《战略与管理》2003年第3期，第110页。
② 著名的"南海本田罢工"事件，当地政府的"理性对待、法治解决"态度，事实证明效果良好，非常值得各方借鉴。

府可要求双方应先经过一段"冷却期","冷却期"内停工（罢工）不得进行。停工（罢工）实际发生，作为一种"非暴力不合作机制"，参与停工（罢工）之劳动者必须以"正当""非暴力"的方式进行，采取和平的手段表达自身的利益诉求，绝对不容许任何的积极暴力行为的存在，严禁采取极端手段损及雇主、他人的人身、财产安全，或破坏工作场所的房屋、生产设备等企业财产。毕竟，允许劳动者罢工的初衷之一即在于防止劳动者用极端的暴力方式争取利益，故而"赋予一致行动的宪法保护在行为人使用暴力时就丧失了"。①

当前我国劳动者的集体停工（罢工）行为往往都是突然发生，带有突然袭击性质，考虑到我国集体协商（谈判）的现状，对此政府可适度容忍，引导其通过集体协商（谈判）的方式实现自己的利益诉求。然而，手段和平之底线政府必须绝对坚持，不能允许有任何的逾越。故而，类似"东航飞行员返航"之类，以消费者、社会为绑架，或动辄堵国道、堵交通，甚至不惜打砸其他正常营运车辆等的行为，应坚决剔除出劳动争议事件的范畴，以免给正当的群体性劳动争议行为"投毒"。

（三）主体要件方面

一般认为，停工（罢工）权作为一项集体权利，只能由工会行使及享有，各国规定大抵如此。然而，考虑到当前我国工会的现状，尤其是工会的一元化体制以及工会体制改革所面临的政治阻力，强制要求工会发动之停工（罢工）事件方可承认，则实践中大量存在的劳动者自我组织的停工（罢工）现象将永无纳入法治化解决的轨道，只能继续法外运行。因此，有必要借鉴同为社会主义国家的越南《劳动法》，一定条件下承认劳动者自我组织的停工（罢工）权行为的合法性，然后将其引入法治的轨道上加以规范，这是一个比较务实的选择。② 至于参与主体，"公职人员，特别是像警察和消防队员这些

---

① ［美］罗伯特·A. 高尔曼著：《劳动法基本教程——劳工联合与集体谈判》，马静等译，中国政法大学出版社2003年版，第190页。

② 越南《劳动法》第172条规定：集体劳动者不赞同劳动仲裁委员会之裁决，则有权要求人民法院进行调解或举行罢工……并无必须由工会发动的相关规定。不仅如此，6条第1款规定：以下罢工非法：a. 非出自集体劳动争议；超越劳动关系范围；b. 超越所在企业；c. 违犯本劳动法第173条，第174条第一款和第二款（即和平义务与公共行业罢工禁止）……也无必须由工会发动的相关规定。

公众靠其执行重要公务的公职人员,不应当罢工"①,这点在我国无须更多笔墨。

(四)善后处理方面

由于法无明文,在"稳定压倒一切"的思维模式下,群体性停工(罢工)事件在很多地方往往被视为危害社会稳定的"群体性突发事件"而被追究"聚众扰乱社会秩序罪"的刑事责任。毫无疑义,这将进一步加剧劳动关系、社会关系的紧张度。为构建和谐劳动关系,对符合上述要件之劳动者集体停工(罢工)行为,政府应予以容忍,不仅自己不得以危害社会治安、妨害社会经济秩序或其他名义对劳动者提起任何公诉,也应严禁用人单位打击、报复参与停工(罢工)事件之劳动者,以免节外生枝、火上浇油。这也是各国的通行做法与一致经验。

四、创新劳动争议调解和仲裁机制

停工罢工无疑会对社会生活产生很大的负面效果,在这种情况下,积极寻找现行体制框架内的停工罢工事件的预防与分流机制,是构建和谐劳动关系实验区的应有之义。

(一)探索利益争议的调解机制

所谓"调解",一般是指在中立第三方协助下当事人自主协商性的纠纷解决活动。劳动争议爆发后,以调解方式解决争议是各国的普遍做法。据美国联邦调停调解局(FMCS)底特律市办公室介绍,95%的劳动争议案件可以通过调解结案,只有5%的案件需要进入下一个程序。②考虑到利益争议标的的几乎不可诉性,调解更是预防停工罢工事件实际发生的一个最为主要环节。也正因为如此,很多国家(如越南、瑞典等)都规定有强制调解程序,集体劳动争议非经调解不得发动罢工。当然该处"强制"仅限于程序上的强制,强调当事方罢工前必须经历调解程序,"第三方的中立性""意思自治"这两项基本原则并不因此受有影响。

我国2004年开始实施的《集体合同规定》也规定有:集体协商过程中发

---

① [美]詹姆斯·M.伯恩斯等:《民治政府》,陆震纶等译,中国社会科学出版社1996年版,第1206页。
② [美]约翰·W.巴德:《人性化的雇佣关系——效率、公平与发言权之间的平衡》,解格先、马振英译,北京大学出版社2007年版,第161页。

生争议，双方当事人不能协商解决的，经当事人一方或双方的书面申请，或经劳动行政保障部门决定，由其"协调处理"。然而，具体由谁进行协调处理，该处理机构的权限与程序是什么，是否只限于事后处理，有无权利采取强制措施等，该规定丝毫未予涉及。一个本可有效预防停工罢工事件发生的机制就这样流于纸面。

有鉴于此，苏州市可充分借鉴国外的先进经验（如美国的联邦调停调解局、英国的劳动咨询调解仲裁委员会、瑞典的调解办公室等），先行先试，将利益争议的调解纳入劳动争议处理体制中，并按照"三方机制"原则建立一个由政府劳动行政部门负责但同时又独立于政府的专司利益争议调解的机构，强制调解相关利益纠纷；未经利益争议调解机构的调解，不得停工罢工。

（二）探索利益争议的强制仲裁机制

虽然利益争议事项主要为"缔约""换约"的问题，属劳资集体协商或谈判的范畴，客观上也不太可诉，但从国外经验看，在一些国家（如美国、澳大利亚、越南等）已经存在有条件的利益争议仲裁机制，特别是越南，其立法明文规定集体劳动争议非经省级劳动仲裁委员会的仲裁，不得发动罢工。①

越南的做法非常值得我国借鉴，对此，苏州可先行先试。如果利益争议确实无法通过调解达成协议，可以考虑在特定争议中引入强制仲裁机制，经当事人一方、双方或劳动行政部门的申请，启动强制仲裁程序。同时，为确保仲裁裁决的公信力，应充分吸取当前我国劳动争议仲裁公信力缺失的教训，仲裁委员会成员一定要由双方认可的代表组成，同时，仲裁裁决前双方当事人应充分沟通，以确保裁决的可接受性。

---

① 越南《劳动法》第172条规定：集体劳动者不赞同劳动仲裁委员会之裁决，有权要求人民法院进行调解或举行罢工。

第十三章 营造法治化营商环境,促进经济可持续发展

第一节 法治化的营商环境建设的基本情况

一、法治化营商环境的重要意义

一个地区经济实力的强弱主要体现在企业的竞争力、要素的聚集力,而能够聚集发展要素和企业发展的关键是拥有良好的营商环境。营商环境的优劣直接影响着招商引资的多寡和区域内企业的经营状况,从而最终对经济增长、产业发展、财税收入、社会就业等产生重要影响。

(一)法治化营商环境推动市场的健康发展

"法治化营商环境"就是让法律成为市场环境的重要组成部分,它在市场机制决定资源配置的过程中,发挥管理和控制市场参与者经济行为的作用,让这些市场参与者自愿接受法律的这种约束。法治化的营商环境推动市场的健康发展,具体体现如下。

其一,法治化的营商环境可以稳定市场主体的预期。市场主体不怕竞争,但是最怕突然发生的、意想不到的情况变化,也最怕政策的朝令夕改。一个城市拥有良好的法治化市场营商环境,本质上有利于形成较稳定的市场预期。在社会主义市场经济下,稳预期的关键是稳政策,使政策法治化管理。经济领域的大政方针不动摇,宏观经济政策不摆来摆去,只有这种法治化的政策管理,政策得到可信,外资才会选择进入,民企资本才不会外流,城市的发展格局才会稳定。苏州市在日常监管方面,保持政策不动摇,同时就不断出现的问题及时给予解决等举措,稳定了市场预期。

其二,法治化的营商环境可以使市场活动中的潜规则变为明规则,大幅度降低市场主体的交易成本。这符合深化经济体制改革中供给侧结构性改革中"降成

本"的任务，相对于降低直接生产成本必须要提高生产率来说，更为艰难的是降低交易成本，因为后者主要取决于制度创新的能力，取决于法治社会的建立。市场主体对于交易成本较高的意见主要在于市场秩序混乱导致的交易成本高，例如税收负担不断加重、竞争规则不明、各种规章制度朝令夕改、执法自由裁量权过大等，都会增加企业的成本。苏州市在市场主体交易成本较高这方面积极制定相应政策来解决问题，政府主动简政放权，透明行政，依法行政，公正执法，减少对市场的干预，加大市场的活力，降低了市场主体的交易成本。

（二）法治化的营商环境是经济持续稳定增长的牵引因素

法治是社会主义市场经济建设的基石，是资本尤其是民营资本和境外资本生产要素自由流动的重要保障。要实体经济又好又快发展，首先必须要建设和完善法治化的市场营商环境。优化营商环境，做好服务企业工作，是新常态下稳增长、调结构、惠民生的现实需要，也是有效提升苏州综合竞争力的关键所在。通过观察各地区经济发展情况不难发现，经济发展速度快、质量优、后劲足的地区，必定都拥有相对较好的营商环境。营商环境对经济发展犹如阳光和水对于植物，是不可或缺的重要条件。

苏州市在营造良好法治化营商环境方面做出多方面努力，市委市政府率先从完善体制机制入手，在制度层面形成优化营商环境的长效机制，避免一阵风的运动式工作方式。全市各地区各部门从政策环境、政府服务环境、社会法制环境、政治生态环境等各方面扎实推进优化营商环境服务企业各项重点工作，抓好中央及省市振兴政策贯彻落实，积极构建"亲""清"的新型政商关系，全力营造公平竞争市场秩序，持之以恒改善政治风气，迅速凝聚起优化营商环境服务企业的强大合力。

环境就是生产力，营造良好的法治化环境就是抓经济发展。全市上下坚定不移地把优化营商环境服务企业作为推动经济发展的生命线，主动作为，精准发力，全力打造利于企业发展的良好环境，以企业的持续健康发展推动苏州市经济实现新一轮全面振兴。

（三）法治化的营商环境推动深化供给侧结构性改革

法治化的营商环境推动市场主体根据市场规则实施优胜劣汰，提高企业市场竞争力和社会经济效益。在供给侧结构性改革中，我们可以用市场、法治的办法做好产能严重过剩行业去产能工作，抓住处置"僵尸企业"这个"牛鼻子",严格执行环保、能耗、质量、安全等相关法律法规和标准,推动企业兼并重组,妥善处置企业债务,做好人员安置工作①。如果不是这样,必然会使用行政命令去"去产能"、下指标、搞摊派,从而造成一系列意想不到的结果。

供给侧改革的目标是推动产业结构优化升级,落脚点主要是企业。苏州市借营商环境建设的主题,全面深化改革,进一步理顺政府和市场关系,深化政府行政管理体制改革;进一步优化民营企业发展环境,在减少管制和破除垄断上有所作为;进一步深化国有企业的混合所有制改革,让民营企业真正感受到参与国有企业改革的好处;进一步构建和完善市场监管体系,让企业感受到便利和高效服务,提高企业的满意度;进一步深化"双创"格局建设,为年轻人创造实实在在的创业便利,感动年轻人,尤其是要特别关注年轻一代非公有制经济人士的成长。苏州市委市政府坚决贯彻落实国家和省委省政府的各项战略部署,成功应对产能转移挑战,坚持做到了优增量、调整存量,全力稳定外贸外资规模。

(四)法治化的营商环境进一步深化税收改革

苏州市在税收方面积极采取措施降低税负,进一步深化税务系统"放管服"改革并系统落实各项改革要求,坚持法治引领,充分发挥职能作用,通过落实征管改革,优化税收环境,激发市场主体创业创新活力。苏州地税还在全国率先制定《自然人纳税信用管理办法(试行)》及《自然人纳税信用评价指标》,深化"政税银"信用合作体系建设。同时,深化应用税收优惠政策服务平台,全面落实二手房交易、科技创新、商业健康险及基金费优惠政策,服务供给侧改革。

(五)法治化的营商环境增加就业率、促进社会和谐

良好的法治化营商环境有利于中小企业数量增加、服务业发展壮大,这些进步又为增加就业提供了巨大推动力。同时,法治化营商环境增强了市场活力,促进了经济增长及产业结构升级,对提升就业率起到了巨大作用。

另外,打造良好的法治化营商环境是推进社会和谐的重要途径。打造良好的法治化营商环境,重点是围绕群众和市场主体反映强烈的问题进行集中整治,使各级干部的思想、工作、作风更好地适应新形势新任务的要求,让政府及其工作人员更好地服务群众、服务企业。营商环境的不断优化,会直

---

① 刘志彪:《建设法治化市场营商环境的关键因素》,《中国政协电子杂志》2017年第1期。

接提升群众的满意度,促进社会和谐。

二、法治化营商环境建设现状

近年来,苏州市委、市政府坚持把优化营商环境作为转变政府职能、激发市场活力的重点工程来抓,营商环境明显优化,有力促进了全市经济稳中有进、进中趋优。

具体以苏州市近几年相关数据进行分析如下。

表1　2017年江苏省13市地区生产总值(GDP)排名表

总量排名	地区	地区生产总值(亿)		名义增速(%)	名义增量(%)	人均地区生产总值(元)	人均排名
		2017年	2016年				
	江苏省	85 900.94	76 086.17	12.90	9 814.77	107 395	
1	苏州市	17 319.51	15 475.09	11.92	1 844.42	162 664	1
2	南京市	11 715.10	10 503.02	11.54	1 212.08	141 658	3
3	无锡市	10 511.80	9 210.02	14.13	1 301.78	161 002	2
4	南通市	7 734.61	6 768.20	14.28	966.44	105 925	7
5	常州市	6 622.28	5 773.86	14.69	848.42	140 651	4
6	徐州市	6 605.95	5 808.52	13.73	797.43	75 843	9
7	盐城市	5 082.69	4 576.08	11.07	506.61	70 251	10
8	扬州市	5 064.92	4 449.38	13.83	615.54	112 769	6
9	泰州市	4 744.53	4 101.78	15.67	642.75	102 125	8
10	镇江市	4 105.36	3 833.84	7.08	271.52	129 047	5
11	淮安市	3 387.47	3 048.00	11.14	339.43	69 273	11
12	连云港市	2 640.31	2 376.48	11.10	263.83	58 721	12
13	宿迁市	2 610.94	2 351.12	11.05	259.82	53 509	13
合计		88 145.46	78 275.39	12.61	9 870.07	110 201	

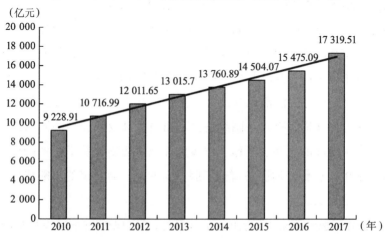

表2　2010年—2017年苏州市地区生产总值(GDP)表

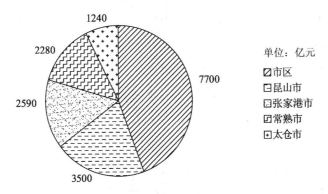

图 1　2017 年苏州市各地区生产总值（GDP）分析图

从上面 3 个图表可以看出，2017 年在江苏省 13 市地区生产总值的对比中，位居榜首的苏州市 GDP 达到了 17 319.51 亿元，遥遥领先于其他市，并且无论是 GDP 总量还是人均 GDP 在江苏省都位居第一。就苏州市 GDP 变化趋势来看，2010 年到 2017 年一直呈直线上升，在 2011 年数额就突破万亿大关。不仅如此，苏州市下辖的几个县级市如昆山、张家港、常熟等一直位居中国百强县排行榜前列。

表 3　苏州市 2010 年—2017 年私营企业、个体工商户、境外企业情况表（单位：户）

类别	2010 年	2011 年	2012 年	2013 年	2014 年	2015 年	2016 年	2017 年
私营企业	182 575	208 000	229 618	255 722	295 562	357 214	433 650	521 172
个体工商户	354 988	382 800	415 023	449 682	489 592	559 238	638 639	748 368
外商和港澳台投资企业	—	—	—	—	18 700	19 400	20 100	20 983
私营企业新增	25 255	25 425	17 987	32 533	49 811	58 787	76 436	106 000
个体商户新增	29 494	27 812	41 724	51 387	59 085	68 014	79 401	161 000

另据最新数据显示，2018 年上半年苏州市市场经营主体已突破 140 万户，达 140.2 万户，总注册资本 57 884.3 亿元。其中，私营企业 55.2 万户，个体工商户 78.5 万户，国有集体及其控股企业 4.0 万户，外商投资企业 2.1 万户，农民专业合作社 4 085 户。

据台湾地区电机电子同业公会（简称"电电公会"）公布的《2017 年中国大陆地区投资环境与风险调查》显示，在城市综合实力排名方面，苏州工业园区连续三年夺得冠军。在排名前十的城市中，苏州占据了四席，除了拔得头筹的工业园区外,还有苏州昆山(第3)、苏州市区(第7)、苏州新区(第9)。在该项目的评选中,苏州已经连续九年获评台商最推荐投资的大陆城市。电电公会进行大陆投资环境与风险调查18年以来,城市综合实力第一名的城市均落户于长三角,苏州共有15次排名第一,其中苏州昆山从2009年到2014年连续六年蝉联冠军,苏州工业园区获得2015年、2016年和2017年的"三连冠"。除了综合实力排名位列第一外,在此次的单项主题排名中,苏州工业园区在"当地政府行政透明程度""解决台商经贸纠纷程度""当地台商企业获利程度""最重视自主创新的城市""对台商智慧财产权保护""最具解决台商经营困境"等多个指标排名位列前茅。①

表4 苏州市2017年引入内外资情况表

类别	项目数	增长(%)	总额(亿元)	增长(%)	备注
内资	25 296	11.2	6 876.6	64.2	引进内资项目中,注册资本超1 000万元的项目5 178个,协议投资额5 573.3亿元,占协议投资总额的81%
外资	985	25.6	60.6	—	新兴产业和高技术项目使用外资占到51.2%

另据苏州市商务部门的资料显示,苏州市以稳量提质、促进转型为工作重心,以推动改革、扩大开放、优化服务为主要抓手,扎实推进外资工作。引资总量保持平稳运行态势,外资结构和质量进一步提高,转型优化的特征进一步凸显。我市对外投资正稳步推进,2017年新批境外投资项目中方协议投资额24亿美元,保持全省第一。在"一带一路"沿线国家和地区新增投资项目40个,中方协议投资额10.9亿美元,比上年增长85%。新设境外投资非贸易型项目95个,中方协议投资额21.3亿美元,占总投资额的89.5%。新增参股并购类项目38个,中方协议投资额13亿美元,占总投资额的55%,比上年增长42%。载体建设有序推进。年末埃塞俄比亚东方工业园累计完成基础设施投资1.02亿美元,吸引入园企业82家,入园企业实际投资总额3.75亿美元,实现总产值7.9亿美元。②

---

① 台湾电机电子同业公会(简称"电电公会"):《2017年中国大陆地区投资环境与风险调查》。
② 《2017苏州市国民经济与社会发展统计公报》。

表5 苏州市2017年9月引进内资项目情况汇总表

区域	项目个数		投资总额				新增注册资金			
	本月新增（个）	累计（个）	本月新增（万元）	其中外地（万元）	累计（万元）	其中外地（万元）	本月新增（万元）	其中外地（万元）	累计（万元）	其中外地（万元）
张家港市	93	1 598	81 118	77 418	1 373 969	1 054 218	56 956	55 838	837 102	767 156
常熟市	10	766	58 600	58 600	2 160 938	2 160 938	29 300	29 300	1 283 936	1 283 936
昆山市	45	245	304 378	304 378	2 586 557	2 586 557	175 180	175 180	1 549 793	1 549 793
太仓市	278	2 595	266 771	250 265	4 534 698	4 186 329	92 257	86 655	1 746 784	1 624 281
吴江区	176	1 156	649 600	620 830	4 857 250	4 428 830	256 333	228 130	2 076 757	1 809 920
吴中区	132	1 244	227 338	219 698	1 063 548	1 032 495	208 038	200 398	951 667	920 614
相城市	184	776	228 116	198 891	983 854	930 816	228 116	198 891	983 854	930 816
工业园区	696	7 003	12 699 560	12 627 504	23 225 545	22 718 781	4 250 236	4 227 318	7 931 826	7 770 514
高新区	457	3 241	1 914 765	1 852 551	9 219 705	8 210 412	638 255	617 517	3 073 235	2 736 804
姑苏区	113	738	62 263	62 263	486 506	486 506	62 263	62 263	486 506	486 506
合计	2 184	19 362	16 492 509	16 272 398	50 492 570	47 795 881	5 996 933	5 881 489	20 921 460	19 880 339

从表3、4、5及相关资料可以看出，苏州市近几年企业、商户等数量增长较快，吸引内资外资规模不断扩大。内外资企业之间形成产业关联，加速推进了苏州工业化进程，优化了苏州地区产业结构，推动了苏州产业升级。外商投资作为苏州经济发展的强力支撑，更是有力地推动了苏州经济国际化和城市化进程。与其他城市和地区相比，苏州市的外资不但有总量大的特点，同时投资的产业和地域也更集中，带有明显的群体投资特点。这些外商投资已经为当地的经济发展起了很大的促进作用，多年下来，也已经和当地的企业、经济发展紧紧联系在一起。外资企业在苏州的落户，不仅吸引了大量外商投资集聚发展，创造了更多投资机会，而且推动了城市科教文卫和建设等软实力的提升，形成产业融合的良性发展态势，为苏州带来前所未有的发展。

苏州在营商环境的改革创新实践中不断丰富、优化和提升，形成了开放创新的"苏州模式"。特别是改革开放以来，苏州主动把握乡镇企业、外向型经济和自主创新不同发展阶段的比较优势，培育内在需求，从服务理念和服务模式入手，营造有利于提升企业竞争力的营商环境。在服务流程优化之外，苏州格外重视营商环境体制机制创新，如苏州工业园区开放创新综合试验区、昆山深化两岸产业合作试验区、张家港保税港区外债宏观审慎管理试点、全国首个国家知识产权服务业集聚发展试验区、国家服务贸易创新发展试点城市和国家跨境贸易电子商务服务试点等的建立与发展。据世行的研究资料证明，仅仅提高政策的可预见性，企业新投资增长可能性就会提高30%。因此，苏州市在营造良好商业环境方面，着重在给予投资者一个透明的、可以预见的政策判断，一个稳定的、可以信赖的发展环境。投资者在进行投资地区选择时，通过比较不同地区的投资成本及可能带回的投资收益，最终确定投资地区及目标。苏州市推动营商环境建设就是给投资者一个成长前景明朗的投资信心。透明公开、连贯稳定、可预见的发展政策提升了苏州外向型经济发展的比较优势，促进了外向型经济的快速发展。

可见，苏州在"十二五""十三五"期间，特别是党的十八大以来，在党中央、国务院的坚强领导下，苏州市委市政府坚决贯彻落实国家和省委省政府的各项战略部署，积极应对严峻复杂的国内外经济形势，团结带领全市开放型经济战线干部职工，大力实施开放提升战略，积极营造良好法治化营商环境，全力以赴稳增长、调结构、促转型、谋创新①，使苏州市已成为全国开放载体最为密集、功能最全、发展水平最高的地区之一。

三、法治化营商环境的探索成绩

近年来，苏州市在推动法治化营商环境建设过程中，取得了较大的成绩，具体体现如下。

（一）开办企业方面

1.2014年7月8日，苏州市出台《苏州市注册资本登记制度改革实施方案》（苏府〔2014〕110号），提出简政放权，优化亲商营商环境，要求：放宽公司注册资本登记条件、实行企业设立"一口式服务"工作机制、改革年检验照制度、放宽名称使用限制。

2.苏州工业园区工商局作为全省试点地区之一，于2015年9月2日起开始推行"一照一码"的设立登记事宜。期间，该局分拨专门的登记人员收件发照，提高受理审批效率，在网络平台发布及时详尽的公告及规范，指派专门咨询人员提供线上线下的咨询解析。自10月1日起，统一、全面实行包括设立、变更在内的各类市场主体的"三证合一、一照一码"登记模式。

3.2016年8月27日，苏州市出台《市政府关于放宽市场主体住所（经营场所）登记条件的实施意见》（苏府〔2016〕126号），放宽了市场主体住所（经营场所）的登记条件。

4.2017年6月份开始，吴中区市场监管局受苏州市工商行政管理局委托，全面行使辖区内有限合伙企业及特殊的普通合伙企业的登记管辖权，推行"直通办理"，不再报苏州市工商局批准，方便申请人就近办理注册登记事项。

5.推行网上登记制度，并公布操作图示（见下页图2）及视频指导，将"全程电子化登记系统"与银行相关系统对接，为创业者提供新的登记选择，即通过银行网点柜面办理注册登记。目前，苏州市企业开办已基本实现在3个工作日内完成，其中工商名称预核和注册登记时间控制在1.5个工作日内。

6.2017年8月14日，苏州市工商局主导研发的"苏州个体登记手机通"APP上线试运行，申请人只需通过手机APP录入提交登记信息，待收到登记部门核准通过的反馈信息后，仅需携带住所使用证明材料，就可到登记窗口

---

① 苏州市人民政府：《市政府关于印发苏州市开放型经济"十三五"发展规划的通知》。

直接打印文书、领取营业执照,实行一次性办结,真正做到了"最多跑一次"就可领取营业执照。

7. 2017 年 10 月 10 日,苏州市工商局公布开办企业套餐式服务指南,为开办企业提供便利。

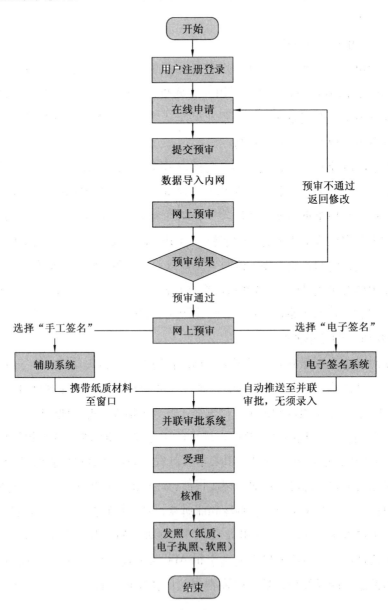

图 2　网上登记(全程电子化登记)流程图

(二) 日常监管、吸引外资方面

1. 2014 年 7 月 8 日，《苏州市注册资本登记制度改革实施方案》（苏府〔2014〕110 号）提出严格监管，促进市场主体公平竞争，要求：建立市场主体信用信息公示平台、完善信用约束机制、健全市场监管机制、强化司法救济和刑事惩治、发挥社会组织的监督自律作用。

2. 2015 年《苏州市商务局 2015 年度依法行政工作要点》提出进一步转变政府职能，强化管理和服务，要求：深化行政审批改革、强化"事中事后"监管、积极推行行政指导。

3. 2016 年《苏州市商务局 2016 年度依法行政工作要点》提出强化组织领导，深入推进法治苏州商务建设；深化行政审批制度改革，提升行政审批服务效能，坚持简政放权、放管结合、优化服务协同推进，继续深化行政审批制度改革。

4. 2017 年苏州市《2017 年法治商务建设工作要点及任务分解》提出深入推进"放管服"改革，进一步转变政府职能，落实简政放权要求，做好行政审批事项的取消、下放和承接工作；依据权责清单，强化事中事后监管；推进政务服务一张网工作，实现网上审批；按照市委市政府统一部署，扎实推进行政许可相对集中改革试点。

5. 2017 年 6 月，苏州市出台《苏州市贯彻落实扩大对外开放积极利用外资政策的实施意见》，明确年度从市财政资金中拨出 5 000 万元，按引资总量和增量情况奖励到各区域板块，同时支持各地安排配套资金，一并用于招商引资。

6. 2017 年 7 月 5 日，为贯彻落实《关于全省推行企业投资项目多评合一的指导意见》，优化苏州市投资发展环境，市政务办召集市发改委、经信委、国土局、交通局、水利局、环保局、安监局、气象局、住建局和文广新局相关部门（窗口）召开苏州市企业投资项目"多评合一"提速增效推进会，更新《苏州市企业投资项目"多评合一"制度实施细则》，加强"多评合一"窗口建设，将惠企便民落到实处。

7. 2017 年 7 月 13 日，苏州市委市政府召开全市"放管服"改革工作推进大会暨市行政审批局成立揭牌仪式，决定把原来分散在多个部门的审批职能、审批事项整合到一个部门，通过内部的流程优化再造，全力打造"一窗式"

服务。

8. 2017年8月,《市政府关于在市场体系建设中建立公平竞争审查制度的实施意见》(苏府〔2017〕110号)提出在经济建设领域,引领政府其他各项政策措施的制定和实施。以促进和保护市场公平竞争为重点,以更大的决心和力度,深入推进政府简政放权、放管结合、优化服务改革向纵深发展,树立竞争意识,最大限度减少对微观经济的干预,激发市场活力,提高资源配置效率。

苏州市是目前全省13市中申请办理企业登记最便利的城市。苏州的快速发展需要更多的市场主体,因此苏州市率先在全省完成放宽注册资本登记条件改革、率先在全省启动新版电子营业执照发放,从"先照后证"到"三证合一"到"多证合一"到"一照一码",首次将企业年报公示信息不定向抽查与工商业务条线专项检查相结合,实现了工商部门监管执法事项全覆盖。苏州市工商局根据每年苏州经济发展中遇到的新问题新矛盾,有针对性地出台扶持新政,让每个符合苏州发展要求的项目及时、尽早"落地"。这些新政不仅为苏州新兴产业、现代服务业等新兴市场主体快速发展提供了支撑,还为全省同类需求探索和创造了样板。另外,苏州工商局全面深化"放管服"改革,不断提升便利度,放大改革效应,持续增强市场发展活力。

第二节 建设法治化营商环境的基本路径

尽管苏州市在营造良好法治化营商环境上取得了较好的成绩,但是应当承认在建设过程中仍出现市场改革取向滞后,实体经济发展活力不足,经济结构性、体制性矛盾突出,经济发展后劲未充分显现等问题。为此,为了进一步建设苏州市法治化营商环境,提出以下对策建议。

一、制定行动纲领,支撑营商环境法治化建设

思想决定高度。思想的解放是建设苏州市法治化营商环境的真正法宝。因此,在建设法治化营商环境的过程中,首要是将现代市场经济的契约精神、公平竞争、自由开放观念贯彻到位，因此，必要的行动纲领不可缺位①。因此，苏州市要积极推动解放思想，消除思想障碍，推进思想现代化，建设包容的思想环境。思想不解放、观念落后严重制约苏州营商环境发展。继续解放思想是苏州法治化营商环境建设的首要任务，我们要使契约、包容、合作、竞争、共赢、风险、责任等现代市场经济思想观念体系更加深入人心。要着力落实习近平总书记系列重要讲话精神，使为民、清廉、务实、法治等成为领导干部的思维准则。要践行社会主义核心价值观，使社会主义核心价值观成为全体人民的行为准则。

同时，要开放思想，创新发展思路，培育增长源泉，推进增长持续化；要以新思路放大苏州优势，优化产业组合，培育经济增长新亮点，以创新驱动战略让企业成为创新主体、让劳动者成为高素质创造人才，以公平分配让多方受益形成强大内需市场，以增值服务、分类指导推进多种所有制企业改革发展。

苏州市还可以通过制定《苏州市建设法治化营商环境纲要》，将法治化营商环境建设作为战略支撑，实现跨越式发展。

二、简政放权，提高市场活力

政府应当从自我治理入手，营造一个更公开透明、诚信法治的营商环境。苏州市应不断推进"服务型政府"建设，加快转变政府职能，致力于提高公共服务水平。苏州市应积极适应经济社会新常态、科学技术新进展和全面深化改革的新形势，引导政府各部门在管理体制机制上做出相应的改变，加强各部门的法治意识，推动其从"监管者"转变为"服务者"。

（一）进一步改革行政审批制度

政府应依法减少审批事项，简化审批程序，科学、合理地界定行政审批的标准和范围，凡是市场能够配置的资源，政府只须登记或备案；而有关国计民生、国家安全、社会利益等的特殊行业、特殊产品，则实行严格的行政许可。同时，完善苏州市行政审批局职能，加强与多部门信息的共享及协同管理，优化行政审批体制，明晰行政审批的法律责任，包括对行政审批机关及其工作人员的投诉、问责、处理机制等。

---

① 冯玥：《武汉市法治化营商环境建设研究》，《长江论坛》2016年第2期。

（二）处理好政府与市场的关系

评价法治化营商环境是否良好的首要标准，在于其是否确保了市场在资源配置中的决定性作用。这就要求我们正确处理政府与市场的边界，规范政府权力。近年来苏州市通过一系列措施，有限度地规范了政府这只"有形之手"，放活市场这只"无形之手"，但是仍然存在政府干预过多、市场活力不够等现象。在新的发展阶段改善营商环境，关键要重新合理定位政府、市场与社会的关系。一要全面实施行政机关权责清单制，确保各机关权责分明，依法行使对应的权力，不越界、不滥用；二是政府要为社会和市场提供良好公共服务。良好的营商环境，要求政府集中精力和资源履行好市场和社会无法涉及的一些职能，包括宏观调控、政策制定、市场监管以及提供高效的公共服务等。因此，苏州市在完善法治化营商环境的进程中，要加快推出责权明确的行政机关权责清单。同时，要进一步提高政府公共服务的质量和效率，降低公共服务成本。

（三）营造良好的政府服务环境

政府部门内部要强化党员干部特别是领导干部宗旨意识、责任意识、改革创新意识。引导政府内部上下把心思放在事业发展上，把精力用在推动工作上，积极为民解忧。政府要加强党风廉政建设和反腐败斗争力度，倡导遵法守纪，严格执行中央八项规定，持之以恒纠正"四风"，大力整治"为官不为""为官不正"的情况；加大对政府工作的明察暗访力度，惩治"任性用权""以权谋私""潜规则"等行为；加强司法监督，充分发挥司法机关监督行政权力的作用，杜绝互相包庇，对行政机关违反法定程序的行为依法确认违法，对行政机关不依法履行职责的，依法确认违法或责令限期履行，对行政机关侵权造成损失的，依法判决赔偿，切实监督行政机关依法行政。

除了内部监督管理、司法监督，对政府行政管理还需引入外部监督机制，即社会公众监督、社会舆论监督、新闻媒体监督等。另外，可建立法治量化评估体系，引入法治指数，从对政府权力的制约、无腐败、公开政府、基本权利、秩序与安全、监管执行、民事司法、刑事司法等八个方面设置法治指数，并由权威中立机构每年定期对外发布苏州市法治指数，一方面用以总结法治苏州建设成果，另一方面用以对照其他先进地区法治建设，寻找差距，进行改进①。因此，苏州市推动社会监督，就是要将行政权力运行从政府管理逐步向以政府服务为导向转变，以苏州市电子政务为依托，向社会提供公开透明的权力运行情况和运行结果，让社会来监督政府的行政行为。

三、深化改革，维护市场公平有序竞争

（一）加大供给侧结构性改革力度

供给侧结构性改革要切实破除制约发展的体制机制障碍，在更大范围、更深层次推进"放管服"改革，切实加强对市场事中事后监管，优化政府服务，清除阻碍创新发展的"堵点"、影响干事创业的"痛点"和监管服务的"盲点"②。要大力推进国有企业改革，发展混合所有制经济，鼓励和引导民营企业进入，激发民间资本活力，提升资本回报率，在改善企业投资能力、意愿和拓展领域方面下功夫。不断深化财税、科技、教育、社保等重要领域和关键环节的改革，提高供给体系质量和效率，提高全要素生产率。进一步放宽市场准入，形成有利于公平竞争的市场体系。

（二）维护良好的市场秩序

维护更好的市场秩序，需要清理和规范企业发展的各项不合理的行政事业性收费，需要在一定程度上减轻企业的负担，降低企业税费成本。在劳动力市场方面，需要提高劳动力市场的配置效率，提高优质劳动力的供给度和劳动者的素质，提升企业用工效率，降低企业用工成本。苏州市可以通过产业链招商，加大本地企业的产销配套力度，并充分利用政府的资源，为企业拓展产品销售和合作的空间，降低企业寻找市场成本。

（三）加强市场监管，改善市场监管制度

加强市场监管，就是要做到创新监管理念，拓展监管领域，完善监管机制，转变监管方式，丰富监管手段，实现市场监管效能的全面提升。创新监管理念，就是要明确监管目的，注重执法效果，实现以监管求发展、以执法促规范的目标；就是要通过企业信用分类监管、行政指导等综合手段，加强企业信用管理，促进社会信用体系建设，刚柔并举，宽严相济，引导经营者自律经营，实现监管执法与规范发展的良性循环。拓展监管领域，就是要坚

---

① 冯玥：《武汉市法治化营商环境建设研究》，《长江论坛》2016年第2期。
② 汝国梁、苏春娣：《打造良好营商环境，破解民间投资放缓难题》，《天津经济》2017年第1期。

持实体市场与虚拟市场监管并重、低端市场与高端市场监管并重，切实担负起监管社会主义大市场的重任；就是要不断拓展对新型业态、新兴行业、新兴领域的监管。完善监管机制，就是要大力推进"四化建设"，健全监管制度，细化监管标准，优化监管流程，规范监管程序，建立依法、科学、高效的长效监管机制。转变监管方式，就是要将过去突击式、运动式的监管向长效、规范的监管转变，将事中监管、事后处理向事前规范指导、事前预警防范转变，将单一条线、单一部门、单一地区的执法监管向跨条线、跨部门、跨地区的协同监管与综合执法转变。丰富监管手段，就是要大力运用高科技手段，提升科技手段与工商监管职能的结合度，增强对监管流程的优化度，提高对市场监管效能的贡献度，努力推进市场监管手段的现代化。因此，苏州市应出台加强市场监管体系建设的相关规范，以依法加强市场主体行为监管为重点，推进市场行为监管体系建设，保障公平竞争，维护市场秩序。

（四）改善融资困境

苏州市应当鼓励投融资服务商会搭建好融资信息共享平台，为融资提供便捷服务；结合本地实际，制定支持中小企业融资的政策，建立和规范中小企业税收支持政策，在政府政策指导、宏观管理和监督的基础上，拓宽中小企业的融资渠道；积极发展包括民营机构在内的中小金融机构，并积极给予引导和规范。可以借鉴国际成熟的经验和操作模式，结合苏州市现实情况，设立专门针对中小企业融资服务的银行等，解决中小企业在创业初期和成长期的资金投入和固定资产投资等问题，为中小企业提供更有针对性、更具实用性的金融服务和资金需求。

（五）完善网络登记程序，提高市场效率

相当一部分人群对网络登记存在错误认识，担心网络登记慢、网络登记难等，因此还是选择直接去现场登记。因此，苏州市一要简化网络登记程序，改善复杂化流程；二要提供工作人员对网络登记的审核速度，提高网络办事效率；三要加强网络登记知识宣传，改变群众对网络登记的错误认识。

四、优化人文与自然环境，为营商环境法治化奠定基石

良好的法治化营商环境必然是一个和谐稳定、开放包容、文明繁荣的社会环境，也是企业最根本、最核心的发展环境。经济发展与生态环境息息相关，营商环境的优化自然离不开生态环境的优化。只有努力构建生态文明，实现人口、资源、环境协调发展，才能实现营商环境的不断升级和优化。

（一）提升市民法治素质

全面提升市民法治素质，要强化"法治苏州"建设，加强宣传教育，为使文明素质教育全方位地融入社会生活，在宣传上下足功夫。开展"公益广告普及"行动，营造浓厚氛围。利用墙报、板报、内部刊物、电子显示屏、悬挂张贴法治文明礼仪提示用语等形式，宣传法治文明礼仪知识。苏州市的报刊、电视台、网站、新媒体等要加大对文明礼仪的宣传讨论力度，在新闻媒体开辟法治专栏专题，大力宣传市民法治文明规范。加大社会主义核心价值观社会宣传和"讲文明树新风讲法治守秩序"公益广告宣传力度，在手机运营商、主要商业网站以及公路沿线、城市出入口、公园广场、景区周边、车站内外等重要窗口、路段进行长期展示。开展法治文明主题活动，促进实践养成。在实处用力、促知行合一，让群众在参与活动中自觉践行法治文明行为。

（二）建设生态良好、环境优美的绿色宜居城市，加快推进美丽苏州建设

大力发展循环经济，不断提升绿色经济发展水平。加大基础设施建设力度，提供便捷、共享的公共服务。加强知识产权保护，使苏州市成为最具有吸引力的投资区域。完善综合生态治理机制，生态系统的良好是实现生态与营商环境良性互动的基本保证，在生态环境不乐观的状况下，会直接导致营商经济损失、机会成本、生态治理投入增加，因而使得经济效益不能达到预期的要求。建立生态治理机制就是要根据统筹财政收入数据、苏州经济发展特点及人口分布来确定具体的生态补偿机制，确定相应的生态补偿标准、建立补偿监测机制。明确生态环境中各方责任，通过奖惩机制来减少生态破坏，提高对生态保护的效果，营造一个优质、生态、健康、绿色的营商环境。

（三）创新社会治理模式，提高社会安全感

随着互联网的发展，"政民互动"成为社会治理的主要方式，因此，苏州要积极推进改变从自上而下、一元单向到双向互动的治理模式。要多用网络信息技术，以使政府部门更好地了解公众需求，更及时地了解民意。社会治理要以实现和维护群众权利为核心，发挥多元治理主体的作用，完善社会福利、保障改善民生，化解社会矛盾，促进社会公平，推动社会有序和谐发展。

（四）增强文化软实力，营造国际化营商文化氛围

要进一步扩大开放，紧紧抓住"一带一路"、"长江经济带"、自由贸易区等历史性机遇，努力建设国际一流自由贸易园区，着力以投资贸易为纽带，以产业为支撑，推动国际产能合作，为外资"走进来"、企业"走出去"创造有利条件。

第三节 "负面清单"管理模式的创设与深化

改革开放以来我国经济的快速发展，很大程度上得益于制度改革和市场化改革带来的巨大制度红利和改革红利。然而，伴随着我国传统比较优势的逐渐衰减、新竞争优势的"断档"以及前一轮改革红利与制度红利的逐渐消失，我国的经济增长正在由高速阶段向中高速阶段转变，增长速度进入换挡期，结构调整面临阵痛期，深化改革迎来深水区，前期政策经历消化期。在这"四期叠加"的环境下，中国经济进入了新常态。如何在这一重要战略机遇期，实现中高速增长阶段下的经济结构转型升级，成为重塑我国在世界经济中强国地位的重要战略部署。"清单"制度在此环境下获得了积极推进，从政府的权力清单制度到营商环境的企业负面清单制度，无不显示出国家进行政府服务转型和改善经济环境的决心。

一、"负面清单"模式的发展历程

"负面清单"作为一种市场准入的调控方法，首先被运用于经济领域，主要是通过列举法律所禁止的事项反向推导清单之外事项得以准入的法律机制。具体到社会治理领域，"负面清单"管理模式是指以否定性清单的方式列举公民、法人或其他组织不得进入的领域，而根据"非禁即入"的私法理念，各类主体均得依法准入清单之外的领域。"负面清单"模式提供了一种全新的治理理念，也开启了政府、市场、社会协同治理的新模式。与"负面清单"制度相对应的是"正面清单"制度，"法无禁止即自由"的"负面清单"立法理念比"法无规定不可为"的"正面清单"立法理念要先进得多。前一种理念既符合国际社会通行的法律理念和法律规则及市场经济本质要求，又符合苏州市扩大引进外资的实际情况需要。"法无禁止即自由"的立法指导思想也

是当今文明社会、法治社会的重要表现形式,它有利于限制政府滥权,鼓励外国投资。而"法无规定不可为"的立法理念,则与法治社会及市场经济要求格格不入,阻碍了外国投资。

在国际上,"负面清单"的理念可溯源至外商投资的业务领域,最初它是指一国在外商投资的领域中,基于公正平等的理念而对那些与"国民待遇原则"和"最惠国待遇"不符的管理措施均以列举的形式予以公开的形式,这相当于投资领域的"禁区",以此来保护外商投资者的信赖利益[1]。可见,"负面清单"模式主要适用于国际贸易和投资领域。然而,随着我国市场经济就是法治经济观念的进一步践行,对我国而言,"负面清单"制度的运作范畴也在逐渐变大而扩展至社会治理领域。

2013年9月,我国以上海自贸区为试点,在外商投资领域首次尝试推行了"负面清单"模式。2013年11月,党的十八届三中全会通过的《中共中央关于全面深化改革若干重大问题的决定》在第三部分"加快完善现代市场体系"中规定:实行统一的市场准入制度,在制定"负面清单"的基础上,各类市场主体可依法平等进入清单之外的领域。探索对外商投资实行准入前国民待遇加"负面清单"的管理模式。此后,"负面清单"模式在全国范围内得到认可,并被有计划地推行,成为新时期全面深化经济改革的重要突破口。

二、"负面清单"模式的法治意义

(一)"负面清单"模式契合简政放权目标

苏州市在推动全面深化改革,实施简政放权的背景下,积极推动行政审批模式和正面清单管理模式向"负面清单"管理模式转变。市场经济发展到今天,政府放松管制主要针对的是经济性管制,即放松或者取消市场进入、减少监管等诸多市场经济活动管制规则和条款的一部分或全部,减少政府管制市场经济活动的审批权限和范围;政府以清单的方式明确列出禁止和限制经营者投资经营的行业、领域、业务等,清单以外则充分开放,经营者只要按照法定程序注册登记,即可开展投资经营活动。推动政府经济管制活动从更多管制走向放松管制,更多地依赖市场自身的"手"来调节,政府只在事后处理调节在市场自我调节后存在的不合理情况。"负面清单"管理模式的运

---

[1] 纪林繁:《社会治理体系中"负面清单"的管理模式》,《行政论坛》2017年第1期。

行意味着各类市场经营者可依法自由平等地进入清单之外的各个领域,扩大和保障了市场经营者参与市场自由竞争的范围与机会,活跃并繁荣了市场发展。

"负面清单"模式放宽了市场准入标准,将政府与市场的界限明晰化、法定化,政府依法行政,在经济管制中,除非法律明确授权,否则不能主动干预市场主体的经营活动、扰乱市场自由公平的竞争秩序,这充分诠明了"法无禁止即可为"的制度价值和经济潜能,也成为政府放松管制的第一步。

(二)"负面清单"模式是私法自治的集中体现

"负面清单"管理模式与私法自治的联系,首先表现在保护市场主体行为自由精神和理念的一致性,即都主张减少公权力对私人领域的过度介入,扩大市场主体依法享有的行为自由①。私法自治原则确认主体可依据自己的自由意思设立法律关系,并实现其预期的法律效果,即给主体提供了一种受法律保护的自由。相对于公权力而言,私法自治是免受非法干预的自由;相对于主体自身而言,旨在实现其在法定范围内的"自治最大化"。私法领域遵循的最高原则便是私法自治原则,公法不加以禁止的范围均由私法主体进行意思自治。"负面清单"模式符合"法不禁止即自由"的法治理念,这种法治理念也是私法自治的集中体现。

"负面清单"模式的出现真正落实了私法自治的基本要求,使私法自治不只停留在理念层面,而具有了现实的操作意义。借助"负面清单"模式,可以有效而科学地规范法律未作规定的"空白地带",从而使私法自治得到有效的实施。

"负面清单"管理模式是私法自治的重要保障,按照"负面清单"的本来含义,只有法律才能规定市场主体不得进入的领域,这从反面对设置市场准入门槛进行了规范和限制,从而极大地保障了私法自治的实现。

(三)"负面清单"制度促进治理的公平正义

公平正义反映的是一定社会的权利和利益关系,是社会资源和财富在社会各类主体之间的合理配置。"负面清单"制度中包含着公平治理的思维方式:一是"负面清单"制度遵循了法治理念,强调以法治思维来考虑问题,

---

① 王利明:《"负面清单"管理模式与私法自治》,《中国法学》2014年第5期。

用法治的方式来实施治理。"负面清单"制度以法治的方式为市场主体设定准入标准和规则，纠正人治思维，改变治理中行政命令等行为，使治理在法治轨道上更加趋向公平；二是"负面清单"模式推动治理的民主化，实现了从实质上的"政府当家做主"向真正意义上的"人民当家做主"的转变；三是遏制了权力扩张，权力滥用，防止腐败大量滋生。

促进社会治理的公平正义，就是要通过改革，使发展的成果惠及全体人民，由人民共享。在社会治理领域，引入"负面清单"制度，能够通过赋予社会更多的自治空间和自治权力而使治理更好地适应社会千变万化的复杂情况，不但能提高治理的有效性，而且更能为治理注入公平正义的内涵，有利于打破利益和阶层固化的藩篱，给社会各类主体提供均等的竞争机会、赋予同等的身份待遇。引入"负面清单"制度来完善社会公平保障体系，是保障社会公平正义的重要制度基础。

总之，"负面清单"制度的探索和实施是推进我国治理体系和治理能力现代化的重大实践，是实现治理公平正义的重要突破口。

三、"负面清单"在苏州的落实

从我国的国内形势来看，改革开放的基本国策未变，经济长期向好的根本态势未变，仍处在一个可以大有作为的重要战略机遇期。我国综合国力和国际地位持续攀升，已成为世界第二大经济体、第一工业大国、第一货物贸易大国和主要对外投资大国，国际政治经济治理话语权明显加强，比以往更有条件主动营造国内发展新环境、谋划对外开放新格局。我国自由贸易试验区、"一带一路"、长江经济带等国家倡议的实施，为苏州市建立全方位开放格局打下了坚实基础，创造了有利条件。但同时，我国正处于全面深化改革的攻坚期，经济增速换挡、结构调整阵痛、动能转换困难相互交织，有效需求乏力和有效供给不足并存，"三期叠加"效应明显，经济发展面临速度换挡节点、结构调整节点、动力转换节点等新情况新问题，增加了经济发展的不确定性。

就苏州市自身情况来看，发展更高水平的开放型经济、从开放大市向开放强市转变，已经具备坚实基础和先导优势。进入改革发展新的关键时期，苏州所具有的战略区位优势、国际制造优势、开放平台优势、历史人文优势、生态本底优势等方面的核心优势将进一步体现。同时，苏州市在跨境电商、服务贸易、跨境人民币等多个领域创新试点全面推进，开放型经济体制改革探索走在全国全省前列，但是，苏州创新驱动内生乏力，相对于珠三角新兴开发区及上海、天津、广东和福建等地自贸区，苏州处于明显的政策劣势，在吸引外资服务业方面能级明显不足。

"十三五"时期苏州开放型经济发展面临的环境仍然错综复杂，机遇与挑战并存。必须更大力度推进开放提升战略，顺应形势、积极作为、精准定位，深入拓展经济国际化的路径和举措，彰显苏州开放型经济的新特色和新亮点，在全球更大范围内配置利用资源，破解资源要素的瓶颈制约，才能在开创对外开放新局面中获得更强动力和更大空间①。因此，在苏州引入"负面清单"的管理模式，这既有助于推动苏州市社会治理方式的科学化，也有利于解决苏州存在的吸引外资能力不足等问题，是实现社会治理创新的有益尝试。

就苏州如何引入"负面清单"模式，我们可从上海设定自贸区试点运行中总结经验。可以用上海自贸区的"负面清单"比较现行的《外商投资产业指导目录（2011年修订）》，后者是经国务院批准、自2012年1月30日起施行，按鼓励类、限制类和禁止类来规范外商投资市场准入的目录。首先，在内容及其变化上，上海自贸区的"负面清单"一方面依据《外商投资产业指导目录（2011年修订）》，但另一方面又"超越"了该指导目录，把散见于其他部门规章中对外资准入禁止或限制的内容，加入上海自贸区的"负面清单"中。例如，有些在《外商投资产业指导目录》中没有列入禁止类的，在"负面清单"里列为禁止项目，包括：禁止盐的批发；禁止投资文物拍卖；禁止投资文物商店；禁止直接或间接从事和参与网络游戏运营服务；禁止投资经营互联网数据中心业务；禁止投资经营性学前教育、中等职业教育、普通高中教育、高等教育等教育机构②。上海自贸区的"负面清单"将外商指导目录已经存在的禁止或限制性规定，以更透明的方式将之列出来。上海的"负面清单"的内容不是一成不变的，每年清单的内容不同行业的"限制""禁止"措施随着版本的变化而有增有减，但是总体趋势是逐年减少，内容更简化，自贸区发展的金融、投资以及物流等重点领域也更加清晰，但是调整幅

---

① 苏州市人民政府：《市政府关于印发苏州市开放型经济"十三五"发展规划的通知》。
② 龚柏华：《"法无禁止即可为"的法理与上海自贸区"负面清单"模式》，《东方法学》2013年第6期。

度比较大,调整相对比较频繁。其次,从决策和实施流程来看,上海"负面清单"管理主要可以分成三个层次:目标层、准则层和方案层。在确定目标(引进外资、发展经济)的基础上,考虑设定相应的引进原则(保护敏感产业、提高外资进入效率),并根据国内经济行业门类、引进外资方面的相关规定以及自贸区行业发展重点等进行分析,分行业拟定行业限制措施。① 这些限制措施的拟定,可以相应区分重点行业领域及一般行业领域,结合其实际资金引进情况,分别讨论。其后再综合起来进行分析论证、筛选,形成备选方案以供决策。实施阶段,主要是在实施过程中,对实施的经济性、效果性和效率性进行分析评价,反馈问题,找出应对方案,以便在下一轮决策时统筹考虑。

当然,"负面清单"模式在运行中会存在一些问题,比如"负面清单"内容设定是决策在先,是无法预知后果的;再如不同文化背景的人对同一个"负面清单"内容的认知也可能出现差异。但总体上看,上海的"负面清单"模式已经充分显示了负面清单管理模式的优越性,即激活了市场主体的活力,限制了政府的自由裁量权,促进了政府行政行为的公开化、透明化,同时形成更为高效的市场主体监管制度。上海自贸区的"负面清单"管理模式在政府职能转变、市场自由度提升、规范政府与市场边界上发挥了重要作用,也是政府行政审批与监管改革上的重要举措。当然,汲取精华的同时,苏州市在创设及深化这项制度时也要注意规避其中的缺陷与不足。

对此,苏州市在探索应用"负面清单"管理模式时应注重以下几点。

1. 扫清"负面清单"模式实施的阻碍

"负面清单"模式是一项兼具经济领域与政治领域的改革,在经济领域,它涉及广大的市场业务,涉及投资管理体制改革等;在政治领域,涉及政府权力运行和既有利益关系调整。这就决定了推行"负面清单"模式绝非易事,而是会遭受诸多阻碍。一要突破法律制度框架对新制度的束缚。苏州市立法机关应在宪法和法律的指导下,根据中央的决策部署,率先立法、模范立法,填补法律漏洞,将有关"负面清单"的国民待遇落到实处;二要改变政府管

---

① 魏晓雁、郑晓妹、吴大器:《上海自贸区"负面清单"管理模式探析》,《华东经济管理》2016年第5期。

理理念，完善政府职能。必须转变理念，与时俱进，弱化行政审批，同时加强监督管理和提供公共服务。

实施"负面清单"的管理模式是政府简政放权的一个关键性举措，但是，基于这种模式的社会治理是高度开放的。在政府管制锐减的情况下，如果相关的法律设置并不健全、办事程序不完善，而政府调控式的管理又跟不上，那么极有可能构成对政治安全的挑战①。所以，政府部门要妥善处理改革、发展与稳定之间的关系，严格执法和办事程序，建立综合的社会治理监管系统，力争在复杂的改革局面中取得政府简政与公民确权的双赢结果。

2. 制定合理、科学的"清单"内容，为新模式定好基础

制定一份科学合理、质量优良、切实可行的"负面清单"，是实行"负面清单"管理模式的首要任务，也是"负面清单"模式的关键所在。制定"负面清单"绝不能简单地将"正面清单"由"正"转"负"，而是要基于合理的准则，科学的方法来制定。一是在处理政府与市场关系的基础上，明确政府的作用，充分保障市场自主，对各行业各门类进行重新分析评估，尽量缩短清单条目，从而确保"负面清单"的制定质量。二是及时关注和借鉴上海自贸区的经验，结合本地的实际情况，适时设置相应的清单内容。在初始实行阶段，"负面清单"项目不宜设置得过于繁复庞杂，尽量简单易懂，要根据社会发展状况与时俱进地推进清单内容的及时变更。清单内容针对的对象是市场经济，而市场经济是千变万化的，因此需要及时对市场经济中出现的问题对清单内容作出相应的调整，从而避免规定过于死板和僵硬。三明确清单内容的制定依据，不能简单就《外商投资产业指导目录（2011 年修订）》的内容照搬照抄，要根据本地实际情况制定合理的内容。当然，清单内容的制定不能违反国家法律法规。

3. 制定相应的配套制度，形成完整性、系统性的新模式

"负面清单"模式的推行是一个复杂工程，不是仅仅模式内容制定好或者只把这个模式运行好了就可以，还需要一系列的配套制度，才能使"负面清单"管理模式更具有完整性和系统性。一是要完善监督管理制度，"负面清单"模式的实行意味着政府的简政放权、市场主体更具有自主性，因此市场

---

① 纪林繁：《社会治理体系中"负面清单"的管理模式》，《行政论坛》2017 年第 1 期。

主体拥有更大自由的同时可能会导致市场出现紊乱，这为政府监管市场增加了难度。所以，苏州市完善市场监管制度是推行"负面清单"管理模式的必须一步，只有一套合理有效的监管管理制度，才能更好适应新管理模式的需要。二是针对社会信用缺失问题，加快苏州社会信用体系建设。尽快落实政府信息公开制度，并对政府信息披露情况开展第三方评估。建立跨部门的有效信息共享和联动协作机制，打破信息孤岛，促进部门间信息开放与互联互通。扩大政府信用数据使用范围，促进信用信息的开放和共享。继续探索和完善信用激励与惩戒机制，对严重违法失信主体实行市场禁入制度，对失信主体依法予以限制或禁止，对守信主体予以鼓励。三是完善行政备案制度，"负面清单"模式下更多领域不再按照审批制度，而是备案制度，因此，有效的合理的备案制度是保障模式运行的重要环节。

4. 加强事后监管，维护市场经营环境的公平和正义

实现从"事前审批"向"事后监管"转移，是有效应对"负面清单"模式下市场过度自由可能带来的问题。加强事后监管，才能更好地保障市场的健康发展。一是建议探索"监管清单+网络监管平台"的现代化监管模式。可以借鉴成都经验，编制"监管清单"，明确列明监管部门、监管内容、监管标准、监管措施，清晰地向社会公开由谁来管、管什么、怎么管，使监管更加具体化、透明化、规范化。同时利用互联网、大数据等现代技术建立网络监管平台，实行网格化移动式管理，监管机构可将监管区域进行划分，并组建巡逻执法队伍，为每名巡逻执法人员指定巡逻区域并配备专业手机，手机内装有监管清单列表终端APP和自动定位系统，巡逻人员定期按照监管清单列表对负责区域进行监督检查，如发现问题可及时处罚，并需将发现的问题、处罚程序、处罚信息等及时上传至监管平台。① 二是建议切实提高基层监管机构能力建设，提高监管机构队伍建设，吸收高素质高学历的年轻队伍加入，提高监管法治水平，配合监管机构改革。进一步改善基层的监管基础设施，完善监管系统技术和装备，以提高监管效率。三是建议建立快速处罚解决机构，推行多元解决机制。监管部门可成立综合服务大厅，对市场监管提供一

---

① 赵伟欣：《推进"负面清单"、权力清单和责任清单制度，处理好政府和市场关系》，《现代管理科学》2016年第8期。

站式服务。监管部门还可以成立专门的执法小组，对突发的市场监管问题进行处理解决。另外，可以综合运用多种监管手段，实现市场监管方式的根本转变。构建多元主体下的监管机制，整合包括政府、社会组织、社会公众等主体在内的监管力量，形成市场监管新格局，增强市场监管体系建设的科学性、系统性、协调性。

5. 提高防范风险的能力，构建风险防御体系

市场经济存在不确定性、复杂性，因此"负面清单"模式面临两个方面的风险：过程风险和系统风险。过程风险包括"负面清单"制定过程中风险和实施中的风险；系统风险是环境风险，包括自然环境风险和社会环境风险。"负面清单"制定过程风险集中体现在：媒体或公众对"负面清单"内容认知偏差引发的风险、媒体及舆论导向的影响、"负面清单"制定方与受众之间理解不一致、上一轮清单实施中发现的问题能否在本轮解决、上一轮清单是否达到预期效果、不同行业投资者对限制措施的敏感度等。"负面清单"执行中的风险主要有：信息不对称、受众的规模不确定、沟通协调机制不完善、发展重点不突出等；而"负面清单"的系统风险主要包括：国际政治经济环境发生了怎样的变化、法律法规是否发生变化、文化差异、办事环节是否得到改进、园区环境是否发生变化等。① 因此，无论是在决策阶段，还是实施阶段，风险控制的理念都应贯穿始终，做到全环节、全面风险控制。

构建风险防御体系需要做到：一是建立健全风险防御管理制度。在制定"负面清单"的同时应同步进行风险防御管理制度设计，包括安全审查制度、反垄断审查制度、社会信用体系、企业年报公示和经营异常名录制度、信息共享和综合执法制度、社会力量监管制度等。在"负面清单"实施时也要健全风险防御管理机制，对可能发生的风险进行提前预防，避免市场主体在突遇风险时的手足无措。二是综合运用各种风险防御手段。可以用于防御"负面清单"管理风险的手段包括反垄断审查、城市布局规划、环境和生态保护要求、劳动者权益保护、技术法规和标准等，以及构建信

---

① 魏晓雁、郑晓妹、吴大器：《上海自贸区"负面清单"管理模式探析》，《华东经济管理》2016年第5期。

息共享平台、实施风险监测和风险评估、构建风险预警系统和风险应急机制等[1]。综合运用这些风险防御手段，可以有效应对和化解"负面清单"管理中产生的诸多风险。三是进一步完善市场化退出机制和企业破产制度。市场退出机制是防范和化解"负面清单"管理容易产生的市场风险的有效手段。完善市场化退出机制，有利于增强市场主体的风险忧患意识，以督促市场主体自我行为的规制，同时加强市场主体为应对市场中不断出现的变化、风险等，自我完善，自我加强，以提升抵御风险能力，从而不被市场淘汰。企业破产制度的完善，有利于规范市场主体的破产程序和破产行为，最大限度减轻企业破产对市场经济造成的不稳定影响和其他潜在风险。四是学习发达国家防范投资风险的意识，通过多种渠道尤其是完善的外资监管体系来保护产业发展和安全。开放投资准入的过程中，增强自身经济实力，重视保护民族产业发展空间，完善真正有效的外资监管体系。可以借鉴美国等发达国家在全球积极推行"负面清单"模式时，都积极设置了众多的例外条款来保障安全。因此我们可以充分谨慎并参照引进和完善这些例外条款，明确规定责任义务，以最大限度地避免风险发生。

市场经济本质上是法治经济。法治环境是影响苏州市经济发展的重要指标之一，是构建公平市场机制的基础。"十三五"时期既是全面建成小康社会的决胜阶段，也是经济转型的关键时期，对营商环境提出了新的更高要求。党的十八届五中全会指出，要完善法治化、国际化、便利化的营商环境。因此，我们务必深刻认识法治化营商环境的重要作用，清晰定位政府与市场的边界，以建立政府权责清单制度、市场准入"负面清单"制度等为抓手，进一步推进法治政府建设，营造公平有序的发展环境。

---

[1] 陈朝兵：《"负面清单"管理在我国的缘起、应用价值与推广路径》，《现代经济讨论》2015年第8期。

第十四章 加大知识产权保护力度,全面推行知识产权强市战略

近几年来,苏州市知识产权系统围绕提升创新能力、加快转型升级、提升知识产权质量、提高知识产权效益的目标,切实增强企业知识产权综合运用能力,加大知识产权保护力度,完善知识产权服务体系,有效发挥知识产权对创新驱动发展的支撑和引领作用,知识产权创造运用的质量和效益明显提升。但是,知识产权数量与知识产权能力未实现协调发展,企业出现关键技术受制于人的困境、全市人均专利拥有量较少、仍然缺少知名品牌、知识产权贸易亟待逆转等,这些现象说明知识产权宣传与保护力度仍然需要进一步加强,全面推行知识产权强市战略是提升苏州市核心竞争力的题中应有之意。

第一节 知识产权法治建设对城市核心竞争力至关重要

努力推进知识产权法治建设,对提升苏州核心竞争力具有重要意义。知识产权法治建设的重要目标是提高经济的贡献度,将技术密集型产业转化成为知识产权密集型产业。大力发展高质量的知识产权产品生产,将知识产权成果转化为高价的社会经济利益,以提升苏州市经济发展水平。要积极倡导知识产权文化自信,构建公平公正的市场竞争环境,扎实推进知识产权质量提升,树立保护知识产权就是保护创新的新理论,推动创新型经济稳步发展,平衡新时代背景下的多方利益需求,全面提升苏州核心竞争力。

一、有利于构建公平公正的市场竞争环境

良好的法治环境可以提升区域的影响力,促进生产力的发展。当下经济

正处于转型当中,而公平竞争是市场经济的命脉和本质特征,也是现代市场经济条件下实现经济公平乃至于社会公平的必然要求。在现代市场经济的条件下,市场调节并不能够完全实现公平竞争,要达到公平、公正的市场竞争,必须要构建良好的法治环境。知识产权法治建设,有利于保证市场机制在配置资源中发挥效力,保证在经济转型的过程中正确把握市场公平竞争及其实践路径,依法规范有关各方的权利和义务,加强市场监管、维护竞争秩序,形成统一领导、协同发展的良好局面,构建公平、公正的市场竞争环境,增强苏州市的核心竞争力。

(一)加强市场监管,维护竞争秩序

通过知识产权法治建设而确立公平合理的竞争规则,使市场竞争行为在偏离竞争规则时会因损害资源配置效率和社会整体利益而付出代价,公平竞争的市场环境才能真正形成。通过深入贯彻和落实《中共中央关于全面深化改革若干重大问题的决定》中关于改革市场监管体系,反对不正当竞争,建立统一开放、竞争有序的市场体系的要求,建立良好的知识产权法治环境。①尤其是《反不正当竞争法》的实施,保证了社会主义市场经济的健康发展,对鼓励和保护公平、公正的市场竞争,制止不正当竞争行为,保障社会主义市场经济的健康发展,保护广大经营者和消费者的合法权益,都具有重要意义。

在知识产权执法方面,市工商局开展"打击侵犯商标权违法行为"专项行动,以驰名商标、涉外商标为重点,组织开展打击"傍名牌"等不法行为。市质量监督局为创造良好的苏州市场投资发展环境,维护品牌企业的知识产权权益,积极开展了保名牌、助发展等系列工作。在知识产权司法案件当中,检察院就有关注册商标专用权、侵犯知识产权和制售假冒伪劣商品等行为依法立案调查,苏州市两级法院也在知识产权司法保护工作中取得较为显著的成果。苏州市知识产权法庭审理的某房地产商擅自以"钓鱼台"为小区命名,随后进行宣传销售的商标侵权案,入选"2016年江苏法院知识产权司法保护十大案例";审理的新百伦贸易(中国)有限公司诉某体育用品有限公司商标侵权及不正当竞争案中,依法认定被告恶意商标侵权及不正当竞争行为成立,

---

① 蔡滟:《法治市场建设策略研究——以苏州市为例》,《中国市场》2017年第14期。

并一审全额支持原告1 000万元的赔偿请求，美国《纽约时报》等媒体对该判决给予充分肯定。从知识产权立法到执法都涉及了对商业秘密的保护，保护竞争者的技术信息和经营信息，防止商业秘密遭到侵犯，并且规定国家机关工作人员以及律师、注册会计师等专业人员对其业务活动当中知悉的商业秘密负有保密义务。确保经营者在经营活动和市场竞争当中遵循自愿、平等、公平、诚实信用的原则，恪守公认的商业道德，杜绝以不正当手段从事市场交易，损害其他经营者的合法权益，扰乱竞争秩序的行为。通过加强对市场的监管力度，确立公平的竞争规则，从而保证知识产权市场的有效运行，维护良好的市场竞争秩序。

(二) 制定合理竞争政策，引导市场竞争行为

政府制定和实施的竞争政策，决定了市场竞争机制运作的一系列行为准则。缺少健全的竞争政策，必定会导致竞争过程被阻碍和扭曲。相反，制定和实施竞争政策，可以遏制或是限制扭曲市场的行为，保障苏州市经济持续健康发展。通过将知识产权领域内法律的集中实施转化为常态化的外部监督和内部自律，强化竞争政策对市场行为的引导，以营造公平竞争的市场环境。

为加快知识产权强市建设，根据工作实际，市知识产权局印发了《苏州市2016年度知识产权执法维权"护航"专项行动方案》和《苏州市开展打击网络侵权盗版"剑网2016"专项行动实施方案》，根据专利"护航"、版权"剑网"以及全市"双打"等专项行动的部署要求，开展了一系列专项执法和联合执法行动，突出重点领域，突出上下联动，突出新业态保护，查处了一批侵权假冒案件。①

江苏省财政厅、江苏省知识产权局制定了《关于印发〈江苏省省级专利资助资金管理办法〉的通知》，苏州市政府制定了《关于贯彻落实〈国家知识产权战略纲要〉加快构建知识产权高地的若干意见》，并设立苏州市知识产权专项资金，同时制定了《苏州市知识产权专项资金管理办法》，明确知识产权资金使用和管理应符合相关法律规章和国家宏观经济政策，遵循公开透明、择优支持、科学管理、专款专用的原则，严格规范知识产权项目的审批，使得知识产权市场竞争透明度和诚信度提升。

---

① 苏州市知识产权局：《2016年苏州市知识产权发展与保护状况》。

(三）树立公平竞争观念，形成良好竞争氛围

我国知识产权事业发展的历史不长，尚缺乏培育知识产权文化的土壤，需要把知识产权工作纳入法治化轨道，通过知识产权法治引导公众提升知识产权意识，自觉尊重和保护知识产权，使知识产权法治融入整个法治社会建设中去。知识产权法治建设有利于形成现代市场经济条件下的市场竞争公平观。在当下的经济环境当中，许多在市场中曾经占有优势地位的企业面临转型，甚至是从产业密集型产业转向知识产权密集型产业，但往往面临一定阻力。在全面深化改革的关键时期，知识产权法治建设所形成的竞争氛围至关重要，因为这有利于更好地抵制滥用市场支配地位的垄断行为、维护经济民主、倡导公平竞争、保护中小企业和高新技术企业的发展，维护消费者的利益。以市场竞争公平观为核心的竞争氛围不仅是市场竞争走向文明的重要标志，还是凝聚社会共识、推动社会和谐发展的强大动力。伴随着知识产权领域的法律，尤其是反不正当竞争法的深入实施，以及国家竞争政策的贯彻落实，公平竞争观念日益深入人心，良好竞争氛围得以培育，在全社会的范围内树立起尊重知识、崇尚科学和保护知识产权的意识，对营造鼓励知识创新和保护知识产权的法律环境意义深远。

二、有利于发展模式创新和产业转型升级

国务院《"十三五"国家知识产权保护和运用规划》（以下简称国务院《"十三五"规划》）提出了坚持创新引领的基本原则，推动知识产权领域理论、制度、文化创新，探索知识产权工作新理念和新模式，厚植知识产权发展新优势，保障创新者的合法权益，激发全社会创新创造热情，培育经济发展新动能。从苏州当下的发展来看，产业发展已进入到了以结构调整为主的中高速增长"新常态"，提高企业创新能力尤其是核心技术的自主研发能力，是支撑经济持续健康发展、摆脱全球价值链"低端锁定"、实现工业"由大变强"的关键。知识产权法治建设在推动苏州市产业实现这种跨越式转变中起到重要作用。因此，要继续坚定不移地深入实施国家和江苏省知识产权战略，着力加强知识产权保护，通过营造良好的制度环境为苏州市企业创新能力特别是核心技术能力的建设保驾护航。加强知识产权法治建设有利于苏州市现阶段工业创新能力，加大知识产权保护力度通过激励企业加强对核心技术成果的自主研发，从而对核心技术能力的提升产生更大的影响力。

(一) 全面优化公共服务，引领企业发展方向

知识产权法治建设有利于企业在市场竞争当中稳步发展。国务院《"十三五"规划》提出政府应当完善知识产权运营公共服务平台，加强知识产权交易运营体系建设的新要求。苏州市政府全面优化知识产权公共服务，推行知识产权运营服务方案，建立产业知识产权运营中心、搭建知识产权公共平台、强化知识产权信息利用手段、完善知识产权专业服务。市知识产权局助力知识产权公共服务平台的构建，提供专利信息检索、查新、咨询服务；开展知识产权统计分析评估；开展行业及企业知识产权战略预警研究等公共服务，为企业的知识产权运营"保驾护航"。

苏州市知识产权局为企业建立专利导航工作机制，充分发挥互联网等信息技术的作用，将专利信息资源与企业的发展深度结合，推动专利的高端运用。苏州工业园区积极开展知识产权运营试点，全面构建纳米产业专利联盟，形成专利信息分析与产业运行决策深度融合、专利运用有效提高产业运行效率的发展格局。专利导航为企业的发展制定战略，为产业转型的升级指明道路。

(二) 激励企业提高创新效率，促进协同创新

《江苏省"十三五"知识产权发展规划》提出提高知识产权创造水平，抢占经济发展制高点的要求，政府要培育高价值专利，推进高价值专利培育示范载体建设；培育高知名度商标，促进高知名度商标产出；培育高影响力版权，促进高影响力版权创造。苏州市政府及苏州市知识产权局大力推广和引进专利技术，有效节约创新时间，避免重复研发，为苏州市科技创新机构与人员提供模仿学习的机会，有助于把有限的创新资源运用到更核心更关键的技术开发领域，优化创新资源的配置，提高创新效率。通过专利技术的引进模仿消化吸收，促进技术的再创新，有效地形成专利组合，形成创新的后发优势，开发系列新产品，促进知识产权贸易的发展。① 伴随着相关知识产权产品引进苏州市场，物化在其中的创新成果将会产生技术外溢效应，有利于苏州本土企业模仿吸收再创新。同时，知识产权法治建设也在努力探索如何推

---

① 顾晓燕、田家林：《知识产权贸易对创新驱动战略实施的影响机制》，《现代经济探讨》2014 年第 10 期。

进知识产权的转化运用，推进知识产权向现实生产力转变，实现从专利大市向专利强市的跨越，相关知识产权产品的进口贸易在知识产权的转化运用方面起到了良好的示范效应。

知识产权贸易盈利反哺企业技术再创新，促进知识产权产业化进程，增强企业的核心竞争力开拓更广阔的市场，赢得更多的利润，从而进一步促进自主知识产权再创造，进入良性循环。伴随着贸易双方的交流沟通、技术培训、技术服务等，有利于知识特别是隐性知识的共享转移，有利于了解行业技术领域的新动态新成果，有利于双方技术成果的融合，刺激和促进双方优势互补、协同创新。贸易双方的交流沟通有利于了解对方市场的需求，使得以市场需求为导向的技术协同创新和产品协同开发更具生命力。

（三）加强知识产权保护力度，为创新型经济发展提供保障

企业是推动创新驱动发展的生力军，增强对我市企业知识产权保护力度，对于切实发挥知识产权对经济社会发展的支撑保障作用、增强创新驱动发展新动力具有重要意义。苏州市法律援助机构完善对企业维权援助工作机制。市工商局和市质量监督部门加大知识产权执法力度，落实国务院《"十三五"规划》中提升民生领域知识产权保护水平的要求，加大对食品、药品、环境等领域的知识产权保护力度，健全侵权假冒快速处理机制，加强农村市场知识产权行政执法条件建设，针对电子、建材、汽车配件、小五金、食品、农资等专业市场，加大对侵权假冒商品的打击力度，严堵侵权假冒商品的流通渠道。尤其是苏州市知识产权法庭在案件审理的过程中，往往能够根据专利的创新程度来确定其保护的范围和保护的强度，对于违反诚实信用原则、明显利用或盗取他人技术的行为，依法予以否定评价。对于明显不具有新颖性、创造性的专利，根据现有技术抗辩情况依法驳回保护请求。在审理顾某诉常州永安公共自行车系统股份有限公司侵害发明专利权纠纷案中，打破常规，依法裁定不准许顾某撤回起诉，以判决方式宣告顾某的专利不属于基础性专利，永安等共享单车经营主体不构成侵权。

苏州市政府及苏州市知识产权局通过整合现有社会资源，开展有针对性的专项行动，加强对企业知识产权的保护力度，为激励企业创新发展提供有力的保障。在知识产权跨境合作当中，苏州市企业往往面临严格的专利制度挑战，苏州市政府及苏州市知识产权局完善境外信息收集、政策研究、维权

保护机制，帮助企业寻求知识产权争端解决措施，推动企业、科研机构、高等学校等联合开展海外专利布局工作，指导企业海外获权，加强涉外知识产权风险防范，构建企业知识产权预警机制，规避知识产权纠纷。

知识产权法治建设促进苏州市产业创新能力的提升，并且对以发明专利为核心的技术成果的作用效果更加明显。政府和有关机构强化知识产权保护，企业加大研发经费和研发人员的投入，专利技术逐步引进，可以使创新产品数量增加，专利所代表的创新能力也会提升。通过充分发挥知识产权优势，带动企业强化自主创新能力，处理好自主创新和自主知识产权的关系，充分运用法律和市场手段保护创新成果。

三、有利于协调新形势下多元利益的冲突

《江苏省"十三五"知识产权发展规划》指出，政府应当"加快知识产权权益分配改革，优化以增加知识价值为导向的收益分配机制，调整政府、单位以及发明人、权利人和社会公众之间的知识产权利益分配，形成科学合理的权益分配结构"。苏州市知识产权法治建设顺应科技的发展，满足互联网环境和数字化进程的要求，解决数字化环境下的私人使用危机，允许数字网络中教育性复制，满足公众对于获取信息和技术的需求，推动知识和信息的传播、促进科技和文化进步的条件下将权利人的利益最大化。知识产权与"利益"存在着天然的联系，主要表现为权利人通过被赋予专有权而获得对知识产权经济上的独占。随着科技的发展、市场细分的深入，利益主体的分化也在进一步加快，这种情况也会出现在知识产权法的视野之中。在知识产权法中的利益冲突按照不同的利益主体主要体现为：私人利益和公众利益的冲突，创造者与传播者之间的利益冲突，管理者和创造者之间的利益冲突。[①] 弥补平衡利益上的诸多的不足之处，必然会在知识产权制度设计的过程中，既注意到知识产权保护的有效与充分的一面，还注意到其合理与适度的一面，建构合理的知识产权的利益平衡机制。

（一）平衡私人利益和公众利益之间的冲突

知识产权法治有利于完善公众对信息的获得及再创造。知识产权是属于

---

① 创造者包括高校、科研机构及其工作人员、企业，其中，高校、科研机构及其工作人员的利益都在于获得经费、提升地位、科研成果得以转化为现实生产力等，而企业不管是作为技术创新者还是作为运用者，其利益都在于市场竞争力的增强和利润的上升以及企业品牌的打造。

智力成果创造者的一项专有权利，然而它却并不排斥社会公众对智力成果的接近与再创造。所以，在构建知识产权利益平衡机制时，适度对权利人的专有权利进行限制成为至关重要的制度设计。在互联网环境下，允许个人为了学习、科研的目的对作品进行少量的复制，即满足公众的获取信息和知识的需求，达到权利人和公众之间的利益平衡。专利法中的充分公开的机制，这一制度体现了知识产权法治当中利益平衡的一般机理，即既对知识产品创造的鼓励，又对社会公众接近知识和信息的保障。专利技术的公开使得公众能够接近专利发明。这种公众对发明的接近应当看成是专利制度的本质内容之一，因为它既使竞争者从被公开的发明中学习知识，能"站在巨人的肩膀上"继续进行创造活动，从而使他们能够在原有的发明的基础之上作出更好的发明，也使一般的社会公众特别是技术人员通过专利信息，获得知识和信息，增进自己的学识。①

（二）平衡创造者和传播者之间的利益

知识的广泛传播可以提高社会的知识水平，为新的信息和技术的产生创造条件。但如果没有知识产权制度的保护，为了维护自身利益，知识产品的创造者肯定会对自己的智力成果严加保密，这样就会阻止知识在社会上的传播和使用。

合理的知识产权制度既对权利人提供保障，也对其专有权进行一定程度的限制，使其能够通过法律途径收回创造成本，从这个角度来看知识产权制度是有利于创作者将智力成果投入市场、向社会公开的，从而促进知识的传播与扩散。例如，作品的商业化运作机制使得著作权的利益回报成为可能，著作权的这种市场交互机制既保证了著作权人利益的实现，也促进了作品的传播与交流。另外，《著作权法》通过保护期限、合理使用、法定使用、权利穷竭等制度安排，为著作权领域保留了一个公有领域，使得公众可以自由使用作品、接近和获得信息。通过市场机制和公有领域的保留，《著作权法》通过制度设计实现作者与传播者、公众利益的分享和平衡，从而保持整个著作权市场的活力。现代知识产权法的理念是权利人的利益和社会公众利益的双

---

① 冯晓青：《专利法利益平衡机制之探讨》，《郑州大学学报（哲学社会科学版）》2005年第3期。

重保护，平衡二者的利益关系是知识产权立法的基本宗旨和目标。①

随着市场经济的发展，竞争者之间也提出了关于利益平衡的更高期待。例如商业标志的保护中，基于历史原因形成的字号和商标的冲突与共存的问题。在无锡机床股份有限公司和无锡开源机床集团有限公司不正当竞争纠纷案中，苏州知识产权法庭的法官在充分地梳理了双方历史发展脉络的条件下，在尊重历史的基础上，对字号、商标权利的归属做出了兼顾双方企业利益的认定。

（三）平衡管理者和创造者之间的利益

管理者的利益在于取得管理绩效，增强国家竞争力，保证知识产权法律制度的贯彻实施，维护知识产权人的合法权益。高校或科研机构的创造者和企业的创造者的利益所在也不尽相同，但都是为了使其智力成果发挥最大的经济效益和社会效益，而进行一系列的经营活动。管理者更加注重的是社会的整体效益，在知识产权战略制定、制度设计、流程监控、运用实施、人员培训、创新整合等一系列管理行为中维护整体利益，而可能忽略或者侵犯创造者和使用者的利益。利益冲突的产生也就成为自然而然的事情。

苏州市政府推行的一系列政策，为协调管理者和权利人之间的利益作出了贡献。苏州市政府针对目前的知识产权保护状况，明确了权利归属与管理方式，开展多层次、多步骤的知识产权管理与促进工作。加强高校和企业自身的知识产权管理系统，同时注重科研人员配套奖励机制的建立。苏州市政府在产业政策和发展规划中也将发展高新技术企业摆到了优先的位置，在财税、信贷和采购等政策上予以扶持。苏州市政府建立了以鼓励自主创新为主要内容的奖励激励机制，将知识产权与科技奖励相协调，将市场激励与政府奖励相结合，构建良好的科技创新的激励环境。

利益平衡机制是知识产权保护制度中相伴而行的产物，随着时代的发展，社会的各种因素决定了知识产权保护制度需要做出相应的调整，知识产权法治环境的建设有利于对利益平衡机制及时、有效地制定出调整措施，不断完善这一机制，使得知识产权促进经济社会发展，在经济增长的进程当中发挥更好的协调作用。

---

① 易艳娟：《著作权法利益平衡机制之要义》，《电子知识产权》2007 年第 2 期。

第二节 提升知识产权法治建设的重要举措

党的十九大报告指出:"创新是引领发展的第一动力,是建设现代化经济体系的战略支撑。"知识产权是激励创新的基本手段,是创新原动力的基本保障。提升知识产权法治建设,事关创新驱动发展战略实施,事关经济社会文化发展繁荣,事关国内国际两个大局,对于服务保障知识产权强国和世界科技强国建设具有重要意义。中国特色社会主义进入新时代,我国社会主要矛盾已经转化为人民日益增长的美好生活需要和不平衡不充分的发展之间的矛盾。苏州市也应根据社会主要矛盾的变化来调整在知识产权法治建设上的需求,当前苏州正在努力深化法治建设,法治建设水平是苏州治理创新的重要依托,并将成为苏州核心竞争力的重要标志。从改革开放到21世纪以来苏州一直高度重视依法治市的工作,在依法治理市场等方面取得了积极的成效,建设法治市场是打造苏州"法治政府、法治市场、法治社会"三位一体的法治建设先导区的重要组成部分,法治苏州建设的重要内容之一就是知识产权法治建设,知识产权的保护能够增强市场主体的活力,用法律来保障创新创业。国务院《"十三五"规划》和江苏省《"十三五"规划》中都提出要加快知识产权建设,构建包括司法审判、刑事司法、行政执法、快速维权、仲裁调解、行业自律、社会监督的知识产权保护工作格局。具体到苏州的层面上,在建设知识产权强市过程中,应推行以下几方面重要举措。

一、知识产权行政管理与执法

我国自建立知识产权保护法律制度以来,对知识产权这种特殊财产权所采取的一直是行政保护与司法保护并行的双轨保护模式。[1] 从历史层面来看,我国过去长期实行自上而下的计划经济体制,国家的整个知识产权保护体系亦是政府自上而下设立,不可避免地会出现偏重行政保护手段的客观现象;[2] 从现实层面来看,各级知识产权行政管理机关早已积累了丰富的行政执法经

---

[1] 姜方蕊:《知识产权行政保护与司法保护的冲突与协调》,《知识产权》2014年第2期。
[2] 曹博:《知识产权行政保护的制度逻辑与改革路径》,《知识产权》2016年第5期。

验，专业性优势明显，这些都可以弥补知识产权司法保护不足的缺陷。然而，我国现阶段知识产权行政保护仍存在着诸多弊端，亟待完善。

（一）整合执法部门，推行集中治理

党的十九大报告中指出，当前要加强和创新社会治理，打造共建共治共享的社会治理格局。加强社会治理制度建设，完善党委领导、政府负责、社会协同、公众参与、法治保障的社会治理体制，提高社会治理社会化、法治化、智能化、专业化水平。针对不同种类的知识产权，我国目前设置了不同的行政管理执法机关，造成管理机关设置的分散及其它们之间职能交叉和权力冲突的局面。苏州市的知识产权行政管理工作面临同样问题，版权的行政管理和执法方面更是如此。涉及版权违法案件查处的部门包括版权、广电、文化、城管、公安、工商等多个部门。各部门之间部分职能重叠、协调难度大、执法标准难以统一，一些部门如城管部门介入版权执法管理还会涉及执法主体的合法性问题。

苏州作为引领知识产权保护的先行者，从2010年4月起，实行专利和版权"二合一"的管理模式，这一模式实行至今，发挥了较好的知识产权行政保护作用。在当前国家提倡建设"服务型政府""高效政府"，积极转变政府职能的背景下，为了更好地适应知识经济、创新经济的发展，为企业服务，减少企业维权成本，提高知识产权保护效果，还可以在原有的专利、版权"二合一"的基础上，进一步扩大知识产权局的管理范围，形成商标、专利和版权"三合一"的管理。通过集中各类知识产权运用、保护和管理的行政权力，建立科学化的管理工作体系和综合化执法体系，实现知识产权诉求处置的一体化，形成分工合理、边界清晰、权责一致的科学治理体制，以实现知识产权行政高保护。

（二）转变执法观念，变管理为服务

知识产权行政保护人员要树立这样一种服务观念：最好的行政管理是行政执法，最好的行政执法是执法者在执法过程中为相对人提供优质服务，最好的服务是相对人接受执法者的服务后能够自觉守法，最高境界的执法就是不执法。这不是理想主义的执法，而是现代服务型政府的要求，执法者必须转变陈旧的管理就是许可、执法就是收费、处罚就是罚款的执法观念，创新执法理念，学习先进的管理经验，变管理为服务。① 这样，能够形成良好的知识产权行政保护环境，减少执法矛盾，降低执法成本。按照建设法治政府、服务型政府的要求，行政机关应该从管理机关向服务机关转变，改变执法方式，行政执法方式多样化，多用行政指导、行政救助、行政奖励等"柔性"的执法方式，少用"刚性"的执法手段执法，执法活动中应当多些服务和协商，少些管理和强制，这样当事人更容易接受监督，配合管理。

国家有关知识产权主管机构在加强知识产权行政保护的制度建设和宏观管理的同时，要加强内部管理，简化办事程序，提高行政确认、行政许可的行政效率，方便当事人，提供优质服务。应当加大对侵权案件的处理力度，知识产权执法部门应主动出击，在自己职权范围内及时采取措施，加强监督检查，及时发现侵权行为，有效制止并作出处罚决定，责令侵权人作出赔偿。要平等地保护当事人的利益，这是知识产权制度的重要准则之一，也是知识产权行政保护的价值目标。

（三）加强行政监督，规范执法行为

知识产权各行政执法部门应该全面推行行政执法责任制，认真梳理执法依据，把执法任务分解到具体的内部执行机构，明确执法职权和执法责任，建立行政执法评议考核办法、行政执法责任追究办法，并落实到位，以保证履行职权不越位、不错位、不缺位。要重视解决知识产权行政执法中存在的腐败现象和违法问题，腐败和违法都具有同源性和社会危害性，会产生社会"公害"。因此，要采取措施，彻底解决。要强化行政执法检查，发现问题，及时纠正。要建立健全内部监督机制，使之经常化、制度化、规范化。应该聘请社会监督员，广泛听取群众的意见和建议，保证督促检查到位。从严整治违法违纪行为，对行政执法人员的违法行政行为，应查清事实，及时处理。

二、知识产权的司法保护

我国知识产权司法保护的主导地位正式确立于2008年6月《国家知识产权战略纲要》颁布实施，现已基本建立起比较完善的知识产权司法保护体系。党的十八大以来，人民法院知识产权审判全面贯彻落实党的各项重大战略部署，紧紧围绕"努力让人民群众在每一个司法案件中感受到公平正义"目标，

---

① 何育培、涂萌：《知识产权行政管理体制变迁及其走向》，《改革》2018年第3期。

坚持"知识产权审判激励和保护创新、促进经济社会发展"这一主要任务，遵循"实现知识产权审判体系现代化和审判能力现代化"两大发展主线，审判机构、审判体制、审判规则、审判队伍不断发展完善，走出了一条融合与创新、自主发展与自我完善的知识产权司法保护的"中国道路"。但当前知识产权司法保护又面临一个新的形势，国家新的发展战略、政策和理念对知识产权司法保护提出新的要求。我国正在全面深化改革特别是全面推进依法治国，加快实施知识产权战略、创新驱动发展战略和大数据战略，"互联网+"和人工智能等创新成果的快速发展，这些新形势对知识产权保护工作提出了新的要求。应对这些新的形势，现有知识产权司法审判内部运行体制、模式、制度和外部衔接机制的状况并不尽如人意。① 改革完善知识产权司法保护体系，充分发挥利用司法保护知识产权的主导作用，实现知识产权司法保护与行政保护优势互补、有机衔接，已经成为当前我国知识产权学界特别是知识产权司法实践领域亟待研究解决的重大课题之一。

针对知识产权司法保护的新形势新要求，最高人民法院制定了《关于审理商标授权确权行政案件若干问题的规定》《关于审理侵犯专利权纠纷案件应用法律若干问题的解释（二）》等多个涉知识产权司法解释和司法政策性文件，首次发布《中国知识产权司法保护纲要（2016—2020）》，《2016年中国法院十大知识产权案件》和《2016年中国法院五十件典型知识产权案例》，最高人民检察院发布了《2016年度检察机关保护知识产权十大典型案例》，随后第二年也发布了《2017年中国法院十大知识产权案件和五十件典型知识产权案例》和《2017年度检查机关保护知识产权十大典型案例》，加强对审判实践的指导，确保知识产权创造、运用和交易纠纷解决的法律适用标准统一透明、切实有效，显示出人民法院、人民检察院贯彻实施国家知识产权战略和国家创新驱动发展战略的决心，为服务国家创新发展大局，建设创新型国家提供了强有力的司法保障。② 与此同时，苏州市中级人民法院在2017年也相继发布了《2016年苏州法院知识产权司法保护状况》《2016年度苏州市

---

① 管育鹰：《关于我国知识产权司法保护战略实施的几点思考》，《法律适用》2018年第11期。
② 最高人民法院：《中国法院知识产权司法保护状况（2016年）》，《人民法院报》，2017年4月27日，第2版。

法院知识产权司法保护十大典型案例》，介绍了 2016 年度苏州市法院公正高效审理各类知识产权案件，不断完善知识产权司法保护体制机制，知识产权司法保护工作取得新进展，为苏州实现创新驱动发展战略提供了有力的司法保障等情况。2018 年又发布了《2017 年度苏州法院知识产权司法保护十大典型案例》，对 2017 年度典型的知识产权案件进行了介绍分析，对知识产权案件的司法审判具有积极和深刻的意义。苏州市知识产权法庭在 2018 年发布了《苏州知识产权法庭知识产权司法保护白皮书》（以下简称《白皮书》），其中分析了 2017 年度苏州市知识产权法庭的工作概况、案件审判情况及加强知识产权法司法保护的工作设想。虽然苏州市在知识产权司法保护上取得了一定的成就，但是在新的形势下，苏州市还需要继续完善知识产权司法保护，才能提升苏州市的知识产权法治建设，从而提高苏州市的核心竞争力。

（一）深入完善知识产权司法审判体制

知识产权法院，是在《中共中央关于全面深化改革若干重大问题的决定》中所提出的准备探索建立的审判机构，其原文内容是"加强知识产权运用和保护，健全技术创新激励机制，探索建立知识产权法院"。我国目前有三家知识产权法院，分别为北京知识产权法院、上海知识产权法院、广州知识产权法院，发挥知识产权法院的示范、引领作用，推动实现技术类知识产权一审案件和非技术类知识产权二审案件跨区域集中管辖和审判，按照四级两审、交错并行、均衡分布、两区分离的纵横架构合理布局知识产权案件管辖。[1]

江苏省在 2016 年为了改革完善省内知识产权司法审判体制向最高人民法院申请在南京、苏州设立专门知识产权法庭，[2] 根据最高人民法院《关于同意苏州市中级人民法院内设专门审判机构并跨区域管辖部分知识产权案件的批复》，同意设立苏州知识产权法庭，苏州知识产权法庭对苏州、无锡、常州、南通四个城市辖区内的部分知识产权案件实行跨区域集中管辖。[3] 2017 年 1 月 19 日，苏州知识产权法庭在苏州市高新区科技城正式揭牌成立，跨区域管辖江苏省苏州、无锡、常州以及南通四地部分知识产权案件。成立以来，该

---

[1] 徐俊：《论我国知识产权法院的规划设计》，《科技与法律》2015 年第 1 期。
[2] 江苏省高级人民法院：《关于设立南京、苏州知识产权跨区域管辖法庭的请示》（苏高法〔2016〕250 号）。
[3] 《南京、苏州知识产权法庭正式挂牌》，《中华商标》2017 年第 2 期。

法庭紧密围绕"激励和保护创新、促进经济社会发展"目标，以切实履行跨区域集中管辖审判职能为抓手，坚定实施"司法主导、严格保护、分类施策、比例协调"的司法政策，突出重点、锐意改革，努力为创新发展提供更高水平、更强有力的司法服务和保障。根据《白皮书》，2017年苏州知识产权法庭共新收各类知识产权案件1663件，同比上升84.37%，其中民事案件1656件，刑事案件3件，行政案件4件。新收民事案件中，一审案件1110件，同比上升113.5%；二审案件471件，同比上升35%；保全等特别程序案件75件，同比上升200%。新收一审民事案件中，跨区域集中管辖406件，占比36.6%，其中95%为技术类案件。2017年法庭共审结各类知识产权案件1405件，同比上升69.1%，其中民事案件1399件，刑事案件3件，行政案件3件。审结的民事案件中，一审案件855件，同比上升87.1%件；二审案件450件，同比上升30.8%。另外，苏州全市法院知识产权案件情况如下：2017年全市法院共新收各类知识产权案件3860件，同比上升30.3%，其中民事案件3814件，同比上升29.7%，刑事案件36件，行政案件10件；共审结各类知识产权案件3548件，同比上升23.4%，其中民事案件3512件，同比上升22.9%，刑事案件27件，行政案件9件。对比苏州知识产权法庭与苏州全市法院在有关知识产权案件审理情况，可以发现苏州知识产权法庭的设立分担了大量苏州全市法院的案件，知识产权跨区域集中管辖案件数量也较多，对整体的知识产权司法保护具有积极意义。

针对苏州知识产权法庭的运作应把握以下几点：一是要进一步认清形势，把握机遇。知识产权法庭受理的案件主要为专利等技术类案件，较为疑难复杂，遇到的新情况新问题会比较多。应充分发挥知识产权跨区域管辖的优势，适应知识产权司法保护高地的新要求，妥善审理好这些案件，及时解决纠纷。二是要准确把握司法政策，努力打造精品案件。要从国家创新高度审慎处理案件，特别是对于专利等技术类案件，既要考虑专利权利的保护，也要考虑技术的推广和应用。树立精品案件意识，推进精细化裁判，强化裁判文书说理，为知识产权审判探索新规则新方法。三是要积极构建符合知识产权跨区域管辖法庭特点的审判权运行机制。与其他案件相比，知识产权案件在审理程序、证据规则等方面具有一定的特殊性。要积极探索和构建符合自身特点的审判权运行机制，推行扁平化的审判运行模式，精简内部管理程序，突出法官的主体地位，使法官从繁重的审判事务性工作中解脱出来。紧紧围绕技术类案件的特点，积极推进技术调查官制度，研究探索技术调查官制度与专家咨询制度的有效衔接，发挥跨区域管辖法庭集中审理技术类案件的优势。四是要切实抓好队伍建设。以建设专业化、职业化知识产权审判队伍为目标，加强教育培训，提高其理论素养和裁判能力。严格落实司法责任制，完善廉政风险防控机制，确保"审理者裁判、裁判者负责"。

（二）改革完善知识产权司法审判模式

由于司法理念、审判视角和具体操作规则的差异，不同法官对同一事实的认定和处理往往也有所不同。再加上知识产权案件具有突出的专业性，这不仅表现在知识产权案件可能涉及技术问题，还表现在它与技术相关的法律特殊性，非经专业训练的法官无法准确理解与把握。[1] 例如，涉及发明专利创造性的案件，要求法官具有所属领域普通技术人员的知识和能力。[2] 因此，知识产权民事、行政、刑事案件分别交给民事、行政、刑事审判庭审理，虽然符合我国相应法律法规的规定和司法审判机构整体分工设计的总原则，但在知识产权民事、行政、刑事审判发展不平衡，且民事审判为知识产权司法保护主渠道的情况下，极易造成知识产权行政、刑事审判的不专业、不准确以及知识产权民事、行政、刑事交叉案件在管辖机关、证据规则、裁判标准上不统一，难以形成有效的司法保护并获得知识产权相关各方满意的保护效果。

推行知识产权案件审判的"三审合一"模式确有必要。知识产权"三审合一"司法审判模式最初由上海浦东新区法院于1996年探索形成，但后来全国各地法院的试点和应用出现了不同的实践模式，[3] 一方面，苏州市作为知识产权"三审合一"试点，考虑到知识产权案件的特殊性，法院在审理知识产权民刑交叉案件时应注意遵循"先民后刑"的审判原则。首先，基于平衡知识产权民事侵权纠纷的原被告之间举证责任分配的考虑，应先进入民事审理程序。其次，知识产权从本质上而言就是一项私权，而知识产权的行政或刑

---

[1] 唐广良：《知识产权：反观、妄议与臆测》，知识产权出版社2013年版，第61页。
[2] 管荣齐：《发明专利的创造性》，知识产权出版社2012年版，第153页。
[3] 知识产权"三审合一"司法审判模式有以下几种：完全将知识产权民事、行政、刑事案件统一归入知识产权庭审理的上海、西安、武汉、重庆模式，仅将知识产权民事、行政案件归入知识产权庭审理的福建模式，仅就复杂知识产权案件由民事、行政、刑事审判庭法官临时组成合议庭审理的"深圳南山模式"。

事处罚均是侵权行为达到一定程度后对同一行为判令承担民事责任的基础上再科以处罚的问题，要先对权属和侵权是否成立等民事问题作出判断。同时，"先刑（行）后民"的审理顺序往往涉及公职机关介入，案件常被中止审理，极易导致案件久拖不决，不利于权利人获得及时的救济。

另一方面，积极审理好知识产权"三审合一"刑事、行政案件。发挥知识产权行政审判对知识产权行政执法行为的司法审查职能，依法全面审查行政行为合法性。在昆山法院审理的上海益朗国际贸易公司昆山公司与昆山市市场监管局商标行政处罚纠纷中，对市场经营者超出商标指示性使用合理范畴的损害他人商誉的侵权行为，维持行政机关的准确认定，支持行政机关依法行政。加大对知识产权刑事犯罪的惩治力度，在玺乐丽儿进出口（苏州）有限公司等犯假冒注册商标罪一案中，对于原商标被许可人在商标权人停止许可后仍将商标使用在大量非经合法渠道购进的奶粉上的行为认定构成假冒注册商标罪，依法维持一审法院的判决，坚决肃清非法进口奶粉及奶粉换装行为，积极保障权利人权益和消费者利益。苏州市法院应在已有的良好实践基础上，应继续积极审理好知识产权"三审合一"的案件。

（三）加大诉讼程序中的司法保护力度

在民事司法上，对知识产权案件应依法采取诉前、诉中临时措施，及时固定证据，及时提供保护。在诉讼证据制度方面，可以建立民事诉讼证据开示制度和举证妨碍制度，赋予侵权人和第三人披露相关证据、提供相关文书的义务，明确其无正当理由拒不提供相关证据包括相关文书的法律后果。① 证据开示制度源于英美法系，在知识产权侵权民事诉讼中，权利人可以要求侵权人或第三人披露其所掌握的相关证据，侵权人或第三人也有义务向权利人披露这些证据。② 举证妨碍制度是证据开示制度、文书提出命令制度的实施保证制度，在知识产权侵权民事诉讼中，如果侵权人或第三人不披露、不提供其所掌握的相关证据、文书，法院可以降低权利人待证事实的证明标准、推定对侵权人或第三人不利主张成立，还可以对侵权人或第三人课以罚款、拘

---

① 陶凯元：《充分发挥司法保护知识产权的主导作用》，《民主》2016年第4期。
② 黄松有：《证据开示制度比较研究：兼评我国民事审判实践中的证据开示》，《政法论坛》2000年第5期。

留甚至追究刑事责任。①

在诉讼保全制度方面，充分发挥知识产权保护临时措施的制度效能，妥当有效地采取行为保全、财产保全和证据保全措施，依法满足权利人及时制止侵权、便利获取证据、有效保护权利的正当需求。知识产权行为保全的适用条件应当综合考虑侵权可能性、难以弥补的损害、双方利益平衡和社会公共利益等因素。② 如慎用冻结银行账户的措施，最大限度降低对企业正常生产经营活动的不利影响。在损害赔偿方面，以实现市场价值为指引加大侵权赔偿力度。对于案件标的大、涉及重大企业利益格局的案件，明确要求以实现市场价值为指引，加大侵权损害赔偿，以高质量的裁判体现知识产权司法保护力度。例如在巴洛克木业（中山）有限公司与浙江生活家巴洛克地板有限公司等侵害商标权纠纷及不正当竞争案中，引导当事人在提交证据、质证以及庭审中最大限度呈现知识产权的市场价值，积极妥善运用经济学计算方法，根据具体证据计算原告实际损失，并以此为基础确定了赔偿额，全额支持原告的1 000万诉请。③ 苏州市应坚持贯彻全面赔偿原则，依法判决侵权人足额赔偿权利人经济损失以及合理的维权成本。明确损害赔偿基础，加大侵权赔偿力度。明确以知识产权市场价值为基础确定损害赔偿额，加大恶意侵权案件赔偿额度。既注重准确反映被侵害的知识产权的相应市场价值，又适当考虑侵权行为人的主观状态，通过以补偿为主、惩罚为辅的原则把握，形成法律效果与社会效果兼顾的双赢局面。④

由于知识产权犯罪案件往往比较复杂，专业性很强，加之行政执法机关与司法机关之间对法律适用往往存在认识分歧以及立法相对滞后等问题，致使办理侵犯知识产权犯罪案件面临相当程度的困难和挑战。为进一步提高检察机关知识产权保护方面的执法能力和水平，苏州市检察机关可以成立专门知识产权刑事法律保护研究中心，搭建一个决策层、法学界、司法界和企业间的联络平台，通过经常举办论坛、专题调研、对疑难复杂案件进行论证和

---

① 汤维建，许尚豪：《建立举证妨碍制度完善证据立法》，《证据学论坛》2004年第2期。
② 宋鱼水、杜长辉、冯刚等：《知识产权行为保全制度研究》，《知识产权》2014年第11期。
③ 苏州市中级人民法院〔2016〕苏05民初41-1号。
④ 吴汉东：《知识产权损害赔偿的市场价值分析：理论、规则与方法》，《法学评论》2018年第1期。

咨询、对高新企业员工进行普法等多种方式加强对外交流，形成良性互动，既为决策层和理论界提供一手素材，又为司法实践和企业提供具体指导。有条件的基层检察院可以组建知识产权刑事保护研究中心，除邀请专家学者担任顾问外，还配备专门研究人员，其主要职责有：一要加强理论研究，提出立法建议，推动立法完善，立足于从根本上解决问题；二要加强执法办案过程中立案难、取证难、定罪难等突出问题的调研，提出应对措施；三要加强工作机制的改革探索，充分发挥各自优势，调动一切积极因素，形成有效打击犯罪的合力。

（四）加强知识产权司法保护的工作设想

苏州应以党的十九大精神为指引，认真贯彻落实中央和省、市委各项决策部署，依法履行知识产权跨区域集中管辖审判职责，不断提升司法为民、公正司法水平，为江苏深入实施创新驱动发展战略、加快知识产权强省建设提供更强有力的司法保障。

第一，树立新观念，以创新的司法理念推动创新发展。强化大局意识，自觉将知识产权审判工作置于全省、全市工作大局中来谋划和推进，发挥知识产权审判职能作用。强化规则意识，充分发挥司法裁判的规制、引导功能。① 强化市场意识，以市场规则调整知识产权关系，促进形成公平竞争的市场秩序。第二，强化新举措，以有力的司法保护保障创新发展。国家知识产权局专利局专利审查协作江苏中心地理位置毗邻法庭，拥有1 520名在职专利审查员、承担全国约20%专利审查任务。2017年3月，法庭依托该独特技术资源优势，与审查协作江苏中心签订《战略合作框架协议》，从中心现任专利审查员中选任兼职技术调查官。近一年来，法庭以协助勘验、专利权利解释、侵权比对咨询解答等内容，向审协江苏中心申请专利文件调取2次、技术咨询22次、咨询内容38项，共涉及专利侵权、计算机软件著作权侵权民事案件以及专利行政案件共计21件，技术调查官的参与极大地提高了专利技术类案件的审理质量和效率。苏州市可以效仿积极探索完善技术调查官制度，完善技术调查官参与审判的审理机制和保障机制，进一步提高案件的审理质量。探索加大惩罚性赔偿力度，对情节严重的恶意侵害商标权行为，依法适用惩罚

---

① 王淇：《新时代知识产权司法保护浅论》，《科技促进发展》2018年第3期。

性赔偿，更好地维护权利人的合法权益。以苏州试点开展知识产权综合管理改革为契机，主动对接行政执法改革，共同形成区域知识产权保护合力。第三，展示新成效，以优质的司法环境激发创新发展。积极探索大数据的司法运用，强化案件信息对经济社会发展的"晴雨表"功能，做好司法研判和司法建议，为党委、政府科学决策提供参考。密切关注互联网商业模式革新带来的知识产权新问题，努力使知识产权司法保护与市场发展同步合拍。依托法院网站、微博、微信等新媒体平台，加大司法宣传，营造保护创新的良好氛围。第四，落实新要求，以高素质的审判队伍服务创新发展。重点加强高水平知识产权法官培养，积极培养法官队伍梯队，健全工作机制，提升案件专业化审判水平。加强对新的法律法规、新知识的学习培训，积极拓宽眼界，及时了解知识产权司法保护国内外发展变化趋势，不断提高研究新情况、解决新问题的能力。加强反腐倡廉工作和司法作风建设，狠抓各项制度的完善与落实，提高队伍综合素质。

三、知识产权法治的宣传与推广

我国当前的知识产权保护状况还不能够完全适应深化改革开放、建设创新型国家的要求，知识产权事业的发展和良好的知识产权法治环境的形成仍需要一个长期的过程。知识产权法治宣传与推广是知识产权法治环境建设的重要手段，能够使社会公众的知识产权意识得到普遍提升，以营造良好的知识产权法治氛围。要多层次、多方位、多形式、有针对性地开展保护知识产权法律法规宣传教育，推进知识产权宣传及普及工作，普遍增强全社会知识产权保护意识，使知识产权保护观念更加深入人心。逐步形成尊重知识、尊重劳动、尊重人才的良好社会风尚，显著改善知识产权保护环境，全面优化知识产权市场支撑环境，使行业规模和水平较好地满足市场需求，形成"尊重知识、崇尚创新、诚信守法"的文化氛围。[①]

（一）全面提升公众知识产权意识

苏州市知识产权法庭在"4·26"知识产权宣传周活动中，举办世界知识产权日新闻发布会、"我与法律零距离——网友走进苏州知识产权法庭活动"

---

① "十三五"国家知识产权保护和运用规划，http：//politics.people.com.cn/n1/2017/0113/c1001-29022638.html，最后访问时间：2017年11月22日。

等多起重大活动，其中网友走进知识产权法庭活动获得市委宣传部举办的"2017苏州市网络文化季"优秀活动奖。法庭法官积极"走出去"，先后参与苏州品牌博览会、太湖知识产权论坛、广州知识产权法院技术调查官制度研讨会、知识产权（司法）保护国际交流与争端解决机制论坛等多个知识产权学术界、司法界交流会议，扩大了苏州市知识产权法庭的影响。

苏州市知识产权局应大力加强知识产权宣传教育工作，开展全市范围内的知识产权宣传周活动，重点加强对高校人员、科技人员、企事业管理人员的教育。在2016年苏州市知识产权局在"4·26"知识产权宣传周活动中，开展了系列宣传活动。苏州市知识产权局以舆论为导向，充分利用了广场咨询服务和户外电子屏展开宣传，并且联合江苏省审协中心开展宣传周启动仪式暨徒步健身行宣传活动。① 还举办了知识产权开放日活动、组织中小微企业培训基地专家聘请活动、开展海峡两岸知识产权论坛等，宣传活动形式多样，深受市民欢迎。

市知识产权局应当将宣传活动结合实际，面向社会公众，特别是企业、高校师生等群体，通过举办启动仪式、新闻发布会、宣讲、咨询、展览等形式组织开展好宣传活动，既要发挥传统媒体的优势，提高活动影响力，又要利用微信、微博、客户端等新兴媒体的特点，扩大覆盖面，提高参与度。还要提高宣传的针对性和实效性，由于社会各层面对知识产权保护的认识不同，所以要根据不同对象的不同需求，有针对性地确定宣传教育的内容和方式方法。② 要拓宽宣传渠道、创新宣传方法、增强宣传实效，形成全市范围内广泛开展宣传活动的态势，进一步增强社会公众知识产权意识，以便于知识产权强市战略的全面推行。

大力宣传针对打击侵权和假冒伪劣的政策措施、工作进展和成效，普及识假防骗知识，宣传注重创新、诚信经营的企业，教育和引导社会公众自觉抵制侵权和假冒伪劣产品，发挥社会监督和舆论引导作用。③ 将推进知识产权文化建设作为战略措施。建立市知识产权局为主导、新闻媒体为支撑、社会

---

① 苏州市知识产权局：《2016年苏州市知识产权发展与保护状况》。
② 罗蓉蓉：《试论加强知识产权法制宣传与知识产权保护》，《科技情报开发与经济》2010年第11期。
③ 胡明波：《略论知识产权法治环境建设》，《科技与企业》2012年第23期。

公众广泛参与的知识产权宣传工作体系。市知识产权局应当制定相关的政策和工作计划，完善协调机制，推动知识产权的宣传普及和知识产权文化建设。在高校中开展知识产权进高校系列讲座，通过知识产权教育切实加强知识产权宣传力度。

（二）多维度开展知识产权保护宣传工作

两级法院、检察院应当加强知识产权司法保护体系建设、发挥司法保护知识产权的主导作用，推行知识产权强市战略。法院在坚持依法公开开庭审理的同时，通过网络和出版等媒体及时向社会公开生效裁判和发布审判信息，增强审判过程公开性和裁判文书说理性。将苏州市知识产权司法保护的工作成果进行宣传，发布知识产权保护案例、及时上网公布相关案件裁判文书，积极将有关知识产权司法保护的调研报告进行成果转化。2015年苏州市中院将其研究成果进行转化，将知识产权法律宣传的精准性进一步提高。苏州市中院全年编纂《知识产权之窗》共4期并寄送给在苏"千人计划"的专家和创新企业，走访了高新技术企业，并与创新型企业联合开展座谈会。[①] 苏州市知识产权法庭的法官积极参加在苏"千人计划"专家联合会知识产权沙龙，开展学术交流；为无锡律协、苏州律协专题讲授知识产权司法保护问题，提升知识产权专业律师的维权水平。法庭先后接待北京知识产权法院、上海市高级人民法院、浙江省高级人民法院、智慧法院建设国际研讨会外宾代表团、德国杜塞尔多夫法院代表团等多个兄弟法院和外国法院考察团来访，积极开展对外交流，提升专业水平。

在知识产权法治宣传工作中，司法机关应当继续主动推进司法公开。法院应当及时召开知识产权审判工作新闻发布会，及时公开年度工作报告，对于审判工作中的知识产权保护典型案例进行宣传。在官方微博和微信平台发布专栏信息，以新媒体的形式提前公布当月的知识产权案件开庭信息，允许公众旁听或举行网络庭审直播。检察院应当依托检察机关案件信息公开网，公开侵权假冒的重要刑事案件信息和法律文书，向社会公众提供案件程序性信息查询服务，加大法治宣传力度，就有关注册商标专用权、侵犯知识产权和制售假冒伪劣商品等行为向公众提供法律咨询。

---

① 苏州市中级人民法院：《2015年苏州市法院知识产权司法保护报告》。

苏州市司法机关还联合市图书馆、高校等开展知识产权保护宣传工作；联合市知识产权局在创新型企业举办知识产权保护专题讲座，在高校法学院举办知识产权进校园活动；到创新型企业进行实地调研与考察，与苏州市各大企业的科管人员就企业科技创新、加强知识产权保护力度等问题开展座谈，为企业进行法律知识宣讲及经验交流，围绕商标、专利、不正当竞争等相关问题进行法律剖析，并结合实际案例给予专业建议。

（三）努力提升苏州企业品牌影响力

苏州市工商局、商务局应加强媒体沟通、拓宽宣传渠道，丰富与媒体合作方式，提高苏州市企业品牌影响力，加强国际合作，加大苏州出口品牌的宣传力度。[①] 在报纸、微博、微信等渠道对苏州市拥有知名品牌的企业进行系列报道，扩大"苏州制造"的影响度、美誉度。商务局广泛利用国际性展会平台，充分展示苏州出口品牌的形象和吸引力。同时要积极支持商标国际注册，加强商标国际注册的宣传、培训和指导工作，切实提高商标国际注册申请量和注册量，并加大对商标的海外保护力度。扎实推进侵犯知识产权行政处罚案件信息公开，将案件信息公开情况纳入打击侵权假冒工作统计通报范围并加强考核，在震慑违法者的同时规范执法者执法行为，推进公正文明执法。

在知识产权宣传与推广工作中，应当把握以下重点内容。首先，宣传我国知识产权制度建立、完善和发展的不平凡历程、成就和经验，着重宣传"十三五"知识产权事业发展的新思路、新举措、新成绩。其次，宣传各级党委政府加强知识产权保护的重大决策部署，着重宣传全国各地区各部门在制定法律法规、打击侵权假冒等加强知识产权保护方面采取的行动和取得的突出成果，发布我国知识产权发展状况，树立我国在知识产权保护方面的良好国际形象。再次，宣传我国在提升知识产权质量方面出台的政策和举措，挖掘报道在提高知识产权创造质量、运用效益、保护效果、管理能力和服务水平方面的典型案例，引导全社会更加注重知识产权质量、价值和效益。最后宣传国家知识产权法律法规和基本知识，着重宣传知识产权各领域的专业知

---

① 国务院：《国务院关于新形势下加快知识产权强国建设的若干意见》（国发〔2015〕71号）。

识，把宣传普及提升到传播以"尊重知识，崇尚创新，诚信守法"为核心理念的知识产权文化层面，增强全社会知识产权意识。

加强知识产权宣传与推广，应当将培育知识产权文化作为知识产权战略重点之一，广泛开展知识产权普及教育。在精神文明创建活动和国家普法教育中增加有关知识产权的内容。在全社会弘扬以创新为荣、剽窃为耻，以诚实守信为荣、假冒欺骗为耻的道德观念。

四、知识产权专业的人才队伍建设

随着经济全球化，知识产权的创新、运用、管理和保护等各个环节都有了更高的要求，必须构建更高层次的人才培养体系。在人才建设方面，苏州市政府应进一步贯彻和落实国务院《"十三五"规划》提出的"加强知识产权人才培育体系建设"的专项要求，加强知识产权人才培养，优化知识产权人才成长体系，建立人才发现与评价机制，构筑知识产权人才高地。

知识产权人才大体可划分为教研型人才、管理型人才、执法司法人才和服务型人才四个类型。① 不同类型的专业知识结构和能力要求各不相同，但有两点是相同的：第一，知识产权人才应当具有复合型的知识结构。知识产权归属于法学，但与管理学、经济学、技术科学等有着交叉和融合，因此知识产权人才培养应当以法学知识为核心，注重与管理学、经济学、技术科学等多学科知识背景的嫁接。② 第二，知识产权人才应当具有应用性。知识产权是一门实践性极强的学科。立法、司法机关、行政管理部门、企业、中介机构等对知识产权人才有着广泛的需求，注重人才实践操作的能力，要求能够熟练处理各种知识产权实务问题。

（一）教研型人才

我市知识产权人才培养工作主要集中在高校开展，应当结合高等教育改革和布局调整，加快推进高校"双一流"建设和高水平大学建设，强化大学生创新创业意识和能力培养。苏州大学于 2013 年起设立了知识产权本科班，

---

① 曹新明、梅术文：《我国知识产权人才现状及其培养思路》，《知识产权年刊》2006 年号。也有理论认为，可以依据知识产权人才在社会和经济生活中发挥的功能和作用，将知识产权人才分为五类，即知识产权创造人才、研究人才、管理人才、实务人才。钱建平：《知识产权人才的知识结构与培养模式研究》，《中国大学教学》2013 年第 11 期，第 33 页。

② 吴汉东：《知识产权的学科特点与人才培养要求》，《中华商标》2007 年第 11 期。

设立知识产权本科专业，综合培养知识产权基础性通识人才。在知识产权本科班的课程设置上，既包括了法学的基础课程，例如民法、刑法、经济法等；也包括了知识产权的专业课程，例如著作权法、商标法、专利法、技术合同法、国际知识产权法等。知识产权是一门应用型学科，对学生的实际操作能力有较高的要求，高校应加强知识产权实习基地建设。可与法院、专利局、商标局、知识产权事务所等各类机构加强合作，也可开设知识产权事务所等中介机构，供学生学习和实习之用。

（二）管理型人才

知识产权管理人才，包括各级政府、企事业单位知识产权管理机构以及知识产权中介服务机构中的领导干部或中高层管理人员在内的知识产权人才，其必备的专业知识主要是管理学和经济学知识。① 江苏省政府提出的"江苏人才二十六条"中也指出"应当铸造新型企业家队伍，实施百千科技企业家培育工程，通过强化项目支持、建立定向联系、搭建合作平台等途径，进行定制式培育和个性化扶持，培养一批既通科技又懂市场的复合型创新创业人才"。② 支持优秀企业家赴境外学习交流，促进企业家能力提升。培育职业经理人队伍，推行国有企业经营管理人才市场化选聘，加快推进国有企业经理层人员任期制和契约化管理。

（三）执法、司法人才

知识产权法官队伍建设进一步加强各级法院普遍重视加强知识产权审判的组织基础和人才配备。目前苏州具有知识产权民事案件管辖权的苏州市中院尤其是知识产权法庭选配了一批政治素质较强、学历较高、审判经验较丰富的法官从事知识产权审判工作。法院应当加强知识产权审判法官的培养，以审判权运行机制改革为契机，健全工作机制，提升案件专业化审判水平。发挥现有资深审判人员丰富民商事审判经验的优势，带好年轻法官，加强对民法、合同法以及民事诉讼法等基础法律理论的学习拓宽法律思路，为法官培训编制知识产权审判专业培训教程，坚持举办知识产权审判实务培训班和专题研讨班，从而为培养法官队伍梯队、提升解决案件能力水平打下坚实基

---

① 钱建平：《知识产权人才的知识结构与培养模式研究》，《中国大学教学》2013年第11期。
② 江苏省委办公厅：《关于聚力创新深化改革打造具有国际竞争力人才发展环境的意见》。

础。① 苏州市中院与专利复审委员会、商标复审委员会展开专业人员交流，合作开展知识产权刑法保护、专利侵权判定、完善知识产权司法保护机制、驰名商标司法认定、知识产权诉讼证据、专利法修改和外观设计司法保护、民事诉讼制度创新等专题的重点调研，不断丰富知识产权审判理论②，形成了有价值的调研成果，并通过工作措施等形式实现成果转化。苏州两级法院应与苏州大学法学院、知识产权研究院开展合作，建成苏州大学知识产权专业人才教学实践基地，为相关人才的培养提供实务庭审旁听、案例指导等支持。③

（四）服务型人才

知识产权服务人才，包括政府部门从事知识产权公共管理事务的业务人员、企事业单位从事知识产权事务的业务人员以及知识产权服务的业务人员在内的知识产权业务人才。④ 苏州市政府各部门及市知识产权局应加强对知识产权代理、评估、投资、战略研究、信息服务、保护等中介服务机构及知识产权行业协会的建设，充分发挥中介服务和行业组织在培养造就知识产权中介人才中的能动作用，推动现有知识产权中介服务人员知识更新和素质提高。

在对知识产权从业人员的培训过程中，应当把握以下内容：首先，知识产权人员培训的重点仍然是以专利为主，同时根据需求在特定的环境条件下以少量商标、著作权、商业秘密的培训进行配合。其次，在培训课程的选取上，仍然要以专利检索、知识产权保护为主，其次也要普及知识产权基础知识、知识产权申请流程以及知识产权管理体系建设课程；从基础和高端两个层面同时部署，同时推进。再次，在培训形式的选取上，除了举办培训班这样的传统形式，还可以选择网络培训这样新型、灵活的方式。最后，在对授课教师的选取上，要以知识产权领域的一线实务人员为主，如资深审查员、中介机构的律师和代理人等。⑤

加强知识产权高层次人才队伍建设，加大知识产权管理、运营和专利信息分析等人才培养力度。统筹协调知识产权人才培训、实践和使用，加强知

---

① 苏州知识产权法庭：《集聚区域优势资源，着力打造知识产权司法保护新格局》。
② 奚晓明：《加强知识产权司法保护体系建设　发挥司法保护知识产权的主导作用——在中国知识产权研究会第五次全国代表大会暨学术报告会上的讲话》，《知识产权》2008年第4期。
③ 苏州知识产权法庭：《集聚区域优势资源，着力打造知识产权司法保护新格局》。
④ 钱建平：《知识产权人才的知识结构与培养模式研究》，《中国大学教学》2013年第11期。
⑤ 邓翠薇、陈家宏：《企业知识产权人才实证研究》，《企业经济》2013年第7期。

识产权领军人才、国际化专业人才的培养与引进。对于知识产权专业人才培养，应当以高校资源为基础，联合苏州两级法院、检察院、苏州知识产权研究院、市知识产权局，建设专业化法官队伍，开展专家参与案件的审理工作，加强学习培训与司法调研，对企业等知识产权从业人员进行培训，引入外国专家和资源。逐步形成尊重知识、尊重劳动、尊重人才，诚信守法的良好社会风尚，注重指导和帮助科研机构和高新技术企业培养和建立一支业务能力强、素质好的知识产权专业骨干队伍，充实科研机构和高新技术企业的知识产权管理和保护力量，积蓄知识产权专业人才力量，为知识产权法治环境的持续完善和发展提供智力保障。①

第三节 破除知识产权保护领域的观念与制度障碍

中国经济进入新常态之后，无论是经济结构的优化升级还是创新型经济驱动发展，都有赖于创新，而知识产权则是创新的核心要素和重要依托。要想充分发挥知识产权对转变发展方式、优化经济结构、推动创新创业、释放市场活力的引领支撑作用，就需要进一步健全知识产权保护制度，破除知识产权观念障碍，更加突出知识产权的保护，全面推行知识产权强市战略。知识产权保护促进了科技创新、文化发展和市场繁荣。但是深入考察不难发现，在苏州市乃至全国范围内，知识产权保护在观念和制度上还存在一些突出的难题，面临诸多的困境。知识产权保护，不仅是提供简单的司法、行政保护措施，更需要从根本上去破除观念和制度上的障碍以真正实现对知识产权的有效保护。在观念层面，要正确地认识知识产权，营造良好的知识产权文化氛围，在全社会范围内倡导公众尊重知识，敬畏法律。在知识产权的保护和实施上，更要转变观念，知识产权发展应以市场为主导，政府过多的干预只会限制知识产权的发展，提升知识产权发展水平更要从数量上的追求转变为对知识产权质量和成果转化上的重视。在制度层面，错误的观念不仅影响人们的思想，更多地反映在了具体的知识产权制度上，故制度的完善是保护知

---

① 胡明波：《略论知识产权法治环境建设》，《科技与企业》2012年第23期。

识产权的关键。

一、观念层面

由于历史和文化的因素使得我国的知识产权保护制度的诞生比西方发达国家晚了几个世纪,直到1982年,我国才有了第一部有关知识产权的立法——《中华人民共和国商标法》。虽然起步较晚,但是应该说目前我国的知识产权保护制度已经比较健全,且各项知识产权法律制度也在不断地修改以适应经济和社会的发展,我国在知识产权保护方面投入了大量人力、物力和财力,动用多机关共同打击知识产权侵权,也取得了较为显著的成果。但同时在立法、执法、司法制度相对完善的情形下,为什么现实生活中还有那么多肆无忌惮的知识产权侵权行为,甚至认为侵权是必然和不可避免的?仅仅从制度上去完善与加强是不足以破除知识产权保护的困境,还需要在观念上对知识产权保护有一个全面、宏观和深入的理解。

(一)正确认识知识产权

正确认识知识产权是保护知识产权的前提和基础,然而基于中国传统文化与知识产权本身的特性,导致公众对于知识产权的内涵及其保护经常会产生一些误解。

一方面,中国传统文化具有两面性,对知识产权保护制度而言,应把重点放在排除传统文化对知识产权保护制度的负面影响上。中国早期传统儒家文化的核心是人与人之间的道德关系和相互之间的责任,而且儒家学者一般以传播知识和道德为己任,并不在乎自己的作品被抄袭和偷窃,并以作品能在社会上广泛传播而自豪,而不论作品传播的方式。于是就产生了"窃书不为偷"的思想观念。哈佛大学安守廉(William Alford)教授在其著作《偷书不算偷:中华文明的知识产权》中,提出了一些值得深思的问题,为什么作为一个曾在科技和文化上领先于世界的文明古国,中国却没有形成一套保护知识产权的法律制度?① 他在文中得出结论,从中国至今人们知识产权观念淡薄的事实,可推知中国自古就未曾有过知识产权(尤其是版权)的保护;中

---

① [美]安守廉:《偷书不算偷:中华文明中的知识产权》,《法律的文化解释》,生活·读书·新知三联书店1994年版,第250页。

国古代有过的,仅仅是"帝国控制观念传播的努力"。① 尽管安守廉教授以此为切入点来否定中国自古就没有知识产权保护的做法是有待商榷的,但他的论据中确实注意到了中国传统文化与现行的知识产权制度在根本观念上存在的冲突,这是我们在处理知识产权保护问题时必须考虑的因素之一,即知识产权保护观念上的障碍。对知识产权保护制度具有负面影响的观念主要有:一是传统的"无欲""无为"思想过度淡化了人们的权利意识和观念。"无欲""无为"的思想滞碍着人们去提出权利要求。这种传统文化深刻影响了中国古代知识分子的价值观念,他们认为,主张自己的权利或利益就会有追名逐利之嫌,可能会受到道德上的责难。二是中国古代传统中"无讼"思想制约了权利保障机制的发展。早在春秋时期,孔子就说过:"听讼,吾犹人也,必也使无讼乎!"孔子希望通过长期的道德伦理教化和统治阶级的以身作则,使争讼者耻于争讼来达到"闾里不讼于巷,老幼不讼于庭"的和谐恬静的理想境界。随着汉代以后儒家思想在中国普遍适用,厌讼思想也在普通老百姓中长期流传,成为中国广大民众的思维习惯。无讼思想严重制约了权利的表达,严重束缚了权利保护机制的发展。

除了中国传统文化对于公众知识产权保护观念的影响外,另一方面知识产权本身的特性也造成了公众不能正确地认识知识产权。知识产权最重要的特征是知识产权客体的非物质性。物权的专有性建立在对客体的占有控制上,而知识产权的客体是非物质性的,从客观上无法占有,更不可能通过物权中所谓的"占有"来控制他人的利用。物权上物的占有就意味着占有人可以天然地排除他人的利用,除非采取偷窃或暴力手段,否则他人无法未经占有人许可获得其占有物。而知识产权则不同,其客体无法被占有,能被占有的只是(承载着客体的)载体,这种对载体的占有是物权上的占有,而这种占有对于知识产权来说是没有意义的。以计算机软件为例,他人合法购买了正版的计算机软件,就占有其著作权客体的载体了;但是如果他未经著作权人许可出租他的计算机软件,依然侵犯了著作权人的专有权(出租权)。在确定了知识产权客体的非物质性后,我们就会发现即使合法占有了客体的载体,也

---

① [美]安守廉:《偷书不算偷:中华文明中的知识产权》,《法律的文化解释》,生活·读书·新知三联书店1994年版,第256页。

不可以未经权利人许可而利用。一个物通常只有一个权利人，物权的"一物多卖"无法实现，而知识产权上却可以有多个权利人共同行使一项权利，因为物权的占有和利用是冲突，而知识产权的占有和利用是不冲突的。正是由于知识产权的这种特性导致公众在利用知识产权时缺乏一个正确的权利保护观念，不是占有客体的载体就可以随意的利用知识产权的。

虽然知识产权的起源可以追溯到中世纪的欧洲，但相对于有着更早历史与更深厚观念积淀的物权、债权等传统民事权利，它仍属一项新兴事物，尤其在知识产权保护比较薄弱的发展中国家，公众对它的认识程度相对较低。中国公众对权利，尤其是财产权的习惯认识中，对有形财产权利的尊重已经成为传统观念中的重要组成部分，而对知识产权这样的无形财产的认识和保护也需要形成一个正确而深刻的观念。美国法学家博登海默也认为"为了使行为规则有效地起作用，行为规则的执行就需要在这些规则得以有效的社会中得到一定程度的合作与支持。与一个社会的道义上的观念或实际要求相抵触的法律，很可能会由于消极抵制以及在经常进行监督和约束方面所产生的困难而丧失其效力"。[①] 故公众主动创新并寻求知识产权保护和救济将非常有利于知识产权制度的正常运行。在我国，当前广大社会公众的知识产权意识比较淡薄，普遍缺乏尊重他人知识产权、保护自身合法权益的观念和能力。一项新的事物，要人们认可并接受它，首先便需要人们对其具有充分正确的认识，而广泛的普及宣传是让人们迅速了解它的有效途径。苏州要实现知识产权强市战略目标，更要注重对全社会知识产权观念的普及和强化，工作重点一方面应着眼于使社会公众树立正确的保护知识产权观念，另一方面应着眼于普及和强化企业知识产权意识。社会公众树立起对知识产权的正确观念，有助于在整个社会范围内形成一种知识产权保护文化，营造建设知识产权强市的健康环境。一些企业不重视发明创造和自主知识产权取得，结果往往侵权或被侵权了还不知情。只有让公众特别是企业等市场主体树立正确的知识产权保护观念才能实现真正意义上的知识产权保护。

---

① ［美］E. 博登海默：《法理学——法哲学及其方法》，邓正来等译，华夏出版社 1987 年版，第 373 页。

（二）强化知识产权市场主导观念

当前社会除了对知识产权认识不全面外，还有一个重要的问题，即政府过度干预知识产权市场，导致实际形成了以政府为主导的知识产权市场监管。2015年12月18日，国务院正式发布了《关于新形势下加快知识产权强国建设若干问题的意见》（以下简称《意见》）。该《意见》提出了"坚持战略引领、坚持改革创新、坚持市场主导、坚持统筹兼顾"的四项基本原则。《意见》明确了知识产权保护应以坚持以市场为主导，但是现实中却背道相驰，多数呈现为以政府为主导的情形。

我国关于知识产权市场监管的规定主要表现为知识产权市场的行政监管、集体监管、行业监管、社会监管和自我监管等方面，但目前社会的重点在于行政监管，其他四种监管相对偏弱。加快知识产权强国建设，需要理顺知识产权市场行政监管，完善集体监管，强化行业监管，创建社会监管，倡导市场主导的自我监管。政府主导成为我国知识产权市场监管的主要特征，且我国知识产权市场行政监管职能分属于十多个部门，各自根据职能分工履行监管职责，虽有其利，但其中弊端也十分突出。① 知识产权市场政府监管过于强势，导致其他监管主体极其羸弱，无法形成能量共振，其结果必然导致恶性循环。

我国目前知识产权工作存在许多问题，主要表现在：（1）缺乏以知识产权为核心进行资本化运作的意识，没有意识到将技术产权作为一种可给企业带来可观利润的无形资产进行培育和资本化运营的重要性。②（2）专利技术产业化环境差、水平低。中国的科技成果转化率远低于发达国家。（3）重评奖轻专利，缺少以市场为导向、追求市场价值的科技人员。（4）企业专利工作落后，研发投入强度低。欲解决上述存在的问题，强化知识产权的市场主导是最为重要的观念转变。相应的在政府和市场的关系上，知识产权法治有利于厘清政府和市场的关系，转变和优化政府职能，创造安全、公平的法治市场。市场在资源配置中的决定性作用，需要法治的保障，其核心是理顺政府和市场的关系。知识产权行政管理部门已经形成的习惯思维就是将市场监

---

① 吴汉东：《中国知识产权法制建设的评价与反思》，《中国法学》2009年第1期。
② 彭飞：《酷派集团副总裁刘铭卓：将专利作为"资本"运营之道》，《法人》2018年第5期。

管简单地理解为管住市场主体,禁止它们做违法行为,查处它们的违法行为。这种做法虽无不妥,但是,知识产权行政管理部门更应当做的是为市场主体提供便捷、快速、高效的服务,帮助它们解决实际问题,使它们知道能够做什么和不能够做什么。知识产权的发展还应坚持以市场为主导,知识产权的市场主导不是人为的,而是在立法与实践要求的互动中显现出来的,它产生于知识产权实践中。知识产权市场主导的直观表现是促进知识产品创造、知识产权市场交易和知识产品利用,提高核心竞争力。①

全球知识产权制度正处在价值变革与制度转型的过程之中,我国知识产权制度的建设也应重视这种市场主导方面的变化,对现有制度体系进行适当的梳理,强化知识产权法与相关的产业政策、市场政策、科技政策、金融政策等政策之间的协调与互动,完善以知识产权法为内核的创新政策体系,促进知识产权制度价值的实现。知识产权法市场本位还应从具体制度层面展开。着眼于市场本位特性,利用市场为知识产权法的空白提供调整规则,这样的做法在很多时候更能满足知识产权领域的新事物的需求,更加公平和有效地满足具有营利性特征的知识产权法律关系的共性和一般性需求。下文也将从制度的层面强化知识产权的市场主导作用。

(三)培养科学的知识产权价值观念

自2008年国务院发布《国家知识产权战略纲要》以来,我国全面实施知识产权战略,不仅在知识产权方面取得了令世人瞩目的成就,成为知识产权数量第一大国,并且在经济建设方面更是成为仅次于美国的第二大经济体。然而,在知识产权方面,我国当前面临的问题主要就是如何从知识产权数量大国发展成为知识产权强国,让知识产权真正成为经济发展的有力杠杆和重要助推器。②

从2010年起,中国的国内专利申请量超过美国成为全球第一,至今,中国仍然戴着全球最高国内申请量的"桂冠",但是在专利成果转化上我国一直处于一个较低的水平,专利成果的质量也参差不齐。苏州也不例外,苏州市的专利申请量在全国名列前茅,但同样也忽视了知识产权质量与转化利用的

---

① 李京普:《知识产权的数字壁垒及中国应对》,《电子知识产权》2018年第2期。
② 张先恩:《科技创新与强国之路》,化学工业出版社2010年版,第239页。

问题。要使知识产权能够成为苏州的核心竞争力，需要注重知识产权的质量与成果转化，首先应从观念层面来纠正，对待知识产权的观念应从注重知识产权的数量转向注重知识产权的质量上，从对知识产权数量的追求转变为对知识产权质量的追求，实现真正的知识产权创造。① 在知识产权管理和战略中，建构科学的知识产权价值观念，对于实现知识产权价值增值和变现，提高其核心竞争力具有重要的作用。知识产权价值观念，是为实现知识产权中动态价值增值最大化目的，有效促进知识产权价值创造与价值实现。知识产权价值观念旨在指导企业、高校、研发机构等以知识产权价值评价与运营为手段，立足于知识产权价值创造，最大限度地实现知识产权价值，增强企业竞争实力。

在具体培养知识产权价值观念方面，在以往的一些政府指标政策中，经常看到政府对某项产业或某个研究单位要求一年需要达到多少数量的专利申请量，这就导致了企业或研发人员为了数量上的达标而忽略了质量上的追求，从而产生了大量无用的专利申请。政府部门要带头转变这种观念，在制定年度计划目标时应更注重知识产权的质量而非数量，只有知识产权质量的整体提升才能真正增强苏州市的核心竞争力。另一方面，在知识产权成果转化上，不能仅仅关注知识产权的申请量，更要关注的是知识产权成果的转化，只有真正将科技成果或知识转化为资本，才能提高全市的创新水平，进而提高经济水平，以实现知识产权强市战略目标。政府可以指导企业积极实行以增加知识价值为导向的分配政策，落实知识产权入股、分红等形式的激励政策措施，优化知识产权考核评价体系，充分调动中小企业技术创新的积极性，提升企业科技和自主知识产权的创新能力，全面激发企业的创造活力。在知识产权发展水平的评价体系上可以增加科技成果转化和知识产权质量与运用指标，如发明专利拥有量、发明专利授权率、发明专利占比、研发投入知识产权产出率、知识产权实施率、许可合同数量和金额等。

知识产权保护的障碍不仅仅在观念层面，更多地体现在制度层面，仅仅从观念的转变是无法完全实现知识产权的保护，很多观念上的误区往往导致了制度建设上的障碍。故不仅要从观念上破除知识产权保护的障碍，更重要

---

① 毛昊：《中国专利质量提升之路：时代挑战与制度思考》，《知识产权》2018 年第 3 期。

的是在具体制度的构建上实现知识产权保护。

二、制度层面

随着经济全球化、一体化进程的不断推进，知识产权保护制度也呈现出国际一体化的趋势，然而在强化知识产权保护时，知识产权保护制度上所面临着诸多困境和挑战是不可忽视的，如缺乏自由竞争的市场环境、创新激励机制不完善、知识产权保护水平低等等，我国知识产权保护制度似乎陷入发展困境。知识产权的立法者、政策制订者以及学者们都在努力找寻知识产权制度摆脱困境的出路。而事实证明，单从强化知识产权立法、司法以及行政手段方面来处理这些问题往往是事倍功半的，甚至使问题更加复杂化、严重化，故需要从制度层面上破除知识产权保护的障碍。

（一）营造自由竞争环境

目前中国经济正处于转方式、调结构、稳增长的换挡期。经济增长速度方面，从宏观来看国内生产总值（GDP）增长速度从2014年的7.4%，到2015年的6.9%，到2016年的6.7%，再到2017年的6.9%；而具体到苏州，地区生产总值（GDP）增长速度从2014年的8.3%，2015年的8.1%，到2016年的7.5%，再到2017年的7.1%。这些数据说明经济在保持了多年的高速增长之后，进入了中高速增长换挡期。与此同时宏观方面，国内高技术制造业增加值占规模以上工业增加值的比重从2014年的10.6%，2015年的11.8%，到2016年的12.4%，再到2017年的13.4%，呈逐年增长趋势；而苏州高新技术产业产值占规模以上工业总产值的比重则从2014年的44.8%，2015年的45.9%，到2016年的46.9%，再到2017年的47.8%，这表明新兴产业开始逐步引领增长，经济增长的动力正在从要素驱动、投资驱动向创新驱动转变，经济的创新活力在逐步增强，经济发展正在向质量效益型转变。而无论是转型升级还是创新驱动，主体是企业，活力在市场。现代市场经济的本质是自由竞争市场经济，多种经济成分和主体，在自由竞争、安全有序的环境中，能更好地激发市场活力。因此，建设知识产权强市的关键就是要实现知识产权市场自由竞争。苏州市应当通过建立市场主导、行业自律、社会监督等方面来建设知识产权自由竞争的市场环境。

市场在资源配置中的决定性作用，需要法治来保障，其核心是理顺政府和市场的关系。因此，需要转变和优化政府职能、处理好政府与市场的关系，创造安全、公平、自由的法治竞争市场,激活市场的"无形之手",发挥市场在资源配置中的决定作用。目前政府在一定程度对市场干预过度,需要破除这种政府主导的困境,提供给企业需求为主导的发展环境,真正建立自由竞争环境。政府职能应该根据市场发展的需要,从经济转型中出现的实际问题出发,及时、有针对性地立新法,并对不适应现代市场经济发展的法规进行废止和修改。① 应该厘清政府和市场的边界,变"全能政府"为"有限政府"。关键是明确哪些是政府应该做、必须做的,哪些是不能做的。苏州市政府在建设自由竞争市场环境过程中可以完善政府权力清单制度,一方面明确政府各部门按照法定职责,梳理、界定权力边界,根据所行使的各项职权,以清单的形式,列出行使依据、行使主体、运行流程及对应的责任,并接受社会监督。另一方面通过推行政府权力清单制度来约束政府行为,让政府实现法定职责必须为、法无授权不可为,划分政府和市场的界限,明确政府和市场各自的职能和范围,减少政府对经济资源的直接控制,减少行政审批对经济的直接干预,默认在经济发展过程中新增出来的领域和权力属于市场,将政府定位于"有限政府",从而更好地健全自由竞争市场体系。

  企业是市场的主体,也是实现和维护市场自由竞争的基石。企业在市场中实现自律主要可以通过实施信用监管制度来保证。对企业实施信用监管主要是落实、强化企业的主体责任和社会责任,增强企业的信用意识,引导企业建立和维护自身信用,对其道德进行规范、约束,对其交易中的不良行为进行违规、失信处罚。同时帮助企业履行好信息公示的主体责任,并对公示信息的真实性、及时性负责。最终实现企业依法登记、主动自律,以监管促信用,以信用强监管的目的。各类行业组织也是监管市场中不可或缺的力量。在2014年6月,国务院出台的《关于促进市场公平竞争维护市场正常秩序的若干意见》中,也明确提出要发挥行业协会商会等各类行业组织的自律作用。各类行业组织往往是由企业根据自发自愿原则组建,其在监管市场中的自律作用主要是通过发布产品、服务标准,制定行业自律规范、公约和职业道德准则,规范各成员行为来进行。各类行业组织应加强自身组织建设,依法开

---

① 刘佳、于鸣燕:《供给侧改革背景下高新区知识产权市场监管机制构建——以江苏省为例》,《南京理工大学学报(社会科学版)》2018年第2期。

展各类活动，不断扩大在市场中的活动范围和影响力。同时为了更好地发挥各类行业组织的作用，还应引入竞争机制，积极推行"一业多会"的做法。

社会监督是实现市场自由竞争的有效手段。社会对市场的监督作用可以通过以下几个方面来进行：一是要完善监督方式。可以通过公开听证、民意调查、消费投诉、经济违法行为举报和行政效能投诉等方式进行公开监督，实现市场平稳的运行，更好地维持市场秩序。二是要强化舆论监督作用。可以通过鼓励社会公众和依托新闻媒体及时发现各类违法行为、曝光典型案件，帮助社会公众提高认知和防范能力。三是精心培育第三方征信机构、食品检测机构等市场专业化服务组织的监督作用，切实发挥其客观、独立和专业的优势。

（二）完善创新激励机制

我们国家自2010年以来，知识产权总量位居世界第一，成为知识产权数量大国，知识产权数量虽然能够取得快速增长，但知识产权质量却没有明显提高，与这些创新激励措施的缺乏有着密切关系。要从根本上提升知识产权的核心竞争力，还需要从创新激励机制的设立上来完善。

苏州市政府应建立相应的知识产权激励机制，有效激励企业不断探索高质量、高水准、高价值专利创造的新模式、新机制、新路径。知识产权激励机制的基本结构是知识产权的激励组织、知识产权的激励制度、知识产权的激励文化，它以一定的政府机构为运行基础，并依赖于特定的知识产权文化发挥作用，其本质是有关知识产权的一系列制度安排——相互衔接、相互补充、相互促动、循环强化的制度安排；目的在于促进创新知识的产生、知识产权的形成、知识产权的转化运用、知识产权的交易、知识产权的管理和保护，最终实现科技创新和科技进步，提高企业、城市和国家的综合竞争力。①苏州市要完善创新激励制度大抵应从以下几个方面着手。

一是财政激励制度。在知识产权市场化配置中，知识产品的创造、知识产权的形成、知识产权交易、知识产权的产业化发展，乃至知识产权的管理与保护等环节都会因资源配置不到位而陷于困境，政府的财政激励机制相当

---

① 陈江、江俊丽：《科技人才自主创新创业激励机制研究——以安徽省为例》，《科技创业月刊》2018年第2期。

重要，包括对各相关主体的资助、补贴、奖励，直接对基础研究或 R&D 进行投资，对职务知识产权人以奖励等，以推动知识产权的市场化、规模化与产业化。

二是金融激励制度。知识产权的诸环节都依靠政府资助是不现实的，也是不经济的，市场配置仍然是至关重要的。政府在此仅仅是出台相关政策，给予知识产权的相关主体以融资的激励。银行和其他金融机构、民间组织等可以进行贷款或风险投资，个人与企业或其他组织可以在从事知识产权的相关活动时获得资金的支持。这包括给予贷款人以政策支持、充分的信息披露、健全担保中介机构、设立企业风险投资基金等方式。

三是政府采购激励制度。政府采购则是指各级政府为了发展知识产权事业，鼓励科技创新，拉动科技发展，通过政府采购以扩大技术需求，刺激或保护科技供给的一种特殊政策。政府采购创造了知识产权与创新扩散的市场，政府采购创新技术以及知识产权产品作为采用方起到了"牵引"作用，政府市场可以充当知识产权产品或创新产品的实验场。①

四是信息服务激励制度。知识产权市场配置的失灵大多来源于相关信息不对称——知识产权主体之间的信息获取不平衡、不充分、不及时和失效，这种信息不对称使知识产权相关主体之间相互分割，从而不能使各种资源配置到知识产权的各个环节上。政府应及时疏通知识产权信息阻塞通道，通过直接或参与等方式来扩散知识产权相关信息，以使知识产权的投入与产出有充分的信息支撑，知识产权与其他经济要素的组合更加通畅和有效。

五是保护激励制度。保护激励给予侵权人以消极制裁，不断强化上述政府知识产权激励制度的效果。国家对于知识产权的保护主要有行政救济与司法救济两种。地方政府对知识产权的激励还在于自身的公共服务质量上，政府公共服务质量的提高意味着市场功能完善有了强有力的保障，重点领域是创造公平竞争的市场环境，为知识产权相关主体提供平等的市场机会；规范技术市场行为；放松市场管制；区域创新网络的培育；建立规范的中介服务市场体系等。②

---

① 杨雄文：《同等品制度：中国政府知识产权产品采购的新思路》，《华南师范大学学报（社会科学版）》2017 年第 1 期。

② 赵维双：《基于政府管理的技术创新扩散激励机制研究》，《经济问题》2005 年第 2 期。

(三）推行知识产权高水平保护

知识产权制度选择的基础是国情。一般来说，在无外来压力干扰时，一国根据自身发展状况和需要来保护知识产权是最为适宜的；在一国经济社会发展水平不高的情况下，从"低水平"保护到"高水平"保护的过渡也是非常必要的。中国知识产权制度建设，是在一个新的国际环境中进行的，中国仅仅用了10多年的时间，知识产权制度就实现了从低水平到高水平的转变，完成了从中国标准到国际标准的过渡。

在国家层面上，已经制定了相对完备的法律体系，确定了全国范围的知识产权水平，而在地方层面，具体推行高于国家平均水平的知识产权保护还是低于国家平均水平的保护，则需要从地方的政治、经济、科技、文化等因素来考察。不同的社会经济发展水平对知识产权保护的要求有所不同。一般而言，社会经济发展水平较高的地方着力知识创新，对知识产权保护要求高，也有能力承受和调适知识产权高保护带来的负效应；而社会经济发展水平较低的地方则相反，不仅其知识创新的重要性较低，且很难承受和调适知识产权高水平保护带来的负效应。

在全国范围内，对于经济欠发达的地区，其知识产权保护水平一般以国家法律规定的最低水平为标准；而在相对发达的地区，其会通过地方法规政策等途径在最低保护标准上提高知识产权保护要求，以寻求更高水平的知识产权保护。就苏州市而言，苏州的经济发展水平在全国范围内处于较高水平，并且其科技创新能力强。应在国家最低标准保护水平之上寻求更高水平的知识产权保护。知识产权高保护，有利于激励科技创新，促进文化繁荣，推动经济发展；同时，提高知识产权保护水平有助于实现苏州市经济社会发展的总目标。英国知识产权委员会认为："更强的私权保护将有助于当地的文化产业。"① 这也正表明，苏州要坚持走新兴的工业化、现代化发展道路，应该通过加强知识产权保护为本市经济、社会发展提供持久动力，在市场竞争中争取主动地位。加强苏州地方知识产权保护，有效利用知识产权制度保障产业发展，是实现知识产权强市的战略抉择，也是实现创新型地方建设目标的战略支撑。

---

① 英国知识产权委员会：《知识产权与发展政策的整合》，国家知识产权局条法司编译，第109页。